倒産法を知ろう

野村剛司 [著]
Nomura Tsuyoshi

青林書院

はしがき

　筆者は，大型の会社更生事件，民事再生事件から個人の破産，個人再生に至るまで，日々，様々な倒産処理事件に携わっています。その経験に基づき，実務家向けに，『破産管財実践マニュアル〔第2版〕』（共著）（青林書院，2013年），『民事再生実践マニュアル』（共著）（青林書院，2010年）を企画作成し，幸い好評を博し，若干なりとも，倒産処理実務の裾野拡大とレベルアップに貢献できたのではないかと思っております。

　また，ロースクール（法科大学院）で実務家の目から倒産法を教え，司法修習生の修習担当をする機会もあり，次の世代の育成にも微力ながら携わっているところです。

　倒産法を勉強したいロースクール生や司法修習生には，まず山本和彦『倒産処理法入門〔第4版〕』（有斐閣，2012年）又は徳田和幸『プレップ破産法〔第6版〕』（弘文堂，2015年）を読み，次に山本和彦ほか『倒産法概説〔第2版補訂版〕』（弘文堂，2015年）を読み，伊藤眞『破産法・民事再生法〔第3版〕』（有斐閣，2014年）を辞書として使うように指示しています。そして，ロースクールの演習では，三木浩一＝山本和彦編『ロースクール倒産法〔第3版〕』（有斐閣，2014年）を題材にしています。ただ，教科書だけでは具体的なイメージができず，演習本はいきなり応用問題で難しいということで，ロースクールで教えている研究者と弁護士で藤本利一＝野村剛司編『基礎トレーニング倒産法』（日本評論社，2013年）を作りました。条文が予定する典型例から基本を学び，実務と理論を架橋しようと試みたものです。

　実務家は，教科書に少ししか書いていないようなことが大きな判断要素になったりしますし，交友のある研究者の先生方からは，実務家が思いもよらない指摘をいただいたりします。何とか融合できればと日々思っております。

　このような中，倒産法を学ぶ際の最初に読んでもらい，その後も教科書や演習書を使いつつ，また戻ってきてもらい，実務家から見ても日々の業務に役立ち，様々な利害関係人の立場からも倒産法を知る意味がわかり，かつ，コンパクトにまとまった本があれば，自分もほしいなと思い，企画したのが本書です。

　第1部では，実務で起こっている現象から倒産・事業再生の全体的なイメージをしていただき，第2部から第4部で破産法，民事再生法を中心に倒産四法と私的整理を概説し，第5部「トピックス100！」では，教科書にはあまり書いていない倒産処理弁護士から見た倒産法の世界を示すことで，イメージしやすくしました。第2部から第5部は相互参照できるようにし，学習

の便宜のため,『倒産判例百選〔第5版〕』（有斐閣, 2013年）に掲載されている裁判例をすべて掲載し（百選の項目番号も付しています），その後の最新裁判例にも触れるようにしました。筆者は弁護士で，法の利用者の立場ですから，学問的なことには言及できませんので，体系書・概説書の該当頁も示しています。

法学部生, ロースクール生, 司法修習生, 弁護士, 裁判官, 裁判所書記官, 社会人（債権者側も債務者側も）と幅広くご利用いただけますと幸いです。今後もよりよい倒産処理実務を実践し, 倒産処理制度に対する国民の信頼が得られるよう精進したいと思います。

毎朝早起きし, 1頁のコラム形式で原稿を書き, 事務局3名が最初の読者で, 次に筆者が主催する「なのはな勉強会」のメンバー（ロースクールの教え子と担当した司法修習生を中心として構成しています）に読者となってもらい, それを大幅に編集しなおして作成したのが本書です。コンパクトにまとめましたので, 鞄に入れて持ち運び, いつでもパラパラと見ていただければと思います。

まずは, 本企画を快くお引き受けいただいた株式会社青林書院及び編集長の宮根茂樹氏に感謝申し上げます。

次に, 日々の業務の傍ら, 最初の読者として原稿を読み, チェックし続けてくれた事務局の松尾奈穂美さん, 中田真未さん, 安部奈緒美さん, 2番目の読者として感想を寄せてくれた「なのはな勉強会」のメンバーに感謝したい。

最後に, 仕事をセーブしながら子育て中心で, 家にいることの少ない筆者を支えてくれている妻郁美に感謝したい。そして, 5歳になった息子の悠樹, お父さんはいつ帰ってくるの？　と寂しい思いもさせていますが, すくすくと育ってくれていることに感謝したい。ありがとう。

　　平成27年7月

　　　　　　　　　　　　　　　　　　　　　　　　　　野　村　剛　司

凡例・参考文献

Ⅰ　叙述の仕方
　(1)　叙述は，原文引用の場合を除いて，原則として常用漢字，現代仮名遣いによった。
　(2)　見出し記号は，原文引用の場合を除き，原則として，１２３…，(1)(2)(3)…の順とした。ただし，本文中の列記事項には，①②③…の記号を用いた。

Ⅱ　法令の表記
　法令名の表記は，原文引用の場合を除き，原則として，次のように行った。
　(1)　地の文では概ね正式名称で表した。
　(2)　カッコ内表記は次のように行った。
　　(a)　主要な法令は慣例により表した。
　　(b)　多数の法令条項を引用する場合，同一法令の条項は「・」で，異なる法令の条項は，「，」で併記した。それぞれ条・項・号を付し，原則として「第」の文字は省いた。

Ⅲ　文献の表記
　書籍の出典表示は，原則として，次のように行った。
　(1)　略語書名のもの
　　①　伊藤眞『破産法・民事再生法〔第3版〕』（有斐閣，2014年）　　→伊藤
　　②　山本和彦＝中西正＝笠井正俊＝沖野眞已＝水元宏典
　　　　『倒産法概説〔第2版補訂版〕』（弘文堂，2015年）　　→概説
　　③　松下淳一『民事再生法入門〔第2版〕』（有斐閣，2014年）　　→松下入門
　　④　藤本利一＝野村剛司編『基礎トレーニング倒産法』
　　　　（日本評論社，2013年）　　→基礎トレ
　　⑤　伊藤眞＝岡正晶＝田原睦夫＝林道晴＝松下淳一＝森宏司
　　　　『条解　破産法〔第2版〕』（弘文堂，2014年）　　→条解破産
　　⑥　園尾隆司＝小林秀之編『条解　民事再生法〔第3版〕』
　　　　（弘文堂，2013年）　　→条解民再
　　⑦　大阪地方裁判所・大阪弁護士会破産管財運用検討プロジェクトチーム編
　　　　『新版　破産管財手続の運用と書式』（新日本法規，2009年）　　→運用と書式
　　⑧　中山孝雄＝金澤秀樹編『破産管財の手引〔第2版〕』
　　　　（金融財政事情研究会，2015年）　　→管財手引
　　⑨　鹿子木康＝島岡大雄編『個人再生の手引』（判例タイムズ社，2011年）
　　　　　　　　　　　　　　　　　　　　　　→個再手引
　　⑩　野村剛司＝石川貴康＝新宅正人『破産管財実践マニュアル〔第2版〕』
　　　　（青林書院，2013年）　　→破産管財実践マニュアル

⑪ 木内道祥監修／軸丸欣哉＝野村剛司＝木村真也＝山形康郎＝中西敏彰編『民事再生実践マニュアル』（青林書院，2010年）　→**民事再生実践マニュアル**
(2) 正式書名のもの
① 著者名『正式書名』（出版社，出版年）頁数
② 編者名 編『正式書名』（出版社，出版年）頁数〔執筆者名〕

Ⅳ　判例の表記
(1) 判例集のうち頻度の高いものは，慣例に従い，略語で表した。
(2) 脚注における判例の出典表示は，原則として，次のように行った。その際，伊藤眞＝松下淳一編『倒産判例百選〔第5版〕』（有斐閣，2013年）の項目番号を付した。

〔例〕平成24年5月28日，最高裁判所判決，民集66巻7号3123頁
　　　→最判平成24・5・28民集66巻7号3123頁〔百選69〕

Ⅴ　参考文献（Ⅲ(1)で略語表記したもの以外）
① 徳田和幸『プレップ破産法〔第6版〕』（弘文堂，2015年）
② 山本和彦『倒産処理法入門〔第4版〕』（有斐閣，2012年）
③ 山本克己編著／佐藤鉄男＝長谷部由起子＝畑瑞穂＝山本弘『破産法・民事再生法概論』（商事法務，2012年）
④ 谷口安平監修／山本克己＝中西正編『レクチャー倒産法』（法律文化社，2013年）
⑤ 伊藤眞『会社更生法』（有斐閣，2012年）
⑥ 竹下守夫編集代表／上原敏夫＝園尾隆司＝深山卓也＝小川秀樹＝多比羅誠編『大コンメンタール破産法』（青林書院，2007年）
⑦ 山本克己＝小久保孝雄＝中井康之編『新基本法コンメンタール　破産法』（日本評論社，2014年）
⑧ 才口千晴＝伊藤眞監修／全国倒産処理弁護士ネットワーク編『新注釈　民事再生法（上・下）〔第2版〕』（金融財政事情研究会，2012年）
⑨ 小川秀樹編著『一問一答　新しい破産法』（商事法務，2004年）
⑩ 深山卓也＝花村良一＝筒井健夫＝菅家忠行＝坂本三郎『一問一答民事再生法』（商事法務，2000年）
⑪ 始関正光編著『一問一答　個人再生手続』（商事法務，2001年）
⑫ 深山卓也編著『一問一答　新会社更生法』（商事法務，2003年）
⑬ 萩本修編『逐条解説　新しい特別清算』（商事法務，2006年）
以下は，全国倒産処理弁護士ネットワーク編（金融財政事情研究会）
⑭ 『破産実務Ｑ＆Ａ２００問』（2012年）
⑮ 『通常再生の実務Ｑ＆Ａ１２０問』（2012年）
⑯ 『個人再生の実務Ｑ＆Ａ１００問』（2010年）
⑰ 『会社更生の実務Ｑ＆Ａ１２０問』（2013年）
⑱ 『私的整理の実務Ｑ＆Ａ１００問〔追補版〕』（2014年）

著者紹介

野 村 剛 司（のむら　つよし）
　　弁護士
　　〔略　歴〕
　　　1970年滋賀県生まれ。1989年滋賀県立彦根東高等学校卒業，1993年東北大学法学部卒業。
　　　1995年司法試験合格（司法修習第50期・大津修習）
　　　1998年弁護士登録（大阪弁護士会），2003年なのはな法律事務所開設
　　　2004年〜2005年大阪弁護士会倒産法改正問題検討特別委員会副委員長，2014年〜同司法委員会副委員長（倒産法部会担当）
　　　2006年〜日本弁護士連合会倒産法制等検討委員会委員
　　　2006年〜全国倒産処理弁護士ネットワーク理事，2013年〜同常務理事
　　　2006年〜2008年近畿大学法学部非常勤講師，2008年〜同志社大学大学院法科大学院非常勤講師，
　　　2009年〜神戸大学法科大学院非常勤講師（いずれも倒産法）
　　　2014年，2015年司法試験考査委員（倒産法担当）
　　〔主要著書〕（いずれも共著又は分担執筆）
　　　『小規模管財の実務』（大阪弁護士協同組合，2002年）
　　　『最新版　破産管財ＡＢＣ』（大阪弁護士協同組合・清文社，2003年）
　　　『改正法対応　事例解説　個人再生　〜大阪再生物語〜』（新日本法規出版，2006年）
　　　『破産法の法律相談』（青林書院，2007年）
　　　『第2版　破産法の理論・実務と書式〔消費者破産編〕』（民事法研究会，2007年）
　　　『新破産法の理論と実務』（判例タイムズ社，2008年）
　　　『個人再生の実務Ｑ＆Ａ100問』（金融財政事情研究会，2008年）
　　　『新版　破産管財手続の運用と書式』（新日本法規出版，2009年）【初版（2004年）】
　　　『通常再生の実務Ｑ＆Ａ120問』（金融財政事情研究会，2010年）
　　　『民事再生実践マニュアル』（青林書院，2010年）
　　　『新注釈　民事再生法（上・下）〔第2版〕』（金融財政事情研究会，2010年）
　　　『争点　倒産実務の諸問題』（青林書院，2012年）
　　　『破産実務Ｑ＆Ａ200問』（金融財政事情研究会，2012年）【初版150問（2007年）】
　　　『レクチャー倒産法』（法律文化社，2013年）
　　　『未払賃金立替払制度実務ハンドブック』（金融財政事情研究会，2013年）
　　　『破産管財実践マニュアル〔第2版〕』（青林書院，2013年）【石川貴康弁護士，新宅正人弁護士との共著。初版（2009年）は，2009年度（第3回）倒産・再生法制研究奨励金賞（トリプルアイ・高木賞）選考委員会特別賞受賞】
　　　『倒産処理と弁護士倫理』（金融財政事情研究会，2013年）
　　　『基礎トレーニング倒産法』（日本評論社，2013年）
　　　『会社更生の実務Ｑ＆Ａ120問』（金融財政事情研究会，2013年）
　　　『破産管財 BASIC』（民事法研究会，2014年）

著者紹介

『私的整理の実務Q＆A100問〔追補版〕』（金融財政事情研究会，2014年）
『新基本法コンメンタール　破産法』（日本評論社，2014年）
『倒産法改正150の検討課題』（金融財政事情研究会，2014年）
〔主要論文・判例評釈等〕
「新・管財手続への全国的な流れに向けて」（小松陽一郎弁護士との共著）自由と正義2003年9月号98頁
「新破産法下の同時廃止および自由財産拡張の運用状況―全国調査の結果報告―」（小松陽一郎弁護士との共著）金融法務事情1741号17頁（2005年）
「新破産法下の各地の運用状況について―同時廃止および自由財産拡張基準全国調査の結果報告―」（小松陽一郎弁護士との共著）事業再生と債権管理109号94頁（2005年）
「自由財産拡張制度の各地の運用状況―自由財産拡張基準全国調査の結果報告と過払金の取扱い―」（小松陽一郎弁護士との共著）事業再生と債権管理118号107頁（2007年）
「賃貸人の倒産における敷金返還請求権の取扱い（上・下）」（余田博史弁護士との共著）銀行法務21・678号28頁，680号32頁（2007年）【その後の加筆修正分は，『争点　倒産法の諸問題』367頁】
「自由財産拡張をめぐる各地の実情と問題点」自由と正義2008年12月号52頁
「弁済による代位と民事再生―大阪高裁平成22年5月21日判決の事案から―」銀行法務21・727号30頁（2011年）【その後の加筆修正分は，『争点　倒産法の諸問題』245頁】
「個人再生における清算価値保障原則の再検討」『個人の破産・再生手続』（金融財政事情研究会，2011年）131頁
「担保権の実行方法の倒産手続における制約の可否」『提言　倒産法改正』（金融財政事情研究会，2012年）180頁
「銀行が取立委任を受けた手形上の商事留置権と再生手続（最判平成23年12月15日）」民商法雑誌第146巻306頁（2012年）
「破産手続のさらなる合理化―少額管財等の今後の発展に向けて―」『続・提言 倒産法改正』（金融財政事情研究会，2013年）19頁
「法人破産申立て・管財における留意点」（石川貴康弁護士，新宅正人弁護士との共著）自由と正義2013年7月号85頁
「続・破産手続のさらなる合理化―あるべき利害調整の実現を目指して―」『続々・提言　倒産法改正』（金融財政事情研究会，2014年）181頁
「特集　倒産法の世界」（藤本利一大阪大学教授らとの共著）法学セミナー2014年10月号6頁（「ようこそ倒産法の世界へ」及び3つの座談会「倒産実務の魅力と倒産法の学修」）
「破産管財人と申立代理人の役割―望ましい法人の自己破産申立てのあり方―」『民事手続法の比較法的・歴史的研究―河野正憲先生古稀祝賀―』（慈学社，2014年）545頁
「消費者問題と破産」『破産法大系第3巻』（青林書院，2015年）451頁
〔事務所〕
〒530-0047　大阪市北区西天満4丁目3番4号　御影ビル2階
なのはな法律事務所
TEL：06-6311-7087　FAX：06-6311-7086

目　次

はしがき
凡例・参考文献
著者紹介

第1部　倒産・事業再生のイメージ

- **1** 破産のイメージ …………………………………………………… *3*
- **2** 民事再生のイメージ ……………………………………………… *7*
- **3** 会社更生のイメージ ……………………………………………… *10*
- **4** 特別清算のイメージ ……………………………………………… *11*
- **5** 私的整理のイメージ ……………………………………………… *11*

第2部　破　　産

第1章｜総　則（破1条〜14条，破規1条〜12条） ………………… *15*
第2章｜破産手続の開始 ………………………………………………… *16*
第1節　破産手続開始の申立て（破15条〜29条，破規13条〜18条） ……… *16*
1　破産手続開始の申立て（*16*）　2　破産能力（*18*）　3　破産手続開始原因（*18*）　4　保全処分（*20*）
第2節　破産手続開始の決定（破30条〜33条，破規19条〜22条） ……… *21*
第3節　破産手続開始の効果 ………………………………………… *22*
第1款　通　則（破34条〜46条） ………………………………… *22*
1　破産手続開始の効果（*22*）　2　破産管財人の法的地位――破産管財人の第三者性（*23*）　3　破産財団の範囲（*24*）　4　自由財産（*25*）　5　自由財産の範囲の拡張（*26*）　6　破産財団に関する訴えの取扱い（*27*）
第2款　破産手続開始の効果（破47条〜61条） ………………… *28*
1　破産手続開始の効果（開始後の各種行為）（*28*）　2　双方未履行の双務契約の規律の意味（*29*）　3　売買契約（*30*）　4　賃貸借契約（*31*）　5　請負契約（*33*）　6　雇用契約・労働契約（*35*）　7　継続的給付を目的とする双務契約（*36*）　8　委任契約（*36*）　9　ライセンス契約（*37*）　10　保険契約（*37*）　11　リース契約（*38*）　12　その他の契約類型（*38*）
第3款　取戻権（破62条〜64条） ………………………………… *39*

　　　　　1　一般の取戻権 (39)　　2　特別の取戻権 (40)
　　第4款　別除権 (破65条・66条) ……………………………………… 41
　　　　　1　別除権と別除権者の手続参加 (41)　　2　別除権の基礎となる担保権 (42)　　3　商事留置権・民事留置権 (43)　　4　非典型担保 (44)
　　第5款　相殺権 (破67条〜73条) ……………………………………… 45
　　　　　1　相殺権 (45)　　2　相殺権の規定の適用範囲 (47)　　3　相殺の禁止 (47)　　4　相殺権の濫用 (52)

第3章｜破産手続の機関 ……………………………………………………… 53
　第1節　破産管財人 ……………………………………………………………… 53
　　第1款　破産管財人の選任及び監督 (破74条〜77条, 破規23条・24条) ……… 53
　　第2款　破産管財人の権限等 (破78条〜90条, 破規25条〜28条) …… 53
　第2節　保全管理人 (破91条〜96条, 破規29条) ……………………………… 56

第4章｜破産債権 …………………………………………………………………… 56
　第1節　破産債権者の権利 (破97条〜110条, 破規30条・31条) ……………… 56
　　　　　1　破産債権の意義 (56)　　2　破産債権の等質化 (現在化, 金銭化) (57)　　3　破産債権の優先順位 (58)　　4　破産債権の行使 (59)　　5　手続開始時現存額主義 (61)
　第2節　破産債権の届出 (破111条〜114条, 破規32条〜36条) ……………… 62
　第3節　破産債権の調査及び確定 ……………………………………………… 63
　　第1款　通則 (破115条・116条, 破規37条) ………………………………… 63
　　第2款　書面による破産債権の調査 (破117条〜120条, 破規38条〜41条) …… 64
　　第3款　期日における破産債権の調査 (破121条〜123条, 破規42条〜44条) … 65
　　第4款　破産債権の確定 (破124条〜133条, 破規45条) ………………… 66
　　第5款　租税等の請求権等についての特則 (破134条) ………………… 68
　第4節　債権者集会及び債権者委員会 ………………………………………… 69
　　第1款　債権者集会 (破135条〜143条, 破規46条〜48条) ……………… 69
　　第2款　債権者委員会 (破144条〜147条, 破規49条) …………………… 70

第5章｜財団債権 (破148条〜152条, 破規50条) ………………………………… 71

第6章｜破産財団の管理 …………………………………………………………… 73
　第1節　破産者の財産状況の調査 (破153条〜159条, 破規51条〜54条) …… 73
　第2節　否認権 (破160条〜176条, 破規55条) ………………………………… 74
　　　　　1　否認権の意義 (74)　　2　否認権と詐害行為取消権の比較 (75)　　3　否認の一般的要件 (75)　　4　詐害行為否認 (77)　　5　相当の対価を得てした財産処分行為の否認 (78)　　6　無償行為否認 (80)　　7　偏頗行為否認 (81)　　8　否認の要件としての支払不能, 支払停止 (82)　　9　代物弁済の否

　　　　認（*83*）　　10　同時交換的行為の除外（*84*）　　11　手形債務支払の場合等の例外（*85*）　　12　対抗要件の否認（*86*）　　13　執行行為の否認（*87*）　　14　転得者に対する否認（*88*）　　15　否認権の行使（*89*）　　16　否認権行使の効果（*90*）
　第 3 節　法人の役員の責任の追及等（破177条～183条）………………… *92*
第 7 章｜破産財団の換価 ………………………………………………………… *93*
　第 1 節　通　　則（破184条・185条，破規56条）………………………… *93*
　第 2 節　担保権の消滅（破186条～191条，破規57条～62条）…………… *94*
　第 3 節　商事留置権の消滅（破192条）……………………………………… *95*
第 8 章｜配　　当 ………………………………………………………………… *96*
　第 1 節　通　　則（破193条・194条，破規63条）………………………… *96*
　第 2 節　最後配当（破195条～203条，破規64条・65条）………………… *97*
　第 3 節　簡易配当（破204条～207条，破規66条・67条）………………… *98*
　第 4 節　同意配当（破208条）………………………………………………… *99*
　第 5 節　中間配当（破209条～214条，破規68条・69条）………………… *99*
　第 6 節　追加配当（破215条）………………………………………………… *100*
第 9 章｜破産手続の終了（破216条～221条，破規70条・71条）……………… *100*
第10章｜相続財産の破産等に関する特則 ……………………………………… *102*
　第 1 節　相続財産の破産（破222条～237条）……………………………… *102*
　第 2 節　相続人の破産（破238条～242条）………………………………… *103*
　第 3 節　受遺者の破産（破243条・244条）………………………………… *103*
第10章の 2｜信託財産の破産に関する特則（破244条の 2 ～244条の13）……… *103*
第11章｜外国倒産処理手続がある場合の特則
　　　　（破245条～247条，破規72条・73条）……………………………… *104*
第12章｜免責手続及び復権 ……………………………………………………… *104*
　第 1 節　免責手続（破248条～254条，破規74条～76条）………………… *104*
　　　　　1　免責の意義（*104*）　　2　免責の手続（*105*）　　3　免責不許可事由（*107*）　　4　免責許可決定確定の効果（*109*）　　5　非免責債権（*110*）
　第 2 節　復　　権（破255条・256条，破規77条）………………………… *111*
第13章｜雑　　則（破257条～264条，破規78条～86条）……………………… *112*
第14章｜罰　　則（破265条～277条）…………………………………………… *113*

　　　　　　　　　　　　第 3 部　民 事 再 生

第 1 章｜総　　則（民再 1 条～19条，民再規 1 条～11条）…………………… *117*
第 2 章｜再生手続の開始 ………………………………………………………… *118*

第1節　再生手続開始の申立て（民再21条～32条，民再規12条～16条）………… *118*
　　　　1　再生手続開始の申立て（*118*）　2　保全処分（*120*）
　第2節　再生手続開始の決定（民再33条～53条，民再規17条～19条）………… *121*
　　　　1　再生手続開始の決定（*121*）　2　営業譲渡・事業譲渡（*122*）　3　双方未履行の双務契約の処理（*123*）　4　別除権（*125*）
第3章│再生手続の機関 ……………………………………………………… *130*
　第1節　監督委員（民再54条～61条，民再規20条～25条）………………………… *130*
　第2節　調査委員（民再62条・63条，民再規26条）………………………………… *131*
　第3節　管 財 人（民再64条～78条，民再規27条）………………………………… *132*
　第4節　保全管理人（民再79条～83条，民再規27条）……………………………… *133*
第4章│再生債権 …………………………………………………………… *134*
　第1節　再生債権者の権利（民再84条～93条の2，民再規28条～29条）………… *134*
　　　　1　再生債権の意義（*134*）　2　再生債権の弁済禁止とその例外（*135*）　3　相殺権（*136*）
　第2節　再生債権の届出（民再94条～97条，民再規31条～35条の2）…………… *138*
　第3節　再生債権の調査及び確定（民再99条～113条，民再規36条～47条）…… *139*
　第4節　債権者集会及び債権者委員会
　　　　（民再114条～118条の3，民再規48条，49条，52条～54条）…………… *140*
　　　　1　債権者集会（*140*）　2　債権者委員会（*141*）
第5章│共益債権，一般優先債権及び開始後債権
　　　　（民再119条～123条，共益債権につき民再規55条・55条の2）……… *143*
　　　　1　共益債権（*143*）　2　一般優先債権（*144*）　3　開始後債権（*145*）
第6章│再生債務者の財産の調査及び確保 ……………………………… *146*
　第1節　再生債務者の財産状況の調査
　　　　（民再124条～126条，民再規56条～65条）………………………………… *146*
　　　　1　財産評定（*146*）　2　125条報告書（*147*）
　第2節　否 認 権（民再127条～141条，民再規65条の2～67条）……………… *148*
　第3節　法人の役員の責任の追及（民再142条～147条，民再規68条・69条）…… *149*
　第4節　担保権の消滅（民再148条～153条，民再規70条～82条）……………… *149*
第7章│再生計画 …………………………………………………………… *151*
　第1節　再生計画の条項（民再154条～162条，民再規83条）……………………… *151*
　　　　1　再生計画の条項（*151*）　2　シンプルな再生計画案（収益弁済型）（*153*）　3　実質的平等（*154*）　4　資本構成の変更（*155*）
　第2節　再生計画案の提出（民再163条～168条，民再規84条～89条）………… *156*

第3節　再生計画案の決議（民再169条〜173条，民再規90条〜92条）……………… *157*
　　第4節　再生計画の認可等（民再174条〜185条，民再規93条）………………………… *158*
　　　　1　再生計画の認可（*158*）　2　再生計画及びその認可決定確定の効力（*159*）
第8章｜再生計画認可後の手続（民再186条〜190条，民再規94条〜96条）……… *160*
第9章｜再生手続の廃止（民再191条〜195条，民再規98条）…………………………… *161*
第10章｜住宅資金貸付債権に関する特則
　　　　（民再196条〜206条，民再規99条〜104条）………………………………………… *163*
　　　　1　住宅資金特別条項の趣旨と実際の利用方法（*163*）　2　住宅資金特別条項の要件（*164*）　3　住宅資金特別条項の類型（*165*）　4　住宅資金特別条項の成立とその効力（*166*）
第11章｜外国倒産処理手続がある場合の特則
　　　　（民再207条〜210条，民再規105条・106条）………………………………………… *167*
第12章｜簡易再生及び同意再生に関する特則 …………………………………………… *167*
　　第1節　簡易再生（民再211条〜216条，民再規107条〜109条）………………………… *167*
　　第2節　同意再生（民再217条〜220条，民再規110条・111条）………………………… *168*
第13章｜小規模個人再生及び給与所得者等再生に関する特則 ……………… *169*
　　第1節　小規模個人再生（民再221条〜238条，民再規112条〜135条）………………… *169*
　　第2節　給与所得者等再生（民再239条〜245条，民再規136条〜141条）……………… *172*
第14章｜再生手続と破産手続との間の移行 ……………………………………………… *173*
　　第1節　破産手続から再生手続への移行
　　　　　（民再246条・247条，民再規142条・143条）……………………………………… *173*
　　第2節　再生手続から破産手続への移行（民再248条〜254条，民再規142条）… *174*
第15章｜罰　　則（民再255条〜266条）…………………………………………………………… *175*

第4部　会社更生・特別清算・私的整理

第1章｜会社更生 ……………………………………………………………………………………… *179*
　　　　1　会社更生の目的と申立て（*179*）　2　更生手続開始決定の効果と機関（*180*）　3　更生債権，更生担保権等（*181*）　4　更生計画（*182*）
第2章｜特別清算 ……………………………………………………………………………………… *184*
　　　　1　特別清算の意義とその申立て，開始の効果（*184*）　2　特別清算開始後の手続（*185*）　3　協　定（*186*）
第3章｜私的整理 ……………………………………………………………………………………… *187*
　　　　1　私的整理とそのメリット・デメリット（*187*）　2　私的整理と法的整理の関係（*188*）　3　準則のある再建型の私的整理

（188） 4 特定調停（190） 5 経営者保証に関するガイドライン（190）

第5部　トピックス100！

1 申立代理人の重要性（193）
2 個人が破産する際の注意点（194）
3 破産した際の不利益（195）
4 債権者による破産申立て（196）
5 支払不能，支払停止が問題となる場面（197）
6 受任通知の意味するところ（198）
7 同時廃止と破産管財の振分基準（199）
8 差押えを受けた第三債務者（給料債権）（200）
9 取戻権と第三者対抗要件の具備（201）
10 法定財団と現有財団の関係（202）
11 相続と破産（203）
12 権利の放棄（204）
13 自由財産拡張の運用基準（205）
14 破産債権・再生債権に関する訴訟の帰趨（206）
15 破産手続開始後の破産者の行為を防止するために（207）
16 商品（動産）の買主が破産した場合（208）
17 双方未履行双務契約の規律による解除の可否（209）
18 賃借人が倒産したら（210）
19 違約金条項適用の可否（211）
20 原状回復請求権の法的性質（212）
21 賃貸人が倒産したら（213）
22 賃借人と担保権者の関係（214）
23 賃料の寄託請求（215）
24 敷金返還請求権についての再生計画の条項（216）
25 建物建築請負契約の処理（217）
26 請負人の倒産で前渡金があった場合（218）
27 労働契約の帰趨（219）
28 職場が倒産したら（220）
29 破産で従業員を解雇する際の諸手続（221）
30 労働債権の取扱い（破産）（222）
31 労働債権の取扱い（民事再生）（223）
32 労働債権の取扱い（会社更生・特別清算）（224）

33 未払賃金立替払制度 (225)
34 未払賃金立替払制度利用の際の留意点 (226)
35 継続的供給契約 (履行拒絶不可) (227)
36 継続的供給契約 (財団債権の範囲) (228)
37 手続開始の効果の条文比較 (229)
38 離婚と破産 (230)
39 別除権のイメージ (231)
40 パイの奪い合い (担保権との関係) (232)
41 差押えを受けた第三債務者 (売掛金) (233)
42 マンション管理費・修繕積立金の取扱い (234)
43 自宅不動産を手放すということは (235)
44 商事留置権の取扱い (236)
45 流動集合動産譲渡担保 (237)
46 将来債権譲渡担保 (238)
47 所有権留保の取扱い (239)
48 相殺が可能な時期 (240)
49 裁判所の許可が必要な行為 (241)
50 事業譲渡の要件・手続比較 (242)
51 破産法104条の読み方 (243)
52 主債務者倒産の連帯保証人との関係 (244)
53 連帯保証人倒産の主債務者との関係 (245)
54 債権届出をしなかった場合 (246)
55 債権調査期間と債権調査期日 (247)
56 債権調査の具体的な手順 (248)
57 別除権の予定不足額の意味 (249)
58 手形債権の特殊性 (250)
59 パイの奪い合い (優先権との関係) (251)
60 倒産時の税金, 税務申告 (252)
61 弁済による代位——原債権による比較 (253)
62 債権者平等を図る時期 (254)
63 濫用的会社分割 (255)
64 否認の請求と否認訴訟 (256)
65 換価作業は商売人の感覚で (257)
66 不動産の任意売却 (258)
67 破産管財人証明書, 監督委員証明書 (259)
68 担保権消滅請求の三法比較 (260)
69 債権者平等原則の比較 (261)

70 配当から除斥される債権 (262)
71 中間配当との調整 (263)
72 破産・再生手続が終了した後 (264)
73 破産者の異議の意味するところ (265)
74 個人債務者の倒産処理手続 (266)
75 個人事業者の破産, 小規模個人再生 (267)
76 破産法と民事再生法の構成 (268)
77 法人債務者の手続選択 (269)
78 民事再生を申し立てる際の代表者の覚悟 (270)
79 資金繰りの重要性 (271)
80 債権者による破産申立てと民事再生申立て (272)
81 民事再生と債権者による会社更生申立て (273)
82 民事再生と会社更生の対象の違い (274)
83 弁済禁止の保全処分 (275)
84 スポンサー型のスキーム (276)
85 リースの別除権協定 (277)
86 別除権協定と事業計画案の関係 (278)
87 再生債権と共益債権の時的仕分け (279)
88 共益債権化の許可・承認 (280)
89 再生計画案の決議・集会型と書面型 (281)
90 決議の可決要件の違い (282)
91 清算価値保障原則 (283)
92 ペアローンの取扱い (284)
93 個人再生の通常再生との比較 (285)
94 実体的確定と手続内確定 (286)
95 会社更生の始まり方 (287)
96 破産を決断する前に特別清算の検討を (288)
97 特別清算の利用方法 (289)
98 破産管財人の心構え十箇条 (290)
99 破産申立代理人の心構え十箇条 (291)
100 よりよき倒産処理のために (292)

判例索引
事項索引

第 1 部

倒産・事業再生のイメージ

　倒産法の世界では，どんな現象が生じているのかを知ることからスタートしましょう。平常時（平時）の延長線上にあるのが倒産時です。その究極的な危機時期が破産で，事業を解体清算しますが，その手前に民事再生があり，事業の再生を図りつつ，債務の整理を行います。事業再生と債務整理の二兎を追うわけです。また，自然人（個人）の債務者の場合，経済的な再生を求めて倒産手続を利用しています。

　まずは一読していただき，第 2 部から第 4 部の概説に進んでください。その上で，また戻ってきて読み返してみてください。

1　破産のイメージ　　→第2部「破産」

(1) 破産のイメージ——清算

　A株式会社が経営に行き詰まり，資金繰りに窮し，任意の履行ができなくなった場合，事業を停止し，裁判所が選任する破産管財人により，会社の財産をお金に換え，それを債権者に対し平等に分配するのが破産手続です。事業を解体し，清算するわけです。まずは，シンプルにイメージしておきましょう。

(2) 破産手続の流れ〔14頁の2つの図も参照〕

　もう少し詳しく見ると，A社が支払能力を欠くために，その債務のうち弁済期にあるものにつき，一般的かつ継続的に弁済することができない状態に陥り（支払不能。破2条11項），破産手続による清算を求める場合，A社から裁判所に破産手続開始の申立てを行い（破18条1項），裁判所がこれを審理し，破産手続開始原因があると判断すると，破産手続開始決定がなされ（破30条1項），破産手続が開始します。破産手続開始決定の効果につき，まず，債権者の面から見ると，貸金債権や商品・原材料の売掛代金債権のように破産手続開始前の原因に基づいて生じた財産上の請求権は破産債権となり（一般の破産債権となります。破2条5項・194条1項2号），個別の権利行使が禁止されます（破100条1項）。破産手続において配当（分配）を受けるためには，破産債権の届出を行い（破111条1項），債権調査を経て（破116条以下），その額を確定させます（破124条以下）。次に，債務者の面から見ると，債務者（申立人）は破産者となり（破2条4項），破産手続開始時に有する一切の財産は破産財団となって（破34条1項），裁判所が選任する破産管財人（破2条12項・31条1項柱書・74条1項）にその管理処分権が専属します（破78条1項）。破産管財人は，破産財団に属する財産を占有・管理・換価して，配当原資を確保します。この間，裁判所で，債権者集会が開催され，財産状況報告集会（破31条1項2号）では，破産管財人が破産債権者に情報提供します。破産管財人は，換価作業が終わり，破産債権が確定すると，破産債権の額に按分して，破産財団から平等に配当を行い（破193条以下），裁判所は破産手続終結決定をし（破220条1項），配当できない場合は，破産手続廃止決定をします（異時廃止。破217条1項）。そして，A社は，清算を終え消滅します。

(3) 平常時と倒産時の比較の観点

債権者の個別の権利行使の面を、平常時（平時）と比較して見てみましょう（平常時と倒産時を常に比較する観点は大切です）。平常時において、A社が約定弁済できなくなった場合（平常時の危機的な時期）、勤勉な債権者Bは、消費貸借契約に基づく貸金返還請求権により（民587条。民法の世界）、A社の財産（例えば不動産）を仮差押えし（民保20条1項。民事保全法の世界）、その貸金返還請求権の請求訴訟を提起し、勝訴判決を受け（民訴243条1項。民事訴訟法の世界）、確定判決や仮執行宣言付判決を債務名義として（民執22条1号・2号）、強制執行（不動産執行の強制競売）を行い（民執45条以下。民事執行法の世界）、債権回収を図ります。出遅れた債権者Cは、強制執行で配当を受けるべく、少なくとも仮差押えをして配当要求する必要があります（民執51条1項）。配当要求が間に合えば、BとCは債権額に按分して平等な配当を受けられますが（民執84条以下・87条1項1号・2号）、間に合わなければ、Cは配当を受けることができません。何もしなかった債権者Dは何も回収ができない可能性が高くなります。このように、平常時では、債権者が個別の権利行使を行い、早い者勝ちの世界となります。

(4) 個別執行と包括執行の観点

個別執行では、執行手続外で確定した債権に基づき、債務者の財産を、①差押え、②換価し、③配当します。これに対し、究極の危機時期となる破産手続では、債権者平等原則の下、債権者の個別の権利行使を禁止し、破産手続開始決定により、破産者の財産を、①包括的に差押え、②破産管財人が換価し、破産手続内で集団的に破産債権を確定させた上で、③配当します。倒産時は、債権者平等の世界となります。

(5) 信用供与と信用補完

前述した貸金債権者や売掛代金債権者は、債務者に対し、債権という請求権を有していますが、図に示せば、B→A社と1本のベクトルがあるだけの状態です。この状態は、債権者が債務者に対し、債務につき期限の利益を付与している状態、すなわち信用を供与している状態にあります。この信用供与（与信）は、債務者が倒産した場合、破産であれば平等な配当を受けるのみ、場合によっては配当がないかもしれないという倒産リスクを引き受けた状態にあるのです。この倒産リスクを避けるために、勤勉な債権者Bは、例えば、Eに連

帯保証してもらったり（民446条1項・454条），A社の不動産に抵当権を設定してもらったりすることで（民369条1項），信用補完を図ります。連帯保証であれば，連帯保証人は保証債務を負いますので，債権者からすれば，債務者を増やしたことになり（責任財産が増加します），A社が破産しても，その影響を受けず，連帯保証人Eに保証債務履行請求権を行使することができます。人的担保となります。ただ，連帯保証人も破綻した場合は，同様の倒産リスクということになります。また，抵当権は，平常時でも担保権の実行として担保不動産競売が可能で（民執180条以下），交換価値から優先弁済を受けることができます。この点，債務者が破産しても，別除権として，一定の制約はありますが，破産手続外での担保権の実行が可能とされていますので（破2条9項・65条1項），A社の破産財団に属する財産であるのに，その交換価値から優先弁済を受けることができ，他の一般の破産債権者は，その財産からの配当を受けることはできません。物的担保となります。

(6) 実体法上の優先権の尊重

他にも，債権自体に実体法上の優先権が認められている租税等の請求権（国徴8条で一般的優先の原則）や労働債権（民306条2号，308条で一般の先取特権）は，破産手続においても，その優先権が尊重され，財団債権や優先的破産債権として，前述の一般の破産債権に優先することになります（財団債権は破148条1項2号・3号・149条，優先的破産債権は破98条1項）。破産手続における債権者平等原則は，法の定める優先順位に従い，同順位の債権者間では平等に扱われるということを意味します（破194条1項）。

(7) 双方未履行の双務契約の規律——倒産法独自の規律

説明の便宜上，権利関係をシンプルにしましたが，実際には，様々な利害関係人が存在します。破産財団に属する財産それぞれに利害関係人が存在するとイメージするとよいでしょう。例えば，商品の売買契約を締結したところ，双方の履行が未了のまま，買主Aが破産した場合，売主Fの代金請求権は，破産債権となりますが，買主Aの引渡請求権と2本のベクトルが向き合った関係（F⇄A）にあり，買主Aの破産管財人が売主Fに対し商品の引渡しを請求しても，売主Fから同時履行の抗弁権を主張され，逆に契約を解消したくても，法定の解除原因がありませんので，破産管財人は解除することもできません。平

常時の民法の規律では，処理ができませんので，破産法では，双方未履行の双務契約につき，破産管財人に解除権を認め，解除か履行を選択できることにし（破53条1項），破産管財人が履行を選択した場合には，対価的牽連関係に配慮して，相手方の破産債権を財団債権に格上げしています（破148条1項7号）。

(8) 債権者平等原則を徹底させる時期

破産手続開始決定により債権者平等原則を徹底するとしても，債務者は，通常，①支払不能，②支払停止，③破産手続開始の申立て，④破産手続開始決定という過程を辿りますので，債権者平等を図る時期を遡らせる必要があります。そこで，財産の廉価売却や贈与といった絶対的な財産減少行為（詐害行為，無償行為）や特定の債権者のみへの弁済といった債権者間の平等を害する行為（偏頗行為）につき否認権を行使し（破160条以下），逸出した財産を破産財団に取り戻します。また，価値が減少した破産債権を危機時期に負担した債務と相殺することで対当額につき100パーセントの回収を図ることを禁止します（相殺禁止。破71条・72条）。このように，債権者平等を図る時期を基本的に①支払不能まで遡らせています（詐害行為否認は詐害行為取消権（民424条）と同様，無資力要件のためさらに遡ります）。

(9) 民法との関係

これまでに見たとおり，平常時と倒産時は，時的に連動していますが，民法との関係では，①平常時の規律を修正する面（例えば，個別の権利行使の禁止）と②平常時の規律を尊重する面（例えば，担保権）があり，③平常時にはない独自の規律（例えば，双方未履行の双務契約の規律）も設けています。

(10) 個人債務者の場合——免責制度

法人であれば，破産手続を経ることで清算手続を終えられますが，自然人（個人）の債務者の場合，破産手続で平等な配当がされたとしても（なお，破産手続の費用を支弁するのに不足する場合には，破産手続開始決定と同時に廃止決定をし（同時廃止。破216条1項），その後の破産管財手続は行われません），配当されなかった債務が残ることになります。経済生活の再生の機会の確保を図るため，破産手続においても，破産財団を破産手続開始時で固定し（固定主義。破34条1項），自由財産を認め（同1項（新得財産）・3項（本来的自由財産）・4項（自由財産の範囲の拡張）），破産手続開始後の生活保障を図ると共に，免責制度（破248条以下）を設け，免

責許可決定の確定により，配当を除き，破産債権の責任を免れるようにし（破253条1項柱書本文），資格制限についても復権します（破255条1項1号）。ただし，免責不許可事由が定められ（破252条1項），裁量免責の余地もありますが（同条2項），免責不許可の可能性があります。また，免責の効力を受けられない非免責債権も定められています（破253条1項但書）。このように，法人と個人は置かれた立場が異なります。

2　民事再生のイメージ　　→第3部「民事再生」

(1)　民事再生のイメージ──事業の再生

　A株式会社の経営が苦しくなり，資金繰りに窮してきた場合，既存の債権に対する弁済を一旦停止し，従前の経営者により事業を継続し，その事業からの収益で破産配当を上回る弁済を行う，すなわち大幅な債権カット（債務免除）を定めた再生計画案につき，債権者の多数の同意と裁判所の認可を受け，再生計画を履行することで債務を整理しつつ，事業の再生を図るのが再生手続です。中小企業の事業再生を図るため，原則として，従前の経営者が経営を続けられ（DIP型といわれます），大きなインセンティブとなっています。

(2)　清算型と再建型

　倒産手続には，目指す目的の方向性により，清算型と再建型がありますが，法的整理の倒産四法のうち，破産が清算型の典型です（破産法）。解散した株式会社についての特別清算もあります（会社法の中に規定されています。後述(4)）。これに対し，民事再生は再建型の典型です（民事再生法）。株式会社については会社更生もあります（会社更生法。後述(3)）。再建型は，事業の再生を図ることを目的としていますので，利用者の立場からすると「倒産」と呼ばないでもらいたいところですが，債務整理の手続ですので，倒産法に含まれます。

(3)　収益弁済型とスポンサー型

　民事再生の基本的な枠組みは，事業継続により生み出される収益から最長10年間の分割弁済を行う収益弁済型（自力再建型）ですが，民事再生を申し立てた債務者の信用力の低下と事業の劣化を防ぐためには，信用力のあるスポンサーの支援を受け，事業譲渡や会社分割を利用し，スポンサーの傘下で事業を再生

させ，債務を抱えて残ったA社自体は清算する，スポンサー型も多くあります。この場合の再生計画は，事業譲渡の対価等を第1回弁済として分配し，その後，会社の清算終了時に最終弁済を行うものになることが多いです。

(4) **再生手続の流れ**〔116頁の2つの図も参照〕

DIP型の収益弁済型を前提に再生手続の流れを見ると，次のとおりです。

A社が破産手続開始の原因となる事実の生ずるおそれがあるとき，又は，事業の継続に著しい支障を来すことなく弁済期にある債務を弁済できないときに（破産に至る手前の段階で），A社から裁判所に再生手続開始の申立てを行い（民再21条1項），裁判所がこれを審理し，監督命令で監督委員を選任し（民再54条），弁済禁止の保全処分を発令します（民再30条1項）。再生債務者（民再2条1号）のA社は，債権者説明会を任意に開催し（民再規61条1項），債権者に対して，申立てに至った事情や資産状況を説明した上，今後の取引の条件を提示して協力を要請し，再生手続の見通しを示します。また，再生手続開始の申立て後，再生手続開始までの取引で，その支払が再生手続開始後になると見込まれるものにつき（そのままでは再生債権となります），共益債権とする裁判所の許可（民再120条1項）又は裁判所の許可に代わる監督委員の承認（同条2項）を得ます。裁判所が再生手続開始原因があると判断すると，再生手続開始決定がなされ（民再33条1項），再生手続が開始します。再生手続開始決定の効果につき，まず，債権者の面から見ると，再生手続開始前の原因に基づいて生じた財産上の請求権は再生債権となり（民再84条1項），個別の権利行使が禁止されます（民再85条1項）。再生手続において弁済を受けるためには，再生債権の届出を行い（民再94条1項），債権調査を経て（民再100条以下。民事再生に特有のものとして，自認債権があります（民再101条3項）），その内容（破産債権の場合と異なり，等質化（現在化，金銭化）がないため）を確定させます（民再104条以下）。次に再生債務者の面から見ると，破産の場合と異なり，再生債務者は，再生手続開始後も業務遂行権や財産の管理処分権を有します（民再38条1項。監督委員の同意を要する事項が定められます（民再54条2項））。ただ，債権者に対する公平誠実義務を負います（民再38条2項。昨日までの私とは違う私になるということで，大切な観点です）。そして，主に清算価値保障原則（民再174条2項4号）との関係で，財産評定を行い（民再124条1項），財産の評価を行うことで，清算配当率を算定します。また，再生手続開始に至っ

た事情や再生債務者の業務及び財産に関する経過及び現状等を記載した報告書（125条報告書）を提出します（民再125条1項）。再生債務者は，事業継続に伴う新たな債務を共益債権として負担し，資金繰りを常に確認しつつ，事業の建て直しを図り，収益を上げることで収益弁済型の事業計画案を策定します。また，担保権は，別除権とされますので（民再53条1項），担保提供している再生債務者所有の工場や店舗の不動産を確保するためには，担保権消滅請求の制度（民再148条以下）がありますが，多くの事案では一括納付する資金の調達が難しく，別除権協定を締結せざるを得ません。事業計画案では，別除権協定による弁済分も考慮する必要があります。また，再生計画により債務免除を受けると，税務上，益金となりますので，損金算入できる範囲を考慮した債務免除益課税対策のタックスプランニングも行います。単純化すると，事業計画案では，毎年の売上げ，経費，収益を予測し，収益から税金を払い，別除権者と再生債権者に分配可能な額を算定していくことになります。これを前提に，清算価値保障原則を満たした再生債権の権利変更（大幅な債権カット（債務免除）を定めます。例えば，90パーセント免除し，残りの10パーセントを10年間の分割払いとします。株主権については基本的に変更を加えません）を定めた再生計画案（民再2条3号・154条）を作成，提出し，監督委員の意見，裁判所の決議に付する旨の決定（付議決定。民再169条1項柱書）を経て，決議のための債権者集会（民再114条・169条2項1号）で再生債権者に決議してもらいます。債権者集会に出席した議決権者の過半数の同意，かつ，議決権者の議決権総額の2分の1以上の議決権を有する者の同意があると可決され（民再172条の3第1項），裁判所が認可決定し（民再174条1項），これが確定すると再生計画が効力を生じます（民再176条）。債権カット（債務免除）により，債務超過を解消することになります（貸借対照表が資産の額に見合う負債の額になるとイメージするとよいでしょう）。その後，再生債務者は，再生計画を遂行し（民再186条1項），監督委員がこれを監督し（同条2項），再生計画が遂行されたとき，又は再生計画認可決定確定後3年を経過したときに，裁判所が再生手続終結決定をし（民再188条2項），再生手続は終了します。

　民事再生は，主に中小企業の事業再生を想定していましたが，そごう，スカイマーク，白元，太平洋クラブ（その後，会社更生に移行），日本振興銀行，マイカル（その後，会社更生に切替え）など大型の事案もあります。

(5) 個人再生

　個人再生は，自然人（個人）の債務者が簡易迅速に民事再生手続を利用できるようにした民事再生の特則です（個人再生との比較の観点で，前述の民事再生を通常再生と呼称する場合があります）。個人の債務者で，将来において継続的又は反復して収入を得る見込みがあり，かつ，無担保債権が5000万円を超えない場合に，その保有する資産及び将来収益（将来収入）を基に（破産の固定主義と異なる点です），再生債権の一部（多くは80パーセントカットの20パーセント弁済）を原則3年間，最長5年内に弁済することで，残債務の免除を受ける手続です。原則型の小規模個人再生（民再221条以下）とサラリーマンのように給与等の定期収入のある者を想定した給与所得者等再生（民再239条以下）の2種類があります。また，住宅を保持しつつ経済的再生を図れるように，住宅ローンを払い続けている限り，別除権である担保権の実行を制限する住宅資金特別条項（民再196条以下）が利用されています（なお，住宅資金特別条項は，民事再生全般で利用できます）。多くの場合，住宅ローンは従前どおり弁済しつつ，他の再生債権は再生計画で権利変更しますので，例えば，100万円を3年分割弁済する場合，1ヵ月当たり2万7778円の弁済額となります。毎月の収入－生活費－住宅ローンの返済＝余剰分で2万7778円を捻出できれば，再生計画の履行可能性があることになります。この点，個人再生においては，最低弁済額として，清算価値保障原則（民再231条1項・174条2項4号・241条2項2号）だけでなく，再生債権額基準（民再231条2項3号・4号・241条2項5号。例えば，基準債権が100万円以上500万円以下の場合は100万円，500万円超1500万円以下の場合は5分の1（20パーセント）です）があり，給与所得者等再生では，再生計画案の決議を省略するため，可処分所得2年分（民再241条2項7号）も含め，最も高いものとされます。また，個人再生には，破産における免責不許可事由や資格制限はありません。なお，破産の非免責債権に相当する非減免債権が定められています（民再229条3項・244条）。

3　会社更生のイメージ →第4部第1章「会社更生」

　民事再生は，前述のとおり，主に中小企業の事業再生を図るために，原則として従前の経営者が経営でき（DIP型），再生債権の権利変更を行うところまで

で，基本的に株主権に変更を加えず，担保権は破産と同様に別除権としています。これに対し，会社更生は，同じく再建型の法的整理手続ですが，対象を株式会社に限定し，比較的規模の大きな企業を対象としています。事業の維持更生を図るため（会更1条），必ず管財人を選任し（会更42条1項・67条1項。原則として従前の経営者は事業の経営権を失います。例外的ですが，DIP型会社更生も行われています（会更67条3項参照）），原則として株主権にも変更を加え（通常，いわゆる100パーセント減資がされます。会更174条等），担保権も更生担保権として手続内に取り込み（会更2条10項），担保権の実行を制限します（会更47条1項・2条11項）。民事再生に比べ重たい手続ですが，改正によりかなり迅速な手続となりましたので，再建型の法的整理の手続選択は，事業再生を図る上で重要です。

社会的な耳目を集める事案が多く，日本航空，ウィルコム，林原，穴吹工務店，ロプロ，イカリソース，ニノミヤ，ハウステンボスなどで利用されました。

4 特別清算のイメージ →第4部第2章「特別清算」

解散した株式会社は，通常の清算手続により株主に残余財産の分配を行いますが，債務超過の場合，残余財産の分配はありませんし，貸借対照表上，資産と負債をいずれも0にしないと清算を結了できません（破産は，債務超過のまま手続を終えます）。そこで，特別清算の手続により，協定債権を協定に基づき権利変更し，債務超過を解消する方法があります（この点は，民事再生と似ています）。会社法に規定され（会社510条以下），破産とは異なる観点からの手続ですが，清算型の法的整理として，ソフトランディングしたい場合に利用されています（→トピック96「破産を決断する前に特別清算の検討」を（288頁），トピック97「特別清算の利用方法」（289頁））。

5 私的整理のイメージ →第4部第3章「私的整理」

以上は，倒産四法による法的整理で，いずれも裁判所を利用した債務整理手続でしたが，裁判外で，対象とする債権者全員の同意を得て，私的に債務整理を行うのが私的整理です。私的整理にも目指す方向により清算型と再建型があ

ります。このうち再建型の私的整理には、準則（ルール）が定められたものがあります。おおよその共通した手続としては、金融機関債権者を対象に、一時停止の要請を行い、第1回債権者会議において、私的整理に至った事情や資産・負債の状況、私的整理の方針の説明を行い、金融機関債権者に私的整理手続中は期限の利益を喪失しないようにしてもらいます。そして、財務、事業のデュー・デリジェンス（調査）を行った上で、事業再生計画案を作成し、第2回債権者会議で説明、協議し、第3回債権者会議で決議し、対象債権者全員の同意があれば成立し、1行でも反対があれば、不成立となります。

リスケジュール（返済期限の猶予），債権カット（債務免除），第二会社方式（事業譲渡や会社分割後，残った会社を清算），デッド・デッド・スワップ（DDS。債権の劣後債化），デッド・エクイティ・スワップ（DES。債権の株式化）等様々な手法が用いられています。

■最近15年間の倒産事件申立件数

新受件数 平成	破産	うち債務者種別 個人	うち債務者種別 法人その他	うち債権者申立て等	破産管財人選任率（％）	通常再生	個人再生	会社更生	特別清算
12年	145,858	139,590	6,260	651	9.5	662	—	25	352
13年	168,811	160,741	8,070	729	10.3	1,110	6,210	47	335
14年	224,467	214,996	9,471	866	10.5	1,093	13,496	88	336
15年	251,800	242,849	8,951	817	9.9	941	23,612	63	290
16年	220,261	211,860	8,401	859	11.0	712	26,346	45	326
17年	193,179	184,923	8,256	971	13.7	646	26,048	44	398
18年	174,861	166,339	8,522	819	17.0	598	26,113	14	400
19年	157,889	148,524	9,365	643	20.9	654	27,672	19	395
20年	140,941	129,883	11,058	729	27.0	859	24,052	34	385
21年	137,957	126,533	11,424	806	29.5	659	20,731	36	365
22年	131,370	121,150	10,220	600	29.2	348	19,113	20	365
23年	110,451	100,736	9,715	542	32.5	327	14,262	7	299
24年	92,554	82,901	9,653	542	35.9	305	10,021	24	259
25年	81,136	72,287	8,849	511	37.9	209	8,374	6	280
26年	73,368	65,393	7,975	456	39.7	165	7,668	4	309

＊司法統計，NBL1051号20頁以下，926号26頁以下から作成（平成26年は速報値）。
通常再生は，平成12年4月1日，個人再生は，平成13年4月1日施行

第 2 部

破　　　　　産

　条文に親しんでもらうのが一番と考え，あえて法律の構成と同じにしてあります（一部説明の便宜上移動しているものもありますが，移動したことを明示してあります。また，第1章総則は後回しにして第2章破産手続の開始から読んでいただけたらと思います）。次頁の2つの図をいつも意識しておいてください。
　コンパクトにまとめるようにしましたので，詳しく知りたいときは体系書や概説書を確認していただき，また戻ってきてもらえたらと思います。

■破産手続のイメージ

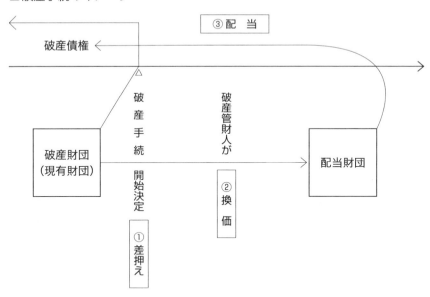

■破産手続の流れ

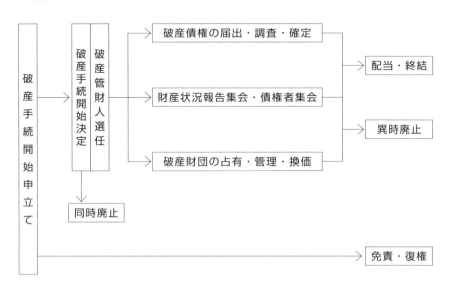

破産は，第1部の破産のイメージ（3頁）で見たとおり，原則として事業を解体清算し，裁判所が選任する破産管財人が債務者（破産者）の全財産を換価し，債権者平等原則の下，個別の権利行使が禁止された破産債権者に対し，平等に配当する清算型の法的整理手続です。自然人（個人）の破産者については，破産手続による公平な清算・配当の後，免責手続により，免責許可決定を受け，その確定をもって，破産債権の責めを免れ，経済的再生（リフレッシュスタート）を図ります。

　破産法1条に目的が定められ，支払不能又は債務超過にある債務者の財産等の清算に関する手続を定めること等により，債権者その他の利害関係人の利害及び債務者と債権者との間の権利関係を適切に調整し，もって債務者の財産等の適正かつ公平な清算を図るとともに，債務者について経済生活の再生の機会の確保を図ることを目的とします。主に，適正かつ公平な清算を行うのが破産手続，個人債務者の経済生活の再生の機会確保を図るのが免責手続ということになります。

　破産法は，旧商法破産編から旧破産法となり（大正12年施行），平成16年に全面的に改正され，現行破産法は，平成17年1月1日に施行されました。

第1章　総　　則　(破1条〜14条，破規1条〜12条)

　第1章「総則」は，最初に前述した破産法の目的を示し（破1条），定義規定を置き（破2条），次のような通則的な規定を置いています。以下，破産手続，個人の場合の免責手続，復権手続を含め，「破産手続等」と総称します（破3条参照）。

　まず，破産手続開始の申立ては，日本国内に営業所，住所等を有する場合に限定されます（破4条1項。国際倒産管轄）。外国人・外国法人は，破産手続等に関しては，日本人・日本法人と同一の地位を有します（破3条。内外国人平等の原則）。

　次に，管轄につき，職分管轄は地方裁判所とされ（破5条），土地管轄は，債務者が営業者であるときは，その主たる営業所の所在地を，営業者でないときは，その普通裁判籍の所在地を管轄する地方裁判所が管轄し（同条1項），専属

管轄です（破6条）。この点，親子会社（破5条3項・4項），連結親子会社（同条5項），法人と代表者（同条6項），個人で連帯債務者，主債務者と保証人，夫婦（同条7項）の場合，関連事件管轄が認められています。また，破産債権者数が500名以上の場合，高等裁判所所在地を管轄する地方裁判所にも申立てができ（同条8項），1000人以上の場合，東京地方裁判所又は大阪地方裁判所にも申立てができます（同条9項）。裁判所は，著しい損害又は遅滞を避けるため，職権で事件を移送できます（破7条）。

なお，破産事件が係属している地方裁判所のことを（広義の）「破産裁判所」といい（破2条3項。「再生裁判所」も同様です），破産事件を担当する裁判官により構成される裁判体を「裁判所」といいます（狭義の破産裁判所）。

破産手続等に関する裁判は，口頭弁論を経ないですることができ（任意的口頭弁論。破8条1項。書面や口頭の審尋により審査されます），裁判所は，職権で，必要な調査をすることができます（同条2項）。破産手続等に関する裁判につき利害関係を有する者は，破産法に特別の定めがある場合に限り，即時抗告できます（破9条）。公告は，官報に掲載してします（破10条1項。掲載依頼から約2週間後に掲載されています）。

利害関係人は，裁判所書記官に対し，裁判所に提出され，又は裁判所が作成した文書等の閲覧を請求することができ（破11条1項），謄写等も請求できます（同条2項）。時期的な制限があるほか（同条4項），閲覧等を行うことにより，破産財団の管理又は換価に著しい支障を生ずるおそれがある部分があることにつき疎明があった場合は，裁判所は，支障部分の閲覧等の制限ができます（破12条1項）。

破産手続等に関しては，特別の定めがある場合を除き，民事訴訟法の規定を準用し（破13条），破産規則にも定めがあります（破14条）。

第2章　破産手続の開始

第1節　破産手続開始の申立て （破15条〜29条，破規13条〜18条）

1　破産手続開始の申立て

破産手続は，破産手続開始の申立てがあり，裁判所が破産手続開始決定をすることで始まるのが原則です（破30条1項）。そして，債権者[*1]又は債務者[*2]は，破産手続開始の申立てをすることができます（破18条1項）。実務上，圧倒的多数は，債務者による自己破産申立てです（その多くは，弁護士が申立代理人となって申し立てています。⇒トピック**1**「申立代理人の重要性」（193頁），トピック**99**「破産申立代理人の心構え十箇条」（291頁），トピック**100**「よりよき倒産処理のために」（292頁））。債権者の個別の権利行使が禁止され，債権者平等原則の下，公平な分配が行われる破産手続を求めるためですが，自然人（個人）の場合，破産手続後に免責許可決定を受け，経済的再生を図るためでもあります（⇒トピック**2**「個人が破産する際の注意点」（194頁），トピック**3**「破産した際の不利益」（195頁））。債権者申立ての場合（⇒トピック**4**「債権者による破産申立て」（196頁），トピック**80**「債権者による破産申立てと民事再生申立て」（272頁））[*3]，その有する債権の存在及び破産手続開始原因事実を疎明する必要があります（同条2項）。濫用的な破産申立てを防ぐためです。また，法人の理事，取締役，業務を執行する社員又は清算人も破産の申立てができます（破19条1項・2項）。これを準自己破産といいます。この場合も，原則として破産手続開始原因事実の疎明が必要です（同条3項）。

　破産手続開始の申立ては，必要事項を記載した申立書を提出して行います（破20条1項，破規1条・13条・14条3項（添付書類）・15条（資料の提出の求め））。債権者申立て等の一部の場合を除き，債権者一覧表を提出する必要があります（破20条2項本文，破規14条1項・2項）。実務上，定型の破産申立書式があることが多いです。申立書についての審査があり，不備の補正処分，その後の補正命令に応じない場合，申立書は却下されます（破21条）。

[*1] 最決平成11・4・16民集53巻4号740頁〔百選12〕は，質権者には，取立権があり（民366条），債権質の設定者は，質権者の同意があるなど特段の事情のない限り，当該債権に基づき当該債権の債務者に対して破産申立てをすることはできないとしました。伊藤123頁。

[*2] 東京高決昭和57・11・30判時1063号184頁〔百選8〕は，一部債権者との間で，破産申立てをする場合には事前協議及び同意を要する旨の約定があっても，破産申立ては違法，無効とはならないとしました。伊藤124頁，概説324頁。

[*3] 最判昭和45・9・10民集24巻10号1389頁〔百選A1〕は，債権者による破産申立ては，裁判上の請求（民147条1項）の一種として時効中断効が認められているところ，その後に申立てが取り下げられ，時効中断効が失われても（民149条），催告の効力（民153条）は残るとしました。伊藤121頁，605頁。

また、破産手続の費用として、1000円（民訴費3条1項・8条・別表第一16項イ。免責許可申立ては別途500円（同17項ホ）。債権者申立ての場合2万円（同12項））の印紙の貼付のほか、裁判所が定める金額の予納が必要です（破22条1項。裁判所ごとに予納金の目安があります。東京地方裁判所や大阪地方裁判所では、破産管財人を選任する管財事件で最低20万円）。予納金は、官報公告費用のほか、破産管財人の報酬を確保するためです。予納命令に対しては、即時抗告をすることができます（同条2項）。国庫仮支弁の制度も定められています（破23条）[*4]。

2　破産能力

破産者は、債務者であって、破産手続開始決定がされているものをいいますが（破2条4項）、そもそも破産できるのか、という問題があり、これを破産能力といいます。破産能力とは、破産手続開始決定を受け得る債務者の資格、すなわち、破産者となり得る資格のことをいいます。通常、破産するのは自然人（個人）と法人のうち株式会社といった私法人ですから、この点が特段問題となることはありません。民事訴訟法における当事者能力と同様ということです（法人格なき社団・財団にも破産能力が認められます（破13条、民訴29条））。

問題となるのは、法人のうち公法人です。根源的統治団体とされる国や地方公共団体は破産能力がないとされています。一般の公法人については、破産能力を肯定する学説が有力です。この点、判例は、財産区につき、市町村の一部で公法人であるとして破産能力を否定しましたが[*5]、批判も多いところです。

また、相続財産（破222条以下）や信託財産（破244条の2以下）にも破産能力が認められています。

3　破産手続開始原因

債務者が支払不能にあるときは、裁判所は、破産手続開始の決定をします（破15条1項・30条1項）。また、支払停止は、支払不能にあるものと推定します（破15条2項）。債務者が法人の場合、債務超過も開始原因となります（破16条1項）。

支払不能とは、債務者が、支払能力を欠くため、その債務のうち弁済期にあ

[*4] 広島高決平成14・9・11金判1162号23頁〔百選A2〕は、旧法事件で、法人の自己破産の事案につき、仮支弁した費用を回収できる見込みがなければ、原則として仮支弁できず、公益上の要請が特に強いなどの例外的な場合に限り、仮支弁することができるとしました。伊藤116頁、133頁。

[*5] 大決昭和12・10・23民集16巻1544頁〔百選3〕。伊藤83頁、概説348頁。

るものにつき，一般的かつ継続的に弁済することができない客観的状態をいいます（破2条11項）。支払能力を欠いているかは，財産，信用及び労力から総合的に判断されます*6。財産はあっても換価困難な場合には支払能力を欠くとされ，逆に，財産はなくとも，信用及び労力があれば支払能力があるとされます*7。一般的とは，すべての債権に対する意味で支払能力を欠くことを意味し，継続的とは，一時的な手許不如意は除外する趣旨です。債務は，金銭債務に限られず，非金銭債務も含まれると解されています。また，弁済期の到来が要件とされています（否認の要件としての支払不能，支払停止（82頁）。⇒トピック5「支払不能，支払停止が問題となる場面」（197頁））。

支払停止とは，弁済能力の欠乏のために弁済期の到来した債務を一般的かつ継続的に弁済できないことを外部に表示する債務者の行為をいいます。支払不能は，債務者の客観的状態で，総合的な判断を要しますので，外部から容易に認識できない面があります。そこで，その判断を容易にするために，支払停止があると支払不能にあるものと推定しています（破15条2項）。

外部に表示する方法は，明示的な場合だけでなく，黙示的な場合も含まれます。実務上の典型は，弁護士が債務者の代理人となり破産申立てを行う旨の受任通知（介入通知）を出す場合です（⇒トピック6「受任通知の意味するところ」（198頁））。他にも，店頭に張り紙をしたり，夜逃げも含まれます。また，手形の不渡りを出し銀行取引停止処分を受けた場合があります（1回目の手形不渡りから6ヵ月以内に2回目の手形不渡りを出すと，銀行取引停止処分を受けますが，実務上，1回目の手形不渡りをもって支払停止と認定されることが多いでしょう）。一般的かつ継続的に弁済できない場合ですから，一時的な手許不如意の表明は該当せず，逆に，支払停止後に，部分的な弁済があったとしても，支払停止は否定されません*8。

債務超過とは，債務者が，その債務につき，その財産をもって完済することができない状態をいい，債務者が法人である場合，付加的な破産手続開始原因

---

* 6 　東京高決昭和33・7・5金法182号3頁〔百選4〕。伊藤107頁。
* 7 　東京地決平成3・10・29判時1402号32頁〔百選5〕は，債権者申立ての事案で，不法行為による損害賠償請求権を認めた上で，支払不能を肯定しました。
* 8 　福岡高決昭和52・10・12判時880号42頁〔百選6〕は，銀行取引停止処分を受け支払停止となった後に，部分的な弁済があっても支払停止を解消したとはいえず，財産も換価困難で支払能力を欠くと判断しました。伊藤107頁，111頁。

となります（破16条1項）。資産の総額を負債（弁済期の到来していないものも含まれます）の総額が上回っている場合，株式会社のような物的会社では，法人の財産のみが引当となりますので，その減少を防止する意味があります。なお，存立中の合名会社及び合資会社には，無限責任社員が存在することから適用されません（同条2項）。当該法人の財産のみで判断し[*9]，信用や労力は含みません。ただ，法人に信用があり支払不能でないのに，債務超過を理由に債権者申立てが可能となりかねないため，資産の評価は，清算価値ではなく，継続企業価値とすべきとされています（伊藤115頁，概説358頁参照）。

4　保全処分

　破産手続開始の申立て（破18条1項）から破産手続開始決定（破30条1項）までの間，審理のためのタイムラグがあることから，破産手続開始決定の効果である破産債権者の個別の権利行使禁止と債務者の財産管理処分権の制約を前倒しておかなければ，破産の目的を達成できないおそれがありますので，各種保全処分が定められています（民事再生の場合に特に必要です。民事再生の保全処分（120頁）参照）。

　破産手続開始の申立てからこれに対する決定があるまでの間に発令できる保全処分としては，①他の手続の中止命令等（破24条），②包括的禁止命令（破25条），③仮差押え，仮処分その他の保全処分（破28条）があります（詳細は，民事再生の保全処分（120頁）参照）。

　この他にも，同じ期間に発令できるものとしては，④保全管理命令（破91条。保全管理人（56頁）参照），⑤否認権のための保全処分（破171条。否認権の行使（89頁）参照）があります。期間的に破産手続開始後も発令可能なものとして，⑥法人の役員の財産に対する保全処分（破177条。法人の役員の責任の追及等（92頁）参照）があります（なお，破産の場合，民事再生における担保権の実行手続の中止命令（民再31条）に相当する規定はありません）。

　破産手続開始の申立てをした者は，破産手続開始決定前に限り，申立てを取り下げることができますが（破29条前段），各種保全処分を受けた後は，裁判所

[*9]　東京高決昭和56・9・7判時1021号110頁〔百選7〕は，債務超過は法人の資産のみで判断し，代表者の個人保証や担保提供は考慮しないとしました。伊藤115頁。

の許可が必要です（同条後段）。

　実務上，早期に破産手続開始決定がされ，破産手続開始決定前の段階で特に保全処分を要しない事案がほとんどで（申立ての当日に破産手続開始決定される事案もあります），例外的に中止命令や保全管理命令が発令されることがある程度です。

第2節　破産手続開始の決定（破30条～33条，破規19条～22条）

　裁判所は，破産手続開始の申立てがあった場合において，破産手続開始原因事実があると認めるときは，棄却事由に該当し，申立てを棄却する場合を除き，破産手続開始の決定をします（破30条1項，破規19条1項（裁判書を作成））[10]。そして，その決定の時から，効力を生じます（破30条2項，破規19条2項（裁判書には決定の年月日時を記載））。同時に，一人又は数人の破産管財人を選任し，かつ，①破産債権の届出期間，②財産状況報告集会期日，③債権調査期間（一般調査期間）又は債権調査期日（一般調査期日）を定めます（破31条1項。同時処分）。ただ，破産財団をもって破産手続の費用を支弁するのに不足するおそれがあると認めるとき，すなわち破産配当ができず異時廃止（破217条1項前段）になる可能性がある場合は，①及び③を定めないことができます（破31条2項。実務上，留保型といいます。なお，配当が可能になった場合には，①及び③を定めます（同条3項））。②についても，裁判所は，知れている破産債権者の数その他の事情を考慮し，定めないこともできます（同条4項。実務上，非招集型ともいいます）。破産債権者1000名以上の大規模事件の例外もあります（同条5項）。また，付随処分として，裁判所は，破産手続開始決定の主文，破産管財人の氏名又は名称，債権届出期間及び一般調査期間又は期日等を公告し（破32条1項），破産管財人，破産者及び知れている破産債権者等に通知します（同条3項）。

　この点，裁判所は，破産財団をもって破産手続の費用を支弁するのに不足すると認めるときは，破産手続開始決定と同時に，破産手続廃止決定をします（同時廃止。破216条1項。破産手続の終了（100頁）参照）。この場合，破産手続開始決

---

[10]　最決昭和45・6・24民集24巻6号610頁〔百選1①〕は，破産手続は純然たる訴訟事件に該当せず，口頭弁論を経ずにされた破産宣告決定（旧法）は憲法の公開主義に反しないとしました。伊藤164頁，概説14頁，360頁。

定後の破産手続は行われませんので,破産管財人も選任されません。個人(消費者)の自己破産の場合の多くは同時廃止で終了し,免責手続に進んでいます(⇒トピック**7**「同時廃止と破産管財の振分基準」(199頁))。

破産手続開始の申立てについての裁判に対しては,利害関係人は即時抗告をすることができます(破9条・33条1項。破産手続開始決定の取消しにつき,同条3項)[*11]。株式会社が破産手続開始決定を受けた場合の株主は,開始決定によって法律上の利益が直ちに害されるべき利害関係人には該当しないとされています[*12]。

第3節 破産手続開始の効果

第1款 通 則(破34条〜46条)

1 破産手続開始の効果

破産手続開始の効果は,債権者,債務者,他の関連する手続に及びます。

まず,債権者の面では,破産債権者(破2条5項・6項)は,個別の権利行使が禁止され,破産手続によらなければ,行使することができなくなります(破100条1項)。強制執行等も禁止されます(破42条1項)。破産債権の届出,債権調査,確定の手続を経て,平等な配当を受けることになります。

次に,債務者は破産者となり(破2条4項),破産手続開始時に有する一切の財産は破産財団(破34条1項。破産財団の範囲(24頁)参照)とされ,破産者はその管理処分権を失い,裁判所から選任される破産管財人(破31条1項・74条1項)に専属します(破78条1項)。また,破産者への人的効果として,説明義務(破40条1項1号。説明義務は,破産者の代理人,取締役等,破産者の従業員(裁判所の許可がある場合に限られます)にも課せられています(同条)),重要財産開示義務(破41条)を課せられます(自然人(個人)の場合,免責不許可事由(破252条1項11号)。罰則は,破268条1項・269条)。通信の秘密の制限(郵便物等の管理。破81条・82条)もありま

[*11] 最決平成13・3・23判時1748号117頁〔百選14〕は,破産手続開始決定の送達を受けた破産者の即時抗告期間も破産手続開始決定の公告のあった日から起算して2週間とし,この期間前の即時抗告も可能としました。伊藤181頁。

[*12] 大阪高決平成6・12・26判時1535号90頁〔百選13〕は,株式会社は破産が解散事由ですが(会社471条5号),破産手続開始決定により直ちに株主権が消滅したり,自益権や共益権に変更が生じたりすることはないとしました。

す。法人の場合，破産手続開始決定により解散しますが（会社471条5号等），通常の清算手続ではなく，破産手続により清算し，破産手続の終了まで清算目的で存続します（破35条）。破産管財人は，裁判所の許可を得て，破産者の事業を継続することができます（破36条）。個人の場合，居住制限があり，裁判所の許可を得なければ，その居住地を離れることができません（破37条1項）。また，裁判所は，必要と認めるときは，破産者の引致を命ずることができます（破38条1項）。各種法令上の資格制限があります（復権（111頁）参照）。

他の手続への影響としては，前述のとおり，破産財団に属する財産に対する強制執行，仮差押え，仮処分等は禁止されます（破42条1項）。既にされているものは，破産財団に対してはその効力を失います（同条2項本文。破産管財人による強制執行手続の続行は同項但書。⇒トピック**8**「差押えを受けた第三債務者（給料債権）」(200頁))*13。財産開示手続についても同様です（同条6項）。強制執行等は，破産債権に基づくものだけでなく，財団債権に基づくものも含みます。この点，国税滞納処分は，破産手続開始後は禁止されますが（破43条1項），既にされている場合は，破産手続開始後の続行を妨げられません（同条2項）。破産財団に関する訴訟手続は，中断します（破44条。破産財団に関する訴えの取扱い（27頁）参照）。

2　破産管財人の法的地位——破産管財人の第三者性

破産管財人は，裁判所から選任され（破31条1項・74条1項。破産管財人（53頁）参照），破産者の破産財団に属する財産の管理処分権が専属しますので（破78条1項），破産手続開始前の法律関係における破産者の地位を引き継ぐ立場にあります（破産者又はその一般承継人と同視されます）。

また，破産債権者は，破産手続開始決定により個別の権利行使を禁止されますので（破100条1項），破産管財人は，破産債権者の利益代表者としての立場で，破産財団を管理処分し，配当することになります。債権者が個別に差押えをするところ，いわば包括的に差押えしていることになるわけです。そこで，破産管財人は，差押債権者と同視され，対抗関係における「第三者」に該当することになります（民177条・178条・467条2項等。なお，545条1項但書)*14。すなわち，第三

---

*13　最判昭和45・1・29民集24巻1号74頁〔百選A8〕は，破産手続開始決定により失効した仮差押えに対する第三者異議の訴えは，訴えの利益を欠き不適法で，取戻権を行使すべきとしました。伊藤411頁，414頁，概説192頁，363頁。

者対抗要件を具備していないと，破産管財人に対抗できないということです（⇒トピック**9**「取戻権と第三者対抗要件の具備」(201頁)）。また，破産管財人は，善意者保護規定（民94条2項・96条3項）の第三者にも該当し，破産債権者の一人でも善意であれば，相手方は，その無効や取消しを主張できないと解されています。

さらには，法が破産管財人に特別の地位を与えている場合があります（例えば，双方未履行双務契約における解除権（破53条1項）。双方未履行の双務契約の規律の意味（29頁）参照）。

このように，破産管財人には，様々な地位がありますが，その法的地位をどのように理解するか従前から議論があります。この点，近時の多数説は，管理機構人格説で，破産財団に属する財産について管理処分権を行使する，管理機構たる破産管財人自身に法人格を認めようとする見解です。破産財団の権利主体性の有無，財団債権の債務者，否認権の主体などの法律関係を合理的に説明できるとされています（以上につき，伊藤199頁，326頁，概説187頁，203頁，371頁参照）。

3　破産財団の範囲

破産財団とは，破産者の財産又は相続財産若しくは信託財産であって，破産手続において破産管財人にその管理処分権が専属するものをいいます（破2条14項）。そして，破産者が破産手続開始時において有する一切の財産（日本国内にあるかどうかを問いませんので，在外資産も含まれます）は，破産財団となります（破34条1項）。ここからは，破産者の財産を前提とします。

破産財団には，①法定財団，②現有財団，③配当財団の3つがあります。①法定財団は，法の予定する破産財団，②現有財団は，現に破産管財人が管理する破産財団，③配当財団は，配当原資となる破産財団をいいます。破産管財人は，②現有財団を①法定財団に一致させられるように努め，これを換価して，③配当財団を形成していきます（⇒トピック**10**「法定財団と現有財団の関係」(202頁)）。

破産財団であるためには，まず，破産者の財産であることが必要です。この

---

*14　最判昭和48・2・16金法678号21頁〔百選17〕は，破産管財人が旧建物保護法1条（借地借家法10条1項）の第三者に該当し，破産手続開始前（判示では破産の登記前）に建物の所有権保存登記を経ていないことから，土地賃借権を破産管財人に対抗できないとしました。伊藤330頁，341頁。また，最判昭和58・3・22判時1134号75頁〔百選18〕は，破産管財人が指名債権譲渡における民法467条2項の第三者に該当し，破産手続開始前に確定日付のある証書による通知又は承諾がないと譲受人は破産管財人に対抗できないとしました。伊藤331頁。

点は，民法等の私法の一般原則に従うことになりますが，破産手続開始決定が包括的な差押えの意味を持ち，破産管財人は債権者の代表として差押債権者の立場となることから，破産管財人の第三者性の議論があります（破産管財人の法的地位――破産管財人の第三者性（23頁）参照。⇒トピック❾「取戻権と第三者対抗要件の具備」（201頁））。

次に，破産手続開始時に有する財産に限定しています。破産債権（破産者に対し破産手続開始前の原因に基づいて生じた財産上の請求権。破2条5項）に対する引当てとなる責任財産を破産手続開始時で固定したことになります（固定主義）。自然人（個人）については，破産手続開始後の新得財産は自由財産となります。ただ，破産者が破産手続開始前に生じた原因に基づいて行うことがある将来の請求権（例えば，退職金債権の差押可能部分（破34条2項・3項2号本文，民執152条2項で4分の1相当分）*15）は破産財団に帰属します。なお，法人破産の場合，その全財産が破産財団となります（次の差押禁止財産も適用されません）。

また，差押可能な財産に限られます。債権者が個別の権利行使をする際の個別執行でも差押禁止財産がありますので（民執131条・152条），破産法でも同趣旨となります（破34条3項）。

そして，日本国内に限らず，在外資産も破産財団となります（同条1項括弧書）。かつては，国内の財産に限定する属地主義が採られていましたが，普及主義が採用されています。

4　自由財産

前述のとおり，破産者が破産手続開始時において有する一切の財産が破産財団となります（破34条1項）。このことは，破産債権（破産者に対し破産手続開始前の原因に基づいて生じた財産上の請求権。破2条5項）に対する引当てとなる責任財産を破産手続開始時で固定したことになります（固定主義）。

このことから，個人の債務者を念頭に置くと，①破産者が破産手続開始後に得た給料等の財産（新得財産）は，破産財団にならず，破産者が自由に管理処分できる「自由財産」となります。破産手続開始後に相続が発生した場合も新

---

*15　福岡高判昭和59・6・25判夕535号213頁〔百選A3〕は，債務者の財産の保全処分（破28条）の対象につき，支給前の退職金債権のうち破産財団を構成する4分の1相当分に限定しました。伊藤141頁，239頁。

得財産となります（⇒トピック**11**「相続と破産」(203頁)）。膨張主義を採らず，固定主義を採用していることは，個人の経済的再生を図るために重要なことです。この点，個人再生が将来収益（将来収入）を再生債権の弁済原資として想定していることとは異なります（個人再生のイメージ（10頁）参照）。

また，破産手続開始時の破産者の財産の中でも破産財団にならないものがあります（「一切の財産」とありますが，例外があるのです）。②差押禁止財産という意味での自由財産で，99万円以下の金銭（現金）と差押禁止財産（民執131条・152条。年金や家財道具）があります（破34条3項。法定の自由財産であり，実務上，本来的自由財産と呼んでいます）。99万円は，民事執行法131条3号に規定する額（標準的な世帯の2ヵ月分の必要生計費を勘案して政令で認める額）である66万円の1.5倍となります。この点も，個人の経済的再生のために重要です。なお，差押禁止動産でも差押えが許されたもの（民執132条1項・192条）及び破産手続開始後に差押可能となったものは除かれます（破産財団となります。破34条3項2号但書。この点，慰謝料請求権は，行使上の一身専属性を有し，差押えの対象外ですが，具体的な金額が当事者間で客観的に確定したときは，金銭債権として差押えが可能となるとされています＊16）。

さらに，破産財団に帰属したとしても，その後に破産管財人が破産財団から放棄した場合には，その③破産財団から放棄された財産は破産者の管理処分権に戻るという意味で自由財産となります（破78条2項12号）。

法人破産の場合，すべての財産が破産財団となり，法人には自由財産は認められないと解されていますが，実務上，破産管財人が破産財団から放棄（実体的な権利の放棄ではなく，管理処分権の放棄という意味です）した財産は，代表者不在の清算法人に戻ることになりますので，これを自由財産とするかは別として，存在することになります（別除権と別除権者の手続参加（41頁）参照。⇒トピック**12**「権利の放棄」(204頁)）。

5　自由財産の範囲の拡張

破産者の経済的再生，生活保障の観点からは，前述した本来的自由財産（破34条3項）だけでは十分でないことから，裁判所は，破産手続開始決定時から

＊16　最判昭和58・10・6民集37巻8号1041頁〔百選23〕は，名誉毀損による慰謝料請求権の事案で，具体的な金額が客観的に確定する前に死亡したときも行使上の一身専属性は失われるとしました。伊藤243頁，概説552頁。

当該決定確定日以後1ヵ月を経過する日までの間，破産者の申立てにより又は職権で，決定で，破産者の生活の状況，破産手続開始時において破産者が有していた本来的自由財産の種類及び額，破産者が収入を得る見込みその他の事情を考慮して，破産財団に属しない財産（自由財産）の範囲を拡張することができます（同条4項。⇒トピック❸「自由財産拡張の運用基準」(205頁)）。裁判所は，この決定をするに当たっては，破産管財人の意見を聴く必要があります（同条5項）。申立てが却下された場合は，破産者は，即時抗告できます（同条6項）。自由財産の範囲の拡張決定に対しては，不服申立てはできません。

6　破産財団に関する訴えの取扱い

破産手続開始決定があると，破産者を当事者とする破産財団に関する訴訟手続は中断します（破44条1項）。破産債権者は個別の権利行使を禁止され（破100条1項），破産財団に属する財産の管理処分権が破産管財人に専属し（破78条1項），破産者が当事者適格を失うからです（⇒トピック❹「破産債権・再生債権に関する訴訟の帰趨」(206頁)）。

破産管財人は，中断した訴訟のうち破産債権に関しないものを受継できます（破44条2項前段）。この場合，相手方も受継申立てができます（同項後段）。破産債権に関しては，その後，債権届出，調査，確定の手続に進むことから，破産管財人が破産債権に関する訴訟を直ちに受継することはできません[*17]。なお，破産財団に関する事件で行政庁に係属するものにつき準用されています（破46条）。

財団債権に関する訴訟（例えば，労働債権の請求訴訟）は，破産財団に関する訴訟手続として中断し，破産管財人は受継できます。自由財産に関する訴訟（例えば，慰謝料請求訴訟），身分関係に関する訴訟（例えば，離婚訴訟），法人の組織法上の事項に関する訴訟（例えば，株主総会決議取消訴訟）は，破産財団に関する訴訟手続には該当しませんので，中断しないことになります。

破産債権者又は財団債権者が提起した債権者代位訴訟（民423条）及び詐害行

[*17]　最判昭和59・5・17判時1119号72頁〔百選81〕は，賃貸借契約終了による建物収去土地明渡請求（取戻権又は財団債権）及び破産手続開始後の賃料相当損害金請求（財団債権）の受継を認め，破産手続開始前の賃料相当損害金請求分は破産債権として受継を認めませんでした。伊藤406頁。

為取消訴訟（民424条）が破産手続開始当時係属するときは，その訴訟は中断します（破45条1項）。代位や取消しの対象は，破産財団に属する財産で，その管理処分権は破産管財人に専属するからです（本来の意味での責任財産の回復となります。なお，債権者代位権の転用型については，類型ごとに検討が必要です（伊藤408頁，概説364頁，424頁（民事再生）参照））*18。破産管財人は，当該訴訟を受継でき，相手方も受継申立てできます（同条2項）*19。破産管財人が詐害行為取消訴訟を受継した後は，否認訴訟に訴えを変更して進行します。破産管財人は，別途否認の請求や否認訴訟を提起することもできますが，相手方が受継申立てした場合に受継を拒絶できるかは争いがあります（概説364頁は肯定，伊藤407頁は否定）。

第2款　破産手続開始の効果（破47条〜61条）

1　破産手続開始の効果（開始後の各種行為）

破産手続開始決定により，破産財団に属する財産の管理処分権は破産管財人に専属しますので（破78条1項），破産者が破産手続開始後に破産財団に属する財産に関してした法律行為は，破産手続との関係では，その効力を主張できません（破47条1項。⇒トピック**15**「破産手続開始後の破産者の行為を防止するために」（207頁））*20。ここでいう法律行為は，広く，権利義務の発生・移転・消滅をもたらす行為が該当するとされています。破産者が破産手続開始日にした法律行為は，開始後にしたものと推定されます（同条2項）。また，破産手続開始後に破産財団に属する財産に関して破産者の法律行為によらないで権利を取得した場合も破産手続との関係では，その効力を主張できません（破48条1項）*21。

---

*18　今後の債権法改正により，転用型のうち，登記又は登録の請求権を保全するための債権者代位権が規定され（改正民法案423条の7），訴訟の中断を定める破産法45条にも追加される予定です。

*19　東京地決平成12・1・27金判1120号58頁①事件〔百選22〕は，株主代表訴訟につき，債権者代位訴訟と性質を同じくするとして，訴訟は中断し，破産管財人が受継できるとしました。伊藤409頁。

*20　最判昭和36・10・13民集15巻9号2409頁〔百選99〕は，更生事件で，更生手続開始，管財人選任後に代表取締役が締結した事業設備の売買契約につき，更生手続の関係において無効であるにとどまり（会更54条1項），更生手続廃止後は有効となるとしました。伊藤337頁。

*21　最判昭和54・1・25民集33巻1号1頁〔百選73〕は，対抗力ある賃借権の負担が存在し（破56条1項），転貸できる旨の登記がある場合に，これに基づき破産手続開始後に転貸されたとしても，特段の事情がない限り，本条にいう権利の取得には該当しないとしました。伊藤339頁，概説197頁。

不動産又は船舶に関し破産手続開始前に生じた登記原因に基づき開始後にされた登記又は不動産登記法105条1号仮登記は，破産手続との関係では，その効力を主張できません（破49条1項本文）。ただし，善意の登記権利者がした登記等は効力を主張できます（同項但書）。登録等にも準用されます（同条2項）。この点，不動産登記法105条1号仮登記は，権利変動の実体的要件が破産手続開始前に充足されていますが，同条2号仮登記は，権利変動のための請求権を保全するためのもので，破産手続開始前の2号仮登記に基づき破産手続開始後に本登記請求できるかについては争いのあるところですが，本登記請求できるとする見解が有力です（伊藤343頁，概説199頁参照）*22。

破産手続開始後に，その事実を知らないで破産者にした弁済は，破産手続の関係においても，その効力を主張することができ（破50条1項），その事実を知って破産者にした弁済は，破産財団が受けた利益の限度においてのみ，破産手続の関係において，その効力を主張することができます（同条2項）。

破産法49条及び50条の適用については，破産手続開始の公告（破32条1項）の前は善意と推定し，公告後は悪意と推定します（破51条）。

共有者の一部が破産したときは，分割をしない旨の定めがある場合でも共有物分割請求をすることができます（破52条1項，民258条）。他の共有者は，相当の償金を支払って破産者の持分を取得することができます（破52条2項）。

2　双方未履行の双務契約の規律の意味

例えば，動産の売買契約において，売主が買主に先に動産を引き渡し，代金支払前に買主が破産すると，売主の売買代金債権は破産債権となり（⇒トピック**16**「商品（動産）の買主が破産した場合」（208頁）），倒産リスクを引き受けていることになります（一方既履行の場合）。この点，破産手続開始時に売主，買主が共にまだその履行を完了していない場合（双方未履行の場合），破産管財人は，契約を解除するか，破産者の債務を履行して相手方の債務の履行を請求することができます（破53条1項）。相手方は，破産管財人に対し，相当の期間を定め，その期間内に解除又は履行を選択するか確答すべき旨を催告でき（確答催告権），

---

*22　最判昭和42・8・25判時503号33頁〔百選Ａ7〕は，農地を購入したが，知事の許可を得ていなかったため，所有権移転請求権保全仮登記（2号仮登記）をしていた事案で，破産管財人に対する本登記請求を認めました。伊藤344頁，概説200頁。

破産管財人が期間内に確答しない場合，解除したものとみなされます（同条2項）。破産管財人が解除した場合，相手方は，損害賠償につき破産債権者となり（破54条1項・97条8号），反対給付が破産財団中に現存するときは，その返還を請求でき，現存しないときは，その価額について財団債権者となります（破54条2項）。破産管財人が履行を選択した場合，相手方の有する請求権は財団債権となります（破148条1項7号。次項の売買契約がわかりやすいでしょう）*23。

平常時（平時）にはない規律ですが，対価的牽連関係にある当事者の公平に配慮し，破産管財人が履行を選択した場合の相手方の請求権を破産財団から財団債権に格上げした面と，同時履行の抗弁権又は不安の抗弁権により，両すくみ状態となることを解消するために，破産管財人に法定の解除権を付与した面があります（学説については，伊藤350頁以下，概説208頁以下参照）。

なお，判例は，契約当事者双方の公平を図りつつ，破産手続の迅速な終結を図るための制度で，契約を解除することによって相手方に著しく不公平な状況が生じるような場合には，破産管財人は解除権を行使できないとしています*24。

以下，実務上問題となる契約類型を個別に説明していきます（⇒トピック**17**「双方未履行双務契約の規律による解除の可否」（209頁））。

3 売買契約

売買契約は締結されていたものの，双方の履行がされる前に，売主又は買主に破産手続開始決定があった場合，売主が財産権移転義務を，買主が代金支払義務を負い（民555条），これが対価関係にありますので，双方未履行の双務契約の規律が及ぶ典型的な場面となります。

---

*23 最判昭和56・12・22判時1032号59頁〔百選A12〕は，更生事件で，登録のある自動車の所有権留保特約付ローン提携販売（売主が連帯保証人となり，買主が金融機関から融資を受ける方法）で，金融機関に保証債務を履行した売主が，買主に対する求償債権と所有権移転（登録の移転）の履行が双方未履行双務契約に該当し，求償債権が共益債権となるか争われた事案で，対価関係になく，更生担保権となるとしました。伊藤358頁，概説212頁。

*24 最判平成12・2・29民集54巻2号553頁〔百選80①〕は，預託金会員制ゴルフクラブの会員が破産し，破産管財人が解除の上，預託金を請求した事案で，ゴルフ場経営会社は預託金の即時返還を強いられ，会員はゴルフ場施設利用権を失うだけで，甚だ両者の均衡を失している，年会費の支払義務は，会員契約の本質的・中核的なものではなく，付随的なものにすぎないなどとして，著しく不公平な状況が生じ，解除はできないとしました。なお，最判平成12・3・9判時1708号123頁〔百選80②〕は，年会費の定めはなく，ゴルフ場施設利用料金支払義務は利用時に発生するもので，会員側に未履行債務はないとして，解除はできないとしました。伊藤350頁，355頁，概説211頁から214頁。

売主が破産した場合，破産管財人は，解除か履行を選択することになりますが（破53条1項），履行を選択するには，売買対象の商品が必要ですので，これがなければ，解除を選択することになります。買主に損害が発生した場合，破産債権となります（破54条1項・97条8号）。破産財団に対象商品があれば，履行を選択し（100万円を超える場合は裁判所の許可が必要です。破78条2項9号・3項1号，破規25条），買主に商品を引き渡し（財団債権。破148条1項7号），代金債権を破産財団所属財産として買主から回収し，破産財団を増殖します。

買主が破産した場合，破産管財人としては，売買対象の商品を破産財団に組み入れた後に購入代金より高額で売却できる見込みがなければ，解除を選択することになります。高額で売却可能であれば，履行を選択して，代金債権を財団債権として弁済し，対象商品の引渡しを受けた上で，これを転売し，代金の差額を破産財団に組み入れることで破産財団を増殖させます。

いずれの場合も解除を選択することが多いですが，確答催告権に対し破産管財人が確答しない場合も，解除したものとみなされます（破53条2項）。

4　賃貸借契約

(1)　賃借人の破産

賃貸借契約は，賃貸人が目的物を使用収益させる義務を，賃借人がこれに対する賃料を支払う義務を負い（民601条），これが対価関係にある双務契約ですので，破産手続開始時において双方未履行の双務契約となり，破産法53条1項の適用があり，破産管財人は，解除か履行かを選択できることになります（⇒トピック⑱「賃借人が倒産したら」（210頁））。

この点，旧法下では，賃貸人も解約の申入れが認められていましたが（旧破621条），借地借家法上，解約には正当事由が必要とされているところ，賃借人の破産という事情のみで解約できるとすることに批判が強く削除されました[*25]。

破産管財人が破産法53条1項に基づき解除（解約）を選択すると，賃貸人の損害賠償請求権は破産債権となります（破54条1項・97条8号（破産手続開始後の原因に基づいて生じています））。破産手続開始前の未払賃料は破産債権となり（破2

[*25]　最判昭和48・10・12民集27巻9号1192頁〔百選A13〕は，旧法事件で，旧破産法621条により賃貸人が解除しても，転借人との関係では，その効力を生ぜず，転借権は消滅しないとしました。

条5項），破産手続開始後契約終了までの賃料は財団債権（破148条1項8号），契約終了後明渡しまでの賃料相当損害金も財団債権（破148条1項4号又は5号）となります。

破産管財人が履行を選択した場合，破産手続開始後の賃料は財団債権となります（破148条1項7号）。この点，破産手続開始前の未払賃料も財団債権となる見解もありますが，賃料は日々発生するものですので，破産債権となります。

この規律は，個人の破産者が居住用建物を賃借している場合には，別途の考慮が必要です。敷金返還請求権が自由財産拡張される（破34条4項）ことで賃貸借契約も自由財産関係にあるとして，破産管財人の解除権は制限されることになります（賃貸借契約を破産財団から放棄したとの理解も可能でしょう）。破産者個人が賃料を支払い賃貸借契約を継続します。なお，賃借人が破産した場合に当然解除の特約条項（倒産解除特約）が規定されている場合も，破産の事実自体では信頼関係が破壊されるわけではありませんので，この特約条項の効力は否定されています。

賃貸借契約に付随して敷金契約がありますが，この賃借人から賃貸人に対する敷金返還請求権は，破産財団を構成する債権となります。この点に関連して，事業用賃借物件の解除の場面で，違約金条項が適用されるか（⇒トピック**19**「違約金条項適用の可否」(211頁)），原状回復請求権が財団債権となるか（⇒トピック**20**「原状回復請求権の法的性質」(212頁)）が問題となります。

(2) 賃貸人の破産

賃貸人の破産の場合，賃貸人の破産管財人が破産法53条1項に基づき解除できるとすると，賃借人は自分と関係のない賃貸人の破産により賃借物件を失うことになり，酷な結果となりますので，法は保護を図っています（破56条1項。⇒トピック**21**「賃貸人が倒産したら」(213頁)）。賃借人に賃借権の登記がある場合（民605条），建物所有目的の借地上に賃借人名義で登記した建物がある場合（借地借家10条1項），借家で賃借人が建物の引渡しを受けている場合（借地借家31条1項）など賃借権につき第三者対抗要件を具備している場合には，破産法53条1項，2項は適用されませんので，破産管財人は賃貸借契約を解除することはできません。賃借人の請求権（使用収益権のほか，修繕請求権（民606条1項）や必要費償還請求権（民608条1項）等も含まれます）は財団債権となります（破56条2項。民

事再生でも同様。民再51条で準用。⇒トピック㉒「賃借人と担保権者の関係」(214頁))。これに対し，賃借人が前述した第三者対抗要件を具備していない場合や動産の賃貸借の場合は，破産管財人は解除を選択できます(破53条1項)。

　敷金契約は賃貸借契約に付随しますが，別個の契約ですので，敷金返還請求権は，財団債権(破56条2項)とはならず，破産債権となります(破2条5項)。そして，敷金返還請求権は，賃貸借契約終了後，賃借物件の明渡しをすることを停止条件とする停止条件付破産債権と解されていますので，賃料債務と相殺することはできませんが，後に相殺するために，破産管財人に賃料債務を弁済する際に寄託請求できます(破70条後段。⇒トピック㉓「賃料の寄託請求」(215頁))。

　また，賃料の前払い，賃料債権の処分につき，旧法63条は，当期及び次期に関するものを除き破産債権者に対抗できないとしていましたが，資産の流動化・証券化の流れから，現行法では削除されました。この点，否認対象となる場合もありますが，有効な場合，破産財団に収入がなく，管理費用の負担だけとなり，破産管財人は，破産財団からの放棄をせざるを得ない場合があります。

　賃借人が敷金返還請求権のほかに貸金債権や売掛金債権を有していた場合，旧法103条は，当期及び次期に限定していましたが，現行法では削除されましたので，賃料債務の期限の利益を放棄することにより，無制限に相殺できることになりました。前述したとおり，敷金返還請求権では相殺できません。

5　請負契約

(1)　請負人の破産

　請負契約は，請負人が仕事の完成義務を，注文者が報酬の支払義務を負い(民632条)，これが対価関係にある双務契約ですので，破産手続開始時において双方未履行の双務契約となります。請負人の破産の場面においては，特別の規定はなく，破産法53条1項の適用があるか旧法時代から争いがありました。請負は，個人の職人による代替性のないもの(破産管財人が履行選択できないもの)から，建築会社による建築請負まで幅広くあり(⇒トピック㉕「建物建築請負契約の処理」(217頁))，否定説，肯定説，二分説とありましたが，判例は，仕事が破産者以外の者において完成することができない性質のものでない限り，破産法53条の規律が適用されるとしました[*26]。

　破産管財人が解除を選択した場合，請負工事が可分で，既履行部分につき当

事者が利益を有するときは、未完成部分についてのみ解除できると解されていますので、破産管財人は、完成済みの出来高部分の報酬を注文者に請求でき、注文者の損害賠償請求権は破産債権となります（破54条1項）。

　この点、注文者が請負人に対し、一部前渡金があり（全額前払いの場合は、一方既履行となります）、出来高精算しても残額があった場合（すなわち、前渡金超過の場合）につき、判例は、対価的牽連関係を重視し、この注文者の前渡金返還請求権を財団債権と解しています（同条2項。問題状況は、⇒トピック26「請負人の倒産で前渡金があった場合」(218頁) 参照）*27。

　また、未完成の残工事につき注文者側で超過費用が発生した場合、破産管財人の出来高部分の報酬請求に対し、注文者はその損害賠償請求権を自働債権として相殺できるかの問題も生じます（破72条1項1号で相殺禁止でしょう）。

　また、請負契約において、違約金条項が定められていた場合、破産管財人が破産法53条1項に基づき契約を解除したときにも適用されるのか争いがあります。約定解除権ではなく、破産法が認めた法定解除権であることの趣旨をどう評価するかにかかってくるといえるでしょう*28。

　なお、下請負人の倒産の場面では、請負人が請負工事約款に基づき孫請負人に立替払いした場合の立替払金と報酬との相殺の問題も生じます。

(2) 注文者の破産

　注文者の破産の場合、破産法53条ではなく民法642条に特則があり、破産管財人だけでなく、請負人にも解除権が認められています（民642条1項前段）。

　この規定により契約が解除された場合、請負人は、既にした仕事の報酬及びその中に含まれていない費用について、破産債権として行使できます（同項後段）。判例は、その反面として、既にされた仕事の結果は、破産財団に帰属すると解しています*29。また、請負人の損害賠償請求権については、破産管財人が解除した場合には、破産債権として行使できますが（同条2項）、請負人自

---

*26　最判昭和62・11・26民集41巻8号1585頁〔百選79〕。伊藤379頁、879頁、概説222頁。
*27　前掲*26・最判昭和62・11・26民集41巻8号1585頁〔百選79〕。伊藤354頁、380頁、概説223頁。
*28　名古屋高判平成23・6・2金法1944号127頁〔百選77②〕は、請負契約の違約金条項による違約金発生事由に該当しないとした事案です。
*29　最判昭和53・6・23金判555号46頁〔百選78〕。伊藤375頁、376頁、概説225頁参照。

らが解除した場合は，解除権を認めたこと以上には保護されず，行使できません。

　この規定は，解除権のみを定めていますので，破産管財人，請負人の双方が解除を望まず，履行することで合致した場合には，請負人が残工事を行い，破産管財人はその報酬を財団債権として弁済します（破148条1項4号，又は7号の適用若しくは類推適用）。この点，財団債権となる報酬の範囲につき争いがあり，請負契約における仕事の不可分性に基づき，破産手続開始前の仕事完成分の報酬についても財団債権とする見解と建物建築請負契約のように，可分で出来高を観念できる場合には破産手続開始前分は破産債権，開始後分は財団債権と仕分けが可能とする見解があります（実務は，後者で処理しています。特に再建型の場合に大きく影響します。破産管財実践マニュアル119頁，民事再生実践マニュアル168頁参照。⇒トピック㉕「建物建築請負契約の処理」（217頁））。

　なお，破産法53条2項にある確答催告権が準用されています（破53条3項）。

　また，注文者が破産し，請負人が仕事の目的物を占有している場合，請負人は，報酬等請求権を被担保債権として商事留置権を行使できる場合があります（ただ，建物建築請負人に土地の商事留置権が成立するかは争いがあります＊30）。

6　雇用契約・労働契約

　雇用契約は，労働者の労務提供義務と使用者の報酬（賃金）支払義務が対価関係にある双務契約で（民623条），双方未履行の双務契約となります。

　使用者の破産の場合，破産法53条1項の特則として，雇用に期間の定めがあるときであっても，労働者，破産管財人双方から解約の申入れをすることができます（民631条前段・627条）。双方に確答催告権も認められています（破53条3項）。使用者が破産した中，労働者に就業を強制することはできませんので，労働者にも解約権を認めたものです（⇒トピック㉗「労働契約の帰趨」（219頁），トピック㉘「職場が倒産したら」（220頁），トピック㉙「破産で従業員を解雇する際の諸手続」（221頁））。損害賠償請求はできません（民631条後段）。

　労働者の破産の場合，労働者が破産手続開始決定を受けたことは雇用契約・

＊30　東京高決平成10・11・27判時1666号141頁②事件〔百選54〕は，建物建築請負人の土地の商事留置権の成立を肯定した上で，抵当権との優劣につき，土地の商事留置権の成立時と抵当権設定登記時の先後により決すべきと判断しました。伊藤376頁，概説126頁。

労働契約に影響を及ぼしません。労務の提供は破産財団とは関係ありませんので（自由財産関係），破産法53条の適用はなく，破産手続開始後の給料は新得財産として破産者の自由財産となります（⇒トピック27「労働契約の帰趨」(219頁)）。

7　継続的給付を目的とする双務契約

　破産者に対して継続的給付の義務を負う双務契約（継続的供給契約）の相手方は，破産手続開始の申立て前の給付に係る破産債権について弁済がないことを理由としては，破産手続開始後は，その義務の履行を拒むことができません（破55条1項。⇒トピック35「継続的供給契約（履行拒絶不可）」(227頁)，トピック36「継続的供給契約（財団債権の範囲）」(228頁)）。この規定がないと，破産管財人が破産法53条1項に基づき履行を選択した場合，相手方は同時履行の抗弁権を主張して破産手続開始後の供給を拒める可能性があることから，明確に定めたものです。

　その関係で，当該相手方が，破産手続開始の申立て後破産手続開始前にした給付に係る請求権は，財団債権としています（破55条2項）。また，この場合，一定期間ごとに債権額を算定すべき継続的給付については，申立日の属する期間内の給付に係る請求権も財団債権に格上げしています（同項括弧書）。

　なお，これらの規定は，労働契約には適用されません（同条3項）。

8　委任契約

　委任契約（民643条）は，無償の場合は片務契約，有償の場合は双務契約ですが，いずれかを問わず，委任者又は受任者が破産手続開始決定を受けると，委任契約は当然に終了します（民653条2号）。委任契約は，相互の信頼関係に基づくことが多く，一方の破産によりその後の信頼関係の維持は難しいと考えられています。委任者の破産で，受任者が破産手続開始の通知を受けず（民655条），かつ，破産手続開始の事実を知らないで委任事務を処理したときは，これによって生じた費用償還請求権（民650条1項），報酬支払請求権（民648条）は破産債権となります（破57条。ただし，破148条1項5号（事務管理），6号（急迫の事情）で財団債権になる可能性があります）。

　株式会社と取締役の関係は，委任に関する規定に従いますので（会社330条），株式会社が破産した場合，取締役は当然にその地位を失います（民653条2号）。ただ，破産管財人の権限は破産財団の管理処分権にとどまりますので，判例は，破産管財人が破産財団から放棄した会社財産の管理処分権については，その地

位を失い，当然には清算人とはならないとしつつ（別除権と別除権者の手続参加（41頁）参照）*31，破産財団に関する管理処分権限と無関係な会社組織に係る行為等については，委任契約が直ちには終了しないものとして取締役の地位を当然には失わないとしています*32。

取締役が破産した場合は，資格制限はなくなりましたが（会社331条参照），前述のとおり，会社との委任契約は当然終了し，退任しますので，取締役となるためには，(臨時)株主総会で改めて取締役に選任される必要があります。

また，代理受領や取立委任も委任契約ですので，破産手続開始決定により当然終了し，破産手続開始後に取り立てることはできません（伊藤389頁，概説227条参照）。

9 ライセンス契約

ライセンス契約は，特許権等の知的財産権につき，ライセンサー（実施・利用許諾者）がライセンシー（実施・利用権者）に実施・利用させる義務を負い，ライセンシーがその対価としてライセンサーにロイヤリティ（使用料）を支払うことが対価関係にある双務契約です。賃貸借契約に類似した契約類型です。

ライセンシーが破産した場合，基本的に賃借人の破産の場合と同様です。

ライセンサーが破産した場合，特許権の通常実施権等が登録されていると，第三者対抗要件を具備していますので，賃貸人の破産の場合と同様，破産管財人の解除権は制限されます（破56条1項。この点，平成23年の特許法改正で，通常実施権につき当然に対抗力を有することになりました（特許99条））。

10 保険契約

保険契約は，損害保険であれば，損害補填と保険料支払が，生命保険であれば，保険金支払と保険料支払が対価関係にある双務契約です。

保険契約者が破産した場合，破産管財人は，解除か履行を選択できます（破53条1項。なお，生命保険受取人の介入権につき，保険60条1項・89条1項）。ただし，

---

*31 最決平成16・10・1判時1877号70頁〔百選59〕。伊藤174頁，436頁，699頁，概説140頁，226頁。

*32 最判平成21・4・17判時2044号74頁〔百選16〕は，株主総会決議不存在確認訴訟の訴えの利益は当然には消滅しないとしました。また，最判平成16・6・10民集58巻5号1178頁〔百選15〕は，災害保険契約約款の免責条項の「取締役」に該当するとしました。伊藤389頁，401頁，概説226頁，363頁。

個人の破産者の場合で，保険解約返戻金が自由財産の範囲の拡張（破34条4項）又は破産財団から放棄（破78条2項12号）された場合は，保険契約は自由財産関係となり，破産管財人は解除できません。

保険者（保険会社等）が破産した場合，保険法に特則があり，保険契約者は，将来に向かって保険契約を解除できます（保険96条1項）。また，保険契約者が解除しなくても，当該保険契約は，破産手続開始決定日から3ヵ月を経過した日にその効力を失います（同条2項）。なお，セーフティネットとして，保険業法による救済保険会社への引継ぎや更生特例法による再建方法があります。

11　リース契約

ファイナンス・リース契約については，双方未履行の双務契約の規律は及ばず，リース料債権は，貸金債権に担保が設定されているのと同様に別除権付破産債権と解されています（詳細は，民事再生のリース契約（127頁）参照）。

12　その他の契約類型

これまでに見た契約類型以外にも特別な規定が置かれているものがあります。

まず，破産法，民事再生法に規定があるものから順に見ていくと，①市場の相場がある商品の取引に係る契約については，速やかに決済するものとして，解除されたものとみなしています（破58条，民再51条）。②交互計算についても，相互の信用を基礎としていますので，当然終了とします（破59条，民再51条）。これに関連して，スワップ契約やデリバティブ取引における倒産解除特約もこれを有効とし，一括清算条項の効力も認めています（破58条5項，民再51条参照）。③為替手形の引受け又は支払等につき，支払人又は予備支払人が破産や再生手続開始の事実を知らずに引受け又は支払をしたときは，これによって生じた債権を破産債権や再生債権とすることにしています（破60条，民再46条）。④共有関係にある場合，分割をしない合意があっても共有物分割請求ができ（破52条1項，民再48条1項），他の共有者は，相当の償金を払うことで破産者，再生債務者の持分を取得できます（各同条2項）。⑤夫婦財産関係における管理者の変更等につき，夫婦財産契約により一方が配偶者の財産を管理したり，親権者として子の財産を管理している財産管理権者が破産した場合，当該管理権の喪失事由としています（破61条）。この点，民事再生については規定されていません（⇒トピック**37**「手続開始の効果の条文比較」（229頁））。

他の法律に規定がある主なものとしては，①消費貸借の予約は，一方の破産により失効します（民589条）。②組合契約につき，組合員の破産は，当然脱退とされています（民679条2号）。③匿名組合契約も，営業者又は匿名組合員の破産で終了します（商541条3号）。④合名会社，合資会社，合同会社（持分会社）の社員が破産すると当然退社となっています（会社607条1項5号）。⑤代理権は，代理人の破産で消滅します（民111条1項2号。なお，委任による代理権は，この事由のほか，委任の終了でも消滅します。同条2項・653条2号）。⑥信託の受託者の破産は，受託者の任務の終了事由となっています（信託56条1項3号・4号）。これらは，すべて破産した場合のみで，民事再生については規定されていません。

第3款 取戻権（破62条〜64条）

1 一般の取戻権

破産者に属しない財産が破産財団（現有財団）にあり，占有権原がない場合，これを取り戻す権利である取戻権を認めています（破62条）。取戻権については，破産法以外の実体法に基づく場合を一般の取戻権（同条），破産法に基づく場合を特別の取戻権（破63条・64条）といいます（民再52条も同様）。

一般の取戻権は，第三者が，破産者に対し，破産手続開始前から物権的請求権（返還請求権）を有していた場合，破産手続開始はこれに影響を及ぼさず，その第三者は，破産管財人に対してもその権利を主張できることになります（破62条）。ただ，すべての場合に主張できるわけではなく，破産管財人は第三者性を有していますので（破産管財人の法的地位――破産管財人の第三者性（23頁）参照），第三者対抗要件の具備が必要です（⇒トピック❾「取戻権と第三者対抗要件の具備」(201頁)）。

また，第三者のもとにある財産について，破産管財人が引渡しを請求した場合に，第三者が引渡しを拒絶できるという意味で，拒絶権の意味もあります。

取戻権の基礎となる権利は，所有権が典型的です。他にも地上権，永小作権のような用益物権や転貸人による転借人に対する転貸物返還請求権のような債権の場合もあります。

取戻権の行使に対しては，破産管財人は，100万円を超える取戻権の承認には裁判所の許可が必要です（破78条2項13号・3項1号，破規25条）。

問屋の破産の場合で，判例は，問屋が委託の実行として取得した場合の権利

者は問屋であるが，委託者の計算において取得されたもので実質的利益を有するのは委託者であるとし，委託者の取戻権を認めました[33]。

また，離婚における財産分与として金銭支払の裁判が確定し，その後に分与者が破産した場合につき，判例は，分与金の支払を目的とする債権は破産債権であるとして，取戻権を認めませんでした（⇒トピック❸❽「離婚と破産」(230頁)）[34]。

保証事業制度下の保証に係る公共工事の前払金につき，これを信託財産であると判断し，破産者の一般財産から分別管理され，特定性をもって保管されているとして，破産管財人の預金払戻請求等を認めなかった判例があります[35]。

2 特別の取戻権

特別の取戻権は，破産法に基づく取戻権です（破63条・64条）。

① 運送中の物品の売主の取戻権は，隔地者間売買において，売主が売買目的物を発送後，買主が代金の全額を弁済せず，かつ，到達地でその物品を受け取らない間に買主について破産手続開始決定があったときは，売主はその物品を取り戻すことができます（破63条1項本文）。ただし，破産管財人が代金の全額を支払って，その物品の引渡しを請求することも可能です（同項但書）。双方未履行の双務契約の規定（破53条1項・2項）の適用は妨げられません（破63条2項）。

② 問屋の取戻権は，物品の買入れの委託を受けた問屋がその物品を委託者に発送した場合についても①と同様です（破63条3項）。

③ 代償的取戻権は，破産者（保全管理人が選任されている場合は保全管理人）が破産手続開始前に取戻権の目的である財産を譲渡した場合につき，公平の見地から反対給付の請求権の移転を請求できます（破64条1項前段）。破産管財人がした場合も同様です（同項後段）。そして，破産管財人が反対給付を受けた場合は，取戻権者は，破産管財人が反対給付として受けた財産の給付を代償的に請求することができます（同条2項）。ただし，破産管財人が金銭をもって給付を受けた場合は，財団債権となります（破148条1項5号）。

---

[33] 最判昭和43・7・11民集22巻7号1462頁〔百選49〕。伊藤421頁，概説184頁。
[34] 最判平成2・9・27家月43巻3号64頁〔百選50〕。伊藤422頁，概説185頁。
[35] 最判平成14・1・17民集56巻1号20頁〔百選51〕。伊藤103頁，380頁，420頁，概説187頁。

第4款　別　除　権（破65条・66条）

1　別除権と別除権者の手続参加

　破産手続開始時に破産財団に属する財産につき特別の先取特権，質権又は抵当権を有する者は，別除権者として，これらの権利の目的財産につき，破産手続によらずに担保権の実行ができます（破2条9項・10項・65条1項）。また，商法又は会社法の規定による留置権（商事留置権，商521条等）は，破産財団に対しては特別の先取特権とみなされます（破66条1項）。明文で定められている担保権に限定されず，実体法上特定の財産につき優先弁済効が認められている非典型担保（譲渡担保，所有権留保，ファイナンス・リース等）についても別除権として取り扱われています（非典型担保（44頁）参照）。

　実体法上，担保目的物の交換価値から優先弁済を受けることができる物的担保については，倒産時にもこれを尊重し，他の債権者から特別に除外して（「別除」），担保権の実行を認めるものです（ただ，一定の制約は課しています）。物的担保による信用補完は，倒産時に活きてくるということになります。

　多くの場合，被担保債権は貸金債権等の破産債権ですので，個別の権利行使が禁止されますが（破100条1項），破産債権に別除権が付いている，別除権付破産債権として，担保権の実行で弁済を受けられる部分については，「特別の定め」（同項）として権利行使を認め，別除権の行使によって弁済を受けることができない債権の額（不足額）についてのみ破産手続において配当を受けられることになっています（不足額責任主義。破108条1項本文⇒トピック**39**「別除権のイメージ」（231頁），トピック**40**「パイの奪い合い（担保権との関係）」（232頁））。別除権の行使により回収できるのに，その債権全額で破産手続に参加できるのは，他の債権者と公平ではないと判断されたからです（民394条参照）。ただ，不足額は，実際に担保権の実行をしてみないと確定しないことから，被担保債権となる破産債権の届出の際には，破産債権の額及び原因（破111条1項1号）のほか，別除権の目的である財産と別除権の行使によって弁済を受けることができないと見込まれる債権の額（予定不足額）を届け出る必要があります（同条2項。最終的に配当を受けるためには，不足額が確定する必要があります（破198条2項。最後配当（97頁）参照））。

　なお，破産者が物上保証人の場合，主債務者が債務者でその担保のため担保

提供していますので，破産者に対する破産債権はありませんが，別除権（破2条9項）には該当します（破産では債権届出を要しませんが，会社更生の場合，更生担保権としての届出が必要です（会更138条2項））。

担保目的物は，破産財団に属する財産（現有財団）ですが，別除権者がその交換価値を把握し，一般債権者の引当てではなくなっていますので，法定財団ではありません（⇒トピック❿「法定財団と現有財団の関係」（202頁））。その意味で，担保権者が一般債権者に先立って優先弁済を受けられる地位を確保しているのか，という観点が重要となり，当該担保権につき，破産管財人に対抗できるか，すなわち第三者対抗要件を具備しているかという点に繋がります（本書23頁参照）。典型的には，抵当権は，抵当権設定登記が第三者対抗要件となります。

ただし，当該担保権によって担保される債権の全部又は一部が破産手続開始後に担保されなくなった場合には，その債権の当該全部又は一部の額について，破産債権者として権利行使することができます（破108条1項但書）。そのためには，担保権の放棄が必要で，担保権の設定登記の抹消登記まで要します。この点，判例は，破産管財人が破産財団から放棄した財産を目的とする別除権の放棄の意思表示をする相手方は，破産会社の清算人としています*36。

なお，破産財団に属しない破産者の自由財産の担保権者又は第二破産における第一破産の破産債権者は，準別除権者として調整されます（同条2項）。

2　別除権の基礎となる担保権

別除権の基礎となる担保権として，特別の先取特権，質権及び抵当権が規定されています（破2条9項。この点，非典型担保（44頁）参照）。商事留置権（商521条等）は，破産財団に対しては特別の先取特権とみなされます（破66条1項）。

特別の先取特権の実務上の典型例は，動産売買先取特権です（民311条5号・321条「動産の代価及びその利息に関し，その動産について存在する。」。⇒トピック⓰「商品（動産）の買主が破産した場合」（208頁），トピック㊶「差押えを受けた第三債務者（売掛金）」（233頁））。破産財団に対象動産が存在する場合は，その動産につき担保権の実行ができますが（動産競売。民執190条），動産が転売され第三取得者に引き

---

*36　前掲*31・最決平成16・10・1判時1877号70頁〔百選59〕。伊藤174頁，436頁，699頁，概説140頁，226頁。

渡された後は，その動産について行使できません（民333条）。この場合，その動産に対する追及効は失われますが，価値代替物である売却代金につき，物上代位権の行使ができるところ（民304条1項本文，民執193条1項），判例は，債務者が破産手続開始決定を受けた後においても，物上代位権の行使ができるとしています[*37]。ただ，払渡し又は引渡しの前に当該売掛金債権を差押えする必要があります（民304条1項但書）。そのため，破産管財人が差押えの前に売掛金債権を回収すると行使できません。

他にも，マンション管理費・修繕積立金の先取特権も別除権となります（区分所有7条1項。⇒トピック㊷「マンション管理費・修繕積立金の取扱い」（234頁））。

質権の実務上の典型例は，債権質（指名債権質）です（民364条。指名債権譲渡の対抗要件（民467条2項）と同様に確定日付のある証書による通知又は承諾が第三者対抗要件です）。定期預金，保険金，敷金返還請求権等に質権を設定します。実行方法として，直接請求権があります（民366条1項）。

抵当権（民369条）と根抵当権（民398条の2）は，破産財団に不動産があれば多くの事案で設定されていますので，別除権の典型例です。住宅ローンでは抵当権（⇒トピック㊸「自宅不動産を手放すということは」（235頁））が，事業資金融資の際は根抵当権が設定されています。また，物上保証の場合，被担保債権は破産債権ではなく，単に別除権となります。

3　商事留置権・民事留置権

商事留置権（商521条）には優先弁済効はありませんが，破産では，清算を促すため，特別の先取特権とみなされ（破66条1項），別除権として（破2条9項・65条1項），特別に優先弁済権が認められています。商事留置権者は，留置権による競売（形式競売）により換価でき（民執195条・190条1項1号），優先弁済を受けることができます（⇒トピック㊹「商事留置権の取扱い」（236頁）。破産管財人の商事留置権消滅請求については，商事留置権の消滅（95頁）参照）。なお，特別の先取特権の中では，民法その他の法律の規定による他の特別の先取特権に後れます（破

[*37] 最判昭和59・2・2民集38巻3号431頁〔百選55〕は，差押えが求められた趣旨は，債権の特定性保持にあり，一般債権者が差押命令を取得したにとどまる場合は，物上代位権の行使は妨げられず，債務者が破産手続開始決定を受けた場合を区別する積極的理由はないとしています。伊藤443頁，概説114頁。

66条2項)。

　特別の先取特権となることとの関係で，留置的効力が維持されるのかは争いのあるところですが，実際上，目的物を留置し続けることになります。

　この点，手形の商事留置権の問題につき，判例は，商事留置権者は手形を留置する権能を有し，手形交換制度という取立てをする者の裁量等の介在する余地のない適正妥当な方法によるものであるとして，商事留置権者の銀行が自ら取り立てて，銀行取引約定に基づき弁済充当することを許容しました*38。

　また，建物建築請負の注文者が破産した場合，請負人は工事のために土地を占有していますので，注文者の破産管財人に商事留置権を主張できるか争いになるところ，下級審裁判例ですが，建物建築請負人の土地の商事留置権の成立を肯定した上で，抵当権との優劣につき，土地の商事留置権の成立時と抵当権設定登記時の先後により決すべきと判断したものがあります*39。

　民事留置権については，その効力を否定しています（破66条3項）。

4　非典型担保

　別除権の基礎となる担保権については，明文で定められている担保権（特別の先取特権，質権及び抵当権。破2条9項）に限定されず，実体法上特定の財産につき優先弁済効が認められている非典型担保についても含まれています。

　この点，仮登記担保については，抵当権者に関する規定を適用する旨明文化されています（仮登記担保19条）。

　譲渡担保は，債権を担保する目的で，目的財産の所有権を債権者に移転し，債務者が完済すると所有権を回復し，弁済できない場合は，担保権者である債権者が目的財産の所有権を確定的に取得して清算し（帰属清算），又は，目的財産を処分して清算し（処分清算），債権の回収を図ります。対象は，不動産，動産（⇒トピック45「流動集合動産譲渡担保」(237頁)）*40，債権（⇒トピック46「将来債権譲渡担保」(238頁)），手形*41等幅広く，商品の売買当事者間で設定される場合もあれば，融資を受ける際に設定される場合もあります。設定者破産の場合，別除権付破産債権となります（そのため，取戻権は認められません）。

---

*38　最判平成10・7・14民集52巻5号1261頁〔百選52〕。伊藤433頁，概説126頁，146頁。
*39　前掲*30・東京高決平成10・11・27判時1666号141頁②事件〔百選54〕。伊藤376頁，概説126頁。

所有権留保は，売買契約において，買主の代金完済まで目的財産の所有権を売主に留保する特約を付すことで，その代金回収の確保を図ろうとするもので，担保としての役割を果たしています。動産（商品や原材料）の売買当事者間の場合や動産（商品や自動車）の割賦販売の場合（第三者（信販会社）の所有権留保となります）に多く利用されています。所有権を売主に留保したままのため，前述の譲渡担保と法形式は異なりますが，形式的な差異にすぎず，実質的には譲渡担保に近いものとして，倒産法では担保権的構成により，買主が破産した場合，別除権とされています（⇒トピック**47**「所有権留保の取扱い」（239頁））。

　リース契約についても，ファイナンス・リース契約につき，リース料債権は別除権付破産債権とされています（詳細は，民事再生のリース契約（127頁）参照）。ユーザーが破産した場合，原則として事業継続していませんので，破産管財人は，リース目的物の返還に応じています（破78条2項13号）。

第5款　相　殺　権 (破67条～73条)

1　相　殺　権

　AがBから商品を購入し，BもAから他の商品を購入している場合（B⇄A）や，AがC銀行から借入れをし，AはC銀行に預金している場合（C⇄A）のように，2人が互いに同種の目的を有する債務を負担する場合（金銭債務が多いです）において，双方の債務が弁済期にあるときは，各債務者は，その対当額について相殺によってその債務を免れることができます（民505条1項本文）。民法の規定は，債務者の立場での簡易決済機能（自ら弁済して，相手にも弁済してもらうことを対当額の範囲で省略します）の面の書きぶりですが，特に倒産の場面では，逆に債権者の立場で，対当額については全額回収したことになるという意味での担保的

---

*40　最判昭和41・4・28民集20巻4号900頁〔百選57〕は，更生事件で，工場備付けの機械器具につき譲渡担保を設定した事案につき，所有権移転は確定的なものではなく，債権債務関係が存続していたことから，更生担保権に準じるとし，取戻権を有しないとしました。伊藤451頁，概説132頁，182頁。

*41　名古屋高判昭和53・5・29金判562号29頁〔百選56①〕は，商業手形担保手形貸付けは譲渡担保権であるとし，破産手続開始後の利息・遅延損害金への弁済充当も別除権の行使として許されるとしました。東京地判昭和56・11・16判時1024号109頁〔百選56②〕は，更生事件で，譲渡担保手形の性質につき，隠れた質入裏書とし，更生担保権としました。伊藤454頁，概説133頁。

機能が重要視されることになります。破産法では，破産債権者は，破産手続開始時において破産者に対して債務を負担するときは，破産手続によらないで，相殺をすることができると，担保的機能の面で規定しています（破67条1項）。破産債権者は，相殺の前提として債権届出を行う必要はないとされています。

相殺可能となるためには，双方の債務が弁済期にあるとき，すなわち相殺適状にあることが必要です。売掛金債権は期限付債権ですから，Aが破綻した場合，BのAに対する買掛金債務（受働債権）はB自らが期限の利益を放棄することで弁済期を到来させることができますが，BのAに対する売掛金債権（自働債権）には期限の利益を与えた状態のままです。契約上，期限の利益喪失条項を定めていないと，約定の弁済期まで相殺適状になりません。Aが破産手続開始決定を受けた場合，Aは，期限の利益を主張することができず（民137条1号），Bの売掛金債権は，期限付でも破産手続開始時に弁済期が到来したものとみなされ（現在化。破103条3項），相殺適状となり，Bの相殺が可能となります（破67条2項前段）。早期の相殺による清算を促しているものです。

また，自働債権については，解除条件付の場合，民法でも相殺は可能ですが，配当除斥との関係で，相殺の際に担保を供するか寄託する必要があります（破69条）。停止条件付の場合，相殺できませんが，後日の相殺のために弁済の際に寄託請求することができます（破70条）。破産では，非金銭債権の場合も金銭化され（破103条2項1号），相殺が可能となります（破67条2項前段・68条1項）。なお，劣後的破産債権は相殺できません（破68条2項参照）。

破産債権者の負担する債務（受働債権）についても，期限付若しくは条件付であるとき，又は将来の請求権に関するものであるときも相殺できるとされています（破67条2項後段）。期限付の場合，債務者は自らの期限の利益を放棄することができ，確認規定となります。条件付債権又は将来の請求権であるときについての理解には争いがあります（概説253頁参照）。破産手続開始後に受働債権の停止条件が成就した場合，破産債権者が破産手続開始後に債務を負担したことになり，相殺禁止になると思われますが（破71条1項1号），判例は，相殺の担保的機能を重視し，特段の事情のない限り，相殺を認めています[*42]。

破産債権者の相殺権は，民法の相殺権を拡張した面がありますが，個別の権利行使禁止（破100条1項）の例外となりますので，債権者平等原則との関係で，

濫用を防止するため，支払不能後の各時点で破産債権者が債務を負担した場合（破71条）と破産者に対する債務負担者が破産債権を取得した場合（破72条）につき，相殺を制限しています（図表2「相殺禁止の規律」(49頁) 参照）。

相殺権は，破産債権者が，破産管財人に対し，一方的な相殺の意思表示をすることで行使します（民506条1項前段）。条件や期限を付すことはできません（同項後段）。破産の場合，民事再生のような相殺時期の制限はありませんが（⇒トピック48「相殺が可能な時期」(240頁)），破産管財人の催告権を認めています（破73条）。破産管財人は，一般調査期間経過後又は一般調査期日終了後，破産債権者に対し，1ヵ月以上の期間を定め，相殺するか確答すべき旨を催告できます（確答催告権。同条1項本文）。ただし，破産債権者の負担する債務が弁済期にある必要があります（同項但書）。破産債権者が確答しないと，破産手続との関係では相殺の効力を主張できません（同条2項）。

破産管財人は，破産債権者の一般の利益に適合するときは，裁判所の許可を得て相殺することができます（破102条）。

相殺権の行使により，相殺適状時に遡って効力を生じ（民506条2項），互いの債権債務が消滅します（相殺適状後の利息，遅延損害金は発生しません）。

2 相殺権の規定の適用範囲

債権者，破産管財人，破産者の各立場から見た場合の相殺の可否をまとめると，次頁の図表1「相殺権の規定の適用範囲」記載のとおりとなります（条解533頁以下，伊藤462頁以下，概説266頁以下参照）。

3 相殺の禁止

(1) 相殺禁止の趣旨

破産法は，前述のとおり，清算の目的で相殺権を拡大しましたが（破67条2項），相殺権は個別の権利行使禁止（破100条1項）の例外となり，債務者の危機時期に，債権者が債務者に対し債務を負担して相殺したり，債務者に対する債務負担者が債務者に対する債権を取得して相殺をすると，破産債権となる債権の実価が著しく下がっている中，対当額については債権の全額を回収した結果

---

*42 最判平成17・1・17民集59巻1号1頁〔百選63〕。保険会社の火災保険金詐欺に基づく損害賠償請求権を自働債権，満期返戻金債権又は解約返戻金債権を受働債権としてした相殺を有効としました。伊藤381頁，469頁，475頁，概説256頁。

図表1　相殺権の規定の適用範囲

■債権者から見た場合の相殺の可否

受働債権＼自働債権	破産債権	財団債権	手続外債権
破産財団所属債権	○ 破産法の規律（破67条〜73条）による相殺可。	○ 担保権の実行として相殺可（破152条1項但書類推適用）。	× 破産財団からは満足を受ける地位にないので，相殺不可。
自由財産所属債権	×（争いあり） 自由財団に対する強制取立てと同視され，個別の権利行使禁止（破100条1項・42条1項），固定主義（破34条1項）の趣旨から相殺不可。	△（争いあり） 財団債権の債務者の理解により違いが生じる。破産者ではないとすれば，相殺不可。破産者となるものがあるとすれば，相殺可も。	○ 破産法の規律外。民法の規律による相殺可。

■破産管財人から見た場合の相殺の可否（自働債権は破産財団所属債権のみ）

自働債権＼受働債権	破産債権	財団債権	手続外債権
破産財団所属債権	○ 破産債権者の一般の利益に適合するときは，裁判所の許可を得て相殺可（破102条）。	○ 破産管財人による財団債権の任意弁済と同視でき，相殺可。	× 破産財団からは満足を受ける地位にないので，相殺不可。

■破産者から見た場合の相殺の可否（自働債権は自由財産所属債権のみ）

自働債権＼受働債権	破産債権	財団債権	手続外債権
自由財産所属債権	△（極めて限定的） 請求を受けず，真に任意に相殺した場合のみ相殺可。	△（争いあり） 請求を受けず，真に任意に相殺した場合のみ相殺可。	○ 破産法の規律外。民法の規律による相殺可。

図表2　相殺禁止の規律

■破産・再生債権者が債務を負担した場合（破71条，民再93条）

時　期	支払不能後 （1項2号）	支払停止後 （1項3号）	申立て後 （1項4号）	開始決定後 （1項1号）
態　様	破産者・再生債務者の財産の処分	債務負担者の債務を引受け	―	―
債権者の主観的要件	①専ら相殺に供する目的 ②支払不能につき悪意	支払不能につき悪意	支払停止につき悪意	申立てにつき悪意	
例　外	―	支払不能でなかったとき （同号但書）	―	例外なし。 ただし，破67条2項後段。民事再生では争いあり。
	①　法定の原因（2項1号） ②　債権者が知った時より前に生じた原因（2項2号） ③　申立時より1年以上前に生じた原因（2項3号）			

■債務負担者が破産・再生債権を取得した場合（破72条，民再93条の2）

時　期	支払不能後 （1項2号）	支払停止後 （1項3号）	申立て後 （1項4号）	開始決定後 （1項1号）
相手方の主観的要件	支払不能につき悪意	支払停止につき悪意	申立てにつき悪意	―
例　外	―	支払不能でなかったとき（同号但書）	―	例外なし
	①　法定の原因（2項1号） ②　相手方が知ったときより前に生じた原因（2項2号） ③　申立時より1年以上前に生じた原因（2項3号） ④　相手方と破産者・再生債務者との間の契約（2項4号）			

＊以上につき，破産管財実践マニュアル267頁，271頁参照。

となり，債権者間の公平を害することになりますので（否認権における偏頗行為否認と対比してみるとよいでしょう），相殺の担保的機能を尊重しつつ，相殺の合理的な期待が認められない一定の場合に相殺を禁止しています（破71条・72条。**図表2**「相殺禁止の規律」参照）。

　相殺禁止の実務上の典型例は，債務者の代理人弁護士が債権者に受任通知

（介入通知）を送り（支払停止），債権者である銀行が支払停止を知った後に，当該銀行に開設されている債務者の預金口座に売掛金等の入金があった場合です（破71条1項3号に該当し，同条2項2号の例外に該当しない場合です）。

相殺禁止は前述したとおり，破産債権者が債務を負担した場合（破71条）と債務者に対する債務負担者が破産債権を取得した場合（破72条）で，相殺禁止の規律が及ぶ時期を支払不能まで遡らせ（否認の要件としての支払不能，支払停止（82頁）参照。⇒トピック**5**「支払不能，支払停止が問題となる場面」（197頁））, それぞれ，支払不能後（各条1項2号），支払停止後（同3号），破産手続開始申立て後（同4号），破産手続開始後（同1号）の時期で相殺禁止の要件を徐々に緩和した上で，例外的に相殺可能となる場面を設けています（各条2項）。

判例は，この相殺禁止規定は債権者間の実質的平等を図ることを目的とした強行法規であり，これに違反した相殺を有効とする合意を無効としました[*43]。

(2) 破産債権者が債務を負担した場合

まず，破産債権者が債務を負担した場合では，破産手続開始後に破産財団に対して債務を負担した場合（破71条1項1号）で，例えば，破産債権者が破産管財人から破産財団に属する財産を購入し，その代金債務と破産債権を相殺したいという場合ですが，相殺は禁止されます。また，同条には例外規定がありませんが，破産法67条2項後段の場合には，相殺が可能となります[*44]。

支払不能後に契約によって負担する債務を専ら破産債権をもってする相殺に供する目的（専相殺供用目的）で破産者の財産処分契約を破産者との間で締結し，又は破産者に対する債務負担者の債務を引き受ける契約を締結することにより破産者に対し債務負担した場合であって，当該契約の締結当時，支払不能であったことを知っていたとき（破71条1項2号）は，相殺禁止時期を支払不能まで遡る代わりに，その要件を厳格なものとしています[*45]。例えば，債務者（破産

---

*43　最判昭和52・12・6民集31巻7号961頁〔百選68〕。伊藤472頁，473頁，概説8頁，265頁，325頁。

*44　前掲*42・最判平成17・1・17民集59巻1号1頁〔百選63〕は，損害保険会社が，損害賠償請求権を自働債権，保険解約返戻金債権を受働債権として相殺した事案で，受働債権が停止条件付である場合には，停止条件不成就の利益を放棄したときだけでなく，破産手続開始後に停止条件が成就したときにも相殺できるとしました。伊藤381頁，469頁，475頁，概説256頁。

者）の不動産を購入する契約をしながら，代金債務と破産債権となる債権を相殺し，代金債務を免れる場合，専相殺供用目的が認められるでしょう。

支払停止後，支払停止を知って債務を負担した場合（同項3号本文）については，実務上の典型例ですが，当該支払停止時に支払不能でなかった場合は除かれます（同号但書）。破産手続開始の申立て後，当該申立てを知って債務を負担した場合（同項4号）は，支払不能と切り離されます。

破産法71条1項2号から4号に該当した場合でも，①法定の原因（相続，合併など），②支払不能等を破産債権者が知った時より前に生じた原因，③破産手続開始の申立てがあった時より1年以上前に生じた原因に基づく場合は，例外の例外で相殺が認められます（同条2項）。

実務上争いがあるのは，②の前に生じた原因に該当するかの点です。

手形の取立委任裏書につき，信用金庫が，信用金庫取引約定書に基づき，債務者の支払停止前に個別の取立委任裏書を受け，支払停止後破産手続開始決定前と後に取り立てた事案において，判例は，破産手続開始前の取立分につき，前に生じた原因に基づいて負担したものに該当するとしています（なお，取立委任契約は破産手続開始決定により終了するため，開始後の取立分の相殺は認められません）[46]。

再生債務者が支払停止前に再生債権者の銀行から購入した投資信託受益権につき，再生債務者の支払停止後に銀行が債権者代位権で解約実行し，解約金支払債務を負担した上で保証債務履行請求権と相殺した事案で，判例は，相殺の合理的な期待を有していたとはいえず，支払の停止があったことを知った時より前に生じた原因に該当せず，相殺が禁止されるとしました[47]。

(3) 債務負担者が破産債権を取得した場合

次に，破産者に対する債務負担者が破産債権を取得した場合では，破産手続

---

[45] 東京地判平成21・11・10判タ1320号275頁〔百選67〕は，支払不能後再生手続開始申立て前の段階で，再生債権者の銀行にある再生債務者の預金口座に再生債務者により一方的に振り込まれ銀行が負担した預金払戻債務につき，専相殺供用目的は認められないと判断しました。伊藤110頁，478頁。

[46] 最判昭和63・10・18民集42巻8号575頁〔百選64〕。伊藤474，482頁，概説260頁。なお，銀行の場合，商事留置権が成立しますので，最判平成23・12・15民集65巻9号3511頁〔百選53〕を踏まえると，相殺の場面とならないでしょう。

[47] 最判平成26・6・5民集68巻5号462頁。原審の名古屋高判平成24・1・31金判1388号42頁〔百選66〕は，相殺を肯定していました。伊藤482頁，概説261頁

開始後に他人の破産債権を取得したときは，例外なく相殺禁止となります。この点，無委託保証人である銀行が破産者の破産手続開始後に保証履行し取得した事後求償権と預金払戻債務を相殺した事案で，判例は，保証契約は破産手続開始前に締結されており，(将来の)事後求償権は破産債権に該当し，委託を受けた保証人と異なり，他人の破産債権を取得した場合に類似するので，破産法72条1項1号の類推適用により相殺が禁止されるとしました[*48]。

　支払不能後，支払不能を知って破産債権を取得した場合(同項2号)，支払停止後，支払停止を知って破産債権を取得した場合(同項3号本文。支払停止時に支払不能でなかった場合は除きます(同号但書))，破産手続開始申立て後，当該申立てを知って破産債権を取得した場合(同項4号)も相殺禁止です。

　破産法72条1項2号から4号に該当した場合でも，①法定の原因，②支払不能等を債務負担者が知った時より前に生じた原因，③破産手続開始の申立てがあった時より1年以上前に生じた原因に基づく場合，④債務負担者と破産者との間の契約(同時交換的行為)は，相殺が認められます(同条2項)。

　②の前に生じた原因につき，銀行が手形割引の買戻請求権と定期預金債権を相殺した事案につき，判例は，買戻請求権の行使により初めて発生する手形支払請求権ではあるが，支払停止前の手形割引契約を原因として発生するものであり，前に生じた原因に該当するとしています[*49]。

4　相殺権の濫用

　ここまでに見た相殺禁止の規律に該当せず，相殺が可能な場合であっても，相殺権の濫用となる場合には，相殺は認められないとされています(民1条3項)。いわゆる同行相殺の問題において議論され，判例は，約束手形の所持人が，振出人に対する手形債権を行使するか，手形の買戻請求権ないし遡求権を行使するかは，自由な意思により選択決定しうるとして，手形所持人である金融機関が，資力のある手形の買戻請求権の相手方には請求せず，破産した振出人に対する手形債権と預金払戻債権の相殺した事案で，相殺を許容しました[*50]。

[*48] 最判平成24・5・28民集66巻7号3123頁〔百選69〕。伊藤262頁，487頁，概説57頁，169頁，250頁，263頁。

[*49] 最判昭和40・11・2民集19巻8号1927頁〔百選65〕。伊藤493頁。

[*50] 最判昭和53・5・2判時892号58頁。伊藤495頁，概説265頁。

第3章　破産手続の機関

第1節　破産管財人

第1款　破産管財人の選任及び監督（破74条～77条，破規23条・24条）

　破産管財人とは，破産手続において破産財団に属する財産の管理及び処分をする権利を有する者をいいます（破2条12項）。裁判所は，破産手続開始決定の際の同時処分として，一人又は数人の破産管財人を選任します（破31条1項柱書）。破産管財人は，裁判所がその職務を行うに適した者を選任します（破74条1項，破規23条1項）。実務上，弁護士が選任されています（⇒トピック98「破産管財人の心構え十箇条」（290頁），トピック100「よりよき倒産処理のために」（292頁））。また，法人も破産管財人になることができます（破74条2項）。弁護士法人が破産管財人に選任された例も少ないですがあります。

　裁判所は，破産管財人を監督し（破75条1項），破産管財人が破産財団に属する財産の管理及び処分を適切に行っていないとき，その他重要な事由があるときは，利害関係人の申立てにより又は職権で，破産管財人を解任することができます（同条2項。破産管財人の辞任につき，破規23条5項）。

　破産管財人が数人あるときは，共同してその職務を行います（破76条1項本文）。ただし，裁判所の許可を得て，単独執行又は職務分掌ができます（同項但書）。なお，破産管財人が数人あるときは，第三者の意思表示は，その一人に対してすれば足ります（同条2項）。

　また，破産管財人は，必要があるときは，その職務を行わせるため，裁判所の許可を得て，自己の責任で一人又は数人の破産管財人代理を選任することができます（破77条）。

第2款　破産管財人の権限等（破78条～90条，破規25条～28条）

　破産手続開始決定により，破産財団（破2条14項・34条1項）に属する財産の管理処分権は，破産管財人に専属します（破78条1項）。破産管財人は，就職の後直ちに，これを自らの占有下におき，管理に着手し（破79条），遅滞なく，破

産手続開始時の価額を評定し（破153条1項），最終的には換価します。

その換価作業等において，裁判所の許可を得る必要がある行為が定められています（破78条2項。⇒トピック49「裁判所の許可が必要な行為」(241頁)，トピック50「事業譲渡の要件・手続比較」(242頁)，トピック12「権利の放棄」(204頁))。①不動産等の任意売却，②知的財産権等の任意売却，③営業又は事業譲渡，④商品の一括売却，⑤借財，⑥相続放棄の承認等（破238条2項等）については，必ず裁判所の許可が必要です（破78条2項1号から6号・3項参照）。⑦動産の任意売却，⑧債権又は有価証券の譲渡，⑨破産法53条1項に基づく履行の請求，⑩訴えの提起，⑪和解又は仲裁合意，⑫権利の放棄，⑬財団債権，取戻権又は別除権の承認，⑭別除権の目的財産の受戻しについては，100万円を超える場合に裁判所の許可が必要です（破78条2項7号から14号・3項1号，破規25条）。さらに，裁判所が許可不要とした場合は，これらの許可は不要となります（破78条3項2号）。なお，裁判所が，③営業又は事業譲渡の許可をする場合には，労働組合等の意見を聴く必要があります（同条4項。事業譲渡の前提として，事業継続の許可は，破36条）。また，破産管財人が裁判所の許可を得ないでした行為は，無効ですが（同条5項本文），善意の第三者に対抗できません（同項但書）。破産管財人は，各種行為をしようとするときは，遅滞を生ずるおそれのある場合，裁判所の許可を要しない場合を除き，破産者の意見を聴く必要があります（同条6項）。

破産管財人の行為に関連し，優先的破産債権である退職金債権の配当及び自らの破産管財人の報酬を支払う際に，破産管財人が源泉徴収義務を負うかが争われました。この点，判例は，前者につき，破産管財人と当該労働者との間に，特に密接な関係は認められず，所得税法199条にいう「支払をする者」に該当しないとして，源泉徴収義務を否定し，後者については，破産管財人が，自ら行った管財業務の対価として，その支払を受けることから，所得税法204条1項にいう「支払をする者」に該当するとして，源泉徴収義務を認めました[*51]。

破産財団に関する訴えについては，破産管財人が原告又は被告となります（破80条）。

[*51] 最判平成23・1・14民集65巻1号1頁〔百選20〕。伊藤323頁，324頁。概説84頁，102頁，369頁。

裁判所は，破産管財人の職務の遂行のため必要があると認めるときは，信書の送達の事業を行う者に対し，破産者にあてた郵便物等を破産管財人に配達すべき旨を嘱託できます（破81条1項。郵便回送嘱託）。破産管財人は，破産者にあてた郵便物等を受け取ったときは，これを開いて見ることができます（破82条1項）。破産者は，破産管財人に対し，その郵便物等の閲覧又は当該郵便物等で破産財団に関しないものの交付を求めることができます（同条2項）。
　破産管財人は，説明義務者（破40条1項・2項）に対して説明を求め，又は破産財団に関する帳簿，書類その他の物件を検査することができます（破83条1項）。また，その職務を行うため必要があるときは，破産者の子会社等に対してもその業務及び財産の状況について説明を求め，その帳簿，書類その他の物件を検査することができます（同条2項・3項）。
　また，破産管財人は，裁判所の許可を得て，警察上の援助を求めることができます（破84条）。
　破産管財人には，善管注意義務が課せられ（破85条1項）[*52]，これを怠ったときは，その破産管財人は，利害関係人に対し，連帯して損害賠償義務を負います（同条2項。このことは，善管注意義務違反の際の引当てが破産財団だけではなく，破産管財人である弁護士個人が責任を負うことを意味します）。
　また，破産債権である給料又は退職手当の請求権を有する者に対し，破産手続に参加するのに必要な情報を提供する努力義務があります（破86条。情報提供努力義務）。
　破産管財人は，費用の前払い及び裁判所が定める報酬を受け取ることができます（破87条1項）。また，破産管財人の任務が終了した場合には，遅滞なく計算報告書を裁判所に提出し（破88条1項），任務終了計算報告集会の招集の申立てをします（同条3項・135条1項本文。なお，書面による計算報告も可能です（破89条）。任務終了の場合の財産管理につき，破90条）。

---

*52　最判平成18・12・21民集60巻10号3964頁〔百選19〕は，質権が設定された敷金返還請求権を破産管財人が賃貸人との合意解約の際に破産手続開始後の賃料及び共益費並びに原状回復費用に充当した事案で，破産管財人は質権設定者が質権者に負う担保価値維持義務を承継し，原状回復費用を除き，財団債権となる破産手続開始後の賃料及び共益費の充当は認められないとしつつ，破産管財人の善管注意義務違反は否定し，賃料等相当額の不当利得の成立を認めました。伊藤193頁，304頁，430頁，概説117頁，369頁。

第2節　保全管理人 (破91条〜96条，破規29条)

　保全管理人とは，保全管理命令（破91条1項）により債務者の財産に関し管理を命ぜられた者をいいます（破2条13項）。

　裁判所は，破産手続開始の申立てがあった場合において，債務者（法人に限られます）の財産の管理及び処分が失当であるとき，その他債務者の財産の確保のために特に必要があると認めるときは，利害関係人の申立てにより又は職権で，破産手続開始の申立てにつき決定があるまでの間，債務者の財産に関し，保全管理人による管理を命ずる処分（保全管理命令）をすることができます（破91条1項）。

　保全管理命令が発せられたときは，債務者の財産の管理及び処分をする権利は，保全管理人に専属します（破93条1項本文）。保全管理人は，債務者の常務に属しない行為をするには，裁判所の許可を得なければならず（同項但書），許可を得ないでした行為は無効です（同条2項本文。ただし，善意の第三者に対抗できません（同項但書））。保全が目的とされているからです。

　保全管理人の任務が終了した場合には，保全管理人は，遅滞なく，裁判所に対し，書面による計算報告をします（破94条1項）。

　保全管理人は，必要があるときは，裁判所の許可を得て，保全管理人代理を選任することができます（破95条）。

　基本的に破産管財人の規定が準用されています（破96条）。

　その後，破産手続開始の決定があると，実務上，保全管理人であった弁護士が，破産管財人に選任されています。

第4章　破産債権

第1節　破産債権者の権利 (破97条〜110条，破規30条・31条)

1　破産債権の意義

　破産債権とは，破産者に対し破産手続開始前の原因に基づいて生じた財産上の請求権（破97条に掲げる債権を含みます）であって，財団債権に該当しないもの

をいいます（破2条5項）。破産手続でのみ行使でき（破100条1項），破産手続に参加し（破103条1項），破産財団からの配当を受ける債権となります（破193条1項）。そして，破産債権を有する債権者が破産債権者となります（破2条6項）。

　実務上よくあるのは，貸付金，売掛金，手形債権，保証債務履行請求権，保証人や立替払者の求償権，不法行為に基づく損害賠償請求権等の債権です。

　共通するのは，いずれも破産者の破産手続開始前に信用供与し（厳密には，不法行為の損害賠償請求権の場合，積極的な信用供与をしているわけではありませんが，回収がまだできていない状態です），倒産リスクを負う者です。

　その要件を見ていくと，①破産者に対する人的請求権で，②財産上の請求権で，③破産手続開始前の原因に基づいて生じた請求権で，④執行力のある請求権であることの4つとなります。

　①には，破産者に対する物権的請求権は含まれません。所有権に基づく返還請求権は，取戻権となります（破62条）。担保物権は別除権となり（破2条9項・65条1項），被担保債権は破産債権ですから，別除権付破産債権となります。

　②には，金銭評価できない不代替的作為や不作為請求権は含まれませんが，これらが損害賠償請求権に転化している場合は含まれます。

　③は，破産財団の範囲が，固定主義により破産手続開始時の財産に限定されること（破34条1項）に対応し，破産手続開始前の原因に基づいて生じたものとしています。期限未到来債権，条件付債権，将来の請求権も含まれます。この点，保証人の求償権も将来の事後求償権として含まれます。また，不法行為に基づく損害賠償請求権（民709条）も，原因が破産手続開始前であることから，損害額が具体化するのが破産手続開始後でも含まれることになります。

　④は，強制執行できることが必要ですので，不法原因給付の返還請求権（民708条）や利息制限法違反の超過利息の請求権は含まれません。

　なお，破産管財人が破産法53条1項に基づき解除した場合の相手方の損害賠償請求権は，破産手続開始後に生じた債権ですが，破産債権となります（破97条8号・54条1項。双方未履行の双務契約の規律の意味（29頁）参照）。

2　破産債権の等質化（現在化，金銭化）

　破産債権（破2条5項）に該当すると，破産手続内でしか権利行使できず（破100条1項），破産債権者は，破産手続に参加し（破103条1項），債権者平等原則

の下，破産手続内で一定の時期に債権額で按分した配当を日本円で受けることになりますので，各破産債権の額を決める必要があり，様々な内容，態様，履行期のある破産債権を等質化させることとしています。

　まず，貸付金や売掛金といった金銭債権は，債権者が債務者に対し，期限の利益を付与していますので，破産手続開始後にその期限が到来するものは，破産手続開始時に期限が到来したものとみなされます（現在化。同条3項）。この点，債務者は，破産手続開始決定を受けると，期限の利益を主張することができなくなります（民137条1号）。契約書において，破産申立て等を期限の利益喪失事由とする規定がある場合，この約定に従い，期限が到来することになります。なお，破産手続開始後の利息，遅延損害金は，劣後的破産債権となります（破99条1項1号・97条1号・2号。破産手続開始後に期限が到来すべき確定期限付債権で無利息のもののうち，破産手続開始時から期限に至るまでの期間の年数（1年未満切り捨て）に応じた債権に対する中間利息相当分が劣後的破産債権となります（破99条1項2号））。

　次に，非金銭債権（破103条2項1号イ），額不確定の金銭債権，外国通貨債権（同号ロ），金額又は存続期間不確定の定期金債権（同号ハ）は，破産手続開始時の評価額となり，それ以外の債権は債権額です（金銭化。同項2号）。

　破産債権が破産手続開始時に条件付債権又は将来の請求権であるときも，破産手続に参加することができます（同条4項）。この点，破産手続に参加できることと，後日配当を受けられることとは違います。停止条件付債権は，最後配当に関する除斥期間内に停止条件が成就しない限り，最後配当を受けることはできません（破198条2項）。敷金返還請求権は，賃貸借契約が終了し，対象物件を明け渡すことを停止条件とする破産債権です。また，将来の請求権も停止条件付債権と同様です（同条項）。保証人の将来の事後求償権が該当します（保証履行が必要です）。この点，解除条件付債権は，最後配当に関する除斥期間内に解除条件が成就しない限り，最後配当を受けることができます。

　この破産債権の等質化（現在化，金銭化）は，破産債権に対する配当を可能にするために行うものですから，破産手続との関係でのみ認められるものです。

3　破産債権の優先順位

　破産債権となれば，すべて債権者平等原則に服するというものではなく，破産債権の中にも優先順位があり，上から順に，①優先的破産債権，②一般の破

産債権，③劣後的破産債権，④約定劣後破産債権となります（破194条1項）。中でも②一般の破産債権が標準的な破産債権となり，前述した貸付金や売掛金等が含まれます。法は，その債権の持つ性質や公平性を考慮し，優先する①優先的破産債権（租税債権や労働債権等），劣後する③劣後的破産債権（破産手続開始後の利息，遅延損害金等），さらに劣後する④約定劣後破産債権を定めています。それぞれの順位の中で債権者平等原則が働くことになります（同条2項）。

①優先的破産債権は，破産財団に属する財産につき一般の先取特権その他一般の優先権がある破産債権です（破98条1項）。租税債権には，一般的優先の原則が認められていますので（国徴8条），一般の優先権があることになります。なお，一部は財団債権に格上げされ（破148条1項3号），一部は劣後的破産債権に格下げされています（破99条1項1号・97条4号・5号）。また，労働債権にも一般の先取特権が認められており（民306条2号・308条），一部は財団債権に格上げされています（破149条）。優先的破産債権内部にも優先順位があり，民法，商法その他の法律の定めるところによることになっていますので（破98条2項），租税債権のうち，ⓐ国税・地方税（公租），ⓑ公課（社会保険料等），ⓒ私債権の順となります。一般の先取特権がある破産債権は，ⓒ私債権に該当し，その中にもさらに優先順位があり（民329条1項で306条に掲げる順），労働債権はその中では第2順位となります（租税債権に劣後します。なお，財団債権部分は同列です）。

②一般の破産債権は，前述のとおり，標準的な破産債権となります。

③劣後的破産債権（破99条1項・97条1号から7号）は，一般の破産債権に劣後しますので，通常，配当されることはありませんが，免責の対象とするためにも破産債権としています（破253条1項本文）。ただ，租税債権や罰金等の請求権は非免責債権となっています（同項但書1号・7号。非免責債権（110頁）参照）。

④約定劣後破産債権（破99条2項）は，③劣後的破産債権よりさらに劣後することを当事者間で約定した場合（劣後ローン）が該当します。

財団債権と破産債権の優先順位については，**図表3**「財団債権と破産債権の優先順位」(73頁) を参照してください。

4　破産債権の行使

破産債権は，破産法に特別の定めがある場合を除き，破産手続によらなければ，行使することはできません（破100条1項）。破産財団に属する財産に対する

強制執行も禁止されます（破42条1項）。個別の権利行使は禁止され，破産手続内で破産債権の届出，調査，確定を経て，配当を受ける立場ということです。これが信用供与を行っていた場合に引き受けていた倒産リスクです。

ただ，信用補完を図るため，人的担保としての連帯保証人が存在する場合は，連帯保証人に対し保証債務履行請求権を行使することができます（その場合の規律は，次項の手続開始時現存額主義を参照）。また，物的担保として不動産に抵当権を設定してもらっている場合は，別除権として，破産手続外で担保権の実行ができます（その場合の規律は，別除権（41頁）を参照）。

この点，破産財団に属さない自由財産のうち，破産者の新得財産に対して破産債権の権利行使ができるのではないかとの問題が生じます（当然ながら，差押禁止財産に対しては権利行使できません（民執131条・152条）。なお，民再85条1項も参照）。この点，責任財産を破産手続開始時の財産に固定し（破34条1項。固定主義。破産財団の範囲（24頁）参照），免責許可申立てについての裁判が確定するまでの間の強制執行が禁止されていることからしても（破249条1項），破産法100条1項は新得財産についても適用され，破産債権者は権利行使できないと解すべきとされています。

次に，破産債権者からは権利行使ができないとしても，破産者が自由財産から破産債権に対し任意に弁済することができるかが問題となります。この点，判例は，破産者がその自由な判断により自由財産の中から破産債権に対する任意の弁済をすることは妨げられないとしましたが，任意性は厳格に解すべきであり，少しでも強制的な要素を伴う場合には任意の弁済に当たるということはできないと判断しました[*53]。

破産者又はその親族その他の者に，破産債権の弁済又は保証をさせる目的で，面会を強請し，又は強談威迫行為をした場合は犯罪となります（破275条）。

また，優先的破産債権である労働債権（給料，退職手当（退職金））につき，届出をした破産債権者が，この弁済を受けなければその生活の維持を図るのに困難を生じるおそれがあるときは，配当に先立ち，裁判所は，財団債権又は先順位若しくは同順位の優先的破産債権者の利益を害するおそれがないときに限り，

[*53] 最判平成18・1・23民集60巻1号228頁〔百選44〕。伊藤246頁，464頁，概説60頁，555頁。

破産管財人の申立て又は職権で，その全部又は一部の弁済を許可することができます（破101条1項本文。労働債権の弁済許可制度。なお，破201条4項参照）。

破産債権者は，裁判所の許可を得て，代理委員を選任することができ（破110条1項），代理委員は，これを選任した破産債権者のために，破産手続に関する一切の行為をすることができます（同条2項）。

5　手続開始時現存額主義

全部の履行をする義務を負う者が数人ある場合等の手続参加については，原則として，破産手続開始時において有する債権の全額で破産手続に参加できることとしています（手続開始時現存額主義。⇒トピック**51**「破産法104条の読み方」（243頁））。

まず，連帯債務，連帯保証債務，不可分債務のように，数人が各自全部の履行をする義務を負う場合，その全員又はそのうちの数人若しくは1人について破産手続開始決定があったときは（全部義務者の破産の場合），債権者は，破産手続開始時の債権額で各破産手続に参加できます（破104条1項。なお，民441条・430条参照）。次に，全部履行義務者が破産手続開始後に債権者に対して弁済その他の債務を消滅させる行為をしたときであっても，その債権の全額が消滅した場合を除き，破産手続開始時の債権の全額で権利行使ができます（破104条2項）。人的担保で信用補完している状態ですので，それを尊重したものとなります（⇒トピック**52**「主債務者倒産の連帯保証人との関係」（244頁），トピック**53**「連帯保証人倒産の主債務者との関係」（245頁））。

この場合，全部履行義務者で，破産者に対して将来の事後求償権を有する者は，その全額につき破産手続に参加することができますが（同条3項本文），債権者が破産手続に参加した場合は，二重の権利行使は認められませんので，破産手続に参加することはできません（同項但書）。求償権者が全額の弁済等をした場合は，自己の求償権の範囲内で債権者の原債権に代位できます（同条4項）。

このことは，物上保証人の場合にも準用されています（同条5項・2項から4項）。物上保証人の場合は，債務ではなく責任のみですから，担保提供物件が売却された場合には，その責任の全部を負担したことになるところですが，債権額の全額が満たされる場合でないと求償権を破産手続で行使することはできないとしています（同条5項・2項）。ただ，複数口の被担保債権のうちの一部につき全額弁済した場合につき，判例は，複数の被担保債権の全部が消滅して

いなくても,「その債権の全額が消滅した場合」（同条2項）に該当するとして,物上保証人が求償権を破産手続で行使することができるとしました[*54]。

なお，連帯保証人の場合でも，極度額の定めがあり，一部保証となる場合には，その極度額の範囲で全額弁済すると，債権者の債権額の全額でなくとも，全部保証と同様に求償権を破産手続で行使できます（概説170頁参照）。

第2節 破産債権の届出（破111条～114条，破規32条～36条）

破産債権者が破産手続に参加するためには（破103条1項），債権届出期間内に，破産債権を届け出なければなりません（破111条1項，破規32条）。裁判所が定める債権届出期間（破31条1項1号）は，原則として，破産手続開始決定の日から2週間以上4ヵ月以下で定められます（破規20条1項1号）。

債権届出を行うことで，配当を受け得る破産債権者となります。その後の債権調査，確定の手続を経て確定することが必要ですが，債権届出をしないと，破産債権であっても配当を受けることはできません（配当除斥。破198条1項参照。⇒トピック54「債権届出をしなかった場合」（246頁），トピック70「配当から除斥される債権」（262頁）。この点，破産手続開始前に破産債権に関する訴訟（例えば，貸金請求訴訟）が係属し，破産手続開始決定により中断した場合でも（破44条1項），別途破産債権届出が必要となります）。また，債権者集会の議決権行使が可能となります（破135条以下）。

届出が必要な事項は，①各破産債権の額及び原因（破111条1項1号），②優先的破産債権であるときは，その旨（同項2号），③劣後的破産債権又は約定劣後破産債権であるときは，その旨（同項3号），④自己に対する配当額の合計が1000円未満の場合においても配当金を受領する意思があるときは，その旨（同項4号，破規32条1項），⑤破産規則で定める事項（破111条1項5号，破規32条2項）です。その際，破産債権に関する証拠書類の写し等も添付します（破規32条4項）。別除権者の場合は，これらに加え，⑥別除権の目的である財産（破111条2項1号），⑦別除権の行使によって弁済を受けることができないと見込まれる債権

[*54] 最判平成22・3・16民集64巻2号523頁〔百選45〕は，この判断の前提として，手続開始時現存額主義の趣旨から，あくまで弁済等に係る当該破産債権について，破産債権額と実体法上の債権額とのかい離を認めるものであって，破産法104条2項にいう「その債権の全額」も，特に「破産債権者の有する総債権」などと規定されていない以上，弁済等に係る当該破産債権の全額を意味するとしました。伊藤285頁，286頁，600頁，概説171頁。

の額（予定不足額。同項2号）を届け出ます。

　破産債権者が，その責めに帰することができない事由によって一般調査期間の経過又は一般調査期日の終了までに破産債権の届出ができなかった場合は，その事由が消滅した後1ヵ月以内に限り，届出ができます（破112条1項。届出の追完）。この1ヵ月の期間は，伸長も短縮もできません（同条2項）。一般調査期間経過後又は一般調査期日終了後に生じた破産債権については，その権利発生後1ヵ月の不変期間内に届出が必要です（同条3項）。この場合，特別調査期間又は特別調査期日による調査となります（破119条2項，122条2項。なお，債権届出期間経過後も原則は特別調査の対象です）。

　届出のあった破産債権を取得した者は，一般調査期間経過後又は一般調査期日後であっても，届出名義の変更ができます（破113条1項）。

　なお，債権届出により消滅時効が中断します（民147条1号・152条）。

第3節　破産債権の調査及び確定

第1款　通　　則（破115条・116条，破規37条）

　破産債権者が破産手続に参加する（破103条1項）ために破産債権の届出（破111条1項）をすると，裁判所書記官は，届出があった破産債権につき破産債権者表を作成します（破115条1項）。破産債権者表には，各破産債権者の氏名又は名称及び住所，各破産債権の額，原因，性質，有名義の旨，別除権の予定不足額等を記載します（同条2項・111条1項1号から4号・2項2号，破規37条）。この記載に誤りがある場合，裁判所書記官は，申立てにより又は職権で，いつでもその記載の更正処分ができます（破115条3項）[55]。この破産債権者表の記載は，後日，破産債権が確定すると，確定判決と同一の効力を有しますので（破124条3項・221条1項），実体的に確定されます。

　破産債権の調査は，書面による破産債権の調査の規定（破117条以下）により，

---

[55] 福岡高決平成8・6・25判タ935号249頁〔百選A9〕は，破産債権者は，当該債権の債権調査期日に異議を述べず，異議を留保することもなく終了した場合，他の届出債権の調査のために債権調査期日が続行されても，その期日で異議を述べることはできず，破産債権者表の記載の更正処分を求めることはできないとしました。

破産管財人作成の認否書並びに破産債権者及び破産者の書面による異議に基づいて行います（破116条1項）。裁判所は，必要があると認めるときは，期日における破産債権の調査の規定（破121条以下）により，債権調査期日における破産管財人の認否並びに破産債権者及び破産者の異議に基づいて行います（破116条2項）。実務では，専ら債権調査期日における破産債権の調査が行われています（⇒トピック**55**「債権調査期間と債権調査期日」（247頁），トピック**56**「債権調査の具体的な手順」（248頁））。

また，特別調査の方法につき，一般調査期日後に特別調査期間によることも，一般調査期間後に特別調査期日によることも認められています（同条3項）。

破産債権の調査の方法は，手続的には若干異なりますが，前述のとおり，実体的に確定させるものですから，後日の債権確定手続において争われることになる，破産債権の額又は優先的破産債権，劣後的破産債権若しくは約定劣後破産債権であるかの別（破125条の破産債権査定申立ての対象）が主な対象となります。なお，別除権の予定不足額も認否の対象ですが（破117条1項4号・121条1項），別除権であるかどうかは，債権調査の対象ではありません（⇒トピック**57**「別除権の予定不足額の意味」（249頁））。このように，配当対象となる破産債権者を確定させていく作業ですから，複数の債権者のうち誰が配当を受けられる者かの観点も重要となってきます（手続開始時現存額主義（61頁）参照。⇒トピック**58**「手形債権の特殊性」（250頁））。

破産者の異議は，破産債権の確定と無関係です（破124条1項・221条2項参照）。

第2款　書面による破産債権の調査 （破117条～120条，破規38条～41条）

書面による破産債権の調査は，①破産管財人作成の認否書，②破産債権者の書面による異議，③破産者の書面による異議により行います（破116条1項）。

破産管財人は，一般調査期間が定められた場合，債権届出期間内に届出があった破産債権につき，①破産債権の額，②優先的破産債権であること，③劣後的破産債権又は約定劣後破産債権であること，④別除権の行使によって弁済を受けることができないと見込まれる債権の額（予定不足額）についての認否を記載した認否書を作成します（破117条1項）。認否書に記載すべき認否の記載がない場合は，破産管財人において認めたものとみなされます（同条4項）。

破産管財人は，債権届出期間経過後の届出，届出事項の変更（他の破産債権者の利益を害すべき事項の変更に限ります）があった破産債権についても認否書に記載することができます（同条2項）。認否書に一部の認否しかない場合，破産管財人は認否の記載のないものを認めたものとみなされます（同条5項）。

破産管財人は，一般調査期間前の裁判所が定める期限までに認否書を提出します（同条3項）。認否書提出後に認否を認める旨に変更する場合は，裁判所に変更の書面を提出するとともに，当該破産債権者に通知します（破規38条）。

次に，届出をした破産債権者は，一般調査期間内に，裁判所に対し，書面で，異議を述べることができます（破118条1項）。当該書面には，異議の内容のほか，異議の理由を記載する必要があります（破規39条1項）。異議があった場合，裁判所書記官は，当該異議に係る破産債権者に通知します（同条2項）。

破産者は，破産債権の額につき書面で異議を述べられます（破118条2項）。

裁判所は，債権届出期間経過後，一般調査期間満了前又は一般調査期日終了前に届出があり，又は届出事項の変更があった破産債権につき，特別調査期間を定めます（破119条1項本文）。ただし，前述のとおり，破産管財人が認否書に記載した場合又は破産管財人及び破産債権者が一般調査期日において調査することに異議がない場合は，特別調査の必要はありません（同項但書）。一般調査期間の経過後又は一般調査期日の終了後の届出等の場合も特別調査期間が定められます（同条2項）。特別調査期間に関する費用は，当該破産債権者の負担となります（同条3項・120条。予納命令）。

第3款　期日における破産債権の調査（破121条〜123条，破規42条〜44条）

期日における破産債権の調査は，債権調査期日における①破産管財人の認否，②破産債権者の異議，③破産者の異議により行います（破116条2項）。

破産管財人は，一般調査期日が定められた場合，当該一般調査期日に出頭し，債権届出期間内に届出があった破産債権につき，①破産債権の額，②優先的破産債権であること，③劣後的破産債権又は約定劣後破産債権であること，④別除権の行使によって弁済を受けることができないと見込まれる債権の額（予定不足額）について認否します（破121条1項・8項）。裁判所は，破産管財人に対し，認否予定書の提出を命ずることができます（破規42条1項前段）。

債権届出期間経過後の届出，届出事項の変更（他の破産債権者の利益を害すべき事項の変更に限る）があった破産債権についても，破産管財人及び破産債権者の異議がない場合は，一般調査期日の対象になります（破121条7項）。破産管財人は，認否予定書に記載することができます（破規42条1項後段）。

破産管財人は，期日において認めない旨の認否をした場合は，期日に出頭していない当該破産債権者に対し，その旨の通知をします（破規43条4項本文）。

次に，届出破産債権者は，期日に出頭し，異議を述べられます（破121条2項）。異議の内容のほか，異議の理由を記載する必要があります（破規43条1項）。裁判所書記官は，当該異議に係る破産債権者に通知します（同条5項）。

破産者は，一般調査期日に出頭する義務があり（破121条3項本文），破産債権の額について異議を述べることができ（同条4項。期日終了後の異議の追完は123条），必要な事項につき意見を述べる必要があります（同条5項）。

裁判所は，債権届出期間経過後，一般調査期間満了前又は一般調査期日終了前に届出があり，又は届出事項の変更があった破産債権につき，必要があると認めるときは，特別調査期日を定めます（破122条1項本文）。ただし，前述のとおり，破産管財人が認否書に記載した場合又は破産管財人及び破産債権者が一般調査期日において調査することに異議がない場合は，特別調査の必要はありません（同項但書）。一般調査期間の経過後又は一般調査期日の終了後の届出等の場合も特別調査期日を定められ，その費用は，当該破産債権者の負担となります（破122条2項・119条2項・3項・120条。予納命令）。

第4款　破産債権の確定（破124条〜133条，破規45条）

①破産債権の額，②優先的破産債権であること，③劣後的破産債権又は約定劣後破産債権であることについては，破産債権の調査において，破産管財人が認め，かつ，届出破産債権者が異議を述べなかったときは，確定します（破124条1項・117条1項1号から3号（4号を除きます））。

裁判所書記官は，その結果を破産債権者表に記載し（破124条2項），その記載は，破産債権者全員に対して確定判決と同一の効力を有します（同条3項）。

破産債権の調査において，①から③（以下「額等」といいます）につき破産管財人が認めず，又は届出破産債権者が異議を述べた場合[56]は，当該異議等のあ

る破産債権を有する破産債権者（無名義債権の場合）は，当該破産管財人及び当該異議を述べた届出破産債権者（以下「異議者等」といいます）の全員を相手方として，裁判所に，その額等についての査定の申立てができます（破産債権査定申立て。破125条1項本文）。各調査期間の末日又は期日から1ヵ月の不変期間内にする必要があります（同条2項）。ただし，破産手続開始当時訴訟係属中の場合は，異議者等の全員を相手方として，同じく1ヵ月の不変期間内に中断している訴訟手続（破44条1項）の受継申立てを行う必要があります（破127条）*57。

　この点，執行力のある債務名義又は終局判決のある有名義債権の場合は，債権者が取得した訴訟上の地位を尊重し，異議者等は，破産者が可能な訴訟手続によってのみ異議を主張できます（破129条1項）。確定判決の場合，再審の訴え（民訴338条）など，終局判決の場合，継続中の訴訟を異議者等から受継申立てを行い（破129条2項），上訴や異議申立てを行うことになります。

　裁判所は，破産債権査定申立てを不適法却下する場合を除き，異議者等を審尋し，異議等のある破産債権の存否及び額等を査定する破産債権査定決定をします（破125条3項・4項）。

　破産債権査定決定に不服がある者は，送達を受けた日から1ヵ月の不変期間内に，破産債権査定異議の訴えを提起することができます（破126条1項）。この異議の訴えは，破産裁判所が管轄します（同条2項）。破産債権確定訴訟として最終的な判断がされることになります。

　いずれの手続においても，破産債権者は，破産債権者表に記載されている事項のみを主張できます（主張制限。破128条・111条1項1号から3号）。

　裁判所書記官は，破産債権確定訴訟等の結果を破産債権者表に記載し（破130条），判決は，破産債権者の全員に対し効力を有します（破131条1項）。

　破産財団が破産債権の確定訴訟（査定申立てについての決定を含みます）によって利益を受けたときは，異議を主張した破産債権者は，その利益の限度において財団債権者として訴訟費用償還請求ができます（破132条）。

---

*56　最判昭和57・1・29民集36巻1号105頁〔百選70〕は，異議等があっても，権利行使していることに変わりなく，時効中断の効力に影響を及ぼさないとしました。伊藤599頁，概説381頁。
*57　最判昭和61・4・11民集40巻3号558頁〔百選71〕は，給付の訴えを破産債権確定の訴えに変更することができるとしました。伊藤625頁。

また，破産債権の確定手続は，破産手続が終了しても原則として引き続き係属し，最終的に判決により破産債権が確定することになります（破133条）。

第5款　租税等の請求権等についての特則（破134条）

国税徴収法又は国税徴収の例によって徴収できる請求権（租税等の請求権。破97条4号参照。本書では，租税債権とも略称します）は，一般的優先の原則が定められていますので（国徴8条），特殊な取扱いがされています。財団債権（破148条1項2号・3号），優先的破産債権（破98条1項），劣後的破産債権（破99条1項1号・97条3号から5号）に仕分けされます。また，罰金，科料，刑事訴訟費用，追徴金又は過料の請求権（罰金等の請求権。破97条6号）は，劣後的破産債権（破99条1項1号）とされますが，制裁的な性質がある公の請求権ですので，租税債権と同様に特則が定められています。

破産債権については，届出が必要で（破114条），破産債権者表に記載されます（破115条）。ただし，破産手続開始時に既にされている国税滞納処分，還付金又は過誤納金の充当の場合は，破産手続外での行使が可能です（破100条2項）。破産債権の調査及び確定の手続については，対象外となり（破134条1項），破産管財人は，認否書や認否予定書に認否を記載せず，不服があっても認めないという認否はできません。原因につき別途審査請求等で不服申立てが認められている場合には，その不服申立ての方法で異議を主張することができます（同条2項）。破産手続開始時に係属中の訴訟につき受継義務もあります（同条3項）。そして，いずれの場合も，破産管財人が当該届出があったことを知った日から1ヵ月の不変期間内に行う必要があります（同条4項）。

租税債権の本税は，前述のとおり財団債権，優先的破産債権，劣後的破産債権に仕分けされますが，その延滞税，延滞金は，①本税の財団債権に対しては財団債権，②優先的破産債権に対しては破産手続開始前分が優先的破産債権，開始後分が劣後的破産債権，③劣後的破産債権に対しては劣後的破産債権となります（運用と書式208頁，破産管財実践マニュアル359頁のフローチャート参照）。

破産手続開始後に新たな国税滞納処分はできませんが（破43条1項），既にされている国税滞納処分は続行します（同条2項）。罰金，科料及び追徴の時効は破産手続終了（免責に関する裁判）まで進行しません（同条3項）。

租税等の請求権と罰金等の請求権に対する偏頗行為は偏頗行為否認の対象外です（破163条3項）。また，非免責債権です（破253条1項1号・7号）。

第4節　債権者集会及び債権者委員会

第1款　債権者集会（破135条～143条，破規46条～48条）

　破産における債権者集会には，①財産状況報告集会（破31条1項2号），②破産管財人の任務終了計算報告集会（破88条3項），③異時廃止の場合の廃止意見聴取集会（破217条1項），④その他の一般的な債権者集会（破135条）があります。すべて任意化（すなわち，書面による方法で代替可能です）されていますので，まったく債権者集会が開催されない場合もあります。

　債権者集会は，裁判所における期日として開催され（債権者集会室で），裁判所が指揮します（破137条）。原則として，破産管財人，破産者及び届出破産債権者を呼び出し（破136条1項本文），財産状況報告集会の期日の公告及び通知をするほか（破32条1項3号・3項），他の各債権者集会の期日及び会議の目的である事項を公告し，期日を労働組合等に通知します（破136条3項）。

　まず，①財産状況報告集会（旧法下の第1回債権者集会を慣用的に用いることもあります）は，実務上，原則開催しています（開催しない場合は，破31条4項）。破産管財人は，破産法157条1項各号の事項の要旨を報告します（破158条）。集会の冒頭，法人の場合はその代表者，個人事業者の場合は破産者本人が挨拶し，破産管財人が報告した後，質疑応答を行います。淡々と進むこともあれば，破産債権者が感情的になり紛糾する場合もあります。逆に，破産債権者の出席がない場合は，手続の進行を簡略化し，短時間で終了します。

　実務上，債権者集会を原則開催していますが，期日においてその延期又は続行につき言渡しがあった場合，呼び出し等の手続を省略できますので，そのメリットを考慮しているのです（破136条4項）。

　債権調査の一般調査期日は，実務上，財産状況報告集会の日に併せて指定されています（破31条1項3号・3項。これを指定しない留保型は同条2項）。

　④その他の一般的な債権者集会は，裁判所が，原則として，破産管財人，債権者委員会（破144条2項）又は知れている破産債権者の総債権について裁判所

が評価した額の10分の1以上に当たる破産債権を有する破産債権者の申立てにより招集します（破135条1項）。債権者集会の決議を要する事項（破40条1項柱書本文・159条・230条1項・244条の6第1項）の決議を行います（破138条）。ただ，実務上，この債権者集会が開催されることは皆無と思われます。

第2款　債権者委員会（破144条～147条，破規49条）

　現行法は，破産債権者の意見が反映できるよう，債権者委員会が破産手続に関与することを認めています（破144条以下）。旧法に規定されていた監査委員の制度を廃し，民事再生法等と同様の制度としました。

　破産債権者をもって構成する委員会で，利害関係人の申立てにより，裁判所が要件に該当すると認めた場合，裁判所は破産手続への関与を承認することができます。具体的な要件としては，①委員の数が3人以上10人以内で，②破産債権者の過半数が当該委員会が破産手続に関与することにつき同意していると認められ，③当該委員会が破産債権者全体の利益を適切に代表すると認められる場合です（破144条1項，破規49条）。

　債権者委員会が裁判所に手続関与を承認された場合，裁判所は，意見陳述を求めることができ（破144条2項），債権者委員会は，裁判所又は破産管財人に対し，意見を述べることができます（同条3項）。債権者委員会に手続の円滑な進行に貢献する活動があったと認められるときは，裁判所は費用を支出した破産債権者の申立てにより，費用償還を許可することができ（同条4項前段），その費用償還請求権は，財団債権になります（同項後段）。裁判所は，利害関係人の申立て又は職権で，いつでもこの承認を取り消すことができます（同条5項）。

　前述の承認があると，裁判所書記官は，破産管財人に遅滞なく通知し（破145条1項），通知を受けた破産管財人は，遅滞なく，破産財団に属する財産の管理及び処分に関する事項につき，債権者委員会の意見を聴く必要があります（同条2項）。破産管財人は，裁判所に提出する報告書等（報告書，財産目録又は貸借対照表）を債権者委員会にも遅滞なく提出する必要があります（破146条1項）。なお，破産管財人が閲覧制限の申立て（破12条1項）をしたときは，閲覧制限部分を除いた報告書等で足ります（破146条2項）。債権者委員会は，裁判所に対し，破産管財人に対する報告命令の申出を行うことができ（破147条），破産者等に

対する説明請求（破40条1項柱書本文・230条1項・244条の6第1項），債権者集会の招集の申立てもできます（破135条1項2号）。

　ただ，実務的にはほとんど利用されていません。裁判所と破産管財人による適切な処理への信頼に加え，破産債権者の無関心にもよるのでしょう。

第5章　財団債権（破148条～152条，破規50条）

　財団債権は，破産手続によらないで破産財団から随時弁済を受けることができる債権です（破2条7項）。財団債権は，破産法148条から150条をはじめとして規定され（破148条規定分を一般の財団債権，それ以外の規定分を特別の財団債権といいます），破産債権に先立って弁済されますので（破151条），破産債権より優先する債権となります。ただ，財団債権も個別の権利行使は禁止されます（破42条。ただし，既にされている国税滞納処分は続行可能です（破43条2項））。破産財団が不足する場合は，按分弁済となり（破152条1項本文），破産手続は異時廃止（破217条1項）で終了します。

　財団債権は，破産手続を行うに当たり必要な共益的費用，公益的見地（徴税権の確保や労働者保護），対価的牽連性への配慮等の公平の見地から様々な考慮がされていますので，なかなか一義的な説明は難しいところですが，破産債権者が配当を受けるためには，先に支払われるべき債権ということになります（⇒トピック59「パイの奪い合い（優先権との関係）」（251頁））。

　財団債権の中でも優先されるのは，①破産債権者の共同の利益のためにする裁判上の費用の請求権（破148条1項1号）と②破産財団の管理，換価及び配当に関する費用の請求権（同項2号）です（破152条2項。中でも，破産管財人の報酬（破148条1項2号）は，破産手続の必要経費として最優先と解されています）。これらを除き，他の財団債権は，すべて同列となります。

　税金関係（⇒トピック60「倒産時の税金，税務申告」（252頁））では，③破産手続開始前の原因に基づいて生じた租税等の請求権で，破産手続開始当時，まだ納期限の到来していないもの又は納期限から1年を経過していないものとされています（同項3号。他は原則優先的破産債権（破98条1項））。なお，例えば，破産手続開始後に1月1日を迎え賦課された固定資産税は，前述の優先される財団債権

となります (破148条1項2号)。

　他にも，④破産財団に関し，破産管財人がした行為によって生じた請求権 (同項4号)，⑤事務管理又は不当利得により破産手続開始後に破産財団に対して生じた請求権 (同項5号)，⑥委任終了又は代理権消滅後，急迫の事情があるためにした行為によって破産手続開始後に破産財団に対して生じた請求権 (同項6号)，⑦破産法53条1項により破産管財人が履行を選択した場合の相手方の請求権 (破148条1項7号)，⑧破産手続開始によって双務契約の解約の申入れ (破53条1項又は2項による賃貸借契約の解除を含みます) があった場合の破産手続開始後その契約の終了に至るまでの間に生じた請求権 (破148条1項8号) があります。

　労働債権は，一般の先取特権がある債権ですので，優先的破産債権となりますが (破98条1項，民306条2号・308条)，その一部を財団債権に格上げしています (⇒トピック30「労働債権の取扱い (破産)」(222頁)，トピック33「未払賃金立替払制度」(225頁)，トピック34「未払賃金立替払制度利用の際の留意点」(226頁))。財団債権となるのは，①破産手続開始前3ヵ月間の破産者の使用人の給料の請求権 (破149条1項) です。また，②破産手続の終了前に退職した破産者の使用人の退職手当の請求権 (劣後的破産債権となるべき部分を除きます) は，退職前3ヵ月間の給料の総額 (その総額が破産手続開始前3ヵ月間の給料の総額より少ない場合にあっては，破産手続開始前3ヵ月間の給料の総額) に相当する額が財団債権となります (同条2項)。労働債権につき，私人が財団債権となる賃金を立替払いした事案において，判例は，弁済による代位により財団債権を取得した者は，同人の求償権が破産債権にすぎない場合であっても，原債権の財団債権を行使することができるとしました (⇒トピック61「弁済による代位 —— 原債権による比較」(253頁))[*58]。

　財団債権については，破産債権のような債権届出，調査，確定の手続はありませんので，争いがある場合は，通常の訴訟手続において確定させる必要があります。なお，財団債権者は，破産手続開始決定があったことを知ったときは，速やかに，財団債権を有する旨を破産管財人に申し出ることになっています (破規50条)。最後配当の配当額の通知を発した時又は簡易配当に関する除斥期

---

*58　最判平成23・11・22民集65巻8号3165頁〔百選48①〕は，弁済による代位の制度は，原債権を求償権を確保するための一種の担保として機能させることを趣旨とすると判断しました。伊藤299頁，概説91頁，92頁。

図表3　財団債権と破産債権の優先順位

財団債権	① 管財人報酬（立替事務費を含む）
	② 債権者申立て又は第三者予納の場合の予納金補填分
	③ 破産法148条1項1号及び2号のうち，①及び②を除いたもの
	④ その他の財団債権
破産債権	① 優先的破産債権のうち国税・地方税（公租）
	② 優先的破産債権のうち公課
	③ 優先的破産債権のうち私債権（民306条各号の順）
	④ 一般の破産債権
	⑤ 劣後的破産債権
	⑥ 約定劣後破産債権

間を経過した時に破産管財人に知れていない財団債権者は，最後配当又は簡易配当をすることができる金額をもって弁済を受けることができませんので（破203条・205条），結果的に弁済を受けることができなくなります。

　破産手続で財団債権を弁済できなかった場合，破産者がどこまで負担するのか，財団債権の債務者は誰かが議論され，管理機構としての破産管財人説が有力で，責任財産は破産財団に限定され，租税債権や労働債権のように本来債務者本人の人的債務であるものは，破産者が責任を負うと解されています（概説90頁参照。この点，伊藤310頁は，破産財団のみが責任を負うとします）。

　ここで，財団債権と破産債権の優先順位をまとめておくと，**図表3**のとおりとなります（優先順位の順番に並べています）。

第6章　破産財団の管理

第1節　破産者の財産状況の調査（破153条〜159条，破規51条〜54条）

　破産管財人は，就職後直ちに破産財団に属する財産の管理に着手しなければなりませんが（破79条），破産手続開始後遅滞なく，破産財団に属する一切の財産につき，破産手続開始時における価額を評定する必要があり（破153条1項），財産評定完了後，直ちに破産手続開始時における財産目録及び貸借対照表を作成し，裁判所に提出する必要があります（同条2項）。ただし，破産財団に属す

る財産の総額が1000万円未満の場合，破産管財人は，裁判所の許可を得て，貸借対照表の作成及び提出をしないことができます（同条3項，破規52条）。

破産管財人は，金銭等の保管方法を定め（高価品の保管場所として，金融機関に破産管財人名義の口座を開設），裁判所に届け出ます（破規51条1項）。

また，破産管財人は，裁判所書記官，執行官等に，破産財団に属する財産に封印をさせることができ（封印執行。破155条1項。封印等破棄罪は刑96条），裁判所書記官は，破産管財人の申出により，帳簿を閉鎖することができます（同条2項。業務及び財産の状況に関する物件の隠滅等の罪は破270条）。

裁判所は，破産管財人の申立てにより，決定で，破産者に対し，破産財団に属する財産を破産管財人に引き渡すべき旨を命じることができます（引渡命令。破156条1項）。対象は，破産者（履行補助者は含み，第三者は除きます）で，破産者を審尋し（同条2項），決定に対しては即時抗告ができ（同条3項），引渡命令は確定しなければその効力を生じません（同条5項）。破産管財人は，この引渡命令を債務名義として，引渡し断行まで可能となります。

また，破産管財人は，別除権者に対し，目的財産の提示を求めることができ（破154条1項），別除権者は，財産の評価を拒めません（同条2項）。

破産管財人は，破産手続開始後遅滞なく，①破産手続開始に至った事情，②破産者及び破産財団に関する経過及び現状，③法人の役員の責任の追及に関する事情の有無，④その他破産手続に関し必要な事項を記載した報告書を裁判所に提出し（破157条1項），財産状況報告集会において，その要旨を報告します（破158条。債権者集会への報告につき破159条）。

実務上，破産管財人は，財産状況報告集会前に業務要点報告書，財産目録，収支計算書，破産管財人口座の通帳写し等を裁判所に提出しています。

第2節 否 認 権 （破160条～176条，破規55条）

1 否認権の意義

否認権は，破産手続開始前に，債務者（破産者）の責任財産を絶対的に減少させる詐害行為（財産の廉価売却）や債権者間の平等を害する偏頗行為（一部の債権者の抜け駆け的な債権回収に応じてした弁済や担保提供）があった場合に，破産管財人がこれを行使して覆滅し，破産財団から逸出した財産の返還や金銭の返還を

受けることにより取り戻し，破産財団を増殖させ（法定財団に近づけ），これを債権者に平等に分配（配当）するために認められた制度です。債権者平等を図る時期を破産手続開始時より遡らせています（詐害行為否認は詐害行為取消権（民424条）と同様に無資力要件が原則ですが，偏頗行為否認は基本的に支払不能まで遡ります。⇒トピック62「債権者平等を図る時期」（254頁））。

　この否認権は，破産手続開始前の破産者の行為を破産財団と相手方との関係において，遡及的に無効として取り戻す，形成権と解されています。

　旧法では，大きく故意否認と危機否認としていましたが，現行法では，詐害行為否認と偏頗行為否認に仕分けされましたので，否認対象行為のイメージがしやすくなっています。

　詐害行為は，債務者の財産が廉価売却されると，当該財産が逸出し，その対価として入る現預金は少ないですから，その差額分が債務者の責任財産を絶対的に減少させ，債権者全員を害する行為となります。無償行為は，債務者の財産が贈与されると，当該財産が逸出するのは詐害行為と同様ですが，対価がありませんので，当該財産分全部が財産減少した結果となります（究極的な詐害行為といえるでしょう）。これらに対し，偏頗行為は，債務者が特定の債権者に弁済すると，弁済分の現預金が財産減少しますが，これに対応する債務も減少しますので，計数上はプラスマイナス0ではありますが，弁済を受けた債権者と他の債権者の間では，不平等な結果となります。この点，基礎トレ107頁以下では，デフォルメした貸借対照表（バランスシート）を用いて，詐害行為否認と偏頗行為否認のイメージができるようにし，他の類型についてもこれを用いた説明を試みていますので，参考にしてください。

　なお，破産手続開始後に破産者が破産財団に属する財産に関してした法律行為は，破産手続の関係においては，その効力を主張できません（破47条1項）。

2　否認権と詐害行為取消権の比較

　起源を同じくする2つの制度ですが，次頁の図表4「詐害行為取消権と破産における否認権の比較」記載のとおり，①行使権者，②行使方法，③対象行為，④要件，⑤効果の面でかなり異なります（伊藤501頁，概説277頁参照）[*59]。

3　否認の一般的要件

　従前から，否認権については，各条文に定められた要件のほかに，一般的要

図表 4　詐害行為取消権と破産における否認権の比較

	詐害行為取消権	否認権
適用条文	民424条から426条	破160条から176条
目　的	責任財産の保全	破産財団の回復
行使権者	個々の債権者	破産管財人（全債権者の利益代表）
行使方法	訴え（「裁判所に請求」）	訴え 否認の請求 抗弁
対象行為	原則詐害行為 例外的に，債務者が債権者と通謀してした他の債権者を害する弁済	詐害行為 無償行為 偏頗行為
債務者の詐害意思	必要（債権者を害することの認識があれば足りる）	詐害行為では原則必要。不要な類型あり。 無償行為では不要。 偏頗行為では不要。
行使範囲	原則詐害行為前の行使債権者の被保全債権の範囲に限定	原則限定なし
効　果	原則現物返還 例外価格賠償 金銭が回復される財産の場合，事実上の優先弁済が認められている（目的との関係で，結局は，個別の権利行使の一環に）。	破産財団を原状に復す。 現物返還（詐害行為） 価額償還（詐害行為） 金銭給付の返還（偏頗行為） 結果，破産財団が増殖する。

件として，①有害性，②不当性，③債務者（破産者）の行為の要否の3点が論じられてきました。

　①有害性は，破産債権者を害する行為とされますが，現行法では，絶対的な財産減少行為（全破産債権者を害する行為となります）を対象とする詐害行為否認と債権者間の公平を害する偏頗行為（特定の債権者に対する担保の供与又は債務消滅行為は，不平等となります）を対象とする偏頗行為否認に明確に区別されましたので，各類型の要件の中に込められたといえるでしょう。

　②不当性は，有害性のある否認対象行為であっても，有用の資に充てるため

＊59　今後の債権法改正により，詐害行為取消権が否認権に近づくことになる予定です。

の売却のように不当性を欠く場合に否認権の成立を阻却するものと理解されています（現行法では否定的な見解も有力ですが，実務的には考慮しています）。

③の債務者の行為の要否については，条文構造上，破産者の行為が前提となっているように思われますが（破160条・162条等），執行行為の否認（破165条）も認められていますので，一義的ではないように思われます。この点，判例は，執行行為の否認の場合を除き，債務者の行為又はこれと同視できる第三者の行為があった場合と捉えているようですので[*60]，具体的には，各類型の個別的要件の検討の際に考慮することで足りると思われます。

4 詐害行為否認

詐害行為否認は，破産者が破産債権者を害する行為，すなわち，廉価売却といった絶対的な財産減少行為により債権者全員を害する行為を取り消し，破産手続開始前に逸出した財産を破産財団に取り戻すことにより，破産財団を増殖するものです（法定財団に近づけることになります）。

詐害行為否認の原則型（破160条1項1号）は，客観的要件として，①詐害行為，主観的要件として，②破産者の詐害意思と③受益者の悪意があり，時期を問わず，詐害行為取消権と同様に無資力要件（債務超過）となります。①詐害行為は，絶対的財産減少行為で，担保の供与又は債務消滅行為を除きます（同項柱書括弧書。偏頗行為否認（破162条1項）の対象となります）。②破産者の詐害意思は，積極的な害意までは不要で，詐害行為であることの認識（時期と行為につき）で足ります。①と②の証明責任は破産管財人にあります。③受益者の悪意は消極的要件として，受益者がその行為の当時，破産債権者を害する事実を知らなかったことをいい，受益者側に善意の証明責任があります。

支払停止等後の場合（破160条1項2号）は，時期を限定し，支払停止又は破産手続開始の申立て後の詐害行為につき，要件を緩和しています。債務者の危機的な時期ですので，責任財産を確保すべき要請が強くなるからです。破産者の詐害意思は要件から外れ，①詐害行為，②支払停止又は破産手続開始の申立

[*60] 最判平成2・7・19民集44巻5号837頁〔百選28①〕，最判平成2・7・19民集44巻5号853頁〔百選28②〕は，給与支払機関が，①事件は地方公務員共済組合に，②事件は国家公務員等共済組合に対し，退職手当の全部又は一部を，共済組合が債務者（破産者）に対して有する貸付金返還債務の弁済として払い込んだ行為につき，偏頗行為否認を認めました。伊藤509頁，525頁，概説281頁。

て後であることは，破産管財人に証明責任があり，③受益者の悪意については，消極的要件として，受益者がその行為の当時，支払停止等があったこと及び破産債権者を害する事実を知らなかったことをいい，受益者側に善意の証明責任があります。なお，破産手続開始の申立日から1年以上前にした行為については，支払停止後にされたものであること又は支払停止の事実を知っていたことを理由として否認できません（破166条）。要件が緩和された中，受益者に長期間否認リスクを負わせるのは相当ではないからです。

また，破産者がした債務消滅行為で，債権者が受けた給付の価額が当該行為によって消滅した債務額より過大で，前述の詐害行為否認の各要件に該当するときは，その消滅した債務額に相当する部分以外の部分に限り否認できます（破160条2項。過大な代物弁済の否認。代物弁済の否認（83頁）参照）。

否認権の各類型の概要は図表5にまとめてあります。また，実務上，典型的に見られる各種否認対象行為については，破産管財実践マニュアル247頁以下を参照してください。

昨今の問題として，事業譲渡後の破産の場合は，事業譲渡の対価の相当性の検討により，詐害行為否認の対象となるかを判断しますが，事業譲渡と異なり，組織法上の行為としての性質を有する会社分割が利用された後の破産の場合には，いわゆる濫用的会社分割への対処が問題となっています（⇒トピック63「濫用的会社分割」（255頁）。伊藤511頁以下，概説283頁，302頁以下参照）[61]。

5　相当の対価を得てした財産処分行為の否認

不動産を適正価格で売却した場合，不動産が対価である現預金に変化するだけで計数上は財産の減少がないように思われますが，民法の詐害行為取消権における判例法理では，不動産を適正価格で売却したとしても，消費又は隠匿若しくは散逸しやすい金銭に代えることは共同担保の効力を削減することになるとして，原則は詐害行為になるとしています（なお，債務の弁済資金にするためなど有用の資に充てるための売却の場合は否定されます）。この点，適正価格による財産の売却の相手方の地位が不安定で取引の安全が害され，また，債務者が資金化

---

[61] 最判平成24・10・12民集66巻10号3311頁は，資産移転の面で詐害行為取消権を肯定しました。伊藤513頁，概説283頁，329頁。

図表5　否認権の各類型の概要

■詐害行為否認・無償行為否認の要件の概要

類　型	詐害行為否認—原則型	詐害行為否認—支払停止等後	過大な代物弁済の否認	無償行為否認	相当の対価を得てした財産の処分行為の否認
適用条文	160条1項1号	160条1項2号	160条2項	160条3項	161条
対象行為	詐害行為	詐害行為	過大部分が詐害行為	無償行為	隠匿等の処分（詐害行為）
破産者の詐害意思	必要	不要	詐害行為否認の2類型と同じ	不要	隠匿等の処分をする意思が必要
受益者の主観的要件	受益者に善意の立証責任	受益者に善意の立証責任	詐害行為否認の2類型と同じ	不要	相手方の悪意—管財人に立証責任　内部者の悪意推定—相手方に善意の立証責任
対象時期	時期は問わない（無資力要件）	支払停止又は破産手続開始申立て後	詐害行為否認の2類型と同じ	支払停止等後又はその前6月以内	時期は問わない（無資力要件）

■偏頗行為否認の要件の概要

類　型	偏頗行為否認—原則型	偏頗行為否認—内部者	偏頗行為否認—非義務行為（代物弁済の否認）	支払不能前30日以内の非義務行為の否認	新規債務についての担保供与又は債務消滅行為の除外
適用条文	162条1項1号	162条2項1号	162条2項2号	162条1項2号	162条1項柱書括弧書
対象行為	偏頗行為	偏頗行為	非義務偏頗行為（方法—代物弁済を含む）	非義務偏頗行為（方法—代物弁済を含まない）	同時交換的行為を偏頗行為否認の対象から除外
相手方の主観的要件	相手方の悪意—管財人に立証責任	相手方の悪意推定—相手方に善意の立証責任	相手方の悪意推定—相手方に善意の立証責任	相手方に善意の立証責任	—
対象時期	支払不能後又は破産手続開始申立て後	支払不能後又は破産手続開始申立て後	支払不能後又は破産手続開始申立て後	支払不能前30日以内	—

して経済的に再生する道が閉ざされてしまいかねないため，否認権が行使できる場面を限定すべきとされてきました[*62]。

　そこで，現行法は，これに配慮し，破産者が，その有する財産を処分する行為をした場合において，その行為の相手方から相当の対価を取得しているときは，①当該行為が，不動産の金銭への換価その他の当該処分による財産の種類の変更により，破産者において隠匿，無償の供与その他の破産債権者を害する処分（隠匿等の処分）をするおそれを現に生じさせるものであること，②破産者が，当該行為の当時，対価として取得した金銭その他の財産について，隠匿等の処分をする意思を有していたこと，③相手方が，当該行為の当時，破産者が②の隠匿等の処分をする意思を有していたことを知っていたことを破産管財人が立証した場合に限り，否認できるとしました（破161条1項）。なお，相手方が，ⓐ破産者が法人の場合のその理事，取締役等の役員，ⓑ親会社等，ⓒ破産者の親族又は同居者であるときは，いわゆる内部者として③の悪意を推定し，証明責任の転換を図っています（同条2項）。

　相当の対価性は，処分行為時の公正な市場対価を基準としますが，一定の幅がありますので，早期処分価格であってもその範囲内にあるとされています。

　動産は対象外ですが（伊藤520頁，概説288頁参照），登録のある普通自動車や大型の工作機械等は対象になると思われます（条解破産1084頁参照）。

6　無償行為否認

　破産者が支払停止等の後又はその前6ヵ月以内にした無償行為及びこれと同視すべき有償行為（対価が名目的な金額で，経済的に対価としての意味を有しない行為）は，否認権の対象となります（破160条3項）。贈与，債務免除や権利の放棄，一方的な債務負担などの無償行為は，究極の財産減少行為ともいえ，受益者の要保護性も低いことから，破産者の詐害意思も受益者の悪意という主観的要件はなく，客観的要件のみとなります。善意の受益者については，その現に受けている利益を償還すれば足りることにしています（破167条2項）。また，支払停止後の場合，破産手続開始申立ての日から1年内にした行為との制限もありませ

[*62]　東京高判平成5・5・27判時1476号121頁〔百選30〕は，不動産の売却は原則として詐害行為に該当するが，抵当不動産を相当代価で売却し，被担保債権の弁済に充てた場合は詐害性がないとしました。伊藤504頁。

ん（破166条括弧書）。

　無償行為に該当するか争いになったのは，法人代表者が法人の債務につき連帯保証や物上保証した行為です。実務上よくある場面ですが，判例は，義務なくして他人のためにした保証や担保提供は，それが債権者の主債務者に対する出捐の直接的な原因をなす場合であっても，破産者がその対価として経済的利益を受けない限り，無償行為に該当し，このことは，主債務者がいわゆる同族会社で，破産者が代表者で実質的な経営者であるときにも妥当するとし，無償性は，専ら破産者について決すれば足り，受益者の立場で無償であるか否かは問わないとしました*63。

7　偏頗行為否認

　偏頗行為否認は，特定の債権者が弁済を受けて債権回収を図り，他の債権者は破産手続による平等な配当を受けるしかないという状態が，債権者間の平等を害する状況となることから，偏頗弁済分を破産財団に取り戻し，その分の債権を復活させ，当該債権者も他の破産債権者と共に平等な配当を受けることにするものです。詐害行為否認と無償行為否認が，絶対的な財産減少行為により全債権者が等しく害される状況にあったのと利益状況が異なります。

　偏頗行為は，既存の債務についてされた担保の供与又は債務消滅行為に限られ（破162条１項柱書括弧書。同時交換的行為は除きます。同時交換的行為の除外（84頁）参照），対象時期は，原則として支払不能後に限定しています。債権者平等を徹底させる時期を支払不能まで遡らせるのは，相殺禁止の規律（破71条・72条）と同様です（相殺の禁止（50頁）参照）。

　偏頗行為否認の原則型（破162条１項１号）は，①支払不能後（同号イ）又は破産手続開始の申立て後（同号ロ）の偏頗行為を対象とし，②相手方となる債権者が，ⓐ支払不能後の場合は支払不能であったこと又は支払停止があったこと（同号イ）を，ⓑ破産手続開始の申立て後の場合は破産手続開始の申立てがあったこと（同号ロ）を知っていた場合に限られます。相手方の悪意は，破産管財人に証明責任があります。詐害行為否認と異なり，破産者の詐害意思は不要で

---

*63　最判昭和62・７・３民集41巻５号1068頁〔百選34〕。２つの反対意見があります。伊藤533頁，概説291頁，292頁。

す。なお，支払停止（破産手続開始の申立て前1年以内のものに限ります）があった後は，支払不能であったものと推定されます（同条3項）。また，支払停止後の場合，破産手続開始申立ての日から1年内にされたことが必要です（破166条）。

債権者が内部者（破161条2項各号）の場合，相手方の悪意が推定されます（破162条2項1号）。また，非義務行為の場合も同様です（同項2号）。

破産者の義務に属しない非義務行為には，①行為自体が義務に属しないもの（担保の供与），②方法が義務に属しないもの（代物弁済。なお，次の同条1項2号には含まれません），③時期が義務に属しないもの（期限前弁済）の3つがあります。

支払不能前30日以内の非義務行為の偏頗行為否認（破162条1項2号）は，①破産者の義務に属せず，又はその時期が破産者の義務に属しない行為で（方法が義務に属しないもの（代物弁済）は含まれません），支払不能前30日以内の偏頗行為を対象とし，②相手方である債権者に，行為当時他の破産債権者を害する事実を知らなかった善意の証明責任があります。

8　否認の要件としての支払不能，支払停止

支払不能（破2条11項）は，破産手続開始原因で（破15条1項），支払停止は，支払不能と推定されますが（同条2項。破産手続開始原因（18頁）参照），もう一つ登場する場面があり，否認権と相殺禁止（相殺の禁止（47頁）参照）の場面です。こちらは，債権者平等原則をどこまで遡らせるのが適切かという観点になってきます（⇒トピック🔢「支払不能，支払停止が問題となる場面」（197頁），トピック🔢「債権者平等を図る時期」（254頁））。以下は，相殺禁止においても同様の話題となります。

否認の要件としての支払不能は，詐害行為否認（破160条1項）にはなく（詐害行為取消権と同じ無資力要件），偏頗行為否認（破162条1項1号イ・2号）の要件にあり（相殺禁止の場面（破71条1項2号・72条1項2号）とパラレルになります），支払不能の定義にある弁済期の到来につき，弁済期未到来であっても，将来弁済することができないことが確実に予想される状態まで遡らせることができるかという問題となります（概説296頁参照）*64。

---

*64　東京地判平成19・3・29金判1279号48頁〔百選25〕は，支払不能であるか否かは，現実に弁済期が到来した債務について判断すべきであり，弁済期未到来の債務を将来弁済することができないことが確実に予想されたとしても，弁済期の到来した債務を現在支払っている限り，支払不能ということはできないとしました。伊藤107頁，461頁，概説296頁。

次に，否認の要件としての支払停止は，詐害行為否認（破160条1項2号），無償行為否認（同条3項），偏頗行為否認（破162条1項1号イ・3項），対抗要件の否認（破164条）の各要件にあり（相殺禁止では，破71条1項3号・72条1項3号），特に対抗要件の否認においては，支払停止のみで，支払不能が要件となっていません[*65]。判例は，破産法162条1項1号イ及び3項にいう「支払の停止」とは，債務者が，支払能力を欠くために一般的かつ継続的に債務の支払をすることができないと考えて，その旨を明示的又は黙示的に外部に表示する行為をいうとし，債務者が単なる給与所得者であり広く事業を営む者ではないという事情を考慮すると，自己破産を予定している旨の記載がなくとも，債務者の代理人弁護士が債権者一般に宛てて債務整理開始通知を送付した行為は，支払停止に該当するとしました（⇒トピック❻「受任通知の意味するところ」（198頁））[*66]。

9　代物弁済の否認

代物弁済（民482条）も債務消滅行為の一つですので，支払不能後にされた場合は，偏頗行為否認の対象となり（破162条1項1号），全部を否認することができます。方法が破産者の義務に属しない非義務行為ですので，相手方の悪意が推定されます（同条2項2号）。なお，代物弁済は，支払不能前30日以内の非義務行為の偏頗行為否認の対象にはなりません（同条1項2号には，方法が義務に属しないものは含まれていません）。

また，過大な代物弁済の否認として，債権者の受けた給付の価額が当該行為によって消滅した債務額より過大であるものは，その過大な部分に限り，詐害行為否認ができます（破160条2項。詐害行為否認（77頁）参照）。過大な部分は，絶対的な財産減少行為となるからです。この場合，時期としては，詐害行為否認と同様で，支払不能より前も対象となります。

[*65]　最判昭和60・2・14判時1149号159頁〔百選26〕は，対抗要件の否認の事案で，内部的に支払停止の方針を決めただけでは支払停止に該当しないとし，対抗要件の否認を否定しました。伊藤110頁，519頁，概説298頁，358頁。

[*66]　最判平成24・10・19判時2169号9頁の須藤正彦裁判官の補足意見には，一定規模以上の企業の私的整理のような場合，再建計画の合理性などを考慮する必要があり，一概に決めがたい事情がある旨の指摘があります。また，東京地決平成23・11・24金法1940号148頁は，事業再生ADR手続申請に向けた支払猶予の申入れ等の行為につき，合理性のある再建方針や再建計画が主要な債権者に示され，これが債権者に受け入れられる蓋然性がある場合には，支払停止に該当しないとしました。伊藤57頁，110頁，概説298頁，326頁，536頁。

そのため，前者と後者は，支払不能後については競合することになり，破産管財人はいずれを行使することも可能ですが，実務上，要件面で緩和され，効果面でも全部の否認ができる偏頗行為否認を選択することが多いです。

「過大」かどうかは，給付の価額によります。行為時を基準に評価します。

担保目的物を代物弁済した場合については，判例は，動産売買先取特権を有する目的物を被担保債権と同額に評価して代物弁済を受けた事案で，売買当時に比し代物弁済当時において価額が増加していたことが認められない中では，当該物件は破産債権者の共同担保ではなかったとし，否認できないとしました[67]。ただ，判例は，動産売買先取特権が追及効を失った後（民333条），動産売買先取特権の目的物を転売先から合意解除により取り戻してした代物弁済については，実質的に新たな担保権の設定と同視でき，否認できるとしています[68]。

債権者が支払不能後に債務者から不動産を購入したが，売買代金を払わず，破産債権と相殺した場合，専相殺目的による債務負担として相殺禁止ですが（破71条1項2号），実質的には不動産を代物弁済したと見ることもできます。

10 同時交換的行為の除外

偏頗行為否認の対象は，既存の債務についてされた担保の供与又は債務消滅行為に限定されていますが（破162条1項柱書括弧書），これは新規融資を受ける際に同時に担保提供するような同時交換的行為を除外する意味を持ちます。

倒産リスクを引き受けている既存の債務につき抜け駆け的回収を図る場面と異なり，担保提供を前提として新規融資がされる場合は，担保権者が担保目的物の交換価値を把握していますので，一般債権者の引当てではない（責任財産ではない）ことになりますし，このような場合まで偏頗行為否認の対象とされると，債務者が救済融資を受けられなくなることから，除外されています。

「同時」といえるかは，取引通念に照らして判断され，新規債務か既存債務かの区別は，取引としての一体性に求められています[69]。担保提供が，新規融資分だけでなく，既存債務まで担保する場合，既存債務分は偏頗行為否認の

---

[67] 最判昭和41・4・14民集20巻4号611頁〔百選31〕は，自社製品と他社製品の代物弁済を受けた事案で，他社製品と自社製品のうち動産売買先取特権が認められない部分については，否認が認められています。伊藤504頁，577頁。

[68] 最判平成9・12・18民集51巻10号4210頁〔百選32〕。伊藤504頁，531頁。

対象となりますが，一体の根抵当権設定登記をどう処理するか問題が残ります（伊藤527頁，概説301頁参照）。

　なお，担保提供して新規融資を受けた借入金の使途が財産の隠匿等である場合には，全体として見れば，財産の処分行為として否認の対象となります（破161条等。概説288頁，301頁参照）。

　また，同時交換的行為による新規借入金により既存の債務を弁済した場合，これは既存の債務に対する偏頗弁済ですので，偏頗行為否認の対象となります。この点，新規借入れを行い，既存の債務に弁済した場合につき，有害性を欠き，否認の対象とならないとする判例がありますが[*70]，借入れの際，特定の債務の弁済に充てることを約定し，この約定ができなければ借入れができず，立会いの下に借入後その場で直ちに借入金による弁済をした事案で，破産債権者の共同担保とならない（責任財産とはならない）特殊な事案でした。実質的に，債権譲渡があり，債権者が交代したものと同視できる場合といえるでしょう。

11　手形債務支払の場合等の例外

　偏頗行為否認（破162条1項1号）の規定は，破産者から手形の支払を受けた者がその支払を受けなければ手形上の債務者の一人又は数人に対する手形上の権利を失う場合には，適用されません（破163条1項）。手形の所持人は，支払のための呈示をして拒絶証書の作成を受けないと遡求義務者に対する遡求権を失いますが，否認をおそれて支払呈示しないと遡求権を失い，支払呈示して手形金を回収した後に否認されると，拒絶証書の作成は不可能ですから，やはり遡求権行使ができないことになります。この手形所持人のジレンマに配慮し，偏頗行為否認の対象としないことにしたものです。ただ，手形の受取人が所持人の場合や，一般的に利用されている拒絶証書作成免除手形の場合等には適用されませんので，適用される場面はかなり限定的です[*71]。

　否認できない場合でも，最終の償還義務者（為替手形の振出人，約束手形の第一裏書人）又は手形の振出しの委託者が振出しの当時，支払停止等があったこと

[*69]　仙台高判昭和53・8・8金判566号36頁〔百選33〕は，旧法事件で，銀行が救済融資する際，工事代金債権に質権設定と債権譲渡を受け，破産後に回収した事案で，貸付額と担保物件の価格との間に合理的均衡が保たれていれば，有害性がなく，当該救済融資分の否認はできないとしました。伊藤506頁。

[*70]　最判平成5・1・25民集47巻1号344頁〔百選29〕。伊藤525頁，概説295頁。

を知り、又は過失によって知らなかったときは、破産管財人は、これらの者に破産者が支払った金額を償還させることができます（破163条2項）。

また、偏頗行為否認の規定は、破産者が租税等の請求権又は罰金等の請求権につき、その徴収権限を有する者に対してした担保の供与又は債務消滅行為には、適用されません（同条3項）。政策的な規定です。

12　対抗要件の否認

支払停止等後に、権利の設定、移転又は変更をもって第三者に対抗するために必要な行為（仮登記又は仮登録を含みます）をした場合において、その行為が権利の設定、移転又は変更があった日から15日経過後、支払停止等のあったことを知ってしたものであるときは、否認できます（破164条1項本文）。

原因行為とは別に、対抗要件の具備行為自体を否認できるとするもので、原因行為の行為日ではなく、権利移転の効果が生じた日から15日の猶予期間を置き、15日経過後にされたものは否認できることにしています。なお、支払停止後の場合、破産手続開始申立ての日から1年内にされたことが必要です（破166条）。対象となる対抗要件具備行為は、登記、登録、仮登記[72]、仮登録のほか、動産の引渡し（民178条）、債権譲渡通知（民467条2項）なども含まれます。債権譲渡の債務者の承諾については、破産者の行為の要否に関連して争いがあります[73]。ただ、否認対象外の仮登記又は仮登録に基づいて本登記又は本登録をした場合は否認できません（破164条1項但書）。

実務上、債権者が予め徴求した必要書類を用い、支払停止を知った後に根抵当権設定仮登記手続や債権譲渡通知を行う場合が典型です。債権譲渡契約の効

---

[71]　最判昭和37・11・20民集16巻11号2293頁〔百選35〕は、手形上の権利は遡求権、手形の支払は振出人の支払を指し、振出人でない破産者が手形の買戻しをした場合には適用されないとしました。ただ、最判昭和44・1・16民集23巻1号1頁〔百選A5〕は、買戻しをした手形につき、手形金額が破産者に現実に支払われた場合は、差引計算し、価値の減少を来さない限り、有害性がなく、否認権行使は認められないとしました。伊藤536頁、概説312頁。

[72]　最判平成8・10・17民集50巻9号2454頁〔百選39〕は、仮登記仮処分命令に基づく仮登記（仮登記権利者の単独申請）も、破産者の行為があった場合と同視し、否認できるとしました。伊藤541頁、542頁、558頁、概説307頁。

[73]　釧路地決平成25・2・13裁判所ウェブサイトは、破産者による通知と同一の効力を有する債務者の承諾を対象としないのは不合理な不均衡を生じ、法の潜脱を容易に許す結果をもたらしかねないとして、肯定しました。旧法下で否定した最判昭和40・3・9民集19巻2号352頁の射程外としました。伊藤508頁、509頁、540頁、551頁、概説281頁、307頁。

力発生時点を遅らせるために，支払停止等を停止条件としていた場合，債権譲渡通知につき15日要件の点で対抗要件の否認には該当しないことになりますが，判例は，否認権の制度趣旨に反し，その実効性を失わせるもので，実質的にみれば，支払停止等後に行われた債権譲渡と同視できるとしました*74。端的に偏頗行為否認の対象となります（破162条1項1号）。この点，法人につき，債権譲渡登記により第三者対抗要件を具備できます（動産債権譲渡特4条1項）。

　支払停止等より前の行為や支払停止後であっても破産手続開始申立日から1年以上前にした行為は，対抗要件の否認（破164条1項）には該当しませんが，これを一般規定に基づき否認できるかにつき，従前から，対抗要件の否認の制度趣旨の理解と連動し，創造説と制限説の対立がありました。

　創造説は，対抗要件具備行為自体は権利変動をもたらすものではなく，原因行為が否認できない以上，対抗要件具備行為を否認することはできないところ，法が特別に否認を認めたものと理解し，一般規定による否認を否定します。

　判例は，対抗要件具備行為も一般規定により否認できるところ，対抗要件は既に着手された権利変動を完成する行為であることを考えれば，原因行為に否認の理由がない限り，できるだけ対抗要件を具備させ，所期の目的を達成させるのが相当として，一定の要件を満たす場合にのみ，特に否認しうるとし*75，一般に制限説に立つものと理解されています。

　制限説の中でも，純粋な制限説であれば，一般規定に基づく否認はできないことになりますが，詐害行為否認（破160条1項1号。従前の故意否認に対応）は可能とする見解が多数説となっています（以上につき，伊藤549頁以下，概説309頁以下参照）*76。

13　執行行為の否認

---

*74　最判平成16・7・16民集58巻5号1744頁〔百選37〕。伊藤529，544頁，概説8頁，135頁，308頁，325頁。
*75　最判昭和45・8・20民集24巻9号1339頁〔百選36〕。伊藤551頁，概説309頁。
*76　東京地決平成23・8・15判タ1382号349頁は，対抗要件の否認の規定は，故意否認を制限したものではなく，危機否認の要件を加重する趣旨であり，担保提供行為を原因行為とする対抗要件具備行為は詐害行為否認できないとし，東京地決平成23・8・15判タ1382号357頁は，物上保証行為は財産処分行為に当たり，これを原因行為とする対抗要件具備行為は詐害行為否認できるとしました。東京地決平成23・11・24金法1940号148頁も同旨。伊藤110頁，554頁，概説310頁

否認権は，①否認しようとする行為について執行力のある債務名義があるとき，又は②その行為が執行行為に基づくものであるときでも，行使することができます（破165条）。執行行為であっても否認ができる旨の確認規定です。

①には，3つの場面があり，ⓐ債務名義の内容となる義務を生じさせた破産者の原因行為の否認，ⓑ請求の認諾，裁判上の和解，裁判上の自白などの債務名義を成立させる行為の否認，ⓒ債務名義による権利の実現の否認です。

②には，2つの場面があり，ⓓ執行行為に基づく債権者の満足の否認，ⓔ執行行為に基づく権利移転等の否認です（以上につき，概説310頁参照）。

債権者が強制執行により満足を得た場合も，偏頗行為否認における債務の消滅に関する行為（破162条1項柱書）に該当し，否認の一般的要件にいう破産者の行為については，判例は，破産者が強制執行を受けるにつき害意ある加功をしたことを要しないとしています[*77]。

実務上，債務名義を有する債権者が，債務者の給料債権を差し押さえ，債務者の支払不能（又は支払停止）を知った後，破産手続開始前に満足を得た場合に，執行行為の否認（破165条・162条1項1号イ）が認められるかが問題となり，執行申立行為ではなく，債権者の満足時を基準とする見解が有力です[*78]。

14 転得者に対する否認

破産管財人が否認権を行使して逸出した財産を取り戻すにも，受益者からさらに転得者に移転してしまっていた場合には，受益者との間で否認しても，相対的無効のため，転得者から当該財産を取り戻すことはできません。そこで，否認権の実効性を確保するために，転得者に対する否認が認められています（破170条1項）[*79]。ただ，否認が認められる場面は限定され，①転得者が転得の当時，それぞれその前者に対する否認の原因のあることを知っていたとき（同項1号），②転得者が内部者（破161条2項各号）であるとき（破170条1項2号本文）。

[*77] 最判昭和57・3・30判時1038号286頁〔百選38〕。伊藤508頁，560頁，概説281頁。
[*78] 伊藤560頁は執行申立行為を基準としています。同脚注309に満足時とする有力説が紹介されています。谷口安平監修・山本克己＝中西正編『レクチャー倒産法』（法律文化社，2013年）129頁〔笠井正俊〕は，有力説を支持しています。
[*79] 今後の債権法改正に伴い，要件が改正され（改正破案170条），破産者の受けた反対給付に関する転得者の権利等（改正破案170条の2），相手方の債権に関する転得者の権利（改正破案170条の3）が定められる予定です。

ただし，転得の当時，それぞれその前者に対する否認の原因のあることを知らなかったときは認められません（同号但書）），③転得者が無償行為又はこれと同視すべき有償行為によって転得した場合において，それぞれその前者に対して否認の原因があるとき（同項3号）に限られます。③については，転得者の悪意は要件ではなく，善意者の償還義務の規定が準用されます（同条2項・167条2項）。

　ここで否認する対象は，破産者と受益者間の法律行為であって，受益者と転得者間の行為ではありません。転得者との関係で，受益者に対する破産者の行為を否認することで，無権利者となる転得者から財産を取り戻すわけです。

　転得者に対する否認権行使は，受益者又は転得者のいずれか一方に対してでも，双方に対してでも可能です（双方の場合，通常共同訴訟になります）。

15　否認権の行使

　否認権は，訴え，否認の請求又は抗弁によって，破産管財人が行使します（破173条1項。⇒トピック64「否認の請求と否認訴訟」(256頁)）。破産管財人のみが行使でき，破産債権者は行使できず（破45条参照），裁判所の監督（破75条1項）等を通じ，破産管財人に対し，促すことになります。

　否認の訴えは，裁判所の許可を得て（破78条2項10号。100万円を超える場合（同条3項1号，破規25条）），金銭の支払や物の返還を求める給付訴訟や確認訴訟で行います*80。形成権である否認権の行使は理由中の判断となります。否認権行使の相手方は，受益者又は転得者で，破産者は含まれません。

　現行法で，否認の請求（破174条）が導入され，決定手続で，簡易迅速に否認権行使ができるようになりました。否認の請求が認容された場合，不服がある相手方は，決定の送達を受けた日から1ヵ月の不変期間内に異議の訴えを提起することができます（破175条1項）。この異議の訴えは，破産裁判所が管轄します（同条2項）。否認の請求が棄却された場合には不服申立てはできませんが，破産管財人は改めて否認の訴えを提起できます。

　また，抗弁によっても否認権を行使できますが，例えば，取戻権（破62条）に基づく物の引渡請求訴訟において，原因となる売買を否認する場合などです。

---

*80　大阪高決昭和58・11・2判時1107号78頁〔百選A6〕は，破産債権者は，否認の訴えに補助参加（民訴42条）できるとしました。伊藤567頁。

否認権の実効性を確保するために，破産手続開始の申立てがあった時から当該申立てについての決定（通常は破産手続開始決定）があるまでの間，否認権のための保全処分が可能です（破171条1項）。破産手続開始後，破産管財人はこれを続行することができます（破172条1項）。この点，破産手続開始後に破産管財人が保全処分を求める場合は，通常の民事保全を申し立てることになります。

　否認権は，破産手続開始日から2年を経過したときは，行使することができず，否認対象行為日から20年[81]を経過したときも同様です（破176条）[82]。いずれも除斥期間です。相手方の不安定な状況を早期に解消し，迅速に処理するためです。また，破産手続が終了すると，原則として否認権も消滅します。

16　否認権行使の効果

　否認権の行使により，当該対象行為は遡及的に無効となり，破産財団は原状に復します（破167条1項）。行使の相手方との関係で（人的相対効），かつ，破産手続との関係で（手続的相対効），相対的な無効となります。判例は，行為の目的物が複数で可分でも，目的物のすべてに否認の効果が及ぶとしています[83]。

　この原状回復は，観念的なものですので，破産管財人は，実際に相手方から目的物の返還を受ける必要があり，この点，現物返還と価額償還があります。現物返還が不能又は著しく困難な場合は価額償還によりますが，いずれも可能な場合は，否認後の換価作業を考慮し，破産管財人の選択に委ねられています（破168条4項。対象は，破160条1項・3項・161条1項）。この点，価額償還請求の際の価額評価の基準時が問題となりますが，判例は，否認権行使時としています[84]。破産財団に復帰すれば換価し得べかりし価額を算定するのです。

　偏頗弁済のように破産財団から金銭が逸出していた場合は，金銭給付の返還

---

[81]　今後の債権法改正に伴い，10年に短縮される予定です。
[82]　最判昭和58・11・25民集37巻9号1430頁〔百選27〕は，相手方は，否認対象行為後に破産者に対する債権がすべて消滅し総破産債権が現存しないことを主張して否認権行使の効果を否定できず，総破産債権者につき詐害行為取消権の消滅時効（民426条）が完成しても否認権行使は可能としました。伊藤501頁。
[83]　最判平成17・11・8民集59巻9号2333頁〔百選43〕は，更生事件で，親会社のためにゴルフ場の土地建物を物上保証した結果，債務超過に陥った事案で，債務超過部分に限定されるかが争われました。伊藤576頁，概説316頁。
[84]　最判昭和61・4・3判時1198号110頁〔百選42〕は，トラックが代物弁済され，転売済みのため，破産管財人が価額償還請求した事案です。伊藤582頁，概説316頁。

に加え，相手方の受領日から法定利率（民事法定利率5パーセント。商人間の行為の場合は，年6パーセントの商事法定利率）による利息を請求できます。

なお，無償行為否認の場合，相手方が当該行為時に支払停止等及び破産債権者を害する事実を知らなかったときは，その現に受けている利益を償還すれば足ります（破167条2項）。

登記又は登録制度がある権利については，登記の原因である行為が否認されたとき，登記等が否認されたときは，破産管財人は，対抗要件を具備するために，否認の登記又は登録を要します（破260条1項・262条）。否認の登記は，抹消登記に代えて認められた特別の登記です（特殊登記説）[*85]。旧法下では，破産管財人が回復した不動産を任意売却しても否認の登記が残りましたが，現行法では，職権で抹消されます（破260条2項。詳細は，雑則（112頁）参照）。

詐害行為否認（破160条1項），無償行為否認（同条3項），相当対価を得てした財産処分行為の否認（破161条1項）により否認された場合，相手方は，反対給付の返還等を求めることができます（破168条1項）。①破産者の受けた反対給付が破産財団中に現存する場合は，当該反対給付の返還を請求でき（同項1号。一種の取戻権），②現存しない場合（対価が金銭の場合が含まれます），反対給付の価額償還を財団債権者として請求できます（同項2号）。破産財団が不当に利得することのないよう，相手方との公平を重視したものです。

ただ，②につき，当該行為の当時，破産者が対価として取得した財産について隠匿等の処分をする意思を有し，かつ，相手方が悪意の場合（内部者は悪意が推定されます（同条3項・161条2項各号）），現存する場合は現存利益の返還を財団債権者として（破168条2項1号・3号），現存しない場合は反対給付の価額償還を破産債権者として（同項2号・3号），それぞれ権利行使できるにとどまります（格下げします）。

価額償還請求の場合は，相手方に対し前述の財団債権となる額（①の場合は反対給付の価額）を控除した額を償還請求することになります（同条4項）。

偏頗行為否認（破162条1項）で否認された場合は，相手方がその受けた給付

[*85] 大阪高判昭和53・5・30判タ372号92頁〔百選40〕は，否認の登記後に受益者から転得者に所有権移転登記がされても，無効としました（旧法事件）。

を返還し、又はその価額を償還したときは（先履行が必要です）、相手方の債権は原状に復します（破169条）。すなわち、相手方は破産債権者となります。この相手方の債権の復活に伴い、物的担保や人的担保も復活します[*86]。

第3節　法人の役員の責任の追及等 (破177条〜183条)

　取締役、監査役等法人の役員（役員の定義は、破177条1項参照）の責任の追及は、株式会社の取締役等の任務違背（善管注意義務・忠実義務違反）による損害賠償請求（会社423条）のように通常の訴訟手続で行いますが、破産法は、これに加え、簡易な手続として、役員の責任に基づく損害賠償請求権の査定の裁判の制度を認めています（破178条1項）。民事再生法で導入され（民再143条以下）、その後、破産法にも導入されました。仕組みとしては、破産債権の査定（破125条以下）や否認の請求（破174条以下）とよく似ています。

　裁判所は、法人である債務者について破産手続開始決定があった場合において、必要があると認めるときは、破産管財人の申立てにより又は職権で、決定で、役員の責任に基づく損害賠償請求権の査定の裁判（役員責任査定決定）をすることができます（破178条1項）。破産管財人がこの申立てを行う際は、その原因となる事実の疎明が必要です（同条2項）。裁判所がこの手続を開始する場合は、その旨の決定をします（同条3項）。申立て又は手続開始の決定があったときは、時効の中断に関しては、裁判上の請求があったものとみなされます（同条4項）。なお、この手続は、破産手続が終了すると、終了します（同条5項）。

　役員責任査定決定（破179条1項）に対しては、その送達を受けた日から1ヵ月の不変期間内に、異議の訴えを提起できます（破180条1項）。この異議の訴えがなかったとき、又は却下されたときは、役員責任査定決定は、給付を命ずる確定判決と同一の効力を有します（破181条）。

　また、役員の財産に対する保全処分も定められており（破177条）、破産手続開始後は、必要があると認めるときに（同条1項）、破産手続開始申立てから決定までの間は、緊急の必要があると認めるとき（同条2項）に発令されます。

[*86] 最判昭和48・11・22民集27巻10号1435頁〔百選41〕は、一旦消滅した連帯保証債務も当然復活するとしました。伊藤588頁、概説319頁。

即時抗告できますが（同条4項），執行停止の効力はありません（同条5項）。
　ただ，破産の場合，法人と共に代表者も破産することが多く（代表者の多くは会社の債務を連帯保証しています），代表者に対する損害賠償請求権は破産債権となります（非免責債権（破253条1項2号）該当性の問題は別途あり得るでしょう）。
　なお，社員の出資責任（破182条，会社663条），匿名組合員の出資責任（破183条）も規定されています。

第7章　破産財団の換価

第1節　通　則（破184条・185条，破規56条）

　破産財団（破2条14項・34条1項）に属する財産の管理処分権は破産管財人に専属し（破78条1項），破産管財人は，就職の後直ちに，これを自らの占有下におき，管理に着手し（破79条），遅滞なく，破産手続開始時の価額を評定し（破153条1項），最終的には換価します（すべてをお金に換えていくのです）。
　換価の方法は，破産管財人が，適時に適切と判断する方法により行います（⇒トピック65「換価作業は商売人の感覚で」(257頁)）[87]。この点，不動産（破78条2項1号）及び知的財産権等（同項2号）の換価方法は，裁判所の許可を得て任意売却をする場合を除き，民事執行法その他強制執行の手続に関する法令の規定によって行います（破184条1項。⇒トピック66「不動産の任意売却」(258頁)，トピック67「破産管財人証明書，監督委員証明書」(259頁)）。
　また，破産管財人は，民事執行法その他強制執行の手続に関する法令の規定により，別除権の目的である財産の換価をすることができます（破184条2項）。この場合，（根）抵当権が設定されている不動産であっても，破産管財人は強制競売することができ，別除権者はこれを拒むことができません。その際は，無剰余取消しの規定（民執63条・129条）は適用されません（破184条3項）。担保権者の換価時期選択権を制約するものといえるでしょう。別除権者が受けるべき

---

[87]　最判平成26・10・28民集68巻8号1325頁は，破産管財人が，無限連鎖講に該当する事業により上位会員に給付された配当金につき返還請求訴訟をした事案において，相手方が不法原因給付に当たることを理由としてその返還を拒むことは，信義則上許されないとしました。

金額がまだ確定していないときは，破産管財人は，代金を別に寄託し，この寄託された代金に別除権があることになります（同条4項）。

また，別除権者が法律に定められた方法によらないで別除権の目的財産の処分をする権利を有する場合に，裁判所は，破産管財人の申立てにより，別除権者がその処分をすべき期間を定めることができ（破185条1項），別除権者がその期間内に処分をしないときは，その権利を失います（同条2項）。

第7章「破産財団の換価」には，通則のほか，第2節「担保権の消滅」（破186条以下）と第3節「商事留置権の消滅」（破192条）が規定されるのみですが，任意売却等につき，裁判所の許可を要する行為は，破産法78条2項に規定されています（第3章「破産手続の機関」第1節第2款「破産管財人の権限等」(53頁)）。

このようにして，破産管財人は，破産財団を換価することで配当財団を形成し，換価が終了すると，配当手続（第8章「配当」，破193条以下）に進みます（配当できない場合は，異時廃止（破217条1項）となります。実務上，異時廃止となる事案が多く，債権届出，調査，確定の手続も行われていません）。

第2節 担保権の消滅 （破186条〜191条，破規57条〜62条）

破産管財人は，破産財団に属する不動産で，（根）抵当権が設定されていた場合，換価のために強制競売の申立てができますが（破184条2項），通常は，担保権者の協力を得て，任意売却しています（破78条2項1号・14号。⇒トピック66「不動産の任意売却」(258頁)）。ただ，任意売却するには，買主に完全な所有権を移転させるために，担保権者全員から担保抹消についての同意を得る必要があります。この点，従前から，担保不動産競売において無剰余となる後順位担保権者が高額の担保抹消料（判付代）を要求し，任意売却ができず，破産管財人としては，破産財団から放棄（破78条2項12号）せざるを得ない事態となっていました。そこで，破産管財人の任意売却を促進するために，現行法において，担保権消滅請求の制度が導入されました（⇒トピック68「担保権消滅請求の三法比較」(260頁)）。

破産管財人は，担保目的物を任意売却して当該担保権を消滅させることが破産債権者の一般の利益に適合するときは，裁判所に対し，担保権を消滅させることについての許可の申立てができます（破186条1項柱書本文）。ただし，当該

担保権者の利益を不当に害することとなる場合は認められません（同項柱書但書）。

　この担保権消滅請求により，売得金の一部を破産財団に組み入れることが可能となります（同項1号）。破産管財人が任意売却の際に担保権者の譲歩を得ている組入金（⇒トピック66「不動産の任意売却」(258頁)）を正面から認めた形となります。この点，破産管財人は，申立ての前に，組入金の額について，予め担保権者と協議する必要があります（事前協議義務。同条2項・3項7号）。

　この破産管財人の申立てに対する被申立担保権者の対抗手段は2つあり，①担保権の実行の申立てをしたことを証する書面を裁判所に提出するか（破187条1項），②破産管財人に対し，5パーセント以上高額の買受けの申出をすることができます（破188条1項）。

　この対抗手段が採られなかった場合，裁判所は，破産管財人の申立書記載の者を売却の相手方とする許可決定をし（破189条1項1号・186条3項3号），許可決定確定後，裁判所が定める期間内に金銭の納付があった時に担保権が消滅し（破190条4項），抹消の嘱託登記がされ（同条5項），被申立担保権者に配当されます（破191条1項）。これに対し，①の場合，担保不動産競売に委ねられることになりますので，裁判所は，不許可決定をします（破189条1項）。また，②の場合は，裁判所は，破産管財人が届出をした買受希望者を売却の相手方として許可決定をします（同項2号）。この場合は，破産財団への組入金はありません（破190条1項2号・2項）。

第3節　商事留置権の消滅（破192条）

　商事留置権については，基本的に，商事留置権者が担保権の実行をすることになりますが（商事留置権・民事留置権（43頁）参照。⇒トピック44「商事留置権の取扱い」(236頁)），破産管財人が，当該財産が裁判所の許可（破36条）を得て継続する事業に必要なものであるとき，その他当該財産の回復が破産財団の価値の維持又は増加に資するときは，裁判所の許可を得て，留置権者に対し，当該留置権の消滅を請求することができ（破192条1項・3項），財産の価額に相当する金銭を留置権者に弁済します（同条2項・3項）。この弁済額が財産の価額を満たすときは，弁済の時か請求の時のいずれか遅い時に，留置権は消滅します（同条4項）。

第8章 配　当

第1節　通　則 (破193条・194条, 破規63条)

　破産手続に参加した破産債権者への分配は，配当財団から配当を受けることで行われます（破193条1項）。破産債権に優先する財団債権（財団債権（71頁）参照）は，破産債権に先立って弁済する必要があります（破151条）。なお，財団債権の弁済で破産財団が尽きた場合は，破産債権に対する配当は行われず，異時廃止となります（破217条1項。破産手続の終了（100頁）参照）。

　配当には，順位が定められていて，①優先的破産債権，②一般の破産債権，③劣後的破産債権，④約定劣後破産債権の順となります（破194条1項）。優先的破産債権内にも順位があります（破産債権の優先順位（58頁）参照）。

　同一順位において配当すべき破産債権については，それぞれの債権額の割合に応じて按分して配当されます。これが債権者平等原則ということになります（形式的に債権額の割合に応じた按分となります（形式的平等）。この点，民事再生の実質的平等（154頁）参照。⇒トピック69「債権者平等原則の比較」（261頁））。

　配当には，①最後配当（破195条以下），②簡易配当（破204条以下），③同意配当（破208条），④中間配当（破209条以下），⑤追加配当（破215条）の5種類があります。

　①最後配当を簡易化したのが②簡易配当と③同意配当で，実務上，ほとんどの事案において，②簡易配当により配当しています（簡易配当は，旧法下で運用上の工夫として行われていた簡易配当（簡易分配）を立法化したものです）。また，④中間配当をした場合の最終の配当は①最後配当のみとなります。実務上，④中間配当がされることは例外的でほぼありません。①から③の配当後に配当すべき財産があった場合には，⑤追加配当を行います。

　破産債権者は，原則として破産管財人がその職務を行う場所（通常，破産管財人の事務所）において配当を受けなければならないとされていますので，取立債務となります（破193条2項本文）。ただし，合意で別段の定めをすることも可能です（同項但書）。また，破産管財人は，配当したときは，その配当額を破産債権者表に記載する必要があります（同条3項）。

　なお，実務上，運用上の工夫として，租税債権の優先的破産債権部分，労働

債権の優先的破産債権部分につき，裁判所の和解許可に基づく簡易分配も行われています（破産管財実践マニュアル470頁以下参照）。

第2節 最後配当 （破195条〜203条，破規64条・65条）

　最後配当（破195条以下）は，配当の基本形となります。
　破産管財人は，一般調査期間の経過後又は一般調査期日の終了後で，破産財団に属する財産の換価の終了後において，財団不足で配当ができず異時廃止となる場合（破217条1項）を除き，遅滞なく，届出をした破産債権者に対し，最後配当をしなければなりません（破195条1項）。債権が確定し換価も終了した後ということになります。破産管財人は，最後配当を行う際，裁判所書記官の許可を得る必要があります（同条2項）。裁判所は，破産管財人の意見を聴いて，予め最後配当をすべき時期を定めることもできますが（同条3項），実際上，換価作業が終わらないと最後配当ができません。
　最後配当の手続は，破産管財人が最後配当の許可を得た後，遅滞なく，配当表を作成し，裁判所に提出します（破196条）。次に，破産管財人は，遅滞なく，最後配当に参加できる債権総額及び最後配当できる金額を公告又は届出破産債権者に通知します（破197条1項）。配当公告が効力を生じた日又は通知が到達したものとみなされる旨の届出があった日（同条2項・3項）から2週間を最後配当に関する除斥期間とし，一定の債権を配当から除斥します（破198条。打切主義。⇒トピック**70**「配当から除斥される債権」(262頁))。この除斥期間内に配当表を更正すべき事由が生じたときは，破産管財人は配当表を更正します（破199条）。届出破産債権者で配当表の記載に不服がある場合は，最後配当の除斥期間経過後1週間以内に限り，裁判所に対し，異議申立てができます（破200条1項）。異議申立てについての裁判に対しては，即時抗告できます（同条3項）。配当表に対する異議期間経過後（又は異議申立てに係る手続終了後），破産管財人は，遅滞なく，最後配当に参加できる破産債権者に対する配当額を定め（破201条1項。⇒トピック**71**「中間配当との調整」(263頁))，これを破産債権者に通知し（同条7項），配当を実施します。なお，配当額の通知を発した時に未確定の破産債権に対する配当額（破202条1号・2号）及び破産債権者が受け取らない配当額（同条3号）については，供託します（同条柱書）。

また，配当額の通知を発した時に破産管財人に知れていない財団債権者は，最後配当できる金額から弁済を受けることはできません（破203条）。

第3節　簡易配当（破204条〜207条，破規66条・67条）

簡易配当（破204条以下）は，最後配当（破195条1項）ができる場合に，最後配当に代えて簡易な配当手続を行う方法で，最後配当の規定を準用しつつ，一部手続を簡略化しています。簡易配当には，①少額型（破204条1項1号），②開始時異議確認型（同項2号），③配当時異議確認型（同項3号）の3種類があり，①は配当可能金額が1000万円に満たないと認められるときで，実務上多い類型です。②は破産手続開始決定の際に簡易配当することにつき異議を述べる期間を設けて確認する類型で，③は簡易配当時に異議を確認する類型です（異議があれば簡易配当の許可は取り消されます。破206条）。

破産管財人は，簡易配当の許可を得た後，遅滞なく，配当表を作成し，裁判所に提出し（破205条・196条），次に，遅滞なく，届出をした破産債権者に対する配当見込額を定めて，簡易配当に参加できる債権総額，簡易配当できる金額及び配当見込額を届出破産債権者に通知します（破204条2項）。通知が到達したものとみなされる旨の届出があった日（同条3項・4項）から1週間を簡易配当に関する除斥期間とし，一定の債権を配当から除斥します（破205条・198条。打切主義）。この除斥期間内に配当表を更正すべき事由が生じたときは，破産管財人は配当表を更正します（破205条・199条）。届出破産債権者で配当表の記載に不服がある場合は，簡易配当の除斥期間経過後1週間以内に限り，裁判所に対し，異議申立てができます（破205条・200条1項）。なお，簡易配当では，異議申立てについての裁判に対する即時抗告はできません（破205条で200条3項・4項を準用していません）。配当表に対する異議期間経過後（又は異議申立てについての決定があった後），破産管財人は，遅滞なく，簡易配当に参加できる破産債権者に対する配当額を定め（破205条・201条1項。変動がなければ配当見込額と同じ），配当を実施します。なお，簡易配当に関する除斥期間内に未確定の破産債権に対する配当額及び破産債権者が受け取らない配当額については，供託します（破205条・202条）。また，簡易配当に関する除斥期間を経過した時に破産管財人に知れていない財団債権者は，簡易配当できる金額から弁済を受けることはできま

せん（破205条・203条）。中間配当をした場合，簡易配当できません（破207条）。

第4節　同意配当（破208条）

　同意配当（破208条）は，最後配当（破195条1項）ができる場合で，届出をした破産債権者全員が，破産管財人が定めた配当表，配当額並びに配当の時期及び方法について同意している場合に，最後配当に代えて行う類型です。

　破産管財人は，同意配当の許可の申立てをする前に，前述のとおり届出破産債権者全員の同意を得る必要があります。破産管財人は，裁判所書記官の許可後，同意配当を実施しますので（破208条2項），手続は極めて簡略化されています。

　除斥期間の定めはありませんが，破産管財人に知れていない財団債権者の取扱いについては，同意配当の許可があった時を基準とします（破208条3項・203条）。

　実務上，運用上の工夫として，破産債権者全員と和解契約を締結することで分配を行う和解契約方式による簡易分配も行われています（破産管財実践マニュアル475頁参照）。同意配当よりもさらに簡略化したものとなります。

第5節　中間配当（破209条〜214条，破規68条・69条）

　中間配当（破209条以下）は，一般調査期間の経過後又は一般調査期日の終了後であって，破産財団に属する財産の換価の終了前において，配当をするのに適当な破産財団に属する金銭がある場合に，最後配当に先立って行う配当のことです。実務上，破産管財人は迅速に換価作業を行うようにしていますので，中間配当が行われるのは，相当程度期間がかかる大規模事件等例外的な場合となっています。

　破産管財人が中間配当をするには，裁判所の許可が必要です（破209条2項）。なお，最後配当，簡易配当，同意配当は，裁判所書記官の許可です。

　中間配当の方法は，基本的に最後配当と同様ですが（同条3項で，最後配当の規定を準用），破産管財人は，配当額ではなく，配当率を定め，破産債権者に通知します（破211条）。

　中間配当は，最後配当と違い，破産財団に属する財産の換価終了前の段階で

配当をするものですので，中間配当からの除斥に違いがあり（破210条・212条・213条），後日の最後配当との調整に備え配当額の寄託が定められています（破214条。⇒トピック**71**「中間配当との調整」（263頁））。

第6節　追加配当（破215条）

　追加配当（破215条）は，最後配当，簡易配当，同意配当の後に，新たに配当に充てることができる相当の財産があることが確認されたときに，破産管財人が裁判所の許可を得て配当を行います。

　追加配当を行う時期は，最後配当の場合は，配当額の通知を発した後（201条7項），簡易配当の場合は，配当表に対する異議申立期間（簡易配当の除斥期間経過後1週間）経過後（破205条・200条1項），同意配当の場合は，同意配当の許可があった後（破208条）ですが，破産手続終結決定後であっても，裁判所の許可を得て配当を行います（破215条1項）。

　追加配当においても最後配当の規定の多くが準用されますが（同条2項），最後配当，簡易配当，同意配当で作成した配当表を利用します（同条3項）。破産管財人は，追加配当の配当額を定め（同条4項），これを破産債権者に通知し（同条5項），追加配当を実施した後，裁判所に計算報告書を提出します（同条6項）。

　追加配当に充てる財産としては，異議等のある破産債権（破125条参照）につき債権確定手続が係属し，破産管財人が配当金を供託していたところ（破202条1号），破産債権者が敗訴した場合や破産者が財産隠匿していた財産が発見された場合等があります。

第9章　破産手続の終了（破216条〜221条，破規70条・71条）

　破産手続は，①同時廃止（破216条1項），②異時廃止（破217条1項前段），③同意廃止（破218条1項），④終結（破220条1項）の各決定により終了します。①同時廃止は，破産手続開始決定と同時に廃止決定となりますので，破産手続開始後の破産手続は行われず，破産管財人も選任されません。破産手続開始後の破産管財手続が進行し，破産債権に対する配当ができた場合，④破産手続終結決定により終了し，配当ができない場合，②異時廃止決定により終了します。例

外的に③同意廃止があります。これらの場合，破産管財人の任務は終了します（⇒トピック72「破産・再生手続が終了した後」(264頁))*88。

①同時廃止は，裁判所が，破産財団をもって破産手続の費用を支弁するのに不足すると認めるときに，破産手続開始決定と同時に破産手続廃止決定をします（破216条1項）。破産者の財産が乏しく，破産管財人を選任して以後の破産手続を行うまでの必要性がない場合です（破産手続開始の決定（21頁）。⇒トピック7「同時廃止と破産管財の振分基準」(199頁))。実務上，個人（消費者）の自己破産の場合に多く，免責手続に進み，免責許可決定を受けています。

②異時廃止は，裁判所が，破産手続開始決定後，破産財団をもって破産手続の費用を支弁するのに不足すると認めるときに，破産管財人の申立てにより又は職権で，債権者集会の期日において破産債権者の意見を聴取し，破産手続廃止決定をします（破217条1項。書面による意見聴取も可能です（同条2項))。破産手続を進め，破産財団の換価が終了しても，財団債権が多く，破産債権に対する配当ができない場合は，異時廃止決定がされます（伊藤697頁参照）。

③同意廃止は，原則として，破産者が届出破産債権者の全員の同意を得て申し立てた場合に，裁判所が廃止決定をしますが（破218条1項），実務上，皆無です。

②と③の廃止決定（破217条1項・218条1項）の確定又は④終結決定（破220条1項）があると，確定した破産債権者表の記載は，破産者に対し，確定判決と同一の効力を有し，強制執行ができます（破221条1項）。ただ，自然人は免責許可決定を受け，法人は消滅しますので，あまり意味はありません。なお，破産者が債権調査において異議を述べていた場合は，執行力はありません（同条2項。非免責債権（110頁）参照。⇒トピック73「破産者の異議の意味するところ」(265頁))。

---

*88 最判平成5・6・25民集47巻6号4557頁〔百選100〕は，破産手続終了後に提起された破産者の財産に関する訴訟は，破産財団を構成し得るものであったとしても，追加配当の対象とすることを予定し，又は予定すべき特段の事情がない限り，破産管財人に当事者適格はないとしました。伊藤174頁，688頁。

第10章　相続財産の破産等に関する特則

第1節　相続財産の破産（破222条〜237条）

　相続財産にも破産能力を認め（相続人不存在の場合の相続財産法人（民951条）の破産も含まれます），相続財産の破産の規定を置いています（破222条以下）。相続財産をもって相続債権者及び受遺者に対する債務を完済することができないと認めるとき，すなわち債務超過が開始原因で（破223条），相続財産の範囲で清算することになります。相続債権者又は受遺者のほか，相続人，相続財産の管理人又は遺言執行者も申立てができます（破224条1項）。申立期間が，財産分離の請求をすることができる期間（原則相続開始時から3ヵ月以内（民941条1項））に制限されています（破225条本文）。

　自然人（個人）が破産手続開始決定後に死亡した場合，相続財産の破産として破産手続を続行します（破227条）。また，破産手続開始申立て後破産手続開始の決定前の段階で死亡した場合は，相続開始後1ヵ月以内に相続債権者らの申立てにより，裁判所は，相続財産の破産として続行する旨の決定をし（破226条1項・2項），それ以外は手続を終了させます（同条3項）。

　相続財産の破産の手続があっても，破産手続終了後に，相続債権者及び受遺者は，相続人の固有財産に対しても個別の権利行使が可能です（⇒トピック**11**「相続と破産」（203頁））[89]。この点，相続財産についての破産手続開始決定は，限定承認又は財産分離を防げません（破228条本文）。ただ，相続財産の破産手続が優先され，限定承認又は財産分離の手続は中止します（同条但書）。なお，相続債権者及び受遺者は，相続人が破産手続開始決定を受けた場合，その債権全額で破産手続に参加できます（破231条1項）。また，相続人が被相続人に対し有していた権利は混同により消滅しなかったものとみなされ，債権について，相続債権者と同一の権利を有します（破232条1項）。なお，相続財産の破産においては，相続人の債権者は破産債権者としての権利行使はできません（破233条）。

---

[89]　大阪高判昭和63・7・29高民集41巻2号86頁〔百選46〕は，相続財産破産には限定承認の効果はなく，相続人は相続放棄又は限定承認をしておかなければ，自己の固有財産によって弁済の責めを負うとしました。伊藤86頁，89頁。

相続財産に属する一切の財産が破産財団となり（破229条1項前段），相続人や相続財産管理人らに説明義務が課せられ（破230条1項），否認権の適用関係（被相続人，相続人らの行為は破産者の行為とみなします。破234条）や受遺者に対する担保供与等の否認（破235条）も定められています。

第2節　相続人の破産（破238条～242条）

　相続人の破産（⇒トピック**11**「相続と破産」（203頁））については，破産手続開始決定前に法定相続人である破産者のために相続の開始があった場合で，破産手続開始後に破産者がした単純承認は，破産財団に対しては，限定承認の効力となり（破238条1項前段），相続放棄も同様です（同項後段）。なお，破産管財人は，裁判所の許可を得て（破78条2項6号），相続放棄の効力を認めることができます（破238条2項前段）。相続人についての破産手続開始決定は，限定承認又は財産分離を妨げませんが（破239条本文），中止する場合があります（同条但書）。相続債権者又は受遺者は，相続人についての破産手続開始決定後に限定承認又は財産分離の手続で弁済を受けても，その弁済を受ける前の債権額で破産手続に参加できますが（破241条1項前段），他の同順位の破産債権者が同一割合の配当を受けるまで配当を受けられません（同条2項）。相続人の債権者が財産分離の手続で弁済を受けた場合も同様です（同条1項後段・2項）。

第3節　受遺者の破産（破243条・244条）

　受遺者の破産については，破産者が包括受遺者の場合，相続人と同じ地位にありますので（民990条），相続人の破産の規定が準用されます（破243条）。特定遺贈の場合，破産管財人は，裁判所の許可を得て（破78条2項6号），その承認又は放棄（民986条）をすることができます（破244条）。

第10章の2　信託財産の破産に関する特則（破244条の2～244条の13）

　平成18年に新しい信託法が制定されたことに伴い，信託財産の破産に関する特則が定められました。信託財産は，委託者に属する財産で，信託により管理又は処分すべき一切の財産で（信託2条3項），受託者がその運用を行いますが，

信託財産が支払不能又は債務超過の場合（破244条の3）に，受託者の固有財産と切り離して，信託財産のみを破産手続において清算するものです。

第11章　外国倒産処理手続がある場合の特則（破245条〜247条，破規72条・73条）

　破産法は，国内倒産手続の対外的効力を認めていますが（破34条1項括弧書。普及主義），外国財産（在外資産）に効力を及ぼすためには，当該外国において承認援助手続が必要です。また，再生債権者が外国で受けた弁済については，配当調整（ホッチポット・ルール）が規定されています（破109条・201条4項）。

　また，外国倒産手続の対内的効力については，外国倒産処理手続の承認援助に関する法律による承認援助手続が規定されています。

　国際倒産管轄（破4条），内外国人平等の原則（破3条）が定められています（総則（15頁）参照）。

　並行倒産を広く認めていますので，円滑な処理を図るための規定として，外国管財人との相互協力（破245条），外国倒産処理手続がある場合の破産手続開始原因の推定（破17条），外国管財人の破産手続開始申立権（破246条1項），破産手続開始原因の疎明必要（同条2項），債権者集会出席，意見陳述権（同条3項），破産債権者を代理することでの相互の手続参加（破247条）を定めています。

　以上，国際倒産手続については，伊藤81頁，247頁以下，概説518頁以下を参照してください。

第12章　免責手続及び復権

第1節　免責手続（破248条〜254条，破規74条〜76条）

1　免責の意義
　破産手続は，破産債権に対する平等な配当を行う手続ですから，配当を行い終結決定した後，又は配当がなく異時廃止決定で終了した後も，破産債権は残ることになります。そして，破産手続開始の効果である個別の権利行使禁止効

（破100条1項）もなくなり，個別の権利行使が可能となります（破221条1項）。法人の場合は，破産手続の終了により消滅しますが，自然人（個人）の場合は，生きて経済的生活を続けていきますので，債権者が任意に債権放棄や免除をしてくれるか，消滅時効が完成しない限り，債務の負担が続きます（いわば債務奴隷状態となります）。そこで，個人債務者が経済的な再スタート（リフレッシュスタート）を図れるよう，破産債権の責任を免れる免責制度が設けられています（破248条以下。⇒トピック❷「個人が破産する際の注意点」（194頁），トピック❸「破産した際の不利益」（195頁），トピック❼❹「個人債務者の倒産処理手続」（266頁），トピック❼❺「個人事業者の破産，小規模個人再生」（267頁）。個人再生手続との関係につき，松下入門213頁以下参照）。

免責制度は，第二次世界大戦後の昭和27年に，会社更生法の制定と共に導入され，その理念について，判例は，誠実な破産者に対する特典としていましたが*90，その後，昭和50年代以降の消費者破産の増加を受け，債務者の経済的再生の手段であるとする考え方が有力となりました（伊藤703頁，概説555頁参照）。現行法では，債務者が破産手続開始の申立てをした場合，当該申立てと同時に免責許可申立てをしたものとみなされますので（破248条4項本文），個人破産においては，いわば当然の前提（破産申立ての最終目標）となっています。

また，免責制度は，公共の福祉のため憲法上許された必要かつ合理的な財産権の制限として憲法29条に違反せず合憲とするのが判例です*91。

2　免責の手続

免責手続は，破産手続とは別の手続で，個人である破産者は，破産手続開始の申立日から破産手続開始決定確定日以後1ヵ月を経過する日までの間に，破産裁判所に対し，免責許可の申立てをすることができます（破248条1項）。帰責事由なくこの期間内に申立てができなかった場合は，その事由が消滅した後1ヵ月以内に限り，申立ての追完が可能です（同条2項）。原則として免責許可の申立ての際に債権者名簿を提出する必要があります（同条3項本文，破規74条3項）。

---

*90　最決昭和36・12・13民集15巻11号2803頁〔百選82〕。伊藤703頁，705頁，概説556頁。
*91　前掲*90・最決昭和36・12・13民集15巻11号2803頁〔百選82〕。なお，最決平成3・2・21金判866号26頁〔百選1②〕は，免責の裁判は，非訟事件の裁判で，憲法32条に違反しないとしました。

なお，虚偽の債権者名簿を提出すると免責不許可事由となります（破252条1項7号）。この点，免責手続と破産手続の一体化を図る観点から，債務者が破産手続開始の申立てをした場合は，原則として同時に免責許可の申立てをしたものとみなされます（みなし申立て。破248条4項本文。旧法下において，同時廃止決定後に免責申立てをし忘れる事案が散見され，破産者の経済的再生の観点で欠陥と指摘されていました）。この場合，破産申立ての際の債権者一覧表はこの債権者名簿とみなされます（同条5項）。

免責手続を破産手続と連動させるため，免責許可申立てがあり，かつ，同時廃止決定（破216条1項），異時廃止決定（破217条1項）の確定又は終結決定（破220条1項）があったときは，免責許可申立てについての裁判が確定するまでの間は，破産者の財産に対する破産債権に基づく強制執行等は禁止され，既に行われているものは中止します（破249条1項。旧法下では強制執行が可能で，その間の回収分は不当利得とならないとされていましたが，その不都合が克服されました）*92。なお，破産管財人が選任された場合，破産手続開始決定の効果として，強制執行等は失効します（破42条2項本文。破産手続開始の効果（22頁）参照。⇒トピック**8**「差押えを受けた第三債務者（給料債権）」（200頁））。そして，免責許可決定が確定したときは，中止した強制執行等の手続は失効します（破249条2項）。

裁判所は，破産管財人に，免責不許可事由の有無，裁量免責の判断に当たって考慮すべき事情についての調査をさせ，その結果を書面で報告させることができます（破250条1項）。破産者は，裁判所又は破産管財人が行う調査に協力する義務があります（同条2項）。この免責調査協力義務に違反すると，免責不許可事由となります（破252条1項11号）。

裁判所は，免責許可申立てがあると，免責許可決定をすることの当否について，破産管財人及び破産債権者が裁判所に対し意見を述べることができる期間を定め（免責についての意見申述期間。破251条1項），その期間を公告し，破産管財人及び知れている破産債権者に通知します（同条2項）。

裁判所は，免責不許可事由に該当しない場合には，免責許可の決定をします

---

*92 　大阪高決平成6・7・18高民集47巻2号133頁〔百選A17〕は，旧法事件で，強制執行手続中に，確定した免責決定の正本を提出しても，強制執行の停止，取消しはできないとしました。伊藤726頁。

（破252条1項柱書）。免責不許可事由にする場合であっても，裁判所は，破産手続開始の決定に至った経緯その他一切の事情を考慮して免責を許可することが相当であると認めるときは，免責許可の決定をすることができます（同条2項。これを裁量免責といい，現行法で明文化されました）*93。実務上，免責不許可となる事案は極めて少ないです（近年では，約0.2パーセントで，免責許可率は，約97パーセントです。なお，免責不許可決定を避けるために免責許可申立てが取り下げされる事案もあります）。なお，条件付免責や一部免責は現行法に採用されていません。

　裁判所は，免責許可の決定をしたときは，直ちに，その裁判書を破産者及び破産管財人に，その決定の主文を記載した書面を破産債権者に送達します（同条3項）。免責不許可決定をしたときは，直ちに，その裁判書を破産者に送達します（同条4項）。免責許可の申立てについての裁判に対しては，即時抗告をすることができます（同条5項）*94。免責許可の決定は，確定しなければその効力を生じません（同条7項）。

　なお，免責を受けても，破産者に対する詐欺破産罪（破265条）の有罪判決が確定したときは，裁判所は，破産債権者の申立てにより又は職権で，免責取消しの決定ができます（破254条1項前段）。また，破産者の不正の方法によって免責許可決定がされた場合，破産債権者が当該免責許可決定後1年以内に免責取消しの申立てをしたときも同様です（同項後段）。

3　免責不許可事由

　免責不許可事由は，限定列挙されています（破252条1項1号から11号）。なお，破産犯罪（破265条以下）とは連動していませんが，参考になります。

　① 債権者を害する目的で，破産財団に属し，又は属すべき財産の隠匿，損壊，債権者に不利益な処分その他破産財団の価値を不当に減少させる行為

---

*93　東京高決平成26・1・27判時2224号48頁は，いわゆる悪質商法の主体である法人の代表者が整理屋グループと組み詐害目的での資産移転行為をしたものの，事後的に破産管財人の調査に協力したことから裁量免責となったが，債権者から即時抗告された事案において，破産者が破産免責によりその経済的再生を図ることは，社会公共的見地から相当と評価することはできず，破産者の不誠実性が重大であり，宥恕することは困難であるとし，免責不許可としました。

*94　最決平成12・7・26民集54巻6号1981頁〔百選85〕は，集団的処理の要請等から破産債権者が免責決定の送達を受けた日から1週間ではなく，公告のあった日より起算して2週間を即時抗告期間としました。伊藤713頁。

をしたこと（破252条1項1号）

② 破産手続の開始を遅延させる目的で，著しく不利益な条件で債務を負担し，又は信用取引により商品を買い入れてこれを著しく不利益な条件で処分したこと（同項2号）

③ 特定の債権者に対する債務について，当該債権者に特別の利益を与える目的又は他の債権者を害する目的で，非義務偏頗行為をしたこと（同項3号）

④ 浪費*95又は賭博その他の射幸行為（ギャンブル）*96をしたことによって著しく財産を減少させ，又は過大な債務を負担したこと（同項4号）

⑤ 破産手続開始申立日の1年前の日から破産手続開始決定日までの間に，破産手続開始原因事実があることを知りながら，当該事実がないと信じさせるため，詐術を用いて信用取引により財産を取得したこと（同項5号）*97

⑥ 業務及財産の状況に関する帳簿，書類その他の物件を隠滅し，偽造し，又は変造したこと（同項6号）

⑦ 虚偽の債権者名簿を提出したこと（同項7号）

⑧ 破産手続において裁判所が行う調査において，説明を拒み，又は虚偽の説明をしたこと（同項8号）

⑨ 不正の手段により，破産管財人，保全管理人，破産管財人代理又は保全管理人代理の職務を妨害したこと（同項9号）

---

*95 東京高決平成8・2・7判時1563号114頁〔百選84①〕は，借入金で株式投資し過大な債務を負担した行為が浪費行為に該当するとし（裁量免責），福岡高決平成9・8・22判時1619号83頁〔百選84②〕は，自動車4台を買い替えたことを浪費行為に該当するとしました（裁量免責）。伊藤716頁，概説558頁。

*96 福岡高決平成8・1・26判タ924号281頁〔百選A15〕は，証券会社の職員が自己資金による先物・オプション取引で多額の損失を出し債務を負担した事案で，射幸行為に該当し，不正取引を行っていた点等を指摘し，裁量免責も否定し，免責不許可としました。伊藤716頁，概説559頁。

*97 大阪高決平成2・6・11判時1370号70頁〔百選83①〕は，詐術を用いたときとは，積極的な欺罔手段を取った場合を指し，支払不能等の破産原因事実があることを単に黙秘して相手方に進んで告知しなかったことのみでは該当しないとしました。仙台高決平成5・2・9判時1476号126頁①事件〔百選83②〕は，クレジットカードによる商品購入代金の支払のために借入れし，自己の収入からその借入金の返済がほぼ不可能になった後に借り入れた行為につき，積極的に詐術を用いて借入れをしたものとまでは窺えないと指摘しつつ，裁量免責としました。伊藤717頁，721頁，概説559頁。

⑩ 免責許可決定確定日等から7年以内に免責許可申立てがあったこと（同項10号）

⑪ 説明義務（破40条1項1号），重要財産開示義務（破41条）又は免責調査協力義務（破250条2項）その他この法律に定める義務に違反したこと（破252条1項11号）*98

4 免責許可決定確定の効果

　個人の破産者は，免責許可決定が確定したときは，破産手続による配当を除き破産債権について責任を免れます（破253条1項柱書本文）。

　この「責任を免れる」の意味するところは，破産者の債務は残るが強制執行できない自然債務となる見解が通説ですが，債務が消滅するとの有力説もあります（伊藤724頁以下参照）。判例は，自然債務説を前提としているようです*99。両説の違いは，破産者が免責許可決定確定後に，任意に破産債権者へ弁済した場合に，自然債務説であれば有効となり，債務消滅説であれば無効となる点にあります*100。

　免責の効果は，破産債権者が破産者の保証人その他破産者と共に債務を負担する者（連帯債務者等）に対して有する権利及び破産債権者のために供した担保（物上保証）には及びません（同条2項）。信用補完のための人的担保や物的担保はそのためにあるからです。

　破産者が（根）抵当権を設定していた場合，被担保債権である破産債権に免責の効力が及ぶかが問題となり得ますが，別除権者として破産手続外で担保権の実行ができ，担保物件の交換価値から優先弁済を受けられますので，被担保債権も担保権の価値の範囲内では免責の対象とならないといえるでしょう。

　また，判例は，主債務者が免責を受けた場合，保証人は主債務についての消

---

*98 　東京高決平成7・2・3判時1537号127頁〔百選A16〕は，破産に至る経緯でバカラ賭博に巨額の資金を投じた経験があったにもかかわらず，審問の際にこの事実を秘匿し，ギャンブルはまったくやらない旨の虚偽の説明をし，遊興が原因と偽りの陳述をし，その後の免責申立ての際に虚偽陳述の旨を明らかにした事案で，旧破産法366条ノ9第3号後段（現行法では削除）を類推適用し，免責不許可としました。伊藤719頁（破252条1項8号の箇所で説明）。

*99 　最判平成9・2・25判時1607号51頁〔百選88〕は，免責許可後に強制的実現はできないとして，詐害行為取消権の行使を否定しました。伊藤724頁。

*100 　横浜地判昭和63・2・29判時1280号151頁〔百選87〕は，自然債務説を前提にしながらも，免責後の支払約束を免責の趣旨に反し無効としました。伊藤725頁，概説8頁。

滅時効を援用することはできないとしています*101。

同時廃止事案の場合，免責許可決定の確定により，中止していた強制執行等が失効します（破249条2項）。また，破産債権者表があるときは，裁判所書記官は，免責許可決定確定の旨を記載します（破253条3項）。

免責許可決定確定後であっても，破産者に対し詐欺破産罪（破265条）による有罪の判決が確定したとき，破産者の不正の行為により免責許可決定がされたときには，免責取消しができることになっています（破254条）。

5 非免責債権

前述のとおり，個人の破産者は，免責許可決定が確定したときは，破産手続による配当を除き破産債権について責任を免れるのが原則ですが（破253条1項柱書本文），免責の効力を及ぼすのは適当ではないとの各種の政策的理由から，免責の効力を受けられない非免責債権が定められています（同項但書）。

免責許可の要件面での免責不許可事由（破252条1項）と，免責許可決定確定の効果の面での非免責債権は別個のものと理解されていますので，非免責債権に該当する破産債権が存在したとしても，免責不許可事由がなければ免責許可決定はされることになります（実務上も債権者に誤解されることが多い点です）。破産手続，免責手続においては，原則として非免責債権性の判断を行う構造となっていませんので，非免責債権性は，破産手続，免責手続外で別途争われることになります（⇒トピック73「破産者の異議の意味するところ」（265頁））*102。

非免責債権の類型は，限定列挙されており（破253条1項1号ないし7号），①租税等の請求権（同項1号），②破産者が悪意で加えた不法行為に基づく損害賠償請求権（同項2号）*103，③破産者が故意又は重過失により加えた人の生命又は

---

*101 最判平成11・11・9民集53巻8号1403頁〔百選89〕。伊藤724頁，730頁，概説173頁，560頁。
*102 最判平成26・4・24民集68巻4号380頁は，免責許可決定が確定した債務者に対し，破産手続において確定した破産債権を有する債権者が，当該破産債権が非免責債権に該当することを理由としてした，当該破産債権が記載された破産債権者表についての執行文付与の訴え（民執33条1項）を否定しました。ただ，傍論で，破産債権者表の記載内容から非免責債権に該当すると認められるときは，民事執行法26条により執行文の付与ができるとしました。伊藤726頁。
*103 最判平成12・1・28金判1093号15頁〔百選86〕は，支払能力がなかったにもかかわらず，クレジットカードの発行を受け，そのクレジットカードを利用した商品購入が悪意の不法行為に該当するとしました。伊藤728頁。

身体を害する不法行為に基づく損害賠償請求権（同項3号），④破産者が養育者，扶養義務者として負担すべき費用の請求権（同項4号），⑤雇用関係により生じた使用人の請求権，預り金返還請求権（同項5号），⑥破産者が知りながら債権者名簿に記載しなかった請求権（同項6号），⑦罰金等の請求権（同項7号）があります。

②の「悪意」は，単なる故意ではなく，積極的な加害の意思ないし不正に他人を害する意思と解されています。また，③と④は，必要性が高いとして，現行法で追加されました。⑥の「知りながら」には，過失の場合も含まれます。なお，破産債権者が，破産者につき破産手続開始決定があったことを知っていた場合は除かれます（同項6号括弧書）。

第2節 復 権（破255条・256条，破規77条）

　破産手続開始によって個人の破産者に加えられた公法上・私法上の権利及び資格に対する制限から解放され，その法的地位が回復される復権制度が設けられています。前述した破産法上の制限（居住制限等。破産手続開始の効果（22頁））は手続の終了で消滅することになりますが，他の法令において，「破産者であって復権を得ない者」や「破産者で復権を得ないもの」といった規定により資格制限が定められているため，対処が必要となるのです。

　資格制限は，各種法令により定められており，主なものとしては，弁護士（弁護7条5号），公証人（公証14条2号），司法書士（司書5条3号），公認会計士（会計士4条4号），税理士（税理士4条3号），弁理士（弁理士8条10号），司法修習生（司修規17条），後見人（民847条3号），後見監督人（民852条），保佐人（民876条の2第2項），保佐監督人（民876条の3第2項），遺言執行者（民1009条），受託者（信託56条1項3号），特定保険募集人（保険業279条1項1号），警備員（警備14条1項・3条1号）があります（この点，条解破産1864頁以下の巻末資料に詳しいです）。

　なお，個人再生にはこのような資格制限がありませんので，実務上，資格制限のある破産手続を回避し，個人再生手続による経済的再生を図る事案も相当数あります（⇒トピック74「個人債務者の倒産処理手続」（266頁））。

　免責許可決定の確定により免責の効力が生じ，破産債権につき責任を免れることになることから（破253条1項），当然復権事由（破255条1項1号）とされてい

ます。個人の破産事件の大多数は，この復権事由に該当し，当然復権しています。なお，免責取消しの決定（破254条）が確定した場合には，免責許可決定の確定による復権の効力は，将来に向かって失効します（破255条3項）。

　この①免責許可決定の確定以外の当然復権事由は，②同意破産手続廃止決定の確定（同条1項2号），③再生計画認可決定の確定（同項3号），④破産手続開始後，詐欺破産罪の有罪確定判決なしで10年経過（同項4号）です。

　なお，当然復権に該当しない場合でも，弁済その他の方法により債務の全部についてその責任を免れたときは，申立てによる復権も可能です（破256条）。

第13章　雑　　則 （破257条〜264条，破規78条〜86条）

　雑則には，主に登記，登録に関する規定を置いています（なお，民事再生法では，第1章「総則」の中に置かれています（民再11条から15条））。

　法人である債務者について破産手続開始決定があったときは，商業・法人登記簿にその旨を登記するため，裁判所書記官は，職権で，遅滞なく，破産手続開始の登記を登記所に嘱託します（嘱託登記。破257条1項本文）。破産管財人の氏名又は名称及び住所を登記し，単独執行や職務分掌も登記します（同条2項。変更登記は同条3項）。保全管理命令があった場合も同様です（同条4項から6項）。また，破産手続開始決定の取消し若しくは破産手続廃止決定が確定した場合又は破産手続終結決定があった場合も登記されます（同条7項）。個人の債務者については，商業登記簿の破産者に関する登記や不動産登記等に破産手続開始の登記を嘱託します（破258条1項。実務上，問題のない事案では，不動産登記につき嘱託を留保しています）。また，保全処分に関する登記の嘱託も行います（破259条）。

　登記の原因である行為が否認されたとき，登記が否認されたときは，破産管財人は，対抗要件を具備するために，否認の登記を申請します（破260条1項。否認権行使の効果（90頁）参照）。登記官は，否認の登記に係る権利に関する登記をするときは，職権で，①当該否認の登記，②否認された行為を登記原因とする登記又は否認された登記，③②に後れる登記があるときは当該登記を抹消します（同条2項）。破産管財人が否認権を行使して取り戻した不動産を任意売却する場合の買主への配慮となります。なお，否認対象行為後に否認できない第

三者の権利に関する登記がある場合，抹消登記に代えて，破産者への移転登記を行います（同条3項）。否認の登記は，登録免許税が非課税です（破261条）。また，否認の登記の規定は，登録のある権利に準用されます（破262条）。

他にも，船舶の所有者等の責任の制限に関する法律又は船舶油濁損害賠償保障法による責任制限手続との関係で，破産者のために開始した責任制限手続の廃止決定があった場合，その確定までの間，破産手続は中止し（破263条），廃止決定が確定した場合の制限債権者のための措置を定めています（破264条）。

また，農水産業協同組合の再生手続の特例等に関する法律の破産手続における手続的な規定を定めています（破規84条から86条）。

第14章 罰　　　　則 （破265条～277条）

11の破産犯罪を定める罰則規定は，大きく分けると，①総債権者の財産的利益を保護する実体的犯罪，②破産手続の適正な遂行を保護する手続的犯罪，③破産者等の経済的再生を保護する犯罪の3つがあります。

1　詐欺破産罪（破265条）……①
　　10年以下の懲役若しくは1000万円以下の罰金（又は併科）
2　特定の債権者に対する担保の供与等の罪（破266条）……①に近い
　　5年以下の懲役若しくは500万円以下の罰金（又は併科）
3　破産管財人等の特別背任罪（破267条）……①
　　対象は，破産管財人，保全管理人，破産管財人代理，保全管理人代理です。
　　10年以下の懲役若しくは1000万円以下の罰金（又は併科）
4　説明及び検査の拒絶等の罪（破268条・40条1項・83条等）……②
　　3年以下の懲役若しくは300万円以下の罰金（又は併科）
5　重要財産開示拒絶等の罪（破269条・41条等）……②
　　3年以下の懲役若しくは300万円以下の罰金（又は併科）
6　業務及び財産の状況に関する物件の隠滅等の罪（破270条）……②
　　3年以下の懲役若しくは300万円以下の罰金（又は併科）
7　審尋における説明拒絶等の罪（破271条）……②
　　3年以下の懲役若しくは300万円以下の罰金（又は併科）

8　破産管財人等に対する職務妨害の罪（破272条）……②
　　3年以下の懲役若しくは300万円以下の罰金（又は併科）
9　収賄罪（破273条）……②
　　3年以下の懲役若しくは300万円以下の罰金（又は併科），不正の請託を受けたときは，5年以下の懲役若しくは500万円以下の罰金（又は併科）
10　贈賄罪（破274条）……②
　　法定刑は収賄罪と同様。
11　破産者等に対する面会強請等の罪（破275条）……③
　　3年以下の懲役若しくは300万円以下の罰金（又は併科）
12　国外犯（破276条）
13　両罰規定（破277条）

第 3 部

民　事　再　生

　　第2部破産と同様に，あえて法律の構成と同じにしてあります。この点は破産のときどうだったかなと，常に比較しながら読み進めていただけると理解が進むと思います（民事再生の中でも，通常再生と個人再生の比較も大切です）。
　　民事再生法は，基本的に商売の話に立ち入りません。事業継続を図り，収益を上げられるかは，再生債務者の自助努力によります。自力で事業継続できるか，資金繰りは大丈夫か，スポンサーの支援が必要か，いつも意識するところです。このように，法律に書いていないことが背景にあることを認識しておいていただきたいと思います。

■再生手続のイメージ

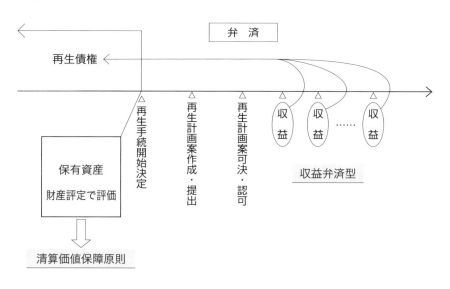

■再生手続の流れ──通常再生で順調に進んだ場合

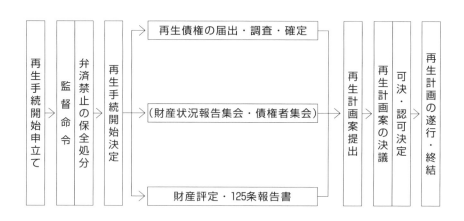

民事再生は，第1部の民事再生のイメージ（7頁）で見たとおり，事業を解体清算して配当する破産とは異なり，原則として従前の経営者により事業を継続しつつ，将来収益と保有資産を原資として再生計画により権利変更（大幅な債権カット（債務免除））した再生債権を弁済することで，債務の負担を軽減し，再生債務者の事業を再生しようとする再建型の法的整理手続です。再生債権に対し破産配当を上回る弁済を行う清算価値保障原則を満たす再生計画案が再生債権者の多数決で可決され，裁判所がこれを認可し，認可決定が確定すると，再生債権は再生計画により権利変更され，最長10年分割で弁済を受けることになります。

民事再生法1条に目的が定められ，経済的に窮境にある債務者について，その債権者の多数の同意を得，かつ，裁判所の認可を受けた再生計画を定めること等により，当該債務者とその債権者との間の民事上の権利関係を適切に調整し，もって当該債務者の事業又は経済生活の再生を図ることを目的とします。再生手続は，再生債務者の「事業」の再生が目的です（法人格の維持ではありません）。個人の再生を含むことから，経済生活の再生も入っています。

バブル崩壊後の不良債権処理が行われる中，中小企業の事業再生を図るため，従前の経営者が経営を続けられ，会社更生よりも簡易迅速に，旧和議法の弊害を克服したものとして，民事再生法は，平成11年に成立し，平成12年4月1日に施行されました。続いて，個人再生手続を設ける改正が行われ，平成13年4月1日に施行されました（⇒トピック**76**「破産法と民事再生法の構成」（268頁））。

以下，個人再生との比較の観点で，通常再生と呼称する場合があります。

第*1*章　総　　則 （民再1条～19条，民再規1条～11条）

第1章「総則」は，最初に前述した民事再生法の目的を示し（民再1条），各種用語の意義を定め（民再2条），次のような通則的な規定を置いています。

まず，再生手続開始の申立ては，日本国内に営業所等を有する場合に限定されます（民再4条1項。国際倒産管轄）。外国人・外国法人は，再生手続に関し，日本人・日本法人と同一の地位を有します（民再3条。内外国人平等の原則）。

次に，管轄につき，再生債務者が営業者であるときは，その主たる営業所の所在地を管轄する地方裁判所が管轄し（民再5条1項），専属管轄です（民再6条）。

この点，親子会社（民再5条3項・4項），連結親子会社（同条5項），法人と代表者（同条6項），個人で連帯債務者，主債務者と保証人，夫婦（同条7項）の場合，関連事件管轄が認められています。また，再生債権者数が500名以上の場合，高等裁判所所在地を管轄する地方裁判所にも申立てができ（同条8項），1000人以上の場合，東京地方裁判所又は大阪地方裁判所にも申立てができます（同条9項）。裁判所は，職権で事件を移送できます（民再7条）。

再生手続に関する裁判は，口頭弁論を経ないですることができ（任意的口頭弁論。民再8条1項），裁判所は，職権で，必要な調査をすることができます（同条2項）。再生手続に関する裁判につき利害関係を有する者は，民事再生法に特別の定めがある場合に限り，即時抗告できます（民再9条）。公告は，官報に掲載してします（民再10条1項。掲載依頼から約2週間後に掲載されています）。

再生手続に関する商業・法人登記簿への嘱託登記（民再11条），不動産登記簿等への嘱託登記（民再12条），否認の登記（民再13条）の定めがあります。

利害関係人は，裁判所書記官に対し，裁判所に提出され，又は裁判所が作成した文書等の閲覧を請求することができ（民再16条1項），謄写等も請求できます（同条2項）。時期的な制限があるほか（同条4項），閲覧等を行うことにより，再生債務者の事業の維持再生に著しい支障を生ずるおそれ又は再生債務者の財産に著しい損害を与えるおそれがある部分があることにつき疎明があった場合は，裁判所は，支障部分の閲覧等の制限ができます（民再17条1項）。

再生手続に関しては，特別の定めがある場合を除き，民事訴訟法の規定を準用し（民再18条），民事再生規則にも定めがあります（民再19条）。

第2章　再生手続の開始

第1節　再生手続開始の申立て （民再21条〜32条，民再規12条〜16条）

1　再生手続開始の申立て

①債務者に破産手続開始の原因となる事実（破15条1項・16条1項）の生ずるおそれがあるときは，債務者は，裁判所に対し，再生手続開始の申立てをすることができます（民再21条1項前段）。また，②債務者が事業の継続に著しい支

障を来すことなく弁済期にある債務を弁済することができないときも同様です（同項後段）。破産に至るよりも前の段階で，再生の機会を与えようとするものです（⇒トピック77「法人債務者の手続選択」(269頁)，トピック78「民事再生を申し立てる際の代表者の覚悟」(270頁)，トピック79「資金繰りの重要性」(271頁)，トピック１「申立代理人の重要性」(193頁)）。債権者も再生手続開始の申立てができますが，①の場合に限られます（同条2項）。なお，他の法律で破産又は特別清算の申立義務がある場合にも再生手続開始の申立ては可能です（民再22条，一般法人215条1項等）。

必要事項を記載した申立書を提出し（民再規2条1項・12条・13条・14条（添付書類)），再生手続開始原因事実の疎明が必要です（民再23条1項）。債権者申立ての場合，自己の有する債権の存在の疎明も必要です（同条2項）。

また，再生手続の費用として，1万円（民訴費3条1項・8条・別表第一12項の2）の印紙の貼付のほか，裁判所が定める金額の予納が必要です（民再24条1項。裁判所ごとに予納金の目安があります。例えば，負債総額10億円で400万円から600万円程度）。官報公告費用のほか，監督委員の報酬を確保するためです。予納命令に対しては，即時抗告できます（同条2項）。

申立てがあった場合，裁判所は，原則として労働組合等に意見聴取します（民再24条の2）。利害関係を有する労働組合等の手続関与を認めています。

裁判所は，①費用の予納がないとき，②係属する破産手続又は特別清算手続によることが債権者の一般の利益に適合するとき，③再生計画案の作成若しくは可決の見込み又は再生計画の認可の見込みがないことが明らかであるとき，④不当な目的で再生手続開始の申立てがされたとき，その他申立てが誠実にされたものでないときは，申立てを棄却しなければなりません（民再25条各号）。

②は，清算価値保障原則を考えた場合，通常は再生手続が優先するでしょう（⇒トピック80「債権者による破産申立てと民事再生申立て」(272頁)。なお，会更41条1項2号参照。⇒トピック81「民事再生と債権者による会社更生申立て」(273頁)）。③の表現は，かなり限定したものとなっていることがわかるでしょう[*1]。④は，民事再生法の目的（民再1条）の達成との関係で判断されることになります[*2]。

---

*1 東京高決平成13・3・8判タ1089号295頁〔百選10〕は，議決権額の過半数を超える債権者が破産申立てもし，強固に反対の意思を表明していた事案です。伊藤763頁，概説416頁，松下入門33頁。

また，破産における破産能力と同様に，民事再生においても再生債務者（民再2条1号）となり得る資格（再生能力）が必要です。法人でも自然人（個人）でも対象となります（なお，個人再生は対象を限定）。会社更生は株式会社のみを対象とするため，例えば，医療法人や学校法人は含まれませんが，民事再生は可能です（⇒トピック82「民事再生と会社更生の対象の違い」(274頁)）。

2　保全処分

再生手続開始の申立て（民再21条）から再生手続開始決定（民再33条）までの間には，どうしても審理のためのタイムラグがあります（即日で再生手続開始決定がされた例もありますが，通常は，数日から2，3週間後となります）。再生手続開始決定の効果である再生債権者の個別の権利行使禁止と債務者の財産管理処分や事業遂行の権限の制約を前倒ししておかないと，民事再生の目的を達成できないおそれがありますので，各種保全処分が定められています。

再生手続開始の申立てからこれに対する決定があるまでの間に発令できる保全処分としては，①他の手続の中止命令等（民再26条），②包括的禁止命令（民再27条），③仮差押え，仮処分その他の保全処分（民再30条）があります。①は，再生債権に基づく個別の強制執行等（民再26条1項2号）などの中止を命ずるもので，再生債務者の事業継続のために特に必要があると認められるときには，取消命令までできます（同条3項）。いずれも即時抗告できますが（同条4項），執行停止の効力はありません（同条5項）。個別の中止命令では再生手続の目的を十分に達成することができないおそれがあると認めるべき特別の事情があるときは，すべての再生債権者に対し，②の包括的禁止命令を命じることができます（民再27条1項）。即時抗告につき中止命令と同様です（同条5項・6項）。③は，再生債務者の業務及び財産に関し，仮差押え，仮処分その他の必要な保全処分を命じるもので，その代表的なものが，再生債務者に裁判所の許可なく再生債権の弁済及び担保提供を禁じる弁済禁止の保全処分です（民再30条1項・6項⇒トピック83「弁済禁止の保全処分」(275頁)）[*3]。即時抗告については同様です（同

[*2] 東京高決平成24・3・9判時2151号9頁〔百選11〕は本来の目的から逸脱した濫用的な目的で行われた事案でした。伊藤765頁，概説416頁。東京高決平成17・1・13判タ1200号291頁〔百選9〕は，再生計画不認可決定確定後の再度の再生手続開始の申立ての事案で，濫用とはいえないとしました。伊藤763頁，764頁，概説417頁。

条3項・4項)。

　この他にも，同じ期間に発令できるものとしては，④保全管理命令（民再79条），⑤否認権のための保全処分（民再134条の2）があります。期間的に再生手続開始後も発令可能なものとして，⑥担保権の実行手続の中止命令（民再31条。担保権の実行手続の中止命令（129頁）参照），⑦住宅資金特別条項を定める場合の抵当権の実行手続の中止命令等（民再197条），⑧法人の役員の財産に対する保全処分（民再142条）があります。

　再生手続開始の申立てをした者は，開始決定前に限り，申立てを取り下げることができますが（民再32条前段），各種保全処分を受けた後は，裁判所の許可が必要です（同条後段）。保全だけを目的とする濫用的な申立てを防ぐためです。

第2節　再生手続開始の決定 （民再33条～53条，民再規17条～19条）

1　再生手続開始の決定

　裁判所は，再生手続開始原因（民再21条）のある再生手続開始の申立てがあったときは，棄却事由（民再25条）に該当し，申立てを棄却する場合を除き，再生手続開始の決定をし（民再33条1項），その決定の時から，効力を生じます（同条2項）。同時に，再生債権の届出期間及び調査期間（一般調査期間。民再101条5項参照）を定めます（民再34条1項。再生債権者1000名以上の大規模事件の例外については，同条2項）。また，裁判所は，再生手続開始決定の主文，並びに債権届出期間及び一般調査期間等を公告し（民再35条1項），再生債務者及び知れている再生債権者等に通知します（同条3項）。

　再生手続開始の申立てについての裁判に対しては，即時抗告をすることができます（民再36条1項。再生手続開始決定の取消しにつき，民再37条）。

　再生手続開始決定の効果として，再生債権者の個別の権利行使は禁止されますが（民再39条1項・85条1項），再生債務者は，再生手続開始後も業務遂行権や財産の管理処分権を有します（民再38条1項。DIP（deptor in possession）型）。ただ，再生債務者は，債権者に対し，公平かつ誠実に，これらの権利を行使し，再生

＊3　最判昭和37・3・23民集16巻3号607頁〔百選A4〕は，会社整理の事案で，弁済禁止の保全処分の名宛人は債務者で，債権者は拘束されず，給付訴訟を提起して債務名義を得ることができるとしました。伊藤142頁。

手続を追行する義務を負います（同条2項。公平誠実義務）。また，裁判所は，裁判所の許可を要する行為を定めることができ（民再41条1項），再生債務者の行為を制限することができます（実務上，DIP型の民事再生の全件で監督委員を選任し，同意事項を定めています（民再54条2項）。⇒トピック49「裁判所の許可が必要な行為」(241頁)，トピック12「権利の放棄」(204頁)）。

　このような再生債務者の地位につき，破産管財人と同様，第三者性が認められるか争いがありますが，通説は，再生債務者は，公平誠実義務を負い（民再38条2項），総再生債権者の利益の代表者として，破産管財人と同様の地位に立ち，対抗問題等が生ずる場合の第三者に該当するとして，再生債務者の第三者性を肯定しています（伊藤867頁，概説426頁，松下入門50頁以下参照）[*4]。

　既にされていた強制執行等の手続は中止し（民再39条1項。再生計画認可決定確定をもって失効します（民再184条本文）），再生債権に関する訴訟は中断し（民再40条1項⇒トピック14「破産債権・再生債権に関する訴訟の帰趨」(206頁)），債権者代位訴訟，詐害行為取消訴訟等も中断します（民再40条の2第1項。受継につき，同条2項・140条1項）[*5]。他の手続開始の効果も破産と同様のものが多いです（⇒トピック37「手続開始の効果の条文比較」(229頁)）。取戻権（民再52条）は，破産法（破62条から64条）と同様です（破産の取戻権(39頁)参照）。

2　営業譲渡・事業譲渡

　事業の全部又は重要な一部の譲渡は，会社法上，株主総会の特別決議による承認を受けることで可能ですが（会社467条1項1号・2号・309条2項11号），再生手続開始後において，再生債務者等が再生債務者の営業又は事業の全部又は重要な一部を譲渡するには，民事再生法上，裁判所の許可を得なければなりません（民再42条1項）。裁判所は，当該再生債務者の事業の再生に必要であると認める場合に限り，許可することができます（同項。⇒トピック50「事業譲渡の要件・

[*4]　大阪地判平成20・10・31判時2039号51頁〔百選21〕は，根抵当権設定登記未了のまま再生手続が開始した事案で，再生債務者は，公平誠実義務（民再38条2項）を負う再生手続の機関として，民法177条の第三者である再生債権者の利益の実現を図るべき再生手続上の責務を有するとして，民法177条の第三者性を肯定しました。伊藤330頁，341頁，868頁，概説141頁，427頁，松下入門51頁。

[*5]　東京高判平成15・12・4金法1710号52頁〔百選A10〕は，再生手続開始後の債権者代位訴訟提起を不適法としました。伊藤271頁，401頁，408頁，803頁。

民事再生により信用力が毀損した中で，早期に信用力のあるスポンサーの支援を受けて事業継続する必要性は高いですが（⇒トピック84「スポンサー型のスキーム」(276頁)），事業の全部を譲渡した場合，再生債務者自身には価値のある事業はなくなり，清算することになります。民事再生は，再生計画により再生債権の権利変更をし，弁済を行いますので，再生計画前の事業譲渡は，将来の再生計画を先取りすることになり，再生債権者への弁済原資ともなる事業譲渡の対価の相当性がその必要性の判断の中で重要となってきます。

そのため，裁判所は，知れている再生債権者に意見聴取します（同条2項本文）。なお，債権者委員会があるときは，その意見を聴くことで足ります（同項但書）。また，労働組合等にも意見聴取します（同条3項）。

事業譲渡の許可があった場合，その許可に対する不服申立方法はありません。また，再生債務者等が裁判所の許可を得ないでした事業譲渡は無効ですが，善意の第三者には対抗できません（同条4項・41条2項）。

また，株主総会の特別決議に関し，再生手続開始後，株式会社である再生債務者が債務超過の場合は，裁判所は，再生債務者等の申立てにより，当該事業譲渡が事業の継続のために必要である場合，株主総会の決議による承認に代わる許可を与えることができます（民再43条1項）[*6]。債務超過状態であれば，株主に対する残余財産の分配の可能性はなく，株主は事業譲渡の判断にも関心を示さないでしょうから，裁判所の代替許可を認めたものです。債務超過は，清算価値ではなく，継続企業価値により判断します。株主は，代替許可に対する即時抗告が可能ですが（同条6項），執行停止の効力はありません（同条7項）。

3　双方未履行の双務契約の処理

(1) 履行選択が原則に

双方未履行の双務契約の規律は，基本的に破産の場合（破53条以下）と同様ですが，異なる点もあります（民再49条以下⇒トピック17「双方未履行双務契約の規律による解除の可否」(209頁)，トピック27「労働契約の帰趨」(219頁)，トピック31「労働債権

[*6] 東京高決平成16・6・17金判1195号10頁〔百選24〕は，債務超過の状態にないとして，代替許可を否定しました。伊藤965頁，966頁，967頁，概説421頁，454頁，松下入門61頁。

の取扱い（民事再生）」（223頁），トピック35「継続的供給契約（履行拒絶不可）」（227頁），トピック36「継続的供給契約（財団債権の範囲）」（228頁））。また，相手方の確答催告権に対し，再生債務者等が期間内に確答しないときは，解除権を放棄したものとみなされますので，履行選択が原則となります（民再49条1項・2項）。履行選択の場合の相手方の有する請求権は，共益債権となります（同条4項）。なお，これらの規定は，労働協約には適用されません（同条3項）。

(2) 売買契約

売買契約の処理の規律は，破産の場合と同様です（破産の売買契約（30頁）参照）。事業継続を前提としていますので，売主，買主いずれの再生の場合でも，原則として履行を選択します（実務上，解除を選択する場合（民再49条1項），監督委員の同意が必要です（民再54条2項・41条1項4号））。

(3) 賃貸借契約

賃貸借契約の処理の規律も，賃借人の再生の場合，破産と同様です（賃借人の破産（31頁）参照。⇒トピック18「賃借人が倒産したら」（210頁））。なお，再生債務者等が民事再生法49条1項に基づき解除を選択した場合に賃貸借契約上の違約金条項が適用されるかは争いがあります（⇒トピック19「違約金条項適用の可否」（211頁））[7]。また，原状回復請求権が共益債権となるかについても，破産と同様，問題となります（⇒トピック20「原状回復請求権の法的性質」（212頁））。

賃貸人の再生の場合の規律も基本的には破産と同様ですが（民再51条で破56条を準用。賃貸人の破産（32頁）参照。⇒トピック21「賃貸人が倒産したら」（213頁）），賃借人が有する再生債権を自働債権，賃料債務を受働債権とする相殺と，賃借人が有する敷金返還請求権の共益債権化につき違いがあります。

前者の賃料債務を受働債権とする相殺については，破産では制限がなくなりましたが，再生債権（敷金返還請求権は含みません）を有する賃借人は，再生手続開始後に弁済期が到来すべき賃料債務について，再生手続開始時における賃料の6ヵ月分に相当する額を限度として，債権届出期間内に相殺することができます（民再92条2項。相殺権（136頁）参照）。後者の敷金返還請求権の共益債権化

---

[7] 大阪地判平成21・1・29判時2037号74頁〔百選77①〕は，賃貸借の残期間にかかる賃料相当額及び損害金につき，適用を肯定しました。伊藤363頁，概説246頁。

については，敷金返還請求権を有する賃借人が再生手続開始後その弁済期に賃料を弁済したときは，再生手続開始時の賃料の6ヵ月分に相当する額を上限として，共益債権化されます（民再92条3項。なお，前者の賃料債務の相殺と合わせて6ヵ月分の制限があります。敷金返還請求権の共益債権化（137頁）参照）。

(4) 請負契約

請負契約の処理の規律も，請負人の再生の場合は，破産と同様です（請負人の破産（33頁）参照）。⇒トピック㉕「建物建築請負契約の処理」（217頁），トピック㉖「請負人の倒産で前渡金があった場合」（218頁））。

注文者の再生の場合，破産の場合の民法642条の適用はありませんので，双方未履行の双務契約一般の規律（民再49条1項）となります。再生債務者等が履行を選択した場合，請負人の出来高部分に対する報酬は再生債権，残工事部分に対する報酬が共益債権となる点も同様です（注文者の破産（34頁）参照）。

(5) 委任契約

破産の場合（破産の委任契約（36頁）参照）と異なり，委任契約に関する定めはありません。有償委任の場合は，双方未履行の双務契約の規律（民再49条）が及ぶことになります。

4 別除権

(1) 別除権の取扱い

再生手続開始の時において再生債務者の財産につき存する担保権（特別の先取特権，質権，抵当権又は商事留置権）を有する者は，その目的である財産について，別除権を有し（民再53条1項），別除権は，再生手続によらないで，行使することができます（同条2項，民執180条以下の担保権の実行。⇒トピック㊵「パイの奪い合い（担保権との関係）」（232頁））。なお，担保権の目的財産が再生債務者等の任意売却等で再生債務者財産に属しないことになった場合でも，当該担保権が存続している以上，別除権となります（民再53条3項）。この場合，別除権の不足額は確定していません。

別除権となるためには，担保権が再生手続において対抗できるものである必要があります。すなわち，第三者対抗要件を具備していることが必要です（本書122頁参照。⇒トピック㊼「所有権留保の取扱い」（239頁））[8]。

別除権者は，別除権の行使により弁済を受けることができない債権の部分に

ついてのみ，再生債権者として，その権利を行使できます（民再88条本文。不足額責任主義。⇒トピック㊴「別除権のイメージ」(231頁)）。ただし，被担保債権の全部又は一部が再生手続開始後に担保されないことになった場合には，その債権の全部又は一部について，再生債権者として権利行使できます（同条但書）。

不足額が確定していない場合，再生計画においても，不足額が確定した際の適確な措置を定め（民再160条1項。再生計画の条項(151頁)参照），不足額が確定した場合に限り，再生計画による権利行使が可能となります（民再182条）。

また，別除権の行使は，担保権者が完全に自由にできるというものではなく，再生手続による一定の制約が課せられています。大きな制約として，担保権の消滅の制度があります（民再148条以下。担保権の消滅(149頁)参照）。また，担保権の実行手続の中止命令があります（民再31条1項本文。担保権の実行手続の中止命令(129頁)参照）。担保権消滅請求は，一括納付が必要なため（民再152条1項），その資金調達がネックとなり，実務上，多くの事案では，担保権者との間で，担保評価額を長期分割払いすることで担保権の実行を行わない旨を合意する別除権協定が行われています（不動産の別除権協定(128頁)参照）。

破産の非典型担保(44頁参照)で見たとおり，譲渡担保（⇒トピック㊺「流動集合動産譲渡担保」(237頁)，トピック㊻「将来債権譲渡担保」(238頁)），所有権留保（⇒トピック㊼「所有権留保の取扱い」(239頁)），リース契約（後述(3)）についても，非典型担保として，別除権となります。

(2) 商事留置権・民事留置権

民事再生の場合，商事留置権は別除権となりますが（民再53条1項），破産の場合のように，特別の先取特権とはみなされていませんので（破66条1項），目的物を留置できるだけとなります。なお，留置権による競売（形式競売）により換価できても（民執195条・190条1項1号），換価金からの優先弁済は受けられず，自らの再生債権と相殺するにも再生手続開始後に負担した債務となりますので，相殺禁止となります（民再93条1項1号）。

＊8　最判平成22・6・4民集64巻4号1107頁〔百選58〕は，普通自動車の所有権留保の事案で，再生債権者の第三者性につき触れていませんが，原則として再生手続開始の時点で当該特定の担保権につき登記，登録等を具備している必要があると判断しました。伊藤330頁，431頁，446頁，868頁，概説133頁，141頁，427頁，松下入門93頁。

民事再生では，破産のように特別の先取特権性を認めなくとも，再生債務者は，その事業継続に必要な留置財産の確保を図るであろうことを考慮したものといえるでしょう（⇒トピック44「商事留置権の取扱い」(236頁)）。

優先弁済権が認められていない点で，手形の商事留置権につき争いがありましたが，判例は，手形交換所における手形交換で取り立てた取立金に対する留置権も認めた上で，弁済充当を定める銀行取引約定を別除権の行使に付随する合意として民事再生法上も有効と判断し，再生債務者の返還を否定しました（その結果，商事留置権者である銀行は優先弁済を受けられたことになります）[*9]。

また，破産の場合のように，商事留置権消滅請求制度（破192条。商事留置権の消滅（95頁）参照）は規定されていませんので，他の担保権と同様に，担保権消滅請求制度（民再148条）の対象となります。

民事留置権については，民事再生法は何ら規定を置いておらず，そのまま残ることになります。

(3) リース契約

一般的なリース契約は，ファイナンス・リース契約ですが，A自らが金融機関Bから購入資金を借入れして売主Cから目的物を購入し，Bに借入金の返済をするという方法ではなく，ユーザーとなるAに代わり，リース会社Lがサプライヤー S（売主Cに該当）から目的物を購入して所有権を取得し，Aにこれを利用させ，AがLにその対価となるリース料を支払うという方法を採ります。パソコンや複合機等の事務機器，自動車，工場の機械や設備，ソフトウェア，飛行機等とリースの対象は幅広いです。

ファイナンス・リース契約は，賃貸借契約の形式を利用しているようにも見えますが，リース期間中の途中解約はできず，ユーザーは残リース料金相当の違約金を請求されます（賃貸借は，将来に向かって解約可能で，賃料債務の負担を免れます）。また，いわゆるフルペイアウトのファイナンス・リースは，基本契約の終了時にリース物件の残価値がない前提でリース会社の利益も含めたリース料金を設定していますので，出来上がりの姿（リース会社のユーザーに対するリース料債権のみが残ります）を見れば，実質的に貸金，金融と同様で，リース会社

[*9] 最判平成23・12・15民集65巻9号3511頁〔百選53〕。伊藤898頁，概説146頁，松下入門94頁。

がユーザーの資金調達を肩代わりしている面が強いです。そのため，ユーザーの倒産時には，賃借人の倒産の規律（双方未履行の双務契約の規律）ではなく，貸金債権に担保が設定されているのと同様に別除権付破産債権又は再生債権と解されています[*10]。したがって，ユーザーの再生の場面を例にとると，リース債権者は，リース物件を利用したい再生債務者に対し，約定の毎月のリース料金を履行選択による共益債権として請求することはできません（⇒トピック85「リースの別除権協定」(277頁)）。

この点，フルペイアウトのファイナンス・リース契約においてユーザーの再生手続開始の申立てを無催告解除事由とする，いわゆる倒産解除特約が付されていた場合につき，判例は，民事再生手続の趣旨，目的に反するとして無効とし[*11]，担保としての意味合いを強調しています（非典型担保の一つといえます）。

(4) 不動産の別除権協定

DIP 型の民事再生の場合，再生債務者に財産の管理処分権は残りますが（民再38条1項），金融機関から不動産の購入資金や建物の建設資金を借り入れる際，不動産に（根）抵当権を設定しているのが通常です。担保権は別除権として，再生手続によらないで行使することができますので（民再53条1項・2項），担保不動産競売（民執180条1号）を申し立てられてしまうと，工場や店舗の土地建物のように再生債務者の事業継続に必要不可欠な自己所有不動産の確保ができなくなり，その事業再生もおぼつかなくなってしまいます（管理型でも状況は同様です）。対抗手段として，担保権消滅請求（民再148条1項。担保権の消滅（149頁）参照）ができるといっても，一括での金銭納付（民再152条1項）をするだけの資金調達は難しいことから，担保権者と協議し，一定額の弁済を条件に担保権の

[*10] 会社更生につき，最判平成7・4・14民集49巻4号1063頁〔百選74〕。伊藤354頁，372頁，概説133頁，240頁，松下入門118頁。民事再生につき，最判平成20・12・16民集62巻10号2561頁〔百選76〕。伊藤140頁，142頁，358頁，372頁，374頁，781頁，899頁，概説133頁，148頁，240頁，245頁，406頁，411頁，松下入門120頁。

[*11] 前掲[*10]・最判平成20・12・16。田原睦夫裁判官の補足意見参照。最判昭和57・3・30民集36巻3号484頁〔百選75〕は，会社更生につき，所有権留保特約付売買契約の倒産解除特約の効力を否定しました。伊藤142頁，358頁，448頁，概説132頁，182頁，206頁，242頁，244頁，325頁，411頁。なお，大阪地決平成13・7・19判時1762号148頁〔百選62〕は，仮差押えを解除事由とする解除を有効とし，担保権消滅許可の申立てを否定しました。伊藤372頁，658頁，785頁，970頁，概説143頁，241頁，444頁，松下入門119頁。

実行を止めてもらう必要があります。これが別除権協定となります。

担保権者の貸金債権は、別除権付再生債権ですから、担保目的物の評価額の合意をし、これを長期分割払いすることで不動産を受け戻し（民再41条1項9号）、約定弁済中は担保権者も担保権の実行をせず、弁済完了時に担保抹消登記を行い、別除権の不足額を確定させて、別除権付再生債権者が再生計画に基づく弁済を受けられるようにします（民再160条1項・182条）。多くの事案で、再生計画認可決定の効力が生じないことが確定すること、再生計画不認可決定が確定すること、又は再生手続廃止決定がなされることを解除条件としています[*12]。

担保権消滅請求で価額決定の請求があった場合（民再149条1項）、その評価は、処分価額とされていますので（民再150条1項、民再規79条1項・2項）、不動産鑑定における特定価格（早期処分価額）が用いられることになりますが、別除権協定では、担保権者と合意ができることが必要ですので、不動産鑑定における正常価格との間で妥結することが多くなります（⇒トピック86「別除権協定と事業計画の関係」(278頁)）。

各種別除権協定につき、民事再生実践マニュアル200頁以下参照。

(5) 担保権の実行手続の中止命令

裁判所は、再生手続開始の申立てがあった場合において（再生手続開始後も含みます）、再生債権者の一般の利益に適合し、かつ、競売申立人に不当な損害を及ぼすおそれがないものと認めるときは、利害関係人の申立てにより又は職権で、相当の期間を定めて、別除権となる担保権（民再53条1項）の実行手続の中止を命ずることができます（民再31条1項本文。保全処分（120頁）参照）。なお、被担保債権が共益債権又は一般優先債権の場合は認められません（同項但書）。

別除権者は、再生手続外で担保権を実行できますが（民再53条2項）、再生債務者の事業の継続に不可欠な工場や店舗の不動産が担保不動産競売されてしま

[*12] 最判平成26・6・5民集68巻5号403頁は、再生手続終結後、再生計画に基づく弁済が履行完了するまでの間に破産した事案で、同趣旨の解除条件に明確な記載がないとしても、合理的意思解釈により、再生計画の履行完了前に再生手続廃止決定を経ずに破産手続開始決定を受けた時から別除権協定はその効力を失う旨の内容をも含むものと解すべきとしました。別除権協定に基づく弁済予定分が共益債権（破産移行後には財団債権）になるのか、被担保債権は固定化するのか、解除条件を付した場合に別除権の不足額は確定するのか、失効した場合に被担保債権が復活するのか等様々な問題があります。伊藤900頁、1148頁、概説444頁。

うと、事業の再生が立ち行かなくなりますので、担保権消滅請求（民再148条1項）を利用する場面や別除権協定の機会確保のために認められています。

「再生債権者の一般の利益に適合」は、担保権の実行がされないほうが、事業継続でき、再生債権者への再生計画による弁済が多くなるという意味です。

また、担保権者は担保目的物から優先弁済を受けることができますので、担保権の実行を中止することで、不当な損害を及ぼさないよう配慮するものです。

裁判所が中止命令を発するには、競売申立人の意見を聴く必要があります（民再31条2項）。中止命令に対しては、競売申立人に限り、即時抗告をすることができます（同条4項）。執行停止の効力はありません（同条5項）。

この中止命令は、別除権協定のための交渉の機会を確保したり、担保権消滅請求（担保権の消滅（149頁）参照）の前提として用いられますが、典型的に想定されている担保不動産競売と異なり、非典型担保では、担保権の実行方法やその終了時期をどう捉えるかにより、中止命令の対象となるかが争いになります。この点、一定期間の診療報酬債権を集合債権譲渡担保に供していた事案において、民事再生法31条の類推適用を肯定した下級審裁判例があります[*13]。また、近年、中止命令の制度趣旨を考慮し、担保権者の意見聴取を行う前に短期間の中止命令を発令した上で、担保権者の意見を聴き、その後の中止命令の可否を判断する二段階方式が活用されています。これにより、実務上、別除権協定のための交渉の機会が確保されることになります（⇒トピック46「将来債権譲渡担保」（238頁））。

第3章 再生手続の機関

第1節 監督委員 (民再54条〜61条、民再規20条〜25条)

裁判所は、再生手続開始の申立てがあった場合、必要があると認めるときは、利害関係人の申立てにより又は職権で、監督委員による監督を命ずる処分（監督命令）をすることができます（民再54条1項）。DIP型の場合に選任され、実務

[*13] 大阪高決平成21・6・3金判1321号30頁〔百選60〕。伊藤785頁、概説135頁、142頁、413頁、松下入門101頁、103頁。

上，DIP型の全件で（通常は申立ての当日に）監督委員が選任されています（その意味では，純粋なDIP型は実務上行われていないといえるでしょう。裁判所は，監督委員による後見的な監督を期待しているものと思われます。この点，純粋DIP型の手続の可能性を模索すべきとするものとして，松下入門48頁以下参照）。監督委員は，その職務を行うに適した者のうちから選任されます（民再規20条1項）。実務上，倒産処理・事業再生に精通した弁護士が選任されています。

監督委員は，①裁判所が指定した同意事項（裁判所の許可事項（民再41条1項）を参考にし，常務は除きます）につき，同意する権限を有します（民再54条2項。⇒トピック67「破産管財人証明書，監督委員証明書」(259頁)）。これは，再生債務者の行為を制限するものとなります。この監督委員の同意を得ないでした行為は，無効です（同条4項本文）。ただし，善意の第三者には対抗できません（同項但書）。また，②否認に関する権限の付与を受け（民再56条1項。否認権 (148頁) 参照)，否認権を行使します（民再135条1項）。さらに，③共益債権化の裁判所の許可（民再120条1項）に代わる承認の権限の付与を受けて，承認する権限を有します（同条2項。共益債権 (143頁) 参照。⇒トピック88「共益債権化の許可・承認」(280頁)）。

監督委員は，④裁判所の定めるところにより，再生債務者の業務及び財産の管理状況その他裁判所の命ずる事項を裁判所に報告する必要があり（民再125条3項），実務上，事業譲渡や再生計画案に対する意見を述べています。そのため，監督委員は，再生債務者，再生債務者の代理人，取締役等，従業員に対し，再生債務者の業務及び財産の状況につき報告を求め，再生債務者の帳簿，書類その他の物件を検査することができます（民再59条1項）。子会社等についても同様です（同条3項・4項）。この点，報告及び検査の拒絶等の罪があります（民再258条）。

また，監督委員は，⑤再生計画の遂行も監督します（民再186条2項）。

監督委員は，裁判所が監督し（民再57条1項），善管注意義務が課され（民再60条1項），費用の前払い及び裁判所が定める報酬を受けることができます（民再61条1項。119条4号で共益債権です。予納金から支払われています）。

第2節 調査委員（民再62条・63条，民再規26条）

裁判所は，再生手続開始の申立てがあった場合で，必要があると判断したと

きは，利害関係人の申立て又は職権で，調査委員による調査を命じることができます（調査命令。民再62条1項）。会社更生における調査委員も参考となります（会更39条・125条）。

実務上，DIP型の再生事件の全件で監督委員（民再54条1項）を選任していますので，多くは監督委員による調査（民再59条）で足り，調査すべき事項を特定した調査委員が選任されるのは例外的です。

債権者申立ての事案において，開始原因事実があるか調査したり，再生債務者の業務や財産の状況を調査することで，管理命令や保全管理命令発令の必要性の判断材料を集めたりすることがあります。

調査委員は，その職務を行うに適した者で利害関係のないもののうちから選任しなければならないとされており（民再規26条1項），通常は法的問題に関係しますので，弁護士が選任されています。事業譲渡の対価の相当性を調査するために，会計の専門家として公認会計士が選任される場合もあるようです（弁護士を調査委員に選任し，その補助者として公認会計士や税理士に関与してもらうことが多いでしょう）。

裁判所は，調査命令において，1人又は数人の調査委員を選任し，かつ，調査委員が調査すべき事項及び裁判所に対して調査結果を報告する期間を定めなければなりません（民再62条2項）。この調査命令については，裁判所は，変更や取消しが可能です（同条3項）。調査命令等に対しては，即時抗告が可能ですが（同条4項），執行停止の効力はありません（同条5項）。

基本的に，監督委員に関する規定が準用されます（民再63条，民再規26条2項）。調査委員の報酬（民再63条・61条1項）に充てるため，調査命令に当たり，申立人に対し，相当額の予納をさせることになります（監督委員が選任されている中，この費用面もネックとなっているといえるでしょう）。

第3節　管　財　人（民再64条〜78条，民再規27条）

裁判所は，再生債務者（法人に限られます）の財産の管理又は処分が失当であるとき，その他再生債務者の事業の再生のために特に必要があると認めるときは，利害関係人の申立てにより又は職権で，再生手続開始決定と同時に又はその決定後，再生債務者の業務及び財産に関し，管財人による管理を命ずる処分

（管理命令）をすることができます（民再64条1項）。その職務を行うに適した者のうちから，1人又は数人の管財人が選任されます（同条2項，民再規27条1項・20条1項）。実務上，倒産処理・事業再生に精通した弁護士が選任されています。

管理命令が発せられた場合には，再生債務者の業務遂行権及び財産の管理処分権は，管財人に専属します（民再66条）。そのため，DIP型ではなく，管理型となります。

管理命令が発せられた場合は，再生債務者の財産関係の訴えについては，管財人が原告又は被告となり（民再67条1項），再生債務者の財産関係の訴訟手続で再生債務者が当事者であるものは中断します（同条2項。受継につき，同条3項・4項）。

管財人が数人あるときは，共同してその職務を行いますが（民再70条1項本文），裁判所の許可を得て，それぞれ単独に職務を行い，又は職務を分掌することができます（同項但書）。管財人は，必要があるときは，裁判所の許可を得て，管財人代理を選任できます（民再71条）。

事業再生を図る民事再生の目的のほかは，破産管財人の場合とほぼ同様の権限と責任を有すると理解しておけばよいでしょう。条文で「再生債務者等」となっている場合の「等」は，この管財人のことを含めています（民再2条2号）。

実務上，DIP型が適当でない場合，再生手続廃止，牽連破産で事業解体に向かうか，管理命令で管理型に移行し，管財人の下で事業再生を図るか，スタンスに違いが生じるところですが，従前の経営者による経営が不適切でも，事業には価値がある場合，管理型で管財人がスポンサーに事業譲渡するなどして事業再生を図ることは，再生債権者への弁済を高めることにも繋がるでしょう。

第4節　保全管理人（民再79条〜83条，民再規27条）

裁判所は，再生手続開始の申立てがあった場合において，再生債務者（法人に限られます）の財産の管理又は処分が失当であるとき，その他再生債務者の事業の継続のために特に必要があると認めるときは，利害関係人の申立てにより又は職権で，再生手続開始の申立てにつき決定のあるまでの間，再生債務者の業務及び財産に関し，保全管理人による管理を命ずる処分（保全管理命令）をすることができます（民再79条1項）。

保全管理命令が発せられたときは，再生債務者の業務遂行権及び財産の管理処分権は，保全管理人に専属します（民再81条1項本文）。そのため，DIP型ではなくなり，再生手続開始決定があった場合は，管理命令（民再64条1項）により管財人が選任され，管理型となります（保全管理人が管財人に選任されることが多いです）。保全管理人は，再生債務者の常務に属しない行為をするには，裁判所の許可を得なければならず（民再81条1項但書），許可を得ないでした行為は無効です（同条2項本文。ただし，善意の第三者に対抗できません（同項但書））。保全が目的とされているからです。

保全管理人は，必要があるときは，裁判所の許可を得て，保全管理人代理を選任することができます（民再82条）。

基本的に監督委員と管財人の規定が準用されています（民再83条）。

なお，再生手続廃止決定等があり，再生手続が終了し牽連破産する場合にも，再生手続廃止決定確定までの間，破産手続開始決定をすることができないことから（民再249条2項・250条1項），実務上その間の保全のために保全管理人が選任されていますが（DIP型の際の監督委員が保全管理人に選任されることが多いです），破産法に規定の保全管理命令を利用しています（民再251条1項，破91条2項）。その際，併せて，包括的禁止命令も利用されています（民再251条1項，破25条2項）。

第4章　再生債権

第1節　再生債権者の権利（民再84条〜93条の2，民再規28条〜29条）

1　再生債権の意義

再生債権とは，再生債務者に対し再生手続開始前の原因に基づいて生じた財産上の請求権であって，共益債権又は一般優先債権に該当しないものをいいます（民再84条1項）。再生手続に参加し（民再86条1項），原則として再生計画の定めによる弁済のみを受ける債権となります（民再85条1項）。

破産債権の意義（56頁参照）で説明したところと同様で，その要件は，①再生債務者に対する人的請求権，②財産上の請求権，③再生手続開始前の原因に基づいて生じた請求権，④執行力のある請求権の4つとなります。

再生債権に該当する債権間には破産債権のような優劣は原則としてありません。ただ，優先的破産債権に相当する，一般の先取特権その他一般の優先権がある債権は，一般優先債権となり（民再122条1項），随時弁済を受けられます（同条2項）。また，劣後的破産債権に相当する，再生手続開始後の利息，遅延損害金も再生債権となります（民再84条2項1号・2号）。ただし，議決権は認められず（民再87条2項），再生計画においても別段の定めができますので（民再155条1項但書），実務上，全額免除の条項が置かれています。また，再生手続開始後の原因に基づいて生じた財産上の請求権につき，開始後債権となるものがあります（民再123条1項）。なお，約定劣後破産債権に対応する約定劣後再生債権（民再35条4項）は，再生計画において，公正かつ衡平な差を設ける必要があります（民再155条2項）。ただ，通常，債務超過で約定劣後再生債権への弁済がされることはありませんので，その場合は，議決権はなく（民再87条3項），再生計画案の決議における組分けも行わず（民再172条の3第2項但書），即時抗告権もありません（民再175条2項）。

　再生債権の場合，破産債権における等質化（現在化，金銭化。破103条2項・3項）はありません。再生計画によりその取扱いを定めることで足りるとされているのです。この点，期限未到来の再生債権を自働債権として相殺しようとするときは，再生債権届出期間内に期限が到来する必要があります（民再92条1項）。なお，契約条項で期限の利益喪失条項を定めていた場合は，その約定に従い，期限が到来します。議決権については，議決権額を決める必要がありますので，再生手続開始時の評価額等としています（民再87条1項）。

　再生債権者は，裁判所の許可を得て，代理委員を選任することができます（民再90条）。裁判所が代理委員を選任することもできます（民再90条の2）。

2　再生債権の弁済禁止とその例外

　再生債権については，再生手続開始後は，民事再生法に特別の定めがある場合を除き，再生計画に定めるところによらなければ，弁済をし，弁済を受け，その他これを消滅させる行為（免除は除かれます）をすることができません（民再85条1項）。再生手続開始決定の効果として，再生債権につき個別の権利行使が禁止されるのです（民再39条1項も参照）。

　ただ，この点，民事再生法85条には，次の3つの例外が定められています。

1つ目は，再生債務者を主要な取引先とする中小企業者が，その有する再生債権の弁済を受けなければ，事業の継続に著しい支障を来すおそれがあるときは，裁判所は，再生債務者等の申立てにより又は職権で，その全部又は一部を弁済することを許可することができます（民再85条2項から4項）。中小企業者の保護の趣旨から，仕入先や下請け等の中小企業者につき個別に判断されます。

2つ目は，少額の再生債権を早期に弁済することにより再生手続を円滑に進行することができるときは，裁判所は，再生債務者等の申立てにより，その弁済を許可することができます（同条5項前段）。少額の再生債権者を減らすことによる手続コスト低減が制度趣旨となります（実務上，再生計画案の決議の際の頭数要件（民再172条の3第1項1号）も考慮しています）。一定額までの少額の再生債権を一律全額弁済します（実務上，資金繰りも考慮し，10万円，30万円，50万円，100万円等事案に応じて許可されています。数百万円の場合もあります）。

3つ目は，少額の再生債権を早期に弁済しなければ再生債務者の事業の継続に著しい支障を来すときは，裁判所は，再生債務者等の申立てにより，その弁済を許可することができます（民再85条5項後段）。再生債務者の事業継続の確保が制度趣旨となります。この制度趣旨と前述した再生債権の弁済禁止との関係から，スタンスに差が生じるところで，取引先の代替性がない場合を想定すると適用は限定的となり，少額債権の弁済が行われることで従前の取引が継続し，事業価値が毀損することなく事業が再生することにより，他の再生債権者への弁済が増えると考えるとその適用は柔軟となってきます。この2つ目と3つ目を少額債権の弁済許可といい，後者は多額になることもあります。

他にも，相殺権（民再92条）や住宅資金特別条項を定める場合の住宅資金貸付債権の弁済許可（民再197条3項）も個別の権利行使禁止の例外です。

なお，再生手続開始後，再生債権者が再生債務者の外国財産に権利行使し弁済を受けた場合，弁済を受ける前の債権額で再生手続に参加できますが（民再89条1項），他の再生債権者が自己の受けた弁済と同一の割合の弁済を受けるまでは，再生手続での弁済を受けられません（同条2項。ホッチポット・ルール）。

3 相殺権

(1) 相殺権と相殺禁止

再生債権者が再生手続開始当時再生債務者に対して債務を負担する場合，相

殺権が認められていますが，破産のような自働債権の現在化，金銭化の拡張はなく，逆に期間制限があり，早期に再生計画案作成の前提となる再生債権と再生債務者の財産を把握できるよう，債権届出期間の満了前に相殺適状になることと債権届出期間内に相殺の意思表示を行う必要があります（民再92条1項⇒トピック48「相殺が可能な時期」(240頁)）。

　相殺禁止の規律は，破産の場合（47頁参照）と同様です（民再93条・93条の2）。

　自働債権では，解除条件付債権の場合，民法と同様に相殺可能です。停止条件付債権の場合は相殺できません（敷金返還請求権については，次項の敷金返還請求権の共益債権化参照）。

　受働債権では，条文上，期限付の場合のみ確認的に規定されているだけで（民再92条1項後段），破産法67条2項後段のように，条件付であるとき，又は将来の請求権に関するものであるときの規定がないため，特に再生手続開始後に停止条件が成就した場合に民事再生法93条1項1号で相殺が禁止されるのか争いがあります。この点，規定がないのは再生債務者の事業再生を目的とする再生手続においては相殺を認めないのが立法者の判断と理解する見解（伊藤907頁参照）と，停止条件不成就の利益を放棄することは民法上も認められており，単なる確認規定にすぎず，債権届出期間内に停止条件が成就した場合は相殺できるとする見解があります（概説253頁，256頁，268頁，松下入門115頁参照。ただ，相殺の合理的な期待が認められないときは相殺できないとしています）。

　受働債権が賃料債務の場合，再生手続開始後に弁済期が到来すべき賃料債務について，再生手続開始時における賃料の6ヵ月分に相当する額を限度として，債権届出期間内に相殺することができます（民再92条2項）。受働債権の賃料債務につき，賃借人が期限の利益を放棄することで相殺適状とします。この規定は，自働債権が貸金債権等の場合を想定していますので，停止条件付再生債権である敷金返還請求権は対象外です（同条3項の共益債権化のみ）。

　相殺権の行使は，再生債務者に対して行います。ただ，保全管理命令が発令されている場合は保全管理人に（民再81条1項本文），管理命令が発令されている場合は管財人になります（民再66条）。管理処分権者に対して行使するということです。その意味で，監督委員（民再54条）は相手方たり得ません。

(2)　敷金返還請求権の共益債権化

賃貸人の再生の場合も破産の場合と同様，賃借人が賃貸人に差し入れていた敷金・保証金の返還請求権は，停止条件付再生債権となりますので，具体化していない以上，賃料債務と相殺することはできません。破産の場合の寄託請求（破70条後段）とは違い，再生債務者の事業継続における資金繰りにも配慮し，敷金返還請求権の債権者である賃借人が再生手続開始後に到来すべき賃料債務について，再生手続開始後その弁済期に弁済をしたときは，再生手続開始時の賃料の6ヵ月分に相当する額を上限として，共益債権化されます（民再92条3項）。ただし，敷金返還請求権が具体化する必要がありますので，弁済の都度共益債権化されるのではなく，賃貸借契約が終了し，賃借物件を明け渡す必要があります。敷金返還請求権が再生債権として具体化し，その上で共益債権化されるという意味です（⇒トピック24「敷金返還請求権についての再生計画の条項」(216頁)）。共益債権となると，再生債権に先立ち，随時弁済されます（民再121条1項・2項）。

なお，この6ヵ月という上限については，賃借人が敷金返還請求権以外にも貸付債権や売掛金債権といった別の再生債権を有し，賃料債務と相殺した場合には，相殺にも6ヵ月分の上限があることから（民再92条2項），相殺した分は控除されます（同条3項括弧書）。

第2節　再生債権の届出（民再94条～97条，民再規31条～35条の2）

再生債権者が再生手続に参加するためには（民再86条1項），債権届出期間内に，再生債権を届け出なければなりません（民再94条1項，民再規31条。⇒トピック54「債権届出をしなかった場合」(246頁)）。裁判所が定める債権届出期間（民再34条1項）は，原則として，再生手続開始決定の日から2週間以上4ヵ月以下で定められます（民再規18条1項1号）。

債権届出を行うことで，再生計画に基づく弁済を受け得る再生債権者となります。ただ，未届出でも自認債権の制度があります（民再101条3項）。また，他の再生債権者の債権届出に異議を述べることができ（民再100条），債権者集会等での議決権行使が可能となります（民再87条1項）。

届出が必要な事項は，①各再生債権の内容及び原因，②約定劣後再生債権であるときは，その旨，③議決権の額，④民事再生規則で定める事項です（民再94条1項，民再規31条1項）。破産では，等質化で現在化，金銭化されるため「額」

ですが，民事再生では等質化されませんので，「内容」となります。当然ですが，再生計画案の決議等の議決権は「額」です（そのため，評価が必要となります。民再87条・170条・171条）。また，再生債権に関する証拠書類の写しの添付は必ずしも要しません（民再規37条参照）。別除権者の場合は，これらに加え，⑤別除権の目的である財産，⑥別除権の行使によって弁済を受けることができないと見込まれる債権の額（予定不足額）を届け出ます（民再94条2項。⇒トピック**57**「別除権の予定不足額の意味」(249頁)）。

なお，再生債権者が，その責めに帰することができない事由によって債権届出期間内に届出ができなかった場合は，その事由が消滅した後1ヵ月以内に限り，その届出ができます（民再95条1項。届出の追完）。この1ヵ月の期間は，伸長も短縮もできません（同条2項）。債権届出期間後に生じた再生債権については，その権利発生後1ヵ月の不変期間内に届出が必要です（同条3項）。これらの届出は，再生計画案を決議に付する旨の決定（付議決定。民再169条1項柱書）がされた後は，することができません（同条4項）。届出の追完分は，原則として，特別調査期間による調査となります（民再103条1項本文）。

届出のあった再生債権及び自認債権を取得した者は，債権届出期間経過後でも，届出名義の変更ができます（民再96条）。

また，債権届出により消滅時効が中断します（民147条1号・152条）。

第3節　再生債権の調査及び確定（民再99条～113条，民再規36条～47条）

通常再生における再生債権の調査及び確定の手続は，自認債権（民再101条3項）を除き，概ね破産における書面による破産債権の調査（債権調査期間による調査。破115条から120条・124条から133条）と同様です（手続開始時現存額主義（61頁）参照（民再86条2項で破104条から107条を準用）。⇒トピック**58**「手形債権の特殊性」(250頁)）。

裁判所書記官は，届出再生債権につき，一般調査期間の開始後遅滞なく再生債権者表を作成します（民再99条1項，民再規36条1項）。破産と違い，「額」ではなく「内容」と，議決権の額等を記載します（民再99条2項，民再規36条2項）。再生債権者表の記載は，再生債権が確定すると，確定判決と同一の効力を有し（民再104条3項・180条2項・3項），実体的に確定されます。

再生債務者等は，届出再生債権につき，その内容及び議決権につき，認否書

を作成し（民再101条1項），裁判所に提出します（同条5項）。債権届出期間後の届出等についても認否書に記載することができます（同条2項・95条・103条1項但書）。認否書の作成に当たり，再生債務者等は，届出再生債権者に証拠書類の送付を求めることができます（民再規37条）。

通常再生特有の制度ですが，再生債務者等は，届出がされていない再生債権があることを知っている場合には，自認する内容等を認否書に記載しなければなりません（自認債権。民再101条3項，民再規38条2項）。再生債務者は自らの債務を認識していますので，この点に配慮した制度です（実務上，管理型の場合，管財人としては，自認債権は難しい場合もあります。なお，民再181条1項3号は再生債務者に限定しています（本書160頁参照）。予備的自認債権という工夫も行っています）。

届出再生債権者は，①再生債権の内容，②議決権の額，③自認債権の内容につき，書面で異議を述べることができます（民再102条1項）。管財人が選任されている場合，再生債務者も再生債権の内容につき，書面で異議を述べることができますが（同条2項），確定を妨げる事由とはなりません。

再生債務者等が認め，届出再生債権者の異議がなかったときは，①から③は確定します（民再104条1項）。再生債務者等が認めず，又は届出再生債権者が異議を述べた場合は，当該異議等のある再生債権を有する再生債権者（無名義債権の場合）は，その内容の確定のために再生債権査定申立てができ（民再105条1項），査定申立てについての裁判に対する異議の訴えができます（民再106条1項）。再生手続開始時に係属中の訴訟がある場合（民再40条1項で中断），査定申立てではなく，受継申立てが必要です（民再107条1項）[*14]。破産債権の確定（66頁）を参照してください。

第4節　債権者集会及び債権者委員会
（民再114条～118条の3，民再規48条，49条，52条～54条）

1　債権者集会

[*14] 大阪高判平成16・11・30金法1743号44頁〔百選A14〕は，一般調査期間の末日から1ヵ月の不変期間内に受継申立てをしなかった場合，再生計画案付議時に受継が生じますが，結果的には再生債権の届出がなかった場合と同様，再生債務者は再生債権につき責任を免れるとしました。伊藤952頁，概説424頁。

債権者集会は，裁判所における期日として開催され，裁判所が指揮します（民再116条）。再生債務者，管財人，届出再生債権者等を呼び出し（民再115条1項本文），労働組合等に通知し（同条3項），債権者集会の期日及び会議の目的である事項を公告します（同条4項）。裁判所の債権者集会室で開催されますが，大規模事件の場合，裁判所外の会議場で開催されることもあります。

　民事再生法が想定する典型的な債権者集会は，①財産状況報告集会（民再126条1項）と②再生計画案の決議のための債権者集会（民再169条2項1号・3号）です。いずれも後述するとおり必ずしも開催されるものではありません。

　債権者集会は任意化され，裁判所は，再生債務者等若しくは債権者委員会（民再117条2項）の申立て又は知れている再生債権者の総債権について裁判所が評価した額の10分の1以上に当たる再生債権者の申立てがあったときに招集します（民再114条前段）。裁判所は，これらの申立てがない場合でも，相当と認めるときは，債権者集会を招集することができます（同条後段）。

　前述した①財産状況報告集会が開催される場合は，原則として再生手続開始決定日から2ヵ月以内に開催され（民再規60条1項），再生債務者等は，民事再生法125条1項の報告書の要旨を報告し（民再126条1項），裁判所は，再生債務者，管財人又は届出再生債権者から，管財人の選任並びに再生債務者の業務及び財産の管理に関する事項につき，意見を聴き（同条2項），労働組合等も意見を述べることができます（同条3項）。ただ，実務上，財産状況報告集会が開催されることはほとんどなく，民事再生法125条1項の報告書（125条報告書（147頁））の要旨を知れている再生債権者等に周知させるため，報告書の要旨の送付や債権者説明会（民再規61条1項）の開催その他の適当な措置を執ることにしています（民再規63条）。

　また，②再生計画案の決議のための債権者集会も，書面等投票による場合（民再169条2項2号）は開催されません（併用型（同項3号）の場合は，債権者集会を開催します。再生計画案の決議（157頁）参照）。

2　債権者委員会

　民事再生法では，再生債権者の意見を反映できるよう，アメリカ連邦倒産法第11章手続における債権者委員会の制度を導入し，債権者委員会が再生手続に関与することを認めています（民再117条以下）。

再生債権者をもって構成する委員会で，利害関係人の申立てにより，裁判所が要件に該当すると認めた場合，裁判所は再生手続への関与を承認することができます。具体的な要件としては，①委員の数が3人以上10人以内で，②再生債権者の過半数が当該委員会が再生手続に関与することにつき同意していると認められ，③当該委員会が再生債権者全体の利益を適切に代表すると認められる場合です（民再117条1項，民再規52条）。

債権者委員会が裁判所に手続関与を承認された場合，裁判所は，債権者委員会に対して，意見陳述を求めることができ（民再117条2項），債権者委員会は，裁判所，再生債務者等又は監督委員に対し，意見を述べることができます（同条3項）。債権者委員会に手続の円滑な進行に貢献する活動があったと認められるときは，裁判所は費用を支出した債権者の申立てにより，費用償還を許可することができ（同条4項），その費用償還請求権は，共益債権になります（民再119条4号）。裁判所は，利害関係人の申立て又は職権で，いつでもこの承認を取り消すことができます（民再117条5項）。

前述の承認があると，裁判所書記官は，遅滞なく，再生債務者等に対して，その旨を通知し（民再118条1項），通知を受けた再生債務者等は，遅滞なく，再生債務者の業務及び財産の管理に関する事項につき，債権者委員会の意見を聴く必要があります（同条2項）。また，裁判所に提出する報告書等（報告書，財産目録又は貸借対照表）を債権者委員会にも遅滞なく提出する必要があります（民再118条の2第1項）。なお，再生債務者等が閲覧制限の申立て（民再17条1項）をしたときは，閲覧制限部分を除いた報告書等で足ります（民再118条の2第2項）。債権者委員会は，裁判所に対し報告命令の申出を行うことができ（民再118条の3），事業譲渡に対する意見陳述（民再42条2項），債権者集会の招集の申立て（民再114条），再生計画の履行確保の監督等（民再154条2項）もできます。

ただ，実務的にはほとんど利用されていません（活用を期待するものとして，松下入門83頁参照）。会社更生では，更生担保権者委員会（会更117条6項）が活用される事例もありますが，例外的です。

第5章　共益債権，一般優先債権及び開始後債権
（民再119条〜123条，共益債権につき民再規55条・55条の2）

1　共益債権

①再生債権者の共同の利益のためにする裁判上の費用の請求権（民再119条1号）や②再生手続開始後の再生債務者の業務，生活並びに財産の管理及び処分に関する費用の請求権（同条2号）のように，基本的には，再生手続開始後の原因に基づいて生じた財産上の請求権で（再生債権の民再84条1項参照。⇒トピック87「再生債権と共益債権の時的仕分け」(279頁)），再生債権に優先して再生債権者全員が負担すべき各種請求権が共益債権となります（民再119条。他の条文にも共益債権となるものが定められています。例えば，民再49条4項・5項・50条2項・51条）。

共益債権は，再生手続によらないで，随時弁済します（民再121条1項）。再生債権に先立って弁済する必要があります（同条2項）。共益債権者は，個別の権利行使が可能ですが（破産の場合，財団債権の個別の権利行使も禁止されます（破42条1項。財団債権（71頁）参照）），共益債権に基づく強制執行等については，中止又は取消命令の制度が認められています（民再121条3項）。

再生債務者が，再生手続開始の申立て後再生手続開始前に，資金の借入れ（DIPファイナンス），原材料の購入その他再生債務者の事業の継続に欠くことができない行為（例えば，商品の仕入れ）をする場合には，裁判所は，相手方の請求権を共益債権とする旨の許可ができます（民再120条1項。⇒トピック88「共益債権化の許可・承認」(280頁)）。

弁済による代位の問題は，租税債権に代位できるかにつき争いがありましたが（否定），請負契約で，注文者が請負人に報酬の前渡しをする際に，注文者の請負人に対する前渡金返還請求権を金融機関が保証した事案でも問題となりました（私債権の場合）。請負人が再生手続開始決定を受け，再生債務者等が民事再生法49条1項に基づき解除を選択し，前渡金が出来高を超過していた場合，差額の前渡金返還請求権は共益債権となるとされているところ（同条5項，破54条2項），保証履行した金融機関の求償権は再生債権のため，民法501条柱書の「自己の権利に基づいて求償をすることができる範囲内において」との関係で問題となりました。この点，判例は，弁済による代位の制度趣旨を一種の担保

と捉え，再生手続によらないで原債権の共益債権を行使できると判断しました（⇒トピック61「弁済による代位──原債権による比較」(253頁))＊15。

また，債権者が共益債権となる原債権を再生債権として届出し（予備的届出ではなく），債権調査を経て，再生計画案が作成され，付議決定があり，再生計画案が可決され，再生計画認可決定が確定した事案において，判例は，この届出を前提として作成された再生計画案を決議に付する旨の決定がされた場合には，共益債権の主張はできないとしました＊16。

2　一般優先債権

一般の先取特権その他一般の優先権がある債権は，一般優先債権となります（民再122条1項）。共益債権（民再119条）であるものは除かれます。一般優先債権は，実体法上の優先権を尊重したもので，再生手続によらないで，随時弁済します（同条2項）。この点，破産の場合は，優先的破産債権となり（破98条1項），個別の権利行使が禁止され（破100条1項），一般の破産債権に優先して配当を受けます（破194条1項）。民事再生は，再生債権に対する弁済を予定していますので，これに優先する一般優先債権の弁済は当然ということです（⇒トピック59「パイの奪い合い（優先権との関係)」(251頁))。

一般の先取特権（民306条）の4つの中では，雇用関係の先取特権（同条2号・308条）が典型的です（⇒トピック31「労働債権の取扱い（民事再生)」(223頁))。一般の優先権がある債権では，租税債権が典型的です（国徴8条）。

一般優先債権につき，再生債務者等は，随時弁済できますが，言い換えれば，一般優先債権者も個別の権利行使が可能となります。この点については，共益債権と同様，中止又は取消命令の制度があります（民再122条4項・121条3項）。ただ，国税滞納処分はその対象となりませんので，租税債権の滞納がある場合，国税滞納処分が可能です（破産の場合（破43条）と異なります）。

共益債権で見た弁済による代位の問題で，原債権が租税債権の場合（事案としては，関税等の租税債権の納付を保証していた金融機関が代位弁済した場合で，求償権は再生債権），もともと租税収入を確保するために一般の優先権が認められ，代位

＊15　最判平成23・11・24民集65巻8号3213頁〔百選48②〕。伊藤299頁，489頁，概説92頁，松下入門86頁。

＊16　最判平成25・11・21民集67巻8号1618頁。伊藤350頁，600頁，938頁，概説97頁，434頁。

弁済によりその目的は達成されていますので，一般優先債権として代位することはできないと解されています（⇒トピック61「弁済による代位——原債権による比較」(253頁)）[17]。労働債権の場合は，一般優先債権に代位することができますので[18]，独立行政法人労働者健康福祉機構が実施する未払賃金立替払制度（⇒トピック33「未払賃金立替払制度」(225頁)）により同機構が定期賃金及び退職手当につき立替払いした場合，再生債務者等は，同機構からの求償に応じ，この立替払金の全額を弁済する必要があります（補助金ではなく，立替払金です）。

3 開始後債権

再生手続開始後の原因に基づいて生じた財産上の請求権のうち，共益債権（民再119条等），一般優先債権（民再122条）又は再生債権（民再84条）であるものを除いたものが開始後債権となります（民再123条1項）。開始後債権は，再生手続開始時から原則として再生計画で定められた弁済期間が満了する時までの間は，弁済が禁止され（同条2項），強制執行等も禁止されています（同条3項）。開始後債権を再生手続外に置きながら，再生債権よりも弁済を後らせることにより，実質的には再生債権よりも劣後化させています。

実務上，開始後債権が発生することはほとんどありません（基本的には，共益債権に該当しています）。想定されるところとしては，再生債務者のために生じた債権であっても共益債権（民再119条7号）とならない場合（例えば，管理命令が発令され管財人が選任されている場合で，再生債務者の理事等が組織法上の行為を行うことなどにより生ずる請求権）や再生債務者等が裁判所の許可（民再41条1項）又は監督委員の同意（民再54条2項）を得ないで財産の処分等をした場合で，相手方が許可等を得ていないことを知っていたときの相手方の請求権（民再41条2項本文・54条4項本文）などです。

前述した時期的な劣後については，一括返済型の再生計画のように弁済期間が短期間の場合には機能しないとの批判があり，劣後的再生債権の立法提案も

---

[17] 東京地判平成17・4・15判時1912号70頁，東京地判平成18・9・12金法1810号125頁。労働債権につき，破産の財団債権への代位を認めた最判平成23・11・22民集65巻8号3165頁〔百選48①〕の田原睦夫裁判官の補足意見では，租税債権のごとく，弁済による代位自体がその債権の性質上生じない場合は別であると指摘されています。伊藤298頁，855頁，概説91頁。

[18] 前掲[17]・最判平成23・11・22民集65巻8号3165頁〔百選48①〕。伊藤299頁，概説91頁，92頁。

あります（松下入門89頁参照）。

第6章　再生債務者の財産の調査及び確保

第1節　再生債務者の財産状況の調査(民再124条〜126条, 民再規56条〜65条)

1　財産評定

　再生債務者は再生手続開始後，管財人はその就職の後，遅滞なく，再生債務者に属する一切の財産につき再生手続開始時における価額を評定する必要があります（民再124条1項）。これを財産評定といいます。そして，再生債務者等は，財産評定を完了したときは，直ちに再生手続開始時における財産目録及び貸借対照表を作成し，裁判所に提出する必要があります（同条2項）。この財産目録等は，裁判所において閲覧・謄写の対象となり（民再16条1項・2項，民再規56条3項・62条），再生債務者等は，主たる営業所又は事務所において閲覧できる状態に置く措置を執らなければなりません（民再規64条1項）。

　民事再生は，再生債務者の財産を保持しつつ事業継続することにより，再生債権に対し再生計画に基づく弁済を行いますので，すべての財産を金銭に換価する破産の場合とは違い，財産の価値を評価して把握することになります。

　財産評定の機能としては，①再生債務者の財産状況の正確な把握，②再生債権者が再生計画案への賛否を決める際の重要な資料提供，③裁判所が再生計画を認可するか判断する際の清算価値保障原則の判断（民再174条2項4号）や債務超過が裁判所の許可の要件となっている場合（民再43条1項・166条2項・166条の2第3項）の判断材料になることにあります（松下入門54頁参照）。

　財産評定では，清算価値保障原則との関係上，端的には清算価値を算定することになります。原則，処分価額を算定します（民再規56条1項本文）。この処分価額は，通常の市場価額に早期の処分をすることによる減価を考慮した，いわゆる早期処分価額や強制競売の方法による場合の価額（民執58条2項後段参照）を基準とすべきとされています（条解民再644頁以下，民事再生実践マニュアル183頁以下参照）。ただ，事業譲渡等を行う場合に備え，必要がある場合，併せて，継続企業価値により算定することで（民再規56条1項但書），情報提供します（評価

方法，会計方針の注記につき，同条2項）。

なお，裁判所は，必要があると認めるときは，利害関係人の申立てにより又は職権で，評価人を選任し，再生債務者の財産の評価を命ずることができます（民再124条3項）。ただ，実務上，評価人が選任されることはほとんどなく，監督委員が公認会計士等を補助者とし，再生債務者の評価を確認しています。

2　125条報告書

再生債務者は再生手続開始後，管財人はその就職の後，遅滞なく，①再生手続開始に至った事情，②再生債務者の業務及び財産に関する経過及び現状，③法人の役員の責任の追及に関する事情の有無，④その他再生手続に関し必要な事項を記載した報告書を裁判所に提出する必要があります（民再125条1項）。実務上，「125条報告書」と呼称し，情報提供を行う機能があります。125条報告書は，再生手続開始決定の日から2ヵ月以内に裁判所に提出する必要があり（民再規57条1項），実務上，開始決定の際に提出期限が定められています。

再生債務者等は，財産状況報告集会において，その要旨を報告します（民再126条1項）。また，財産状況報告集会において，裁判所は，再生債務者，管財人又は届出再生債権者から，管財人の選任並びに再生債務者の業務及び財産の管理に関する事項につき，意見を聴かなければならず（同条2項），労働組合等は，意見を述べることができます（同条3項）。ただ，実務上，財産状況報告集会が開催されることはほとんどありません。

再生債務者等は，財産状況報告集会が招集されない場合には，125条報告書の要旨を知れている再生債権者に周知させるために，報告書要旨の送付，債権者説明会の開催（民再規61条1項）その他適当な措置を執ります（民再規63条1項。労働組合等につき，同条2項）。

また，この125条報告書は，裁判所において閲覧・謄写の対象となり（民再16条1項・2項，民再規57条2項・56条3項・62条），再生債務者等は，主たる営業所又は事務所において閲覧できる状態に置く措置を執らなければなりません（民再規64条1項）。

裁判所は，相当と認めるときは，125条報告書に，再生手続開始申立日の前3年以内に終了した再生債務者の事業年度等の終了した日における貸借対照表及び当該事業年度等の損益計算書並びに最終の当該事業年度等終了日翌日から

再生手続開始日までの期間の損益計算書を添付させます（民再規58条1項）。

再生債務者等は，125条報告書のほかにも，裁判所の定めるところにより再生債権者の業務及び財産の管理状況等を報告する必要があります（民再125条2項）。監督委員も同様です（同条3項）。なお，これらの報告書は，閲覧制限の対象となります（民再17条1項2号）。

第2節 否認権 （民再127条〜141条，民再規65条の2〜67条）

通常再生における否認権は，要件，手続，効果につき，破産法の規律とほぼ同一ですが（民再127条以下，破160条以下。破産法の否認権（74頁以下）参照），行使権者に違いがあります。

破産では，常に破産管財人が行使権者です（破173条1項）。民事再生の場合，管理命令が発令された場合の管財人（民再64条）は破産管財人と同様ですが（民再135条1項），DIP型の場合，財産の管理処分権を有する再生債務者ではなく，裁判所から否認権を行使する権限を付与された監督委員となります（民再54条・56条1項・135条1項）。再生債務者には，公平誠実義務があり（民再38条2項），第三者性も認められることから，否認権の行使権はあるはずですが，自らが行った行為につき後日否認権を行使することに違和感があることが考慮され，別の機関である監督委員を行使権者としました。再生手続開始後，裁判所は，利害関係人の申立て又は職権で，特定の行為につき，監督委員に否認権を行使する権限を付与します（民再56条1項）。ただ，再生計画認可決定確定後3年を経過し再生手続が終結すると（民再188条2項），監督命令は効力を失いますので（同条4項），期間制限があるといえます（松下入門162頁参照）。

行使方法の面での違いとして，監督委員の場合は，抗弁による否認権行使は認められていません（民再135条1項・3項。これを認めるべきとするものとして，松下入門69頁以下参照）。否認権限を有する監督委員の訴訟参加や再生債務者の訴訟参加等が規定されています（民再138条。松下入門65頁参照）。また，再生手続開始決定により中断した詐害行為取消訴訟[*19]（民再40条の2第1項）につき，否認権限を有する監督委員又は管財人は，これを受継することができます（民再140条1項。相手方も受継申立てできます）。

破産の場合と比較して，民事再生の場合は，否認の相手方（受益者）が取引

先である等，今後の再生債務者の事業再生を考慮した場合，否認権行使に消極的になるのではないかと指摘されますが，実務的な観点からすると，裁判所は，違法行為には厳しく対応していますし，その是正方法として，否認権行使もあれば，同様の効果をもたらす内容の和解的解決を図ることもあります。

第3節　法人の役員の責任の追及 (民再142条～147条，民再規68条・69条)

　再生債務者の理事，取締役，執行役，監事，監査役，清算人又はこれらに準ずる者（以下「役員」といいます）の責任の追及は，通常の訴訟手続（会社423条の損害賠償責任等）で行うほか，民事再生法は，簡易な手続として，役員の責任に基づく損害賠償請求権の査定の申立ての制度を認めています（民再143条1項）。破産法と同様です（詳細は，破産法の法人の役員の責任の追及等（92頁）を参照）。
　破産の場合との違いは，申立権者が再生債務者等で（同項），管財人が選任されていないときは，再生債権者も申立権者となることが可能です（同条2項）。否認権の行使権者では，再生債務者ではなく，権限付与を受けた監督委員でしたが（民再56条1項・135条1項），ここでは，再生債務者に申立権を認めつつ，再生債権者にも申立権を認めています。DIP型を基本とする民事再生においては，従前の経営者がそのまま経営を続けますが，再生債務者には公平誠実義務が課され（民再38条2項），民事再生の目的は，経営権の維持ではなく，その事業の再生（民再1条）にありますので，役員との間で利害対立が生じる場面となります。この点，民事再生法125条の報告書（125条報告書（147頁）参照）においても，役員の責任に基づく損害賠償請求権の査定の裁判（民再143条1項）を必要とする事情の有無を報告することになっています（民再125条1項3号）。

第4節　担保権の消滅 (民再148条～153条，民再規70条～82条)

　工場や店舗が再生債務者の所有不動産で，（根）抵当権が設定されていた場合，担保権者は別除権者として再生手続外で担保権の実行が可能ですが（民再53条

＊19　東京地判平成19・3・26判時1967号105頁〔百選72〕は，再生手続中に詐害行為取消権を行使することは実体法上許されないと判断しました。伊藤406頁，概説424頁。また，東京高判平成22・12・22判タ1348号243頁〔百選A11〕は，小規模個人再生手続開始後の詐害行為取消権行使を認めませんでした。概説575頁。

1項・2項），当該財産が再生債務者の事業の継続に欠くことのできないものであるときは，再生債務者等は，裁判所に対し，当該財産の価額に相当する金銭を裁判所に納付して当該財産につき存するすべての担保権を消滅させることについての許可の申立てをすることができます（民再148条1項。担保権消滅請求。⇒トピック68「担保権消滅請求の三法比較」（260頁））。事業継続に不可欠な財産を確保するための制度となります。併せて，担保権の実行手続の中止命令（民再31条1項）を利用します。

　許可の申立ては，①担保権の目的である財産の表示，②財産の価額，③消滅すべき担保権の表示，④被担保債権額を記載した書面を提出します（民再148条2項）。②の価額の根拠を記載した書面（不動産鑑定書）も提出します（民再規71条1項1号）。裁判所が許可の決定をした場合，その裁判書を担保権者に送達します（民再148条3項）。この許可決定に対しては，担保権者は，即時抗告することができます（同条4項）。価額に異議がある場合は，後述する価額決定の請求となりますので，即時抗告は，事業継続に不可欠かの要件該当性につき争う場合となります（なお，申立権の濫用を争う場合も含まれます）。

　担保権者は，再生債務者等の申出額（価額）について異議があるときは，送達を受けた日から1ヵ月以内に，担保目的財産につき価額決定の請求ができます（民再149条1項）。再生裁判所は，当該請求を却下する場合を除き，評価人を選任し，財産の評価を命じ（民再150条1項。不動産鑑定を行います。評価につき，不動産の別除権協定（128頁）参照），その評価人の評価に基づき，決定で，財産の価額を定めます（同条2項）。この決定は，価額決定の請求をしなかった担保権者にも及びます（同条4項）。決定に対しては，再生債務者等及び担保権者は，即時抗告できます（同条5項）。

　再生債務者等が価額相当の金銭を納付した時，担保権は消滅し（民再152条1項・2項），抹消の嘱託登記がされ（同条3項），担保権者に配当されます（民再153条）。なお，納付がないときは，許可が取り消されます（民再152条4項）。一括納付の資金手当が必要です（実務上，本制度のネックとなっています）。これが用意できない場合，別除権協定によらざるを得なくなります。

　担保権者は，被担保債権の全額につき弁済を受けるまで，その担保目的物の全部につき権利行使でき（不可分の原則。民296条），先順位の担保権が抹消され

た場合，順位が上昇しますが（順位上昇の原則），この担保権消滅請求の制度は，これらの原則の例外を定めたものとなります。そのため，再生債務者の事業の継続に不可欠であることが要件とされています（民再148条1項）。

この点，再生債務者が自ら事業を継続し，工場や店舗の不動産を確保する場合が典型ですが，事業譲渡し，スポンサーの傘下でその事業が継続する場合にも認められています。事業譲渡の対価が入り，これを担保権者と再生債権者に分配する場面となりますから，担保権消滅請求の利用が容易な場合となります。

次に，遊休資産の場合，事業継続に不可欠といえるか争いがあり，肯定した例もありますが，一般的には厳格に解して要件を満たさないとされています。

また，販売用不動産の場合，土地付き戸建分譲事業者が販売した事案で，事業継続に不可欠と判断した下級審裁判例があります[20]。

ここまでは，基本的に不動産を前提にしていましたが，集合債権譲渡担保やリース契約といった非典型担保についても制度趣旨は妥当しますので，類推適用が可能と解されています[21]（担保権の実行手続の中止命令において争いがあるところですが，中止命令発令後に担保権消滅請求に至ることは一括納付資金の確保が難しいこともあり，中止命令は別除権協定締結のための機会の確保の面で機能しています。本書130頁参照）。

第7章　再生計画

第1節　再生計画の条項（民再154条～162条，民再規83条）

1　再生計画の条項

民事再生手続を利用して事業再生を図るためには，過大な債務を返済可能なラインまで再生債権者に債権カット（債務免除）してもらう必要があります。そのためには，再生手続開始決定で個別の権利行使が禁じられ棚上げされてい

---

[20]　東京高決平成21・7・7判時2054号3頁〔百選61〕は，一般論として，担保権が実行されて当該財産を活用できない状態となったときには再生債務者の事業の継続が不可能となるような代替性のない財産であることを必要とします。伊藤971頁，概説444頁，松下入門105頁。

[21]　前掲＊11・大阪地決平成13・7・19判時1762号148頁〔百選62〕は，仮差押えを解除事由とする解除を有効とし，担保権消滅許可の申立てを否定しました。伊藤372頁，658頁，785頁，970頁，概説143頁，241頁，444頁。

る再生債権をどこまで免除してもらい，残債務の弁済をどの程度の期間猶予してもらうか，という再生債権の権利変更を再生計画案としてまとめ，再生債権者の決議で可決，裁判所の再生計画認可決定を受けることになります（⇒トピック79「資金繰りの重要性」（271頁），トピック86「別除権協定と事業計画案の関係」（278頁），トピック60「倒産時の税金，税務申告」（252頁））。

そのため，再生計画（民再2条3号）の必要的記載事項としては，①全部又は一部の再生債権者の権利の変更（民再154条1項1号）となります。その際，権利の変更の内容は，平等である必要があります（民再155条1項。実質的平等（154頁）参照）。また，債務の期限の猶予は，特別の事情がある場合を除き，再生計画認可決定確定から10年を超えない範囲で定める必要があります（同条3項）。

また，再生債権者の権利変更の条項は，債務の減免，期限の猶予その他権利の変更の一般的基準を定め（民再156条。一般条項），再生債権者（届出再生債権者と自認債権）の個別の変更されるべき権利と変更後の権利の内容を定める必要があります（民再157条1項本文。個別条項）。さらに，異議等のある再生債権で，その確定手続が終了していないもの（未確定債権）があるときは，権利確定の可能性を考慮し適確な措置を（民再159条），別除権者の別除権の行使によって弁済を受けることができない不足額が確定していない場合も確定した場合の適確な措置を定める必要があります（民再160条1項）。

なお，再生債権ではありませんが，情報提供のために，再生債権に優先する②共益債権（民再119条）及び一般優先債権（民再122条1項）の弁済（民再154条1項2号）と，計画弁済期間満了後に弁済することになる③知れている開始後債権（民再123条1項）があるときは，その内容（民再154条1項3号）が必要的記載事項とされています。

また，再生手続開始前の罰金等（民再97条1号）のように，再生計画で減免できないものは，再生計画上もその権利を明示する必要があります（民再155条4項・157条2項）。

以上につき，次のシンプルな再生計画案と照らし合わせてみてください（⇒トピック24「敷金返還請求権についての再生計画の条項」（216頁））。

2 シンプルな再生計画案（収益弁済型）

再生計画案

第1 再生債権に対する権利の変更及び弁済方法
 1 再生債権
   再生債務者の再生債権者総数，確定再生債権等は，次のとおりである（略）。
 2 一般条項【※民再154条1項1号・156条の一般的基準】
  (1) 権利の変更
   ア 元本10万円以下の再生債権については，開始決定日以降の利息・遅延損害金について免除を受ける。【※民再155条1項但書の少額の再生債権】
   イ 元本10万円を超える再生債権については，元本のうち10万円を超える部分及び開始決定日の前日までの利息・遅延損害金の90パーセントに相当する額並びに開始決定日以降の利息・遅延損害金について免除を受ける。
  【※民再155条1項本文の債権者平等原則】
  (2) 弁済方法
   ア 元本10万円以下の再生債権について，(1)アによる免除後の金額は，再生計画認可決定が確定した日から3ヵ月後の日の属する月の末日までに支払う。
   イ 元本10万円を超える再生債権について，(1)イによる免除後の金額は，次のとおり分割して支払う。
    第1回 再生計画認可決定が確定した日から3ヵ月後の日の属する月の末日までに，うち10万円
    第2回以降 平成○年から平成○年までの毎年○月末日までに，第1回の10万円を控除した額の10分の1に相当する額
 3 個別条項【※民再157条1項本文の届出債権者等の権利に関する定め】
  (1) 権利の変更
   別表1—1及び同1—2の再生債権弁済計画表記載の再生債権については，再生計画認可決定が確定した時に，同表「再生債権免除額」欄記載のとおり免除を受ける。
  (2) 弁済の方法
   免除後の金額を別表1—1及び同1—2の「弁済期日及び弁済額」欄記載のとおり支払う。
 4 再生債権額が確定していない再生債権に対する措置（別除権付再生債権）
  (1) 別除権が行使されていない。　　　　　【※民再160条1項の適確な措置】
  (2) 別除権の行使によって弁済を受けることができない債権の部分（以下「不足額」という）が確定していない別除権付債権は，別表2の別除権付再生債

権一覧表の「届出債権額」欄記載のとおりである。
(3) 予定不足額が確定していない再生債権において，不足額が確定したときは，前記2の定めを適用する。なお，再生債権者から不足額が確定した旨の通知を受けた日に既に弁済期が到来している分割金については，当該通知を受けた日から3ヵ月以内に支払う。これに対する遅延損害金は付さない。
【※別除権者は不足額が確定しないと再生債権の弁済を受けられない。】
5 弁済に関するその他の事項
(1) 免除の際の端数の処理（略）
(2) 分割弁済における端数の処理（略）
(3) 弁済の方法（略）
第2 共益債権の弁済方法【※民再154条1項2号】
　平成○年○月○日までに弁済期が到来し未払いとなっている共益債権はない。
　平成○年○月○日以降に発生する共益債権は，随時支払う。
第3 一般優先債権の弁済方法【※民再154条1項2号】
　1 公租公課
　　平成○年○月○日までに納期限が到来し未払いとなっている公租公課はない。
　　平成○年○月○日以降に発生する一般優先債権のうち公租公課は，随時支払う。
　2 労働債権
　　平成○年○月○日までに弁済期が到来し未払いとなっている労働債権はない。
　　平成○年○月○日以降に発生する一般優先債権のうち労働債権は，随時支払う。
第4 開始後債権【※民再154条1項3号】
　平成○年○月○日までに発生した開始後債権は存在しない。

別表1－1　再生債権弁済計画表（債権元本額10万円以下）
別表1－2　再生債権弁済計画表（債権元本額10万円超）
別表2　　別除権付再生債権一覧表

3 実質的平等

　再生計画における権利変更の内容は，再生債権者間で平等でなければなりません（民再155条1項本文）。債権者平等原則は，倒産法の大原則です。

　ただ，通常再生においては，形式的な平等を貫くわけではありません。次のとおり，合理的な理由があり，差を設けても衡平を害しない場合が例外的に認められています（同項但書。実質的平等といいます。⇒トピック69「債権者平等原則の比較」（261頁））。

　まず，①不利益を受ける再生債権者の同意がある場合です。個別の同意があ

るわけですから，不利益な取扱いをすることは許容されます。

　次に，②少額の再生債権です。民事再生法85条5項の少額債権の弁済許可にも通じる点です。必ずしも連動するものではありませんが，実務上，少額債権の弁済許可を受けたラインは再生計画でも弁済する条項にするようにしています。実務上よく行われるのは，一定の額まではすべての再生債権者に100パーセント弁済することとし，その額を超えた債権につき大幅な債権カット（債務免除）をする方法です（シンプルな再生計画案（収益弁済型）（153頁）参照）。

　また，③民事再生法84条2項の再生手続開始後の利息，遅延損害金等については，破産でも劣後的破産債権（破97条1号・2号・7号・99条1項1号）に相当する債権ですから，通常は，全額免除の条項を定めています。

　さらに，④その他これらの者の間に差を設けても衡平を害しない場合です[22]。例えば，被害者保護の見地から生命身体に対する不法行為に基づく損害賠償請求権に対する弁済を多くするといった配慮が考えられます。なお，他の再生債権者について清算価値保障原則（民再174条2項4号）を満たす必要があります。逆に，特定の債権者（親会社，支配株主等のいわゆる内部者）の再生債権を①の同意なく劣後化させることも考えられます[23]。

4　資本構成の変更

　再生手続は，再生債権の権利変更と弁済を行うための手続ですので，株主権については基本的に変更を加えませんが（会社更生は，基本的にいわゆる100パーセント減資を行います。更生計画（183頁）参照），部分的に，いわゆる資本構成の変更につき再生計画に条項を定めることができ，会社法の規律の例外となります。

---

[22]　ゴルフ場の再生事件で，東京高決平成16・7・23金判1198号11頁〔百選90〕は，継続会員債権者間，継続会員債権者と一般の再生債権者間で著しい格差を設けており，実質的衡平を害しているとして，再生計画を不認可にしました。伊藤983頁，概説453頁，松下入門130頁，150頁。

[23]　会社更生でも実質的平等が許容されていますが（会更168条1項），親会社の権利の劣後化につき，福岡高決昭和56・12・21判時1046号127頁〔百選95〕は相当と判断しました。概説80頁。民事再生につき，伊藤984頁，概説447頁参照。これに対し，破産の場合，このような規定はなく，形式的平等のため，東京地判平成3・12・16金判903号39頁〔百選47〕は，支配会社の債権の劣後化を認めませんでした。なお，広島地福山支判平成10・3・6判時1660号112頁は，破産会社を専属的下請企業として事実上支配していた会社の破産債権の行使を信義則違反（民1条2項）として認めませんでした。伊藤283頁，概説66頁，67頁，松下入門131頁。

まず，既存の株主権を縮小したり消滅させたりする方法として，継続企業価値で債務超過であることを前提に，裁判所の許可を得て，株式の取得，株式の併合，資本金の額の減少又は発行することができる株式の総数の定款変更の条項を定めることができます（民再154条3項・161条・166条・183条。なお，株式の消却についての規定はないので，会社178条）。

次に，新たな株主（スポンサー）に株式を引き受けてもらうために，同じく債務超過を前提に，事業継続に必要不可欠と認められる場合に限り，裁判所の許可を得て，募集株式（会社199条1項。譲渡制限株式に限定）を引き受ける者の募集に関する条項を定めることができます（民再154条4項・162条・166条の2・183条の2）。

いわゆる減増資スキーム（⇒トピック84「スポンサー型のスキーム」(276頁)）では，前者（いわゆる100パーセント減資）と後者（いわゆる新株引受）はセットでないと意味がありませんが，後者について定めた再生計画案は，再生債務者のみが提出できることとされているため（民再166条の2第1項。再生債権者や管財人にはその提出権はありません），再生債務者が自発的に，減増資スキームによるスポンサーへのオーナーチェンジを志向した場合にのみ可能で，その場合には機能的に行えるということになります（松下入門138頁以下参照）。

第2節　再生計画案の提出 （民再163条〜168条，民再規84条〜89条）

再生債務者等（民再2条2号）は，債権届出期間の満了後，裁判所の定める期間内（特別の事情がある場合を除き，一般調査期間の末日から2ヵ月以内の日。民再規84条1項）に，再生計画案を作成して裁判所に提出しなければなりません（民再163条1項）。また，管財人が選任されている場合の再生債務者又は届出再生債権者は，裁判所の定める期間内に，再生計画案を作成して提出することが可能です（同条2項）。この提出期限については，裁判所は，申立てにより又は職権で，伸長することができます（同条3項。特別の事情がある場合を除き2回まで（民再規84条3項））。なお，事前の私的整理で債権者との協議ができている場合等，早期に再生計画案を提出できる事案においては，再生手続開始の申立て後債権届出期間の満了前に，再生計画案を提出することができます（民再164条1項）。

再生計画案に，再生債務者以外の者が債務引受又は保証人となる等債務負担する，又は担保提供する条項を定める場合（民再158条），事前にその者の書面

による同意が必要です（民再165条1項，民再規87条1項）。別除権者の権利に関する定めにおいて，根抵当権者の極度額を超える部分について，一般的基準により仮払いする条項を定める場合（民再160条2項）も，事前に当該根抵当権者の書面による同意が必要です（民再165条2項，民再規87条1項）。また，いわゆる資本構成の変更につき，再生債務者の株式の取得等に関する条項を定める場合（民再154条3項），事前に裁判所の許可が必要です（民再166条1項）。この場合，裁判所は，株式会社である再生債務者が継続企業価値において債務超過である場合に限り許可できます（同条2項）。募集株式を引き受ける者の募集に関する条項を定める場合（民再154条4項。再生債務者のみ提出可。民再166条の2第1項）も同様です（同条2項・3項）。

　再生計画案の提出者は，裁判所の許可を得て，再生計画案を修正することができます（民再167条本文）。再生計画案を決議に付する旨の決定（付議決定。民再169条1項柱書）まで可能です（民再167条但書。裁判所の修正命令につき，民再規89条）。

　裁判所は，再生計画案につき，労働組合等（民再24条の2参照）の意見を聴かなければなりません（民再168条）。手続関与を認めるものです。

第3節　再生計画案の決議（民再169条～173条，民再規90条～92条）

　再生計画案の提出があったときは，裁判所は，原則として当該再生計画案を決議に付する旨の決定をします（民再169条1項柱書）。これを付議決定と呼んでいます。裁判所が付議決定できない場合として，①一般調査期間が終了していないとき（同項1号），②財産状況報告集会における再生債務者等による報告又は民事再生法125条1項の報告書（125条報告書）の提出がないとき（民再169条1項2号），③再生計画不認可事由（民再174条2項各号（3号を除きます））に該当するものと裁判所が認めるとき（民再169条1項3号），④期間内に再生計画案の提出がないとき，又は提出されたすべての再生計画案が決議に付するに足りないものであるとき（民再191条2号）に該当し，再生手続を廃止するとき（民再169条1項4号）の4つがあります。

　付議決定において，議決権を行使できる再生債権者（議決権者）の議決権行使の方法及び不統一行使（民再172条2項）をする場合の裁判所に対する通知の期限を定めます（民再169条2項柱書）。議決権の行使方法は，①債権者集会の期

日で行う方法（集会型。同項1号），②書面等投票で行う方法（書面型。同項2号），③両者を併用する方法（併用型。同項3号）の3つがあります（⇒トピック89「再生計画案の決議・集会型と書面型」(281頁)）。

社債権者等の議決権については，社債管理者等がある場合，一定の制限を受けます（民再169条の2）。

議決権の額は，①集会型又は③併用型の場合，債権者集会の期日において議決権に異議を述べることができ（民再170条1項本文。債権調査において確定した議決権（民再104条1項）は除きます。民再170条1項但書），裁判所が定めます（同条2項3号。なお，②書面型では，民再171条1項2号）。

再生計画案の可決要件は，①議決権者（債権者集会に出席し，又は書面等投票（民再169条2項2号）をしたものに限られます）の過半数の同意（頭数要件），②議決権者の議決権の総額の2分の1以上の議決権を有する者の同意（議決権額要件）の両方が必要です（民再172条の3。⇒トピック90「決議の可決要件の違い」(282頁)）。再生計画案が可決されると，「案」が取れ，裁判所が再生計画認可の判断を行うことになります（民再174条）。

①集会型又は③併用型の場合は，再生計画案の変更（民再172条の4）や債権者集会の続行期日（民再172条の5）も一定の場合に可能です。

第4節　再生計画の認可等（民再174条〜185条，民再規93条）

1　再生計画の認可

再生計画案が可決された場合，裁判所は，再生計画不認可決定をする場合（民再174条2項）を除き，再生計画認可決定をします（同条1項）。再生債務者，管財人，届出再生債権者，労働組合等は，意見を述べることができ（同条3項），決定は送達又は通知されます（同条4項・5項）。再生債権者の多数決による再生計画案の可決だけでなく，裁判所が，民事再生法の趣旨（民再1条）に照らし，後見的な見地から少数債権者の保護を図り，ひいては再生債権者の一般の利益を保護するために，認可又は不認可の決定をすることにしたものです。

そして，再生計画不認可事由は，①再生手続又は再生計画が法律の規定に違反し，かつ，その不備を補正することができないものであるとき（ただし，再生手続が法律の規定に違反する場合において，当該違反の程度が軽微であるときは除きます。

民再174条2項1号），②再生計画が遂行される見込みがないとき（同項2号），③再生計画の決議が不正の方法によって成立するに至ったとき（同項3号），④再生計画の決議が再生債権者の一般の利益に反するとき（同項4号）の4つです。

①は様々な違反が含まれますが，例えば，債権者平等原則（民再155条1項）違反があります（実質的平等（154頁）参照）。②の表現は，住宅資金特別条項を定めた再生計画の不認可事由である「再生計画が遂行可能であると認めることができないとき」（民再202条2項2号）と比較しましょう。また，③については，前述した制度趣旨から，議決権を行使した再生債権者が詐欺，強迫又は不正の利益の供与等を受けたことにより再生計画案が可決された場合はもとより，信義則に反する行為に基づいてされた場合も含まれると解されています（民再38条2項参照）[24]。④の表現は，民事再生は，少なくとも破産における配当（清算配当率）を上回る弁済をすべきという清算価値保障原則を表しています（⇒トピック**91**「清算価値保障原則」(283頁))[25]。再生手続開始時の財産評定（民再124条1項）を行うことで清算配当率を算定していますので，原則として，これを基準としています（財産評定（146頁）参照）。

2 再生計画及びその認可決定確定の効力

再生計画の認可又は不認可の決定に対しては，即時抗告できます（民再175条1項）。再生計画は，認可決定の確定により効力を生じます（民再176条）。認可決定に対する即時抗告がなかった場合，官報掲載が約2週間後ですので，2週間の即時抗告期間と合わせ，約4週間後に確定することになります。

再生計画は，再生債務者及びすべての再生債権者等に対して効力を有します（民再177条1項）。ただ，別除権や保証人らの物的担保，人的担保には影響を及

---

[24] 最決平成20・3・13民集62巻3号860頁〔百選91〕は，議決権者の過半数の同意が見込まれない状況下で，再生手続開始申立ての直前に再生債権を取得した取締役が他の取締役に債権を一部譲渡することで頭数要件を満たした事案につき，少数債権者保護の趣旨を潜脱し，再生債務者の信義則に反する行為によって成立したもので，不正の方法によって成立したとしました。伊藤1015頁，概説453頁，松下入門150頁。

[25] 東京高決平成15・7・25金判1173号9頁〔百選92〕は，中断した詐害行為取消訴訟を監督委員が受継せず，再生計画が可決，認可されたが，受継して勝訴や和解金が得られた場合の条件付きの再生計画条項を予備的に付加すべきであって，それを内容としない再生計画は清算価値保障原則に反するとしました。伊藤407頁，990頁，1015頁，概説441頁，453頁，松下入門151頁。

ぼしません（同条2項）。また，再生計画の定め又は法律により認められた権利を除き，再生債務者は，すべての再生債権につき，その責任を免れます（免責。民再178条1項本文）*26。届出再生債権者及び自認債権者の権利は，再生計画の定めに従い，変更されます（民再179条1項）。なお，再生債権者は，債権が確定している場合に限り，権利行使ができます（弁済を受けられます。同条2項）。別除権者も不足額が確定する必要があります（民再182条）。

　裁判所書記官は，再生計画の条項を再生債権者表に記載し（民再180条1項），その記載は確定判決と同一の効力を有します（同条2項。なお，不認可決定が確定したときにつき，民再185条）。

　そして，前述の免責の対象とならない債権として，①再生債権者が帰責事由なく債権届出期間内に届出できず，その事由が付議決定までに消滅しなかった再生債権（民再95条4項・181条1項1号），②付議決定（民再169条1項柱書）後に生じた再生債権（民再181条1項2号），③再生債務者が自認すべきであったのに自認しなかった再生債権（民再101条3項・181条1項3号）は，一般的基準（民再156条）に従い，権利変更されます（民再181条1項柱書）。ただ，③については，再生債権者が届出すべきであったのに届出をしなかった点を考慮し，再生計画で定められた弁済期間が満了する時まで弁済を受けることはできません（同条2項）。

　いわゆる資本構成の変更も効力を生じます（民再183条・183条の2）。

　再生手続開始決定の効果として中止（民再39条1項）した破産手続，強制執行等の手続は効力を失います（民再184条本文）。

第8章　再生計画認可後の手続 （民再186条～190条，民再規94条～96条）

　再生計画認可決定確定後，再生債務者等（民再2条2号）は，速やかに再生計画を遂行します（民再186条1項）。権利変更後の再生債権の弁済が基本となります。監督委員は，再生債務者の再生計画の遂行を監督します（同条2項）。

---

*26　最判平成23・3・1判時2114号52頁〔百選97〕は，未届出再生債権である過払金返還請求権について，民事再生法181条1項1号の再生債権として扱う趣旨と解されるとし，届出再生債権と同じ条件で弁済する旨の再生計画の一般的基準に基づき変更されるとしました。伊藤1022頁，概説454頁，松下入門155頁。

また，再生計画認可決定が確定したときは，監督委員又は管財人が選任されている場合を除き，裁判所は，再生手続終結決定をします（民再188条1項）。ただ，実務上，純粋なDIP型は行われていません。監督委員が選任されている場合（実務上のDIP型はこの場合です），再生計画が遂行されたとき，又は再生計画認可決定確定後3年を経過したときは，再生債務者若しくは監督委員の申立てにより又は裁判所の職権で，再生手続終結決定をします（同条2項。⇒トピック72「破産・再生手続が終了した後」（264頁））。管財人が選任されている場合は，再生計画が遂行されたとき，又は再生計画が遂行されることが確実であると認めるに至ったときとなります（同条3項）。監督命令及び管理命令は，再生手続終結決定があったときは，その効力を失います（同条4項）。

　再生計画認可決定後，やむを得ない事由で再生計画に定める事項を変更する必要が生じたときは，裁判所は，再生手続終了前に限り，再生債務者，管財人，監督委員又は届出再生債権者の申立てにより，再生計画を変更することができます（民再187条1項）。再生債権者に不利な影響を及ぼすと認められる場合は，原則として再生計画案の提出があった場合と同様に処理します（同条2項）。

　再生計画認可決定後，①再生計画が不正の方法により成立したこと，②再生債務者等が再生計画の履行を怠ったこと，③再生債務者が裁判所の要許可事項（民再41条1項・42条1項）の規定に違反し，又は監督委員の要同意事項（民再54条2項）の同意を得ずに行為をしたことに該当する事由があるときは，再生債権者の申立てにより，裁判所は再生計画の取消決定をすることができます（民再189条1項各号）。①は手続的又は期間的制限があり（同条2項），②は裁判所が評価した額の10分の1以上の再生債権者に申立権が限定されています（同条3項）。取消決定が確定すると，再生計画により変更された再生債権は原状に復します（同条7項。再生計画で得た権利には影響しません）。

　再生計画の履行完了前に，破産手続開始決定等があった場合も再生債権は原状に復します（民再190条1項）。なお，配当調整があります（同条4項）。

第9章　再生手続の廃止 （民再191条～195条，民再規98条）

　再生手続は，再生計画案が可決され，再生計画認可決定が確定し，再生手続

終結決定がされると無事終了しますが、そうでない限り、どこかで挫折し、その多くは再生手続廃止の決定を受け、破産手続に移行します（牽連破産）。

再生計画認可前の段階で、裁判所が、職権で、再生手続廃止決定をするのは、①決議に付するに足りる再生計画案の作成の見込みがないことが明らかになったとき、②提出期間内に再生計画案の提出がないとき、又は提出されたすべての再生計画案が決議に付するに足りないものであるとき、③再生計画案が否決されたとき、又は債権者集会の続行期日が定められた場合に所定の期間内に再生計画案が可決されないときの3つです（民再191条各号）。

また、債権届出期間の経過後再生計画認可決定の確定前の段階で、再生手続開始の申立ての事由（民再21条1項）がないことが明らかになったときは、裁判所は、再生債務者、管財人又は届出再生債権者の申立てにより、再生手続廃止決定をします（民再192条1項）。

他にも、各種義務違反があった場合（①民再30条1項の保全処分違反、②裁判所の許可を要する民再41条1項・42条1項違反、54条2項の監督委員の同意を得ないでした行為、③民再101条5項又は103条3項で裁判所が定めた期限までに認否書を提出しなかった場合）、裁判所は、監督委員又は管財人の申立てにより又は職権で、再生手続廃止決定ができます（民再193条1項）。

再生計画認可後の段階では、再生計画が遂行される見込みがないことが明らかになったときに、裁判所は、再生債務者等若しくは監督委員の申立てにより又は職権で、再生手続廃止決定をします（民再194条）[27]。

再生手続廃止決定があると、直ちに、その主文及び理由の要旨が公告されます（民再195条1項）。再生手続廃止決定に対しては即時抗告でき（同条2項）、確定しなければその効力を生じません（同条5項）。実務上、官報公告は約2週間後に掲載されていますので、再生手続廃止決定確定まで約4週間かかることになります。この間は、裁判所は破産手続開始決定をすることができませんので（民再249条2項・250条1項）、通常、保全管理命令（民再251条1項、破91条2項）を発令することによって保全を図っています。

---

[27] 東京高決平成元・4・10金法1237号20頁〔百選A18〕は、更生事件で、経常利益が終始赤字続きで、更生債権がほとんど弁済できず、多額の共益債権も弁済できていない事情から、管財人の申立てにより手続を廃止しました。

第10章　住宅資金貸付債権に関する特則
（民再196条〜206条，民再規99条〜104条）

1　住宅資金特別条項の趣旨と実際の利用方法

　個人再生の場合によく使われますが，個人債務者が所有する自宅不動産を失わずに債務整理し，経済的再生を図るため，再生債務者が住宅ローンを払い続けている限りは，別除権者（民再53条）である担保権者の担保権の実行を制限し，債務者が住宅ローンを全額支払っていくことで所有不動産を確保できるようにするのが，住宅資金特別条項です（大いなる例外を設けました）。破産の場合，別除権で，原則として所有する自宅不動産を手放す必要があります。

　個人債務者が単独所有の自宅不動産（戸建てやマンションといった「住宅」。民再196条1号）につき，購入や建築時に住宅ローンを組んで（この住宅ローン債権を「住宅資金貸付債権」といいます。同条3号），当該住宅に当該住宅ローンを被担保債権とする抵当権のみを設定している場合を想定しましょう。

　そして，他の再生債権になる債権（消費者金融やカード会社からのキャッシング等）については，支払を止め，住宅ローンについては延滞しないよう支払い続け，他の再生債権については個人再生手続を利用して大幅な債権カット（例えば80パーセント免除）をしてもらい残り（例えば20パーセント）を弁済していきたいという場合が，最も典型的なパターンです。個人再生の申立ての前に，住宅ローン債権者に対し，今後も約定弁済を続けていく旨連絡し（事前協議。民再101条1項），個人再生を申し立てる際に，住宅ローンはそのままの約定弁済を続けるための弁済許可を併せて行います（民再197条3項）。裁判所の許可を得ることで，再生債権の弁済禁止効（民再85条1項）の例外として，再生手続開始後も住宅ローンを約定弁済し続けます。

　その上で，再生計画案に約定弁済し続けることを住宅資金特別条項として定めます（民再198条1項本文。約定弁済を続ける場合も民再199条1項に含みます）。住宅ローン債権者は，再生計画案に対し意見を述べることはできますが（民再201条2項），議決権は認められていませんので（同条1項），決議には参加できません。他の再生債権者により可決された再生計画が裁判所に認可され（民再202条），確定すると，その効力が抵当権にも及びますので（民再203条），担保権の実行

は制限され，債務者はその後も住宅ローンを約定弁済し続けていくことになります。

2 住宅資金特別条項の要件

住宅資金特別条項（民再196条4号）を定められるのは，①「住宅」（同条1号）及び②「住宅資金貸付債権」に該当し（同条3号），③他の担保権（民再53条1項の別除権。196条3号を除きます）が存在しない場合（民再198条1項但書）です。前述の典型的なパターンでは特に問題となることはありません。

まず，「住宅」は，①個人である再生債務者が所有し，②自己の居住の用に供する建物であって，③その床面積の2分の1以上に相当する部分が専ら自己の居住の用に供されるもので，④複数あるときは，主として居住の用に供する一の建物に限ります（民再196条1号）。

次に，「住宅資金貸付債権」は，端的には，住宅ローン債権のことで，これを被担保債権とする抵当権が住宅に設定されている場合をいいます。①住宅の建設若しくは購入に必要な資金（住宅の用に供する土地又は借地権の取得に必要な資金を含みます）又は②住宅の改良に必要な資金の貸付けで，③分割払いの定めのある再生債権であって，④当該債権又は当該債権に係る債務の保証人（保証を業とする者に限られます。「保証会社」といいます）の主たる債務者に対する求償権を担保するための抵当権が住宅に設定されているものをいいます（同条3号）。

さらには，他に民事再生法53条1項の別除権となる担保権（民再196条3号の抵当権を除きます）が存在しない場合であることが必要です（民再198条1項但書前段）。住宅資金特別条項により，対象となる抵当権の実行が止まったとしても，これに拘束されない他の担保権が実行されてしまっては，再生債務者が自宅不動産を確保することができなくなってしまうからです（その意味では，同項但書後段や同項本文括弧書にも注意が必要です）。端的には，住宅ローン以外（例えば事業資金の貸付債権）を被担保債権とする後順位の担保権者が存在する場合が問題となります（この点，住宅ローンでもペアローンの場合は，互いに物上保証する関係となり，問題となります。⇒トピック92「ペアローンの取扱い」（284頁））。

また，保証会社が住宅資金貸付債権に係る保証債務を履行した場合は，当該保証債務の履行時から6ヵ月以内に再生手続開始の申立てが必要です（民再198条2項）。保証債務の履行がなかったものとする巻戻しの効力（民再204条1項本文）[*28]を受けるための期間制限を設けています。

3　住宅資金特別条項の類型

　住宅資金特別条項は，別除権（不足額責任主義）の例外として住宅資金貸付債権の元本，利息，遅延損害金の全額を弁済することを前提に，①期限の利益回復型（民再199条1項），②リスケジュール型（同条2項），③元本猶予期間併用型（同条3項），④同意型（同条4項）の4類型があり，①から③は同意なく定めることができます（ただ，事前協議が必要です（民再規101条1項））。

　①期限の利益回復型は，期限の利益を回復させ，延滞分を約定弁済額に上乗せして再生計画で定める一般弁済期間（原則3年間最長5年まで）内に支払う場合をいいます。実務上は，住宅ローンについては約定弁済を続け，期限の利益を喪失しないようにし，手続開始後は，民事再生法197条3項による裁判所の許可を得て弁済を続け，住宅資金特別条項も単純に約定どおりの弁済を続ける旨の条項となります。これを約定型やそのまま（弁済）型といい，同法199条1項に含めています。そして，この類型が9割以上を占めています。なお，申立ての前に住宅ローン債権者と協議の上，リスケジュール（期限の猶予）をして，その変更契約に基づく弁済を続けるという意味での約定型も含まれます。

　②リスケジュール型は，①期限の利益回復型では再生計画の認可の見込みがない場合に，住宅ローンの弁済期を約定最終弁済期から後の日（約定最終弁済期から10年を超えず，かつ，変更後の最終弁済期における再生債務者の年齢が70歳を超えない範囲）にすることができます。このリスケジュールにより，①期限の利益回復型よりも毎回の住宅ローンの支払の負担を軽減できます。

　③元本猶予期間併用型は，②リスケジュール型では再生計画の認可の見込みがない場合に，元本猶予期間（再生債権の弁済期間）中は，住宅資金貸付債権の元本の一部と利息を払い，その後の変更後の最終弁済期までに残りを支払う場合をいいます。元本猶予期間につき，②リスケジュール型より毎回の支払の負担を軽減できます。①が困難なら②，②が困難なら③と補充性があります。

　④同意型は，住宅ローン債権者の同意がある場合は，約定最終弁済期から10年を超えての期限の猶予も認められます。協議に基づき，自由に定めることが

---

*28　大阪高判平成25・6・19金判1427号22頁は，巻戻しにより競売手続が取り消された場合の競売費用の償還請求権は，共益債権に該当せず，再生債権となるとしました。伊藤1043頁。

可能となります。住宅ローン債権者の同意は，書面で行い，その同意書を再生計画案提出の際に併せて提出する必要があります（民再規100条）。

4　住宅資金特別条項の成立とその効力

　住宅資金特別条項を定めるためには，担保権の実行手続を止めておく必要があります。そこで，担保権の実行がされていても，住宅資金特別条項を定めた再生計画の認可の見込みがあると認めるときは，裁判所は中止命令を発令することができます（民再197条１項。31条１項より要件が緩和されています）。

　また，多くの事案では，住宅資金特別条項を約定型・そのまま（弁済）型（民再199条１項に含みます）で定めていますので，再生手続開始決定により弁済が禁止されるところ（民再85条１項），期限の利益を喪失しないよう，弁済禁止効の例外となる住宅資金貸付債権の弁済許可を受けています（民再197条３項）。

　個人再生の場合，申立時の債権者一覧表において，住宅資金特別条項を定めた再生計画案を提出する意思を記載していますので（民再221条３項４号・244条），その場合，債権調査の対象外となります（民再226条５項・６項・227条10項・244条）。

　住宅資金特別条項を定めた再生計画案は，再生債務者のみが提出できます（民再200条１項）。住宅ローン債権者等からは提出できません。

　住宅資金特別条項を定めた再生計画案につき，住宅ローン債権者及び保証会社には議決権がなく（民再201条１項），小規模個人再生においては，他の再生債権者によって決議されることになります（民再230条６項）。ただ，裁判所は，住宅ローン債権者等に意見聴取します（民再201条２項）。

　裁判所は，住宅資金特別条項を定めた再生計画が遂行可能であると認めることができないときには，不認可決定し，他の不認可事由がなければ，認可決定します（民再202条１項・２項）。再生計画認可決定が確定したときは，被担保債権が遅滞していても，権利変更され，期限の利益が回復することになります。また，民事再生法177条２項の規定の適用はなく，保証人等にも効力が及びます（民再203条１項）。

　保証会社の代位弁済後６ヵ月以内に再生手続開始の申立てを行った場合（民再198条２項），住宅資金特別条項を定めた再生計画の認可決定が確定すると，この代位弁済はなかったことに擬制されます（民再204条１項。巻戻し）。これにより，もとの住宅ローン債権者が債権者となります。

第*11*章 外国倒産処理手続がある場合の特則
（民再207条〜210条，民再規105条・106条）

　民事再生法は，国内倒産手続の対外的効力を認めていますが（民再38条１項括弧書。普及主義），外国財産（在外資産）に効力を及ぼすためには，当該外国において承認援助手続が必要です。また，再生債権者が外国で受けた弁済については，弁済調整（ホッチポット・ルール）が規定されています（民再89条２項。再生債権の弁済禁止とその例外（136頁）参照）。

　また，外国倒産手続の対内的効力については，外国倒産処理手続の承認援助に関する法律による承認援助手続が規定されています。

　国際倒産管轄（民再４条），内外国人平等の原則（民再３条）が定められています（総則（117頁）参照）。

　並行倒産を広く認めていますので，円滑な処理を図るための規定として，外国管財人との相互協力（民再207条），外国倒産処理手続がある場合の再生手続開始原因の推定（民再208条），外国管財人の再生手続開始申立権，債権者集会出席，意見陳述権，再生計画案作成提出権等（民再209条），再生債権者を代理することでの相互の手続参加（民再210条）を定めています。

　以上，国際倒産手続については，伊藤758頁，814頁，840頁以下，概説518頁以下を参照してください。

第*12*章 簡易再生及び同意再生に関する特則

第１節　簡 易 再 生（民再211条〜216条，民再規107条〜109条）

　簡易再生は，再生債権の調査及び確定の手続を，届出再生債権者の総債権について裁判所が評価した額の５分の３以上に当たる債権を有する届出再生債権者の書面による同意（再生計画案に対する同意も必要）をもって省略する場合のことをいいます（民再211条１項）。再生債権の実体的確定をさせず，手続を迅速に進めることを可能とする手続です。債権届出期間経過後一般調査期間開始前の時期（債権届出は必要）に，再生債務者等の申立てがあった場合に，裁判所が簡

易再生の決定をすることができます（同項）。簡易再生の申立てを行う場合は，再生債務者等は，労働組合等に通知する必要があります（同条2項）。裁判所は，再生計画の不認可事由があれば，却下します（同条3項）。

簡易再生の決定があると，一般調査期間に関する決定は失効し（民再212条1項），裁判所は，再生計画案を債権者集会での決議に付する決定（付議決定）をし（同条2項），官報公告すると共に届出再生債権者等の関係者に通知します（同条3項）。簡易再生の申立てについての裁判に対しては，即時抗告できますが（民再213条1項），執行停止の効力はありません（同条2項）。

決議のための債権者集会では，簡易再生の対象となる再生計画案のみを決議に付します（民再214条1項）。この決議は，財産状況報告集会又は民事再生法125条1項の報告書が提出された後でなければできません（民再214条2項）。再生債務者の財産状況を把握する必要があるわけです。決議においては，既に簡易再生に同意している届出再生債権者は，債権者集会に欠席したとしても再生計画案に同意したものとみなされますので（同条3項本文），原則，頭数要件（債権者集会出席議決権者の過半数の同意）のみ満たせばよいことになります。ただし，債権者集会前に，債権者が裁判所に対し簡易再生の同意を撤回する旨の書面を提出した場合は，同意とはみなされませんので（同項但書），場合によっては議決権額要件（議決権総額の2分の1以上の同意）も関係してきます。

簡易再生の決定があり，再生計画認可決定が確定したときは，すべての再生債権者の権利は，民事再生法156条の一般的基準に従い変更されます（民再215条1項）。ただ，再生債権の調査及び確定の手続を省略しますので，実体的確定はせず，関係する規定の適用はありません（民再216条1項）。

第2節 同意再生（民再217条〜220条，民再規110条・111条）

同意再生は，再生債権の調査及び確定の手続と再生計画案の決議の両方を，全届出再生債権者の書面の同意をもって省略する場合のことをいいます（民再217条1項）。簡易再生は，債権調査，確定の手続を省略しようとするものでしたが，同意再生は再生計画案の決議まで省略する手続です。債権届出期間経過後一般調査期間開始前の時期（債権届出は必要）に，再生債務者等の申立てがあった場合に，裁判所が同意再生の決定をすることができます（同項）。この決定

は，財産状況報告集会又は民事再生法125条1項の報告書が提出された後でなければできません（民再217条2項）。再生債務者の財産状況を把握する必要があるわけです（実際には，前述の再生計画案への同意の前提として財産状況を把握していますが）。なお，裁判所は，再生計画の不認可事由があれば，却下します（同条3項）。

同意再生の決定があると，官報公告すると共に届出再生債権者等の関係者に通知します（同条4項）。同意再生の申立てについての裁判に対しては，即時抗告できますが（民再218条1項），執行停止の効力はありません（同条2項）。同意再生の決定が確定したときは，再生計画認可決定が確定したものとみなされます（民再219条1項）。すべての再生債権者の権利は，民事再生法156条の一般的基準に従い変更されます（民再219条2項・215条1項）。ただ，再生債権の調査及び確定の手続を省略しますので，実体的確定はせず，関係する規定の適用はありません（民再220条1項）。

第13章　小規模個人再生及び給与所得者等再生に関する特則

第1節　小規模個人再生（民再221条〜238条，民再規112条〜135条）

小規模個人再生は，債務者が個人である場合に，通常再生の特則となります。通常再生を簡素化・合理化し，債務者としても利用しやすく，かつ，債権者としても破産手続より多くの債権回収ができるように制度設計されています（⇒トピック93「個人再生の通常再生との比較」（285頁））。

小規模個人再生の申立ては，個人債務者のうち，①将来において継続的に又は反復して収入を得る見込みがあり，かつ，②再生債権の総額（住宅資金貸付債権の額，別除権の行使によって弁済を受けることができると見込まれる再生債権の額及び再生手続開始前の罰金等の額を除きます。端的にいえば，無担保の再生債権の総額となります）が5000万円を超えない場合に可能です（民再221条1項。⇒トピック74「個人債務者の倒産処理手続」（266頁），トピック75「個人事業者の破産，小規模個人再生」（267頁））。

申立ては，通常再生と同様で，債務者に破産手続開始の原因となる事実の生じるおそれがあるときに可能で（民再21条1項），その際，小規模個人再生を行うことを求める旨の申述をします（民再221条2項）。

この申述の際に，債権者一覧表を作成して提出する必要があります（同条3項）。再生債権の額（同項1号）は，現在化，金銭化した金額の債権として評価して記載します（同条5項・87条1項1号から3号）。別除権者については，その別除権の目的財産及び担保不足見込額を記載します（民再221条3項2号）。また，住宅資金特別条項を定めた再生計画案を提出する意思があるときはその旨を記載します（同項4号）。

財産目録も作成します（民再21条，民再規14条1項4号）。

裁判所は，小規模個人再生の開始決定（民再33条）と同時に，債権届出期間，一般異議申述期間を定め（民再222条1項），その旨を公告し（同条2項），再生債務者及び知れている再生債権者に通知します（同条3項）。

通常再生と同様に，既にされていた強制執行等の手続は中止し（民再39条1項），再生計画認可決定確定をもって失効します（民再184条本文。⇒トピック**8**「差押えを受けた第三債務者（給料債権）」（200頁））。

個人再生では，監督委員等の機関は置かず，必要最小限の職務を果たす個人再生委員のみを置くことにしています（民再223条1項）。個人再生委員の職務は，①再生債務者の財産及び収入の状況を調査すること，②再生債権の評価（民再227条1項本文）に関し裁判所を補助すること，③再生債務者が適正な再生計画案を作成するために必要な勧告をすることのうち，裁判所が指定したものとなります（民再223条2項）。

再生債権者は，再生債権の届出をしなければなりませんが（民再94条1項），債権者一覧表に記載されている再生債権者は，届出をしなくとも債権届出期間の初日に同一内容で債権届出をしたものとみなされます（みなし届出。民再225条）。なお，債権届出の際，議決権の額の届出は不要です（民再224条1項）。

再生債務者及び届出再生債権者は，一般異議申述期間内に，裁判所に対し，届出再生債権額又は担保不足見込額について，書面で，異議を述べることができます（民再226条1項本文。再生債務者については，異議の留保（民再221条4項）をしていた場合に限ります（民再226条1項但書））。異議が述べられなければ，再生債権が確定します（ただ，実体的確定ではなく，手続内確定です。⇒トピック**94**「実体的確定と手続内確定」（286頁））。異議が述べられたときは，無名義債権の場合，当該再生債権を有する再生債権者は，異議申述期間の末日から3週間の不変期間内に，

再生債権の評価の申立てを行う必要があります（民再227条1項本文）。裁判所は，評価の申立てに対し不適法却下する場合を除き，個人再生委員を選任し（民再223条1項但書），個人再生委員は裁判所を補助し（同条2項2号），裁判所は，その債権の存否及び額又は担保不足見込額を定めます（民再227条7項）。評価の裁判に対する直接の不服申立ての方法は定められていませんが，手続内確定にとどまるため，別途民事訴訟で実体的な確定を求めることができます。

再生計画案は，裁判所の定める期間内に提出する必要があり（民再163条1項），権利変更の内容は，原則として平等でなければなりません（民再229条1項。⇒トピック69「債権者平等原則の比較」(261頁))。

最低弁済額は，①再生債権額基準につき，基準債権（住宅資金特別条項を定める場合及び住宅資金貸付債権がない場合）の総額が，ⓐ3000万円超5000万円以下の場合は10分の1（民再231条2項3号），ⓑ1500万円超3000万円以下の場合は300万円，ⓒ500万円超1500万円以下の場合は5分の1，ⓓ100万円以上500万円以下の場合は100万円，ⓔ100万円未満は基準債権の総額（同項4号）となります。②清算価値保障原則を満たす必要があるのは，通常再生と同様です（民再231条1項・174条2項4号⇒トピック91「清算価値保障原則」(283頁))*29。

債務の期限の猶予は，弁済期が3ヵ月に1回以上到来する分割払いで，かつ，最終の弁済期を再生計画認可決定確定日から3年後の日が属する月中の日（特別の事情がある場合は，最長5年内）とする必要があります（民再229条2項）。住宅資金特別条項が必要な場合は，再生計画案に住宅資金特別条項を定めます（民再199条・229条4項）。破産における非免責債権（破253条1項2号から4号。非免責債権（110頁）参照）に対応する非減免債権があります（民再229条3項）。

裁判所は，議決権行使方法を書面等投票とすることを定めて再生計画案を決議に付し（民再230条3項），裁判所の定める期間内に再生計画案に不同意と回答した議決権者が議決権者総数の半数に満たず，かつ，その議決権額が議決権総額の2分の1を超えないときは，再生計画案の可決があったものとみなします（消極的同意。民再230条6項。⇒トピック90「決議の可決要件の違い」(282頁))。再生計

---

*29 東京高決平成22・10・22判タ1343号244頁〔百選94〕は，偏頗行為否認対象の弁済額につき清算価値への上乗せを求めました（なお，民再238条参照）。伊藤1072頁，概説575頁，松下入門191頁。

画案が可決された場合，裁判所は，不認可事由がない限り，再生計画認可決定をし（民再231条），この再生計画認可決定が確定したときは，再生計画に基づきすべての再生債権は権利変更されます（民再232条2項）。再生計画認可決定確定により小規模個人再生手続は当然に終結します（民再233条）。裁判所の手続が終結した後，再生債務者は，再生計画に従った弁済をすることになります。

なお，再生計画認可決定後やむを得ない事由で再生計画を遂行することが著しく困難となった場合は，再生債務者の申立てにより再生計画で定められた債務の最終の期限から最長2年の範囲内で債務の期限を延長する再生計画の変更が可能です（民再234条）。また，再生債務者がその責めに帰することができない事由により再生計画を遂行することが極めて困難となった場合にハードシップ免責の余地があります（民再235条。4分の3以上の弁済を終えている必要があります）。

通常再生における再生計画の取消事由（民再189条1項）に加え，弁済総額が，再生計画認可決定時点で，再生債務者につき破産手続が行われた場合における基準債権に対する配当総額を下回ることが明らかになったときについても取消事由としています（民再236条）。

再生手続が廃止された場合（民再237条），実務上牽連破産はしていません。

第2節　給与所得者等再生（民再239条〜245条，民再規136条〜141条）

給与所得者等再生は，小規模個人再生の特則となります。通常再生＞小規模個人再生＞給与所得者等再生という関係にあり，サラリーマンのように給与等の定期収入がある個人に限られ，最低弁済額として可処分所得額2年分の弁済も要件とすることで，再生債権者による再生計画案の決議は不要としています。

給与所得者等再生は，小規模個人再生の開始要件に加え，①給与又はこれに類する定期的な収入を得る見込みがある者であって，かつ，②その額の変動の幅が小さいと見込まれるものが対象となります（民再239条1項）。

申立ての際，給与所得者等再生を行うことを求める旨の申述をしますが（同条2項），要件を満たさない場合に備え，小規模個人再生による手続の開始を求める意思があるかの予備的申述も行います（同条3項）。小規模個人再生に関する規定のほとんどは給与所得者等再生に準用されています（民再244条）。

小規模個人再生との大きな違いは，前述したとおり，届出再生債権者による

再生計画案の決議はなく，裁判所が再生計画案を認可すべきかどうかについての意見聴取の手続のみとなります（民再240条）。そして，裁判所は，不認可事由がない限り，再生計画認可決定をします（民再241条1項）。

最低弁済額は，①再生債権額基準（同条2項5号・231条2項3号・4号），②清算価値保障原則（民再241条2項）に加え，③可処分所得額2年分（同項7号）*30の最も高いものとなります。③は，再生計画案提出前2年間の再生債務者の収入の合計額から所得税，住民税，社会保険料に相当する額を控除した額を2で割った手取収入額から，再生債務者及びその扶養を受けるべき者の最低生活費を控除した額に2を乗じた額以上であることが求められています。

ただ，最低生活費が生活保護を基準として算定されることから，可処分所得額が高額になる傾向があり，小規模個人再生において再生債権者の不同意が少ないこともあり，サラリーマンでも小規模個人再生が利用されることが多いです（小規模個人再生が約9割，給与所得者等再生が約1割となっています）。

第14章　再生手続と破産手続との間の移行

第1節　破産手続から再生手続への移行
（民再246条・247条，民再規142条・143条）

破産管財人は，破産者に再生手続開始原因となる事実があるときは，裁判所の許可を得て，当該破産者について再生手続開始の申立てをすることができます（民再246条1項）。再建型の倒産手続が清算型に優先することから，一旦破産手続が進行していたとしても，再生手続への移行を認めるものです。同様に，破産管財人は，更生手続開始の申立ても行うことができます（会更246条1項）。ただ，裁判所は，再生手続によることが債権者の一般の利益に適合すると認める場合に限り，この許可をすることができます（民再246条2項）。清算価値保障

---

*30　福岡高決平成15・6・12判タ1139号292頁〔百選93〕は，再生債権とならない保険の契約者貸付を再生債権としていたため，再生計画案の計画弁済総額が可処分所得額2年分を下回った事案で，抗告審で再生計画認可決定を取り消された場合，再生債権者に不利な影響を与えない限り，差戻し後の原審で再生計画案の修正，認可の余地があると判断しました。伊藤1125頁，概説581頁，松下入門205頁。

原則を考慮したものです。また，裁判所は，当該申立てを却下すべきこと又は許可すべきことが明らかである場合を除き，労働組合等の意見を聴く必要があります（同条3項）。なお，この申立てについては，再生手続開始原因事実の疎明は不要です（同条4項）。既に破産手続開始決定の際に破産原因の審理が行われているからです。

この再生手続開始の申立てがあると，裁判所は，破産手続の中止命令を命ずることができますし（民再26条1項1号），再生手続開始決定があると，破産手続は中止し（民再39条1項），再生計画認可決定が確定すると，失効します（民再184条本文）。

法律上限定がありませんので，法人も個人も対象ですが，一旦破産している以上，DIP型の再生手続は考えにくく，実際上，対象は法人で，かつ，管理命令（民再64条1項）により管財人を選任し，管理型による再生手続において，管財人が事業を継続し，スポンサーに事業譲渡等することで事業の再生を図り，その対価を分配する再生計画案を作成することになるでしょう。

裁判所は，破産手続において破産債権の届出があった場合で，その届出を再生債権の届出として扱うことが合理的な場合には，諸事情を総合考慮の上，再生手続において再生債権の届出を要しない旨の決定をすることができ（民再247条1項），この場合には，再生債権の届出があったものとみなされます（同条3項・4項）。もちろん，再生債権者は，別途再生債権の届出をすることができ，その場合には，みなし届出は適用されません（同条5項）。なお，個人再生の場合には適用が除外されています（同条6項）。

第2節　再生手続から破産手続への移行 （民再248条〜254条，民再規142条）

再生手続が途中で挫折した場合，最終的には，破産手続により清算することが望ましいことから，2つのルートで破産手続に移行します（牽連破産）。

1つ目は，再生手続開始決定の取消し，再生手続廃止若しくは再生計画不認可の決定又は再生計画取消しの決定（再生手続終了前の申立分に限ります）があった場合には，当該決定の確定前においても，再生裁判所に当該再生債務者についての破産手続開始の申立てをすることができます（民再249条1項前段）。再生手続開始決定があると，破産手続開始の申立てはできませんが（民再39条1項），

その例外となります。ただ，当該決定が確定した後でなければ，破産手続開始決定はできません（民再249条2項）。

2つ目は，再生手続開始の申立ての棄却，再生手続廃止，再生計画不認可の決定又は再生計画取消しの決定が確定した場合において，裁判所は，職権で破産手続開始決定をすることができます（民再250条1項）。実務上，再生債務者から再生手続廃止の上申を行い，裁判所が職権で廃止決定をしています。

いずれも当該決定から破産手続開始決定までのタイムラグ（約1ヵ月）につき考慮し，裁判所は，必要があると認めるときは，職権で，破産法に規定されている各種保全処分等を命ずることができます（民再251条1項）。実務上，保全管理命令により保全管理人が選任され，包括的禁止命令も併せて発令されています（同項，破91条2項・25条2項）。移送もあります（民再248条）。

再生手続から破産手続への移行に当たり，手続の連続性，一体性の観点から，否認権や相殺禁止の規律における基準時として，当該再生手続開始の申立て等の前に破産手続開始の申立てがないときに限り，破産手続開始の申立てとみなされています（民再252条1項）。また，給料の請求権の財団債権（破149条1項）の起算日を再生手続開始日としています（民再252条5項）。さらに，再生手続で共益債権であった債権（民再119条等）は，財団債権となり（民再252条6項），破産法148条1項3号以下や149条と同列となります（財団債権（71頁）参照）。

裁判所は，終了した再生手続で再生債権の届出があった場合，破産債権の届出を要しない旨の決定をし，再利用することができます（民再253条1項）。

否認の請求を認容する決定に対する異議の訴え等につき，破産管財人は，これを受継することができます（民再254条1項）。

なお，民事再生規則第15章（民再規144条～146条）は，農水産業協同組合の再生手続の特例を定めています。

第15章 罰　　則 （民再255条～266条）

民事再生においても，破産犯罪と同様，罰則が規定されています。
1　詐欺再生罪（民再255条）……①（破産の罰則（113頁）での3分類の番号）
　　10年以下の懲役若しくは1000万円以下の罰金（又は併科）

2 特定の債権者に対する担保の供与等の罪（民再256条）……①に近い
　5年以下の懲役若しくは500万円以下の罰金（又は併科）
3 監督委員等の特別背任罪（民再257条）……①
　対象は，監督委員，調査委員，管財人，保全管理人，個人再生委員，管財人代理，保全管理人代理です。
　10年以下の懲役若しくは1000万円以下の罰金（又は併科）
4 報告及び検査の拒絶等の罪（民再258条・59条等）……②
　3年以下の懲役若しくは300万円以下の罰金（又は併科）
5 業務及び財産の状況に関する物件の隠滅等の罪（民再259条）……②
　3年以下の懲役若しくは300万円以下の罰金（又は併科）
6 監督委員等に対する職務妨害の罪（民再260条）……②
　3年以下の懲役若しくは300万円以下の罰金（又は併科）
7 収賄罪（民再261条）……②
　3年以下の懲役若しくは300万円以下の罰金（又は併科），不正の請託を受けたときは，5年以下の懲役若しくは500万円以下の罰金（又は併科）
8 贈賄罪（民再262条）……②
　法定刑は収賄罪と同様
9 再生債務者等に対する面会強請等の罪（民再263条）……③
　3年以下の懲役若しくは300万円以下の罰金（又は併科）
10 国外犯（民再264条）
11 両罰規定（民再265条）
12 過料（民再266条）
　再生計画の遂行を確実にするための立担保命令（民再186条3項）に違反した場合の100万円以下の過料（民再266条1項）と個人再生の再生債権の評価の際，個人再生委員の資料提出要求（民再227条6項・244条）に応じない場合の10万円以下の過料（民再266条2項）があります。

第 4 部

会社更生・特別清算・私的整理

　倒産法を知るには，破産と民事再生だけでなく，比較対象として，会社更生と特別清算も概略だけは見ておいたほうがよいと思います。手続選択に当たり，必ず検討対象になってきますし，それぞれ取扱いに違いがあり（同じところも多々ありますが），債務者，債権者どちらの立場にも影響してきます。次頁の倒産四法の比較表も参考にしてください。
　さらには，倒産四法の法的整理だけでなく，私的整理の世界も広がっていることを知っておいてほしいと思います。法的整理の規律を背景とした私的整理が大切になっています。

倒産四法の比較表

	破　産	民事再生	会社更生	特別清算
法　律	破産法	民事再生法	会社更生法	会社法
方向性	清算型	再建型	再建型	清算型
目　的	適正かつ公平な清算，経済生活の再生	事業，経済生活の再生	事業の維持更生	清算
対　象	法人，個人	法人，個人	株式会社	解散した株式会社
手続開始原因	①支払不能にあるとき（支払停止は支払不能を推定）②債務超過（法人の場合）	①破産手続開始原因事実の生ずるおそれがあるとき ②事業の継続に著しい支障を来すことなく弁済期にある債務を弁済できないとき	①破産手続開始原因事実の生ずるおそれがある場合 ②弁済期にある債務を弁済すると，その事業の継続に著しい支障を来すおそれがある場合	①清算の遂行に著しい支障を来すべき事情があること ②債務超過の疑いがあること
行為機関	破産管財人	再生債務者（DIP型）管財人（管理型）	管財人	清算人
監督機関	裁判所	監督委員（DIP型）個人再生委員（個人再生）裁判所	裁判所	監督委員 裁判所
一般債権の処遇	破産債権	再生債権	更生債権	協定債権
倒産債権（一般債権）の確定	実体的確定	実体的確定（通常再生）手続内確定（個人再生）	実体的確定	確定手続なし
債務者の処遇	破産者	再生債務者	更生会社	清算株式会社
債務者財産の管理処分権	破産管財人に専属	再生債務者に残る（DIP型）管財人に専属（管理型）	管財人に専属	清算株式会社に残る
労働債権の処遇	一部は財団債権，その余は優先的破産債権	一般優先債権 開始後分は共益債権	一部は共益債権，その余は優先的更生債権 開始後分は共益債権	原則どおり一般の先取特権
租税債権の処遇	一部は財団債権，その余は基本的に優先的破産債権	一般優先債権	一部は共益債権，その余は優先的更生債権	原則どおり一般の優先権
担保権の処遇	別除権で実行可能	別除権で実行可能	更生担保権で実行禁止	原則どおり実行可能
担保権消滅請求の目的	破産管財人の任意売却を容易にし，破産財団の増殖を図る	事業継続に不可欠な財産の確保	資産換価	制度なし
否認権	あり	あり（通常再生）なし（個人再生）	あり	なし
倒産債権への分配方法	配当	再生計画に基づく弁済	更生計画に基づく弁済	協定に基づく弁済
債権者平等	形式的平等	実質的平等（通常再生）形式的平等（個人再生）	実質的平等	実質的平等

第1章 会社更生

1 会社更生の目的と申立て

会社更生は，第1部の会社更生のイメージ（10頁）で見たとおり，再建型の法的整理で，その対象を株式会社に限定し（⇒トピック82「民事再生と会社更生の対象の違い」（274頁）），窮境にある株式会社について，更生計画の策定及びその遂行に関する手続を定めること等により，債権者，株主その他の利害関係人の利害を適切に調整し，もって当該株式会社の事業の維持更生を図ることを目的とします（会更1条）[*1]。

民事再生と同様，事業再建を目的としていますが，手続内に取り込む範囲に違いがあり，担保権者につき，民事再生は別除権としますが，会社更生では更生担保権として手続内に取り込みます。また，株主につき，民事再生では原則対象としませんが，会社更生ではいわゆる資本構成の変更を原則としています。

経営権の面では，民事再生は原則DIP型で従前の経営者が経営でき，監督委員が後見的に監督しますが，会社更生では必ず管財人が選任されます。

会社更生法は，第二次世界大戦後の昭和27年に制定され，現行会社更生法は，平成14年に成立，平成15年4月1日に施行されました。

債務者である株式会社に申立権があると共に（会更17条1項），①当該株式会社の資本金の額の10分の1以上に当たる債権を有する債権者と②当該株式会社の総株主の議決権の10分の1以上を有する株主にも申立権があります（同条2項。⇒トピック95「会社更生の始まり方」（287頁），トピック81「民事再生と債権者による会社更生申立て」（273頁））。管轄は，原則は主たる営業所の所在地を管轄する地方裁判所ですが（会更5条1項），補充的な管轄も多く，東京地方裁判所及び大阪地方裁判所にも管轄があります（同条6項）。

また，民事再生と同様，更生手続開始前の保全処分があり，担保権が更生担保権として手続内に取り込まれる関係で，中止命令（会更24条1項）や包括的禁止命令（会更25条1項）の対象に担保権の実行を含んでいます。また，租税債権

---

*1 最決昭和45・12・16民集24巻13号2099頁〔百選2〕は，憲法29条，32条，14条1項に違反しないとしました。伊藤42頁，705頁。

につき，国税滞納処分も中止命令や包括的禁止命令の対象になります。民事再生にないものとして，商事留置権の消滅請求制度があります（会更29条。更生手続開始後は担保権消滅請求制度（会更104条））。民事再生の場合と異なり，監督命令による監督委員は，更生手続開始の申立てに対する決定があるまでの間に限定されています（会更35条）。調査命令による調査委員は，更生手続開始前も（会更39条），開始後も（会更125条）認められています。多くの事案では，保全管理命令による保全管理人が全権を掌握することになります（会更30条）。

開始原因があり，更生計画案作成，可決の見込み又は更生計画認可の見込みがないことが明らかでない限り，更生手続開始決定がされます（会更41条1項）。

2　更生手続開始決定の効果と機関

裁判所は，更生手続開始決定（会更41条1項）と同時に，管財人を選任し，債権届出期間及び債権調査期間を定め（会更42条1項），官報公告し（会更43条1項），知れている更生債権者等に通知します（同条3項。なお，債務超過の場合，株主への通知は省略します（同条4項2号））。更生手続開始の申立てについての裁判に対しては，即時抗告をすることができます（会更44条1項）。

更生手続開始決定の効果は，破産や管理型の民事再生よりも強力で，更生債権者の個別の権利行使が禁止されるだけでなく，更生担保権も手続内に取り込まれるため，担保権の実行が禁止され（会更47条1項・2条11項），更生会社の事業の経営権及び財産の管理処分権は，管財人に専属します（会更72条1項）。

また，更生会社の組織に関する基本的事項の変更が禁止され，更生計画によって行うことになります（会更45条1項・2条11項）。

管財人は，裁判所が定めた許可事項に該当する行為をする際には，裁判所の許可を得ます（会更72条2項）。更生手続開始後遅滞なく，財産評定を行い（会更83条1項。「時価」で行います（同条2項）），貸借対照表及び財産目録を作成し裁判所に提出します（同条3項）。また，報告書を提出します（会更84条）。

管財人は，更生計画外で裁判所の許可を得て事業譲渡を行うことが可能です（会更46条2項）。再生手続の場合（民再42条）と比較して（⇒トピック**50**「事業譲渡の要件・手続比較」（242頁）），更生担保権者の意見を聴取する必要があり（会更46条3項2号），代替許可（民再43条）は不要ですが，株主への通知と拒否権が定められています（会更46条4項から7項2号）。ただ，債務超過の場合は実質的な株主

権はないため，除外されています（同条8項）。

　更生手続の機関としては，管財人（会更67条以下）が主役です。保全管理人の弁護士が管財人になることが多く，スポンサーから派遣された者を事業家管財人とし，弁護士の管財人を法律管財人として役割分担をすることがあります。他に，債権者集会に相当する関係人集会があり（会更114条），更生債権者委員会，更生担保権者委員会（会更117条。民事再生の債権者委員会（141頁）参照），代理委員（会更122条），調査委員（会更125条）もあります。

3　更生債権，更生担保権等

　原則として，更生会社に対し更生手続開始前の原因に基づいて生じた財産上の請求権が更生債権となります（会更2条8項）[*2]。

　会社更生では，担保権を手続に取り込みますので，更生手続開始当時更生会社の財産につき存する担保権（特別の先取特権，質権，抵当権及び商事留置権）は更生担保権となります（同条10項。被担保権のうち利息・遅延損害金は更生手続開始後1年を経過する時までの分に限ります（同項。更生計画認可決定が早いときは認可決定時までとなります））。

　租税等の請求権は，一般の優先権があり（国徴8条），その一部が共益債権とされ（会更129条），その余は優先的更生債権となります（会更168条1項2号）。国税滞納処分は，更生手続開始決定の日から1年間禁止されます（会更50条2項）。労働債権も，一般の先取特権があり（民306条2号・308条），その一部が共益債権とされ（会更130条），その余は優先的更生債権となります（⇒トピック32「労働債権の取扱い（会社更生・特別清算）」（224頁））。その他にも共益債権が定められ（会更127条・128条・131条），更生債権等に先立って随時弁済されます（会更132条1項・2項）。なお，更生手続開始後の原因に基づいて生じた財産上の請求権で，共益債権又は更生債権等でないものは，開始後債権となり，弁済を受けられる時期が劣後します（会更134条）。

　更生債権の債権届出，調査，確定の手続は，基本的に再生手続と同様です

[*2]　最決平成25・11・13民集67巻8号1483頁は，更生手続開始前に更生債権に関する訴訟（過払金の返還を求める不当利得返還請求訴訟）が係属し，届出債権が異議なく確定したため，受継されることなく終了した場合における当該訴訟に係る訴訟費用請求権は，発生の基礎となる事実関係が更生手続開始前に発生していることから，更生債権に当たるとしました。

（会更135条以下）。違いとしては，自認債権（民再101条3項）の制度がありません。会社更生の特徴として，債権届出を行わないと失権しますので（会更204条1項。⇒トピック54「債権届出をしなかった場合」(246頁)）*3，管財人は，知れている更生債権者等に対し，債権届出期間の末日の通知を行います（会更規42条）。

更生担保権の債権調査の対象は，その内容，担保権の目的財産の価額及び議決権の額ですが（会更146条1項2号），最も争いとなるのは，担保目的物の価額です。この点は，更生担保権者は，更生債権等査定申立てを行った上で，価額決定の申立てを行うことができます（会更151条1項・153条1項），裁判所は評価人を選任し，財産の価額を決定します（会更154条）。即時抗告のみ可能です（同条3項）。

会社更生にも担保権消滅請求の制度がありますが（会更104条以下），資産換価のための制度です（⇒トピック68「担保権消滅請求の三法比較」(260頁)）。

4 更生計画

民事再生における再生計画は，再生債権の権利変更を中心に据えるものですが（民再154条1項），会社更生における更生計画は，①更生債権者等又は株主の権利変更，②更生会社の取締役等，③共益債権の弁済，④債務の弁済資金の調達方法，⑤超過収益金の使途等を定める必要があります（会更167条1項）。

そして，①更生担保権，②優先的更生債権，③一般の更生債権，④約定劣後更生債権，⑤優先株式，⑥普通株式の各種類につき，実体法上のプライオリティールールを考慮して，更生計画の内容に公正かつ衡平な差を設ける必要があり（会更168条1項・3項），同一の種類の権利者間でも実質的平等原則が働きます（同条1項。⇒トピック69「債権者平等原則の比較」(261頁)）。特定の債権者の劣後化につき，民事再生の実質的平等(154頁)参照）。

権利変更に当たっては，民事再生の場合（民再174条2項4号）と同様，清算価値保障原則が妥当します（会更199条2項1号又は2号。⇒トピック91「清算価値保障原則」(283頁)）。未届出債権者の権利は失権しますので（会更204条1項），再生計画

---

*3 最判平成21・12・4判時2077号40頁〔百選98〕は，貸金業者の更生手続終結後に過払金返還請求訴訟が提起された事案につき，失権の例外を認めることが更生計画に従った会社の再建に重大な影響を与えるものであり，失権効を確実なものとし，迅速かつ画一的な処理をすべきとして，失権の主張をすることが信義則違反や権利濫用とならないとしました。その後，最判平成22・6・4判時2088号83頁も信義則違反を否定しました。伊藤1021頁，1022頁。

のように一般的基準を定める必要はなく，個別の権利変更のみを定めます（会更170条1項）。分割弁済の期間は，最長15年（会更168条5項2号。特別の事情がある場合は最長20年）とされていますので，再生計画の10年（民再155条3項）より長いです。租税等の請求権に影響を及ぼす定めをするときは，徴収権限者の同意が必要ですが，3年以下の納税の猶予等の場合は，意見を聴くことで足ります（会更169条1項）。

前述のとおり，会社更生では，原則としていわゆる資本構成の変更が前提とされています。この点，いわゆる100パーセント減資のための，株式の取得，消却，資本金の額の減少（会更174条・174条の2）*4，新たな株主（スポンサー）による新株引受のための募集株式を引き受ける者の募集に関する条項（会更175条）を定めることができます。会社分割（会更182条・182条の2）等の組織再編も可能です（⇒トピック84「スポンサー型のスキーム」(276頁)）。

更生計画案は，管財人に提出義務があり（会更184条1項），更生手続開始決定日から1年以内に提出する必要があります（同条3項。伸長も可能です（同条4項））。更生会社，届出更生債権者等又は株主も提出できます（同条2項）。

裁判所が更生計画案を付議決定（会更189条）した後，関係人集会や書面等投票により，組分けされた組ごとに決議し（会更196条1項），更生債権は議決権の総額の2分の1超，更生担保権は原則同3分の2以上の同意で可決され（同条5項。⇒トピック90「決議の可決要件の違い」(282頁)），裁判所の認可決定（会更199条1項）により効力を生じます（会更201条）*5。その後，原則として更生計画が遂行されると，終結します（会更239条1項1号）。

---

*4　東京高決昭和54・8・24判時947号113頁〔百選96〕は，債務超過にあり，株主の権利を100パーセント無償で償却することも許されるとしました。

*5　最決平成25・4・26民集67巻4号1150頁は，仮執行宣言付判決に対する上訴に伴い，金銭を供託する方法により担保を立てさせて強制執行の停止がされた後に，債務者につき更生手続開始の決定がされた場合，その被担保債権である損害賠償請求権は更生担保権ではなく更生債権に該当し，被供託者は，債務者につき更生計画認可の決定がされても，更生計画が影響を及ぼさない会社更生法203条2項にいう「更生会社と共に債務を負担する者に対して有する権利」として，供託金の還付請求権を行使することができるとしました。

第2章 特別清算

1 特別清算の意義とその申立て，開始の効果

　特別清算は，第1章の特別清算のイメージ（11頁）で見たとおり，解散した株式会社が，①通常の清算手続（会社475条以下。株主への残余財産分配に至る手続）では清算の遂行に著しい支障を来すべき事情があるとき，又は，②債務超過で株主への残余財産の分配はなく，債務を完済できない疑いがあるときに行われる清算型の法的整理手続です（会社510条）。債務超過の場合を前提にすると，協定債権に対し破産における配当を上回る弁済を行う清算価値保障原則（会社569条2項4号）を満たす協定が協定債権者の多数決で可決され，裁判所がこれを認可し，認可決定が確定すると，協定債権（会社515条3項参照）は協定により権利変更され，弁済を受け，資産も負債も0にすることで（債務超過の場合，残余財産の分配はありません），特別清算を結了し，清算手続を終えます。破産でドラスティックに清算するより，ソフトランディングできる手続とされています（⇒トピック96「破産を決断する前に特別清算の検討を」（288頁））。

　特別清算の規定は，会社法第2編「株式会社」第9章「清算」第2節「特別清算」（会社510条から574条）がメインですが，第7編「雑則」第2章「訴訟」第4節「特別清算に関する訴え」（会社857条・858条），同第3章「非訟」第3節「特別清算の手続に関する特則」（会社879条から902条）にも定められています。

　前提として，株式会社が解散している必要があります（通常は，株主総会の特別決議で解散を決議した場合です（会社471条3号・309条2項11号）。併せて，清算人を選任します（会社478条1項3号）。従前の代表者が清算人に選任される場合が多いですが，弁護士が選任される場合もあります）。

　前述した特別清算開始原因があるときは，債権者，清算人，監査役又は株主の申立てにより（会社511条1項），裁判所は，特別清算の開始を命じます（会社510条）。債務超過の疑いがあるときは，清算人は，特別清算開始の申立てを行う義務があります（会社511条2項）。他の手続の中止命令（会社512条）や財産に関する保全処分（会社540条2項。⇒トピック83「弁済禁止の保全処分」（275頁））もあります。特別清算開始の命令があると（会社514条），破産手続開始の申立てや強制執行はできず，既にされているものは中止し（会社515条1項本文），特別清

算開始の命令が確定したときは、特別清算手続の関係において失効します（同条2項）。

2 特別清算開始後の手続

　特別清算開始の命令があると、清算株式会社の清算は、裁判所の監督に属し（会社519条1項）、清算株式会社は、株主総会の承認を受けた財産目録及び貸借対照表を裁判所に提出します（会社521条・492条1項・3項）。

　裁判所は、必要があると認めるときは、調査委員（会社533条）による調査を命ずる処分（調査命令）ができます（会社522条）。また、清算人には、公平誠実義務が課せられます（会社523条）。清算株式会社が財産の処分等を行う場合、裁判所の許可を得る必要があります（会社535条1項柱書本文）。この点、裁判所は、監督委員を選任し、裁判所の許可に代わる同意権限を付与することができます（会社527条・535条1項柱書但書）。

　清算株式会社は、解散後、遅滞なく、債権者に対し、2ヵ月以上の期間を定め、その期間内に債権の申出をすべき旨を官報公告し、知れたる債権者には個別に催告します（会社499条1項）。清算株式会社は、その期間内、原則として弁済を禁止されます（会社500条1項。弁済許可の例外は同条2項）。この債権の申出をしなかった債権者は、知れたる債権者を除き、清算から除斥されます（会社503条1項）。

　そして、特別清算開始の命令があった後は、協定債権者に対し、債権額の割合に応じた弁済のみできることになります（会社537条。弁済許可の例外は同条2項）。なお、特別清算には、破産や民事再生の場合のような、債権届出、調査、確定の手続はありません（⇒トピック54「債権届出をしなかった場合」(246頁)）。また、労働債権には影響せず（会社566条参照）、随時弁済が必要です（⇒トピック28「職場が倒産したら」(220頁)、トピック32「労働債権の取扱い（会社更生・特別清算）」(224頁)）。租税等の請求権についても、同様です（会社515条1項但書。滞納処分が可能です）。

　担保権（会社522条2項参照）の行使は一般原則どおりですが（会社566条参照）、担保権の実行手続等の中止命令があります（会社516条）。

　否認権の規定はありませんが、相殺禁止の規定はあります（会社517条）。

　裁判所の許可を得て事業譲渡が可能で（会社536条1項。⇒トピック84「スポンサー型のスキーム」(276頁)）、株主総会の特別決議は不要です（同条3項）。

債権者集会は，特別清算の実行上必要がある場合には，いつでも，招集することができます（会社546条1項）。原則として，清算株式会社が招集し（同条2項），一定の場合，協定債権者も招集できます（会社547条）。通常，財産状況報告集会（会社562条本文。なお，他の方法（書面等）で周知させることが適当なときは，開催しない場合も多いです（同条但書））と協定の決議のための債権者集会（会社563条以下）が開催されます。

3 協　　　定

特別清算においては，清算株式会社は，債権者集会に対し，協定の申出を行います（会社563条）。民事再生における再生計画案に相当するもので，協定債権者の権利の変更に関する，債務の減免，期限の猶予その他の権利変更の一般的基準を定めます（会社564条）。その権利変更の内容は，協定債権者間で平等である必要がありますが（会社565条本文），不利益を受ける協定債権者の同意がある場合又は少額の協定債権について別段の定めをしても衡平を害しない場合その他協定債権者の間に差を設けても衡平を害しない場合は，差を設けられます（同条但書。実質的平等。⇒トピック69「債権者平等原則の比較」（261頁））。民事再生と同様，清算価値保障原則が妥当します（会社569条2項4号⇒トピック91「清算価値保障原則」（283頁））。

債権者集会で協定を可決するには，出席した議決権者の過半数の同意と議決権者の議決権の総額の3分の2以上の議決権者の同意が必要です（会社567条1項。⇒トピック90「決議の可決要件の違い」（282頁））。協定が可決されると，清算株式会社は，遅滞なく，裁判所に対し，協定の認可の申立てを行い（会社568条），裁判所は，不認可事由がなければ，協定認可決定をします（会社569条）。協定は，認可決定確定により，その効力を生じ（会社570条・571条1項），協定債権者の権利は協定に従い変更されますが（会社571条3項），担保権や保証人には影響を及ぼしません（同条2項）。

特別清算が結了すると，清算人らの申立てにより，裁判所は，特別清算終結決定をします（会社573条1号）。

以上は，本来型である協定型を前提に説明しましたが，実務上は，清算株式会社と債権者間で個別に合意することで，協定の申出をしない方法が多く利用されています（個別和解型。⇒トピック97「特別清算の利用方法」（289頁））。

第3章 私的整理

1 私的整理とそのメリット・デメリット

　破産，民事再生，会社更生，特別清算の4つは，いずれも法律に基づき裁判所で行われる法的整理（法的な債務整理手続）です。国家権力（公権力）を背景に，各手続の開始決定によって債権者の個別の権利行使を禁止し，債務者の財産を全部又は一部拘束（管理処分権を剥奪又は制限）し，債権者平等原則の下，裁判により，反対債権者の権利変更まで伴う強制的な手続です。

　これに対し，私的整理は，第1部の私的整理のイメージ（11頁）で見たとおり，対象とする債権者全員との合意に基づき，裁判外で，私的に債務整理を行うものです。端的には，法的整理ではない，任意の合意に基づく債務整理が私的整理と思えばよいわけですが，その中には様々あります。

　一般に，私的整理のメリットは，手続が簡易迅速で，費用が低廉，秘密裏に，柔軟な処理が可能とされ，デメリットは，全員の同意が必要で反対債権者を拘束できず，手続が不透明，不公平な分配がされるおそれがあるとされます（概説322頁以下（長所・短所は同327頁以下）参照）。

　この点，私的整理にも，志向する方向性により，清算型の私的整理と再建型の私的整理があります。前述のメリット・デメリットも異なってきます。

　再建型の私的整理の典型的なパターンは，銀行等の金融機関債権者のみを対象にし（商取引債権者は含みません），その全員（全行）の同意を得て，リスケジュールや債権カット（債務免除）等を行うことにより債務を整理し，事業の再建を図る場合です。全債権者を対象とする民事再生，会社更生と異なり，対象を限定し，秘密裏に行いますので，信用不安を来さず（上場企業の場合，公表が必要とされますが，一般に「倒産」とは見られず，「再建」のイメージが先行していると思われます），簡易迅速に（費用は一定程度かかりますが）行うことが可能です。その手続は，ルール（準則）が定められ，後述する事業再生ADR，中小企業再生支援協議会等の第三者機関が介在する透明性のある手続により，法的整理の規律も背景に調整が図られています。ただ，最大のネックは，全員の同意が必要なことです。反対債権者を拘束することができませんので，1行でも反対の金融機関が存在すると成立しません（前述のとおり，民事再生，会社更生は多数決原理で法的に反対債

権者も拘束し，権利変更します）。

　これに対し，清算型の私的整理は，事業を解体清算し，債権者に分配することになります。この場合，債務者の財産をできるだけ高額で売却するなどの換価作業を行い，債権者に平等に分配することが目標となります。簡易迅速に，費用が低廉であれば債権者にとってよいことですが，秘密裏に行う要請は低く，かつての整理屋が跋扈していた時代には，手続が不透明で，かつ，債権者への平等な分配を行うのではなく，自己又は第三者の利益を図っていました。この点，破産や特別清算は，法改正により簡易迅速な手続となり，費用面でも低廉化され，透明性のある手続で，債権者平等原則の下，平等な分配（配当）が行われますので，清算型の法的整理による処理が望ましい状況にあるといえ，実際，多くの事案は法的整理になっています（ただ，破綻後放置事案もあります）。

2　私的整理と法的整理の関係

　私的整理は，当事者の合意に基づく債務整理ですが，合意さえできればよいというわけではなく，その背後には，法的整理における規律（債権者平等原則や否認権，相殺禁止等）があり，その規律を考慮した調整が図られ，合理的な再建計画が策定されることになります。

　私的整理が成立しなかった場合には，法的整理を申し立てることで，商取引債権者ら全債権者を巻き込むことにはなりますが，最終的には，再生計画や更生計画により多数決原理で反対債権者も拘束して権利変更することで債務を整理し，事業の再生を図ります。両者は相当程度連続した関係（私的整理から法的整理へのハードルは高いですが）にあるといえるでしょう（⇒トピック77「法人債務者の手続選択」（269頁））。

　自然人（個人）の場合，個人事業者，法人の代表者，いわゆる消費者と様々な属性があり，属性ごとに諸要素を考慮して手続選択しています（⇒トピック74「個人債務者の倒産処理手続」（266頁），トピック75「個人事業者の破産，小規模個人再生」（267頁）。経営者保証に関するガイドラインについては後述5（190頁）参照）。

3　準則のある再建型の私的整理

　再建型の私的整理の中にも純粋な私的整理がありますが（債務者企業の代表者自らが行う場合もあれば，弁護士が代理人となって行う場合もあります），リスケジュールまでで，基本的に債権カットには応じてもらえません。そこで，準則のある

再建型の私的整理が利用されます（この場合，法人税基本通達9－4－2の取扱いにより，合理的な再建計画に基づき金融機関債権者が債権放棄したものは寄附金扱いされず，無税償却が可能です）。

(1) 事業再生 ADR

事業再生 ADR は，ADR（裁判外紛争解決手続（Alternative Dispute Resolution））の一種で，ADR 法上の認証紛争解決手続です。平成19年，産業活力再生特別措置法（産活法）が改正され，事業再生 ADR 制度が創設され，事業再生実務家協会（JATP）が唯一の特定認証紛争解決事業者として認定されています（平成26年1月，産業競争力強化法に承継されました）。事前相談，審査を経て，正式申込みし，受理されると，JATP と債務者の連名で，対象債権者に一時停止の通知を送り，第1回債権者会議で計画案の概要説明後，事業再生計画案を策定し，手続実施者による調査と調査報告書の提出を受け，第2回会議で計画案の説明，協議を行い，第3回会議で決議し，対象債権者全員の同意があれば成立します。不成立の場合，法的手続に移行します。

(2) 地域経済活性化支援機構（REVIC）の再生支援手続

株式会社地域経済活性化支援機構（REVIC）は，平成21年に設立された株式会社企業再生支援機構（ETIC）を改組し，平成25年3月から業務を開始し，事業再生計画の策定支援を行い，再生支援として，債権の買取り，資金の貸付け，債務保証，出資も行っています。平成30年3月末が期限です。

(3) 中小企業再生支援協議会

中小企業再生支援協議会は，産業競争力強化法に基づき中小企業再生支援業務を行う者として認定を受けた機関で，全都道府県の商工会議所等に設置され，窓口相談（第一次対応）と再生計画策定支援（第二次対応）を行っています。

(4) 整理回収機構（RCC）の企業再生スキーム

株式会社整理回収機構（RCC）が，平成13年に改正された金融再生法等に基づき，債権の買取りや金融機関債権者の調整を図っています。

(5) 私的整理ガイドライン

「私的整理に関するガイドライン」は，その後の事業再生 ADR 等の発祥ともいえる手続の準則で，平成13年に策定され，金融機関の紳士協定として遵守されています。ルールのみを定めたもので，手続の実施機関はありません。

4　特定調停

特定調停は，民事調停法の特別法である特定債務等の調整の促進のための特定調停に関する法律（特定調停法）に基づく民事調停の一類型です。民事執行手続の停止命令の制度（特調7条1項本文）が設けられています。

その多くは，個人債務者が消費者金融等からの借入れの債務整理のために，簡易裁判所において行われています。個別の債権者との話し合いによる調停ですので，減額（債権カット）の合意ができない限り，債権残高を基準とした分割弁済（リスケジュール）となります。債権者が調停に応じないと成立しませんが，調停に代わる決定（いわゆる17条決定。民調17条）による解決もあります（⇒トピック74「個人債務者の倒産処理手続」（266頁））。

また，特定調停は，事業者の私的整理の一環として金融機関債権者の調整のために利用されています（一部の債権者と合意できない場合に，17条決定による解決を図ったり，民事再生等の法的整理に移行したりします）。中小企業金融円滑化法期限後の出口対応として，平成25年12月から，経営改善計画案の中で債権カット（債務免除）の調整ができた場合に，特定調停を利用し，金融機関が無税償却できるようにしたり，後述する経営者保証に関するガイドラインによる調整を図るために特定調停が利用されています。

5　経営者保証に関するガイドライン

中小企業の経営者は基本的に会社の債務の連帯保証をしていますが，例えば会社が民事再生をしても，再生計画による債権カット（債務免除）は連帯保証人に影響しませんので（民再177条2項），どうしても早期の事業再生の着手を阻害する要因となっていました。そこで，平成25年12月，「経営者保証に関するガイドライン」が策定され，法的拘束力はないものの，金融機関債権者はこれを尊重し遵守していくことが期待されています。保証契約履行時に関し，保証人からこのガイドラインに基づく保証債務整理の申出があり，金融機関側で一定の経済的合理性が認められる場合には，破産した場合の自由財産（現金99万円等）に加え，経営者の安定した事業継続や新たな事業開始等のため，一定期間の生計費や華美でない自宅等を残すことを検討することになっています。

第 5 部

トピックス 100！

　倒産処理弁護士の目から見た 100 のトピックを各 1 頁でまとめてあります。様々な立場から倒産法の世界に触れてもらえるように心がけたつもりです。倒産法の世界は，理論と実務との架橋が大切だと思います。破産と民事再生の比較の視点を重視し，第 2 部から第 4 部の概説部分と相互参照できるようにしてありますので，あちらこちらと見比べながら読んでください。パラパラめくって興味がわいたところを読んでみることでも結構です。いずれどこかで全部が繋がっていることに気づくと思います。

1 申立代理人の重要性 (⇒17頁, 119頁)

　まず，自己破産の申立代理人は，破産申立ての委任を受け（民644条），委任者すなわち依頼者である債務者の財産や資料を適切に保全した上で，裁判所に対し，債務者（申立人）の代理人として破産手続開始の申立てを行い，速やかに裁判所から破産手続開始決定を受け，裁判所から選任された破産管財人に，破産者の財産や資料を速やかに引き継ぎ，必要な説明を行います。債務者が個人の場合，その後の免責手続で免責許可決定を受けられるようフォローします。

　破産法上，申立代理人が登場することはほとんどありませんが（説明義務を定める破40条1項2号の「破産者の代理人」に含まれます），破産手続開始決定により初めて登場する破産管財人に引き継ぐまでの前さばきを行いますので，重要な役割を担っています（⇒トピック99「破産申立代理人の心構え十箇条」(291頁)）。実務上，慣用的に「申立代理人」と呼称していますが，その役割は破産申立てだけではありませんので，「申立人代理人」と呼称したほうが望ましいかもしれません。

　次に，民事再生の申立代理人は，DIP型の場合，申立てから終結まですべてを担当することになります。事業を継続していく必要がありますので，密行して再生手続開始の申立てを行い，裁判所から監督命令と弁済禁止の保全処分を受けた上で，従業員に説明し，債権者に知らせ，協力を求めることになります。この初期対応が非常に重要で，ここで関係者の協力を取り付け，資金繰りを安定させることができると（⇒トピック79「資金繰りの重要性」(271頁)），その後の手続がスムーズに進むことになります。通常，複数の弁護士がチームとなって対応しています。信用力のあるスポンサーを探すことができるかという視点も事業再生の意味では大きな要素です（⇒トピック84「スポンサー型のスキーム」(276頁)）。

　また，会社更生の申立代理人は，更生手続開始の申立てを行い，裁判所から選任される保全管理人に引き継ぐ役目となります（保全管理人が実質的に職務を開始するまでの間の繋ぎをします）。DIP型会社更生（⇒トピック95「会社更生の始まり方」(287頁)）の運用では，申立代理人が管財人に選任される場合もあります。

　最後に，特別清算の申立代理人は，清算人から委任を受け，特別清算開始の申立てを行い，開始後は，裁判所の許可を得て清算人代理になることで，終結まですべてを担当することになります。DIP型の清算手続といえるでしょう。

❷ 個人が破産する際の注意点 (⇒17頁, 22頁, 105頁, 266頁)

　個人の債務者が破産を選択する最大の目的は，免責許可決定を得て，その確定により，破産債権について，その責任を免れることにあります（破253条1項本文）。そのため，破産手続との関係では，破産管財人に協力し，破産管財人が換価した破産財団をもって平等な配当をしてもらうことが必要です。また，免責手続との関係では，免責不許可事由（破252条1項）に該当するような行為をせず（当然ですが，破産犯罪（破265条以下）に該当する行為もせず），裁判所や破産管財人の調査に協力することが必要です（破250条2項）。

　破産財団に属する財産（破34条1項）は，裁判所が選任する破産管財人にすべて引き継ぐことになります（自由財産（同条3項）や自由財産の範囲が拡張された財産（同条4項）は保有できます）。当然のことですが，財産の隠匿や損壊，不利益な処分をしてはいけません。特定の債権者のみに弁済や担保提供してもいけません（偏頗行為否認（破162条）の対象となります）。これらの行為は，免責不許可事由に該当する可能性や（破252条1項1号・3号），破産犯罪（破265条1項・266条）となることがあります。また，自宅不動産は手放さないといけません（破産管財人が任意売却するか，担保権不動産競売されることになります。引渡命令の制度もあります（破156条1項）。⇒トピック43「自宅不動産を手放すということは」(235頁)）。

　破産者には，説明義務（破40条1項1号），重要財産開示義務（破41条），免責調査協力義務（破250条2項）が課せられていますので，これらの義務違反は免責不許可事由（破252条1項11号）となります（罰則は，破268条1項・269条。なお，免責調査協力義務違反には罰則はありません（ただし，破271条））。通信の秘密の制限（郵便物等の管理。破81条・82条）もあります。居住制限があり，裁判所の許可を得なければ，その居住地を離れることができません（破37条1項）。また，裁判所は，必要と認めるときは，破産者の引致を命ずることができます（破38条1項）。各種法令上の資格制限があります（復権（111頁）参照）。取締役の地位も委任契約の終了により失います（民653条2号。委任契約（36頁）参照）。

　自らは免責許可決定確定により破産債権につき責任を免れますが，連帯保証人にはその効力が及びませんので（破253条2項），連帯保証人には迷惑をかけることになります（ただ，破産しなくても，経済的に破綻すれば，同じといえます）。

3 破産した際の不利益 (⇒17頁, 22頁, 105頁, 266頁)

　財産面では，自由財産（破34条3項）と自由財産の範囲の拡張が認められた財産（同条4項）以外のすべての財産（同条1項）を失います。自宅不動産も手放す必要があります。ただ，破産しなくとも，経済的に破綻すれば失うことになりますし，自由財産として残せる財産は，破産の場合のほうが多いといえます。

　居住制限があり，転居や旅行の際に裁判所の許可が必要ですが（破37条1項），実務上問題のない範囲で認められています。また，郵便物は破産管財人に回送され（破81条1項），破産管財人が開いて見ます（破82条1項）。

　誤解されやすいところとして，戸籍や住民票に破産したことは記載されません。資格制限との関係で，破産者の本籍地の市町村役場において，破産者名簿に記載されますが，免責許可決定を受けた場合には，裁判所から破産手続開始決定確定等の通知はされていませんので，記載されることはほとんどありません。また，選挙権や被選挙権にも影響はありません。官報公告がされますので，破産手続開始決定を受けた旨，免責許可決定を受けた旨等が官報（インターネット版「官報」もあります）に掲載されますが，一般の方が見ることは少ないでしょう。前述したとおり，公法上，私法上の各種資格制限がありますが，後日，復権すれば（免責許可決定の確定により当然復権します。破255条1項1号），資格制限はなくなります。信用情報（いわゆるブラックリスト）に破産した旨が記載されますので，5年から7年程度は，新たな借入れやクレジットカードの作成ができない場合があります（なお，官報情報として，破産手続開始決定を受けたことは10年間残るようです）。免責許可決定確定日から7年以内の再度の免責許可申立ては免責不許可事由ですので（破252条1項10号イ），借入れ等はせず，収入の範囲内で生活すれば問題ないでしょう。

　債権者に迷惑をかけたのにさほどお咎めはないのか，と思われるかもしれませんが，懲戒主義ではなく，免責制度により，個人の経済的再生を図ろうとする面が強いといえるでしょう。また，個人再生を選択できる状態の債務者であっても，個人再生前置主義は採用していませんので，破産を選択することができます。事実上ですが，経済的な失格者としての烙印を押されるとのイメージや，破産したという気持ちの問題は消えないものかもしれません。

4　債権者による破産申立て (⇒17頁, 22頁)

　今では債務者自らが破産申立てを行う自己破産が圧倒的に多いですが，かつては債権者による破産申立てが通常で，大正12年に施行された旧破産法は，債権者申立てが前提だったといってもよいと思われます。これに対し，平成17年1月1日に施行された現行破産法は，自己破産が前提となっているといってよいでしょう。

　破産は恥であるとされてきた時代，債権者申立ては，債権者の個別の権利行使の一環として利用されていました。債権者による破産申立てがあると，裁判所で審尋が開かれますが，破産したくない債務者は，その期日の際や期日間に和解交渉を行うことにより，債権者に弁済することで破産申立てを取り下げてもらうのです。債権者は，裁判所に破産手続の利用を求めながら，実際には弁済を受けていますので，事実上の優先回収を図ったことになります。

　第二次世界大戦後，昭和27年に破産免責制度が導入されましたが，自己破産が増加する昭和50年頃まではほとんど使われることがなく，債権者の個別の権利行使の一環としての利用にすぎませんでした。破産免責が普及した現在でも，債権者による破産申立ては毎年一定数あり（最近15年間の倒産事件申立件数（12頁）参照），中には，かつてと同様，破産したくない債務者との和解交渉の場，事実上の優先回収の手段として使われている事案もあります。もちろん，多くの事案は，破産管財人による財産の管理，資産調査，否認権の発動，そして平等な配当を求めるものです。

　債権者申立てにより破産手続開始決定がされた場合，破産者（債務者）は，官報公告掲載（通常約2週間後に掲載）の翌日（その日も含め）から2週間内（破9条・10条）に即時抗告ができますが（破33条1項），破産手続開始決定は，決定の時から効力を生じ（破30条2項），即時抗告には，執行停止の効力がないとされていますので，破産管財人による管財業務は進行していくことになります。ただ，仮に後日即時抗告が認容され，破産手続開始決定が取り消され，申立てが却下又は棄却される場合のことを考えると，実務上，破産管財人としては，なかなか悩ましいところがあります。

5 支払不能，支払停止が問題となる場面 (⇒19頁，50頁，82頁)

①破産手続開始原因と，②否認権や相殺禁止の各場面で問題となります。

①破産手続開始原因の点は，破産手続開始の申立てに対し，裁判所が今まさに破産手続開始決定できるかの問題です。支払不能が破産手続開始原因で（破15条1項），支払停止は支払不能を推定します（同条2項）。自己破産申立ての場合，通常は支払停止がありますので，ほぼ問題となりません。債権者による破産申立ての場合で，債務者が支払停止していないと，支払不能（又は債務超過）の疎明が必要になります（破18条2項。最終的には証明が必要です）。支払不能の要件には，弁済期の到来がありますが（破2条11項），この点，表面的には弁済期が到来していないが，近い将来に弁済ができないことが明らかな場合にまで前倒しすべきという議論に繋がります。ただ，時の経過により弁済期が到来すれば，開始決定ができることになりますので，①の場面では，特に違いはなくなるでしょう。

これに対し，②否認権や相殺禁止の点では，破産手続開始後に，破産管財人が否認権を行使したり，相殺禁止を主張したりする場合に，破産手続開始決定より前のどの時点まで遡れるかの問題となります。すなわち，破産手続開始決定による債権者平等原則をどこまで遡らせることが適切かということです。通常，ⓐ支払不能，ⓑ支払停止，ⓒ破産手続開始の申立て，ⓓ破産手続開始決定の順に進行しますので，まずは，外部への表明のため立証が容易なⓑ支払停止がどの時点であったかが問題となります（否認権では，破160条1項2号・3項・162条1項1号イ・3項・164条（対抗要件否認では支払停止のみ），相殺禁止では，破71条1項3号・72条1項3号）。次に，債務者の客観的状態のため立証の負担は伴いますが，ⓐ支払不能がどの時点であったかの問題となります（否認権では，偏頗行為否認の破162条1項1号イ・2号，相殺禁止では，破71条1項2号・72条1項2号）。偏頗行為となる弁済や相殺禁止となる相殺は，個別の権利行使の一環で行われたものといえますので，支払不能後は，債権者平等原則を徹底させ，事後的に破産財団に回復させようとするのです。なお，原則型の詐害行為否認（破160条1項1号）は，詐害行為取消権（民424条）と同様，無資力要件です。絶対的な財産減少行為は全債権者との関係ですから，破産財団の回復のため遡らせようということです。支払停止の二義性の議論については，伊藤112頁以下参照。

❻ 受任通知の意味するところ （⇒19頁，83頁，254頁）

　受任通知（介入通知）は，弁護士が債務者の代理人となり，債務整理（私的整理）や破産等の法的整理手続の申立てを行う旨を債権者に通知することをいい，実務上，重要な意味を持ちます。

　まず，自然人（個人）の場合，債権者に受任通知を送ることは，貸金業者らの取立てを止めるという点に大きな意味があります（貸金業法21条1項9号，債権管理回収業に関する特別措置法18条8項）。この点，法人の場合は，事業を停止し，近く破産申立てを行うことを明示し，代理人弁護士（申立代理人）が窓口となり，混乱を防ぐために受任通知を送ることになります。

　次に，法人，個人を問わず，受任通知を送る行為は，原則として支払停止を意味します。破産手続開始原因で，支払停止は支払不能と推定されます（破2条11項・15条2項）。また，否認権と相殺禁止における支払停止となります（否認権は破160条以下，相殺禁止は破71条・72条）。この点，個人債務者の代理人弁護士が債務整理開始通知を送付した行為につき，判例は，否認権における支払停止（破162条1項1号イ・3項）に該当するとしました[1]。なお，須藤正彦裁判官の補足意見の中で，一定規模以上の企業の私的整理のような場合に支払停止に該当するかは一概に決め難い事情があると指摘されているように，事業再生ADR等の準則のある私的整理における一時停止依頼が支払停止に該当するかが争いとなっています（詳細は，条解破産125頁参照）。

　通常再生や会社更生では，その手続開始の申立てまでは，密行性で申立準備を行い，申立て後に，民事再生では監督命令，弁済禁止の保全命令，会社更生では保全管理命令等を受けた上で，債権者にその旨の通知をしています。前述した受任通知とは意味合いが異なります。法人の破産の場合でも，密行性で申立準備を行い，破産申立て後に，債権者にその旨の通知をする事案もあります。

　民事再生でも個人再生の場合は，みなし届出との関係で，債権者一覧表を作成する必要がありますので，受任通知を送り，事実上の債権調査を行った上での個人再生申立てとなります（受任通知で貸金業者等の取立ては止まります）。

---

*1　最判平成24・10・19判時2169号9頁。⇒83頁

7 同時廃止と破産管財の振分基準 (⇒22頁, 101頁)

　裁判所は,破産財団をもって破産手続の費用を支弁するのに不足すると認めるときは,破産手続開始決定と同時に破産手続廃止決定をしなければならないとされています(破216条1項。同時廃止)。債務者の財産が乏しく,破産管財人を選任し,破産管財人が破産財団を換価し,破産債権の届出・調査・確定の手続を行い,配当するという重厚な破産管財手続を行うだけの費用と労力が意味をなさない場合には,破産手続を終了させ,免責手続に進むことにしたものです。ただ,債権者の立場からすると,財産が乏しい状況にあるのか,否認権対象行為がなかったか等の調査を経ないまま破産手続が終了するのは問題があるところです。この点,実務上,申立代理人による事実上の資産調査(否認対象行為の調査も含みます)や免責不許可事由の検討が大きな役割を果たしています。どのような場合に同時廃止で終了するのか,破産管財事件となるのかの振分基準は,実は,全国一律ではなく,裁判所ごとに運用基準が設けられています。例えば,東京地方裁判所民事第20部(破産再生部)の場合,少額管財導入後,破産管財事件の予納金が最低20万円とされていることから,債務者の財産で20万円を捻出できる場合は原則破産管財事件とされています(破産管財人選任率は5割を超えています)。大阪地方裁判所第6民事部(倒産部)の場合,本来的自由財産である99万円以下の金銭(現金)と他の個別資産(自動車,保険解約返戻金等のジャンルごとに20万円未満のもの)を合計して99万円までであれば,同時廃止での処理が可能とされています(なお,個別資産が20万円以上の場合,その全額を債権者に按分弁済して債権者に満足を受けてもらい,その資産をなくすことで,同時廃止とすることも可能とされています。破産管財人選任率は3割台です)。他にも財産の総額が一定額(60万円,50万円,40万円等)以下の場合には同時廃止での処理が可能とされる裁判所も多くあります。資産調査や免責調査を目的とした破産管財事件や自由財産拡張制度(破34条4項)が破産管財事件でのみ適用されていることから(⇒トピック13「自由財産拡張の運用基準」(205頁)),自由財産拡張を求める破産管財事件が多くなっています(多くは,異時廃止(破217条1項前段)で終了します)。

　なお,法人の場合,かつては同時廃止で処理されることもありましたが,破産管財人の調査が必要な類型ですので,必ず破産管財事件となっています。

8 差押えを受けた第三債務者（給料債権）（⇒23頁，106頁，170頁）

　従業員の給料債権を差し押さえる旨の債権差押命令（民執143条）が裁判所から送達されてきた場合，送達を受けた会社は，第三債務者として，債務者である従業員に対し，差押禁止債権（原則4分の3で（民執152条1項2号），33万円を上限とします（民執令2条1項）。なお，債務者保護の観点から，所得税，住民税，社会保険料の法定控除後の手取額を基準としています）を除き，弁済することができなくなります（民執145条1項）。会社は，給料支給日に，差押分を差押債権者の取立て（民執155条1項で差押命令が債務者に送達された日から1週間経過すると取立て可能になります）に応じ支払うか，法務局に権利供託することになります（民執156条1項。なお，二重差押えの場合は，義務供託となります（同条2項）。また，いずれもせずに，支払を留保している場合もありますが，厳密には遅延損害金が発生することになります）。

　ただ，この債権差押命令は，その後に従業員が破産手続開始決定や個人再生の開始決定を受けるとその影響を受けます。破産の場合，破産手続と同時に破産管財人が選任されると，当該差押えは失効します（破42条2項本文）が，同時廃止の場合は中止となり（破249条1項），その後の免責許可決定の確定をもって失効します（同条2項）。個人再生の場合，その開始決定により中止し（民再39条1項後段），再生計画認可決定確定をもって失効しますが（民再184条本文），裁判所は，再生のため必要があると認めるときは取消命令をすることができます（民再39条2項）。また，申立てから開始決定までの間，中止命令で中止することもできます（民再26条1項2号）。

　第三債務者である会社としては，裁判所から債権差押命令が失効し終了した旨の通知を受け取るまでは，債務者である従業員に弁済できません。また，中止の間は，差押債権者にも従業員にも弁済できないことになります（供託は可能ですが，各手続開始後は支払を留保している場合も多くあります）。その後に，失効すると，ようやく従業員に弁済することができることになります。

　破産手続開始前に差押債権者が回収した分を除き，差押可能分は破産財団を構成し（自由財産拡張（破34条4項）の可能性があります。破産管財実践マニュアル297頁参照），破産手続開始後の給料は新得財産ですので（同条1項），破産者の自由財産となります。

9　取戻権と第三者対抗要件の具備（⇒23頁，25頁，39頁）

　破産者が破産手続開始時に有する一切の財産が破産財団となり（破34条1項），これを破産管財人が占有し管理しますが，その中に破産者に属しない財産があった場合，典型的には第三者が所有する財産があった場合，その所有権に基づく物権的返還請求権は，破産手続開始決定によっても影響を受けず，所有者は，取戻権者として破産管財人に対象物の返還を求めることができます（破62条）。取戻権の対象物は，破産管財人が占有，管理する現有財団には入っていますが，破産者の所有ではなかったわけですから，法定財団には入っていなかったということです（本書202頁参照）。債権ではなく，物権の話になってきます。

　ただ，取戻権者として認められるには，その所有権を破産管財人に対抗できることが必要です（破産管財人の第三者性）。すなわち，第三者対抗要件の具備が必要となります。不動産であれば，登記が必要ですので（民177条），破産者名義のままの不動産では取戻権の主張はできません。また，動産であれば，現実の引渡し（民178条・182条1項）が必要となりますので，動産の売主が売買契約を解除して目的物の返還を求めても破産管財人に対抗できません。

　破産管財人が対象物の価値が100万円を超える取戻権の承認をする際，裁判所の許可が必要となりますが（破78条2項13号・3項1号，破規25条），許可不要行為とされることもあります（破78条3項2号。運用と書式124頁参照）。

　破産の場面では，取戻権者と認められれば，破産管財人は返還していますので，さほど問題となることはありませんが，これが民事再生の場面になると大いに問題となってきます。目的物の返還を求める者が，所有権に基づく取戻権者なのか，担保的構成によって別除権付再生債権者となるのか，という話です。

　事業を継続しながら再建を図りたい再生債務者にとって，対象物が取戻権の対象となると，引揚げに応じざるを得ません。別除権付再生債権であれば，中止命令（民再31条）や担保権消滅請求（民再148条）の可能性があり，別除権協定に向けた交渉も可能となります。そのため，例えばリース契約の場合に，解除通知のみでリース債権者が完全な所有権をもとに取戻権を行使できるのか（民再52条），対象物を引き揚げた後，処分し債権に充当するまでは担保権の実行が終わっていないと見るのか，という争いになるのです（リース契約（127頁）参照）。

10 法定財団と現有財団の関係 (⇒24頁)

　破産財団（破2条14項・34条1項）には，①法定財団，②現有財団，③配当財団の3つがありますが，実際に破産管財人が占有し管理しているのは，②現有財団です。破産管財人は，これを法が予定している①法定財団に一致させるよう努め，換価することで③配当財団を形成するわけですが，現有財団であっても法定財団でないものと，逆に法定財団であっても現有財団でないものがあります。

　まず，現有財団であって法定財団でないものの典型は，他人の所有物が混入している場合で，取戻権（破62条）の対象となる財産です。他にも，別除権（破2条9項・65条1項）の目的財産は，担保権者がその交換価値から優先弁済を受けますので，現有財団であっても法定財団ではないことになります。また，相殺権（破67条）の対象債権があります。破産債権に優先する財団債権（破148条等）の弁済分も現有財団から出ていくものです。財団債権の弁済で破産財団が尽きてしまう場合，配当財団は形成できず，破産手続は異時廃止で終了することになります（破217条1項）。

　逆に，法定財団であって現有財団でないものの典型は，否認対象行為（破160条以下）で破産手続開始前に逸出した財産です。破産管財人が否認権を行使して破産財団を回復します。破産者の所有物を他人が占有している場合もそうです（破産者が占有し，破産管財人に引き渡していない場合も同様です）。既にされていた相殺が相殺禁止に該当する場合（破71条・72条），相殺で消滅した破産者が有していた債権も法定財団となります。

■法定財団と現有財団の関係

A：法定財団であって現有財団でないもの	B：現有財団	C：現有財団であって法定財団でないもの
①否認対象行為で流出した財産 ②相殺禁止に該当する相殺で消滅した債権	現に破産管財人が占有・管理している財産（Aは含まれておらず，Cを含んでいます）	①取戻権の対象財産 ②別除権の目的財産 ③相殺権の対象債権 ④財団債権の弁済分

11 相続と破産 (⇒26頁, 102頁, 103頁)

　相続が開始すると，被相続人の財産が破産者を含む法定相続人らに移転しますので，破産手続にも関係してきます（以下，債務より財産が多い場合を想定します）。

　被相続人につき相続が開始し，遺産分割が未了の状態で法定相続人の一人が破産した場合，その法定相続分は破産財団に帰属します。かつては，破産管財人が遺産分割協議や遺産分割調停の当事者になれるか，実務上，登記との関係で争いがありましたが，現在では，破産管財人が当事者になり行っています。

　破産手続開始前に遺産分割が行われていた場合，その内容が破産者に不利なときは，詐害行為否認（破160条1項）の対象になります。

　破産手続開始前に債務者（破産者）が相続放棄していた場合は，相続人ではなくなります。この点，相続放棄は身分行為であるとして詐害行為とはならないとされています。また，破産手続開始後に破産者が相続放棄しても原則として限定承認の効力となります（破238条1項後段）。

　また，被相続人が遺贈等をし，破産者に遺留分減殺請求権がある場合，破産者が破産手続開始前にこれを行使していたときは，形成権ですから，遺留分相当の持分が破産財団に帰属します。破産手続開始時に行使未了の場合は，行使上の一身専属性があり，破産管財人は行使できません。

　また，破産手続開始後に相続が開始した場合は，固定主義との関係で，新得財産として自由財産になります（破34条1項）。相続開始前の推定相続人の地位は期待権にすぎません。開始決定の前後でまったく異なる結果になります。

　なお，破産者が，被相続人の死亡による生命保険の受取人の場合，保険金を受け取ることは相続ではありません。開始時に将来保険金を受け取れる地位の評価は，被保険者の死亡を条件とするもので，原則0と思われますが，自由財産拡張又は破産財団からの放棄がないまま開始後に保険事故があり，保険金を受け取れることになった場合に，破産財団に帰属するか争いのあるところです。

　ここまでは，破産者が被相続人の法定相続人の場合でしたが，逆に，破産者が破産手続開始後に死亡した場合，破産手続は相続財産の破産として続行します（破227条）。ただ，この点，破産者の法定相続人は単純承認してしまうと，債務を相続することになりますので，相続放棄しておく必要があります。

12　権利の放棄 (⇒26頁, 54頁, 122頁)

　破産管財人は，破産財団に属する財産の管理及び処分をする権利を有しますが（破78条1項），換価できない場合もあります。100万円を超える権利の放棄には裁判所の許可が必要とされていますので（同条2項12号・3項1号，破規25条），破産管財人は，権利を放棄するという処分ができるわけですが，権利の放棄にも2種類あります。1つは，例えば，不要な動産の所有権を実体的に放棄したり，不良債権につき実体的に放棄（免除）すると，当該動産や債権は，実体的に存在しないことになりますが，このように実体的に権利を放棄する場合です。もう1つは，例えば，不動産の場合，実務上，実体的に放棄してしまいたい土地は多数ありますが，不動産登記法上，土地の放棄は想定されていませんので，実体的な権利の放棄はできません。この場合は，破産財団からの放棄ということで，破産者に管理処分権が戻るということになります。個人破産の場合は，当該財産の管理処分権が破産者本人に戻るだけのことです（この点を用い，破産者から相当額の財団組入れをしてもらうことで，破産財団から放棄し，破産財団は増殖できるという処理もあります）。ところが，法人破産の場合は，すべての財産が破産財団となるところ，破産管財人が破産財団から放棄した不動産については，清算法人に管理処分権が戻ることになり（理論上，法人の自由財産は認められないという議論がありますが，実際上，存在することになります。自由財産（25頁）参照），その清算法人の代表者は，元の代表取締役ではなく，新たに清算人を選任する必要があります。この点，実務的に対応していて，当該不動産を任意売却したい場合，利害関係人の申立てにより，裁判所は，清算人を選任し，清算人が当該不動産を任意売却し，その上で，清算人の選任決定を取り消すという運用が行われています（スポット清算人といいます。破産管財実践マニュアル486頁以下参照）。

　一方，民事再生の場合，DIP型で，再生債務者に属する財産の管理処分権は再生債務者にありますので（民再38条1項），権利の放棄は裁判所の許可事項ですが（民再41条1項7号），実体的な権利の放棄のみです。そのため，借地上の建物がある場合，これを放棄することはできず，地主に建物を買い取ってもらえるとよいですが，最終的に建物を収去するしかないときもあります。

13 自由財産拡張の運用基準 (⇒27頁)

　自由財産の範囲の拡張制度（破34条4項。自由財産拡張制度）については，実務上，概ね，本来的自由財産である99万円以下の現金（同条3項1号）も含め，預貯金，保険解約返戻金（生命保険，損害保険，自動車保険等），自動車，居住用賃借物件の敷金・保証金返還請求権（多くの場合0評価），退職金債権（見込額の8分の1（差押え可能な4分の1（民執152条2項）の半分で評価）），電話加入権（ほぼ無価値）といった通常有するであろう拡張適格財産の合計が99万円以下であるときは原則として拡張を認める運用がされています。99万円以下に限定されるわけではなく，必要不可欠な財産の場合は，例外的に99万円を超える拡張も認められています。なお，法文上，拡張対象財産に限定はありませんが，不動産につき拡張が認められた事例はありません。

　自由財産拡張制度は，現行法で導入された制度ですが，旧法下でも，一定の財産を破産管財人が換価せず，破産財団から放棄する手法により，破産者の経済的再生を図るという運用上の工夫が行われていました。それを立法化しようとしたのがこの制度です。ただ，例えば，預金債権を本来的自由財産にすることも検討されましたが，個別執行では差押えが可能な債権ですから，立法技術上規定が難しいということで，様々な財産を対象に，裁判所が自由財産の範囲を拡張する決定をする方法により，破産財団に属する財産を自由財産化することになりました。法文上，裁判所の決定を要する点を，早期に拡張を認めるための工夫として，破産管財人が拡張を相当と判断した時点で裁判所の黙示の決定があったものとしたり，拡張の判断時期を黙示で延長したりすることで柔軟な処理が行われています。

　自由財産拡張制度は，裁判所がその決定をするに当たり，破産管財人の意見を聴く必要があり（破34条5項），破産手続開始決定と同時に廃止される同時廃止事件の場合には適用はなく（⇒トピック7「同時廃止と破産管財の振分基準」（199頁）），破産管財人が選任される破産管財事件において適用されています。

　このように，自由財産拡張制度には，一定の運用基準があり，手続も定められていますので，予見可能性がある制度として定着しているといえるでしょう。破産すると身ぐるみ剥がされるといった誤解も解けるとよいと思います。

14 破産債権・再生債権に関する訴訟の帰趨 (⇒27頁，122頁，286頁)

　破産手続開始決定より前に破産債権となるべき債権（貸付金，売掛金，損害賠償請求権等）につき請求訴訟が係属していた場合，破産手続開始決定により，当該訴訟は中断します（破44条1項）。破産者を当事者とする破産財団に関する訴訟に該当します。破産債権者は，破産手続開始決定により個別の権利行使を禁止されますし（破100条1項），破産財団の管理処分権は破産管財人に専属しますので（破78条1項），破産債権に関する訴訟をそのまま進行させるわけにはいきません。破産債権者が破産手続に参加するためには（破103条1項），破産債権の届出を行う必要があり（破111条1項），債権調査，確定の手続により，破産債権を実体的に確定させることになります。個別執行の場面では，債務名義となる確定判決を訴訟手続において取得しますが（当然，実体的に確定します），破産手続では，破産手続内で届出，調査，確定という手続により集団的に債権を確定させることにしています。したがって，債権調査において，破産管財人が認め，他の届出破産債権者が異議を述べなかった場合は，破産債権が確定し（破124条1項），破産債権者表の記載は確定判決と同一の効力を有しますので（同条3項），実体的に確定することになります。そのため，中断している訴訟手続は当然に終了することになります。ただ，破産管財人が認めず，又は，他の届出破産債権者が異議を述べた場合は，破産債権の確定手続として，原則は，当該破産債権者から破産債権査定申立て（破125条1項本文）を行うこととされていますが，既に訴訟が係属していた場合は，その訴訟を利用するため，原則として，当該破産債権者が異議者等の全員を相手方として，訴訟手続の受継申立てを行い（破127条1項），破産債権確定訴訟として進行することになります。ここで注意すべきは，1ヵ月の不変期間内に，受継の申立てを行う必要があるという点です（同条2項で準用する125条2項）。

　通常再生の場合も同様に開始決定により中断し（民再40条1項），その後の手続も破産の場合と同様です。なお，個人再生の場合は，手続開始決定があっても，再生債権に関する訴訟は中断しません（民再238条で40条1項の適用を除外しています）。これは，個人再生手続においては，再生債権につき，基準債権や議決権額を定めるだけの手続内確定だからです。

15　破産手続開始後の破産者の行為を防止するために（⇒28頁）

　破産手続開始後、破産者が破産財団に属する財産に関してした法律行為は、破産手続との関係では無効ですが（破47条1項）、破産管財人がこれを取り戻す手間と費用がかかりますので、実務上このような事態にならないよう注意しています。

　破産申立ての圧倒的多数は自己破産申立てで、申立人（債務者）は、破産手続終了後に免責許可決定を受け、破産債権の責任を免れたいわけですから（破253条1項本文）、申立てに当たり、申立代理人が十分説明しています。その際、免責不許可事由（破252条1項各号）のほか、破産犯罪（破265条以下）の指摘もします（⇒トピック**2**「個人が破産する際の注意点」（194頁））。

　また、申立代理人は、破産申立ての準備作業の中で財産を把握する際、例えば、実印、印鑑カード（既に取得した印鑑証明書があれば印鑑証明書も）、預金通帳、銀行印、キャッシュカード、保険証券等を預かることで保全し、破産手続開始後、速やかに破産管財人に引き継ぎます（その後、自由財産拡張（破34条4項）で破産者の自由財産の範囲が拡張されたものは、破産者に戻されます）。

　不動産の所有権移転登記手続や普通自動車の登録名義変更手続の際、実印による押印と印鑑証明書が必要ですので、これらを預かることにより事実上防止できることになります（なお、破34条3項2号、民執131条7号・132条1項参照）。この点、個人の破産の場合、不動産登記に破産手続開始の登記（破産登記）を行うことになっていますが（破258条1項。法人の場合は、商業登記に破産登記がされます（破257条））、実務上問題のない事案では、破産登記を留保しています（破産管財人が必要と判断すれば、嘱託登記されます。運用と書式100頁参照）。

　このように配慮をしていたとしても、漏れが生じることがあります。転送郵便物で破産管財人が認識していなかった財産が判明したり、債権者からの指摘で破産管財人が調査し判明することもあります。申立代理人としては、通常想定される財産関係につき、できる限りチェックするようにしています。

　問題は、債権者申立ての場合です。破産者が破産管財人に協力的でない場合、このおそれが強くなりますので、破産管財人としても破産者の財産が判明した都度保全を図っていくことが必要です（不動産の破産登記も必須となります）。

16 商品（動産）の買主が破産した場合 (⇒29頁，42頁)

　単純な売買契約で，売主が商品（動産）を先に買主に引き渡し，売主の売掛金債権が残っている場合，この状態で買主が破産手続開始決定を受けると，売主の売掛金債権は，破産債権となります（破2条5項）。当該商品が買主の下にあれば，売主は動産売買先取特権を有しており（民311条5号・321条），特別の先取特権として別除権となり（破2条9項），破産手続外で担保権の実行が可能です（破65条1項）。ただ，その実行方法は，原則として動産競売開始許可を得る方法で（民執190条1項3号・2項），動産競売ですので，あまり回収は望めません。買主が第三者に当該商品を転売し引き渡した場合，動産に対する追及効がなくなりますが（民333条），買主の転売先に対する売掛金債権が未払いの場合，物上代位権に基づく債権差押えが可能です（民304条1項本文，民執193条1項）。差押えができれば，全額を回収できる可能性があります。ただ，売掛金回収前に差押えをする必要があります（民304条1項但書）。

　また，売主が契約を解除したとしても，買主が破産手続開始決定を受けると，破産管財人の第三者性から，解除後の第三者（対抗問題）又は解除前の第三者（民545条1項但書）として，いずれも破産管財人に対抗できません。そうすると，売主としては，買主の破産手続開始決定までに，当該商品を引き揚げてしまえばよいと思うでしょう。ただ，売主には所有権はありません。契約を解除して，原状回復請求又は所有権に基づく返還請求をするにも，解除原因があるのかが問題となります。単純売買では約定解除権はなく，法定解除権も，履行期前に催告解除はできず（民541条），金銭債権に履行不能はありません（民543条）。今後の債権法改正により，明確な履行拒絶が無催告解除原因になると，支払停止，支払不能の場合に問題となりそうです。解除原因があった場合も，自力救済は認められていませんので，債務者（買主）の同意なく引き揚げることはできません。この点，刑事上は窃盗罪等，民事上は不法行為の問題となります。なお，動産売買先取特権の対象動産の代物弁済が有害性なく否認できないとする判例[*2]がありますが，契約を解除した場合，動産売買先取特権はありません。

---

*2　最判昭和41・4・14民集20巻4号611頁〔百選31〕。⇒84頁

17 双方未履行双務契約の規律による解除の可否 (⇒30頁, 123頁)

主な契約類型（売買, 賃貸借, 請負, 雇用（労働））につき, 破産法53条1項, 民事再生法49条1項が適用されるか, すなわち, 破産管財人, 再生債務者等が解除を選択して契約を解除できるかをまとめると, 次のとおりとなります。

契約類型・債務者	破産法	民事再生法	比較
売買契約・双方	破53条適用あり	民再49条適用あり	同じ
賃貸借契約・賃借人	破53条適用あり	民再49条適用あり	同じ
賃貸借契約・賃貸人	賃借人対抗要件具備の場合, 破53条適用なし 破56条で賃貸人から解除不可	賃借人対抗要件具備の場合, 民再49条適用なし 民再51条, 破56条で賃貸人から解除不可	同じ
	敷金につき, 破70条後段の寄託請求	敷金につき, 民再92条3項の共益債権化	違う
請負契約・請負人	原則として, 破53条適用あり	原則として, 民再49条適用あり	同じ
請負契約・注文者	破53条適用なし 民642条で請負人からも解除可	民再49条適用あり	違う
雇用契約・労働契約—労働者	破53条適用なし 契約存続	民再49条適用なし 契約存続	同じ
雇用契約・労働契約—使用者	破53条適用なし 民631条で労働者からも解約可 ただし, 破産管財人からの解雇には, 30日前の予告又は解雇予告手当の支払が必要（労基20条1項）	民再49条適用あり ただし, 再生債務者からの解雇には, 労働法制の制約あり（整理解雇の4要件（要素））	違う

18 賃借人が倒産したら （⇒31頁，124頁，209頁）

　事務所，店舗，工場等の事業目的の場合と個人の居住用の場合で異なります。
　まず，事業用の賃貸借の場合，ある日突然通知を受け，賃借人が倒産したことを知ります。今後の賃料は入るのだろうか，出るときはきれいにして出て行ってくれるのだろうか，と思うでしょう。破産と民事再生，会社更生でその後の対応が変わってきます。民事再生や会社更生では，事業継続していきますので，賃料も入ってきます。毎月末に翌月分を払う約定が多いので，約定どおり弁済されていれば，滞納はない状態のままとなります。賃借人から差し入れられた敷金・保証金もありますので，その範囲内なら一安心です。そのまま再生債務者，更生会社が賃借し続ける場合もありますが，スポンサーの傘下に入り事業譲渡されると，賃借権の譲渡につき承認を求められることになります（民612条1項）。会社分割の場合は包括承継ですので原則承認の話にはなりません。
　これに対し，破産の場合，事業を停止し，解体・清算していきますので，賃料が入らず，場合によっては原状回復もしてもらえないかもしれないことを覚悟したほうがよいでしょう。これらが敷金・保証金の範囲内で収まるようであればよいのですが，持ち出しになる可能性もあります。また，賃借人から明渡しを受けられないと，勝手に建物内に入ることも，鍵を交換することもできません。破産手続開始後は，賃借人の破産の規律により，破産管財人が解除を選択し，明渡しをし，賃料等と敷金・保証金の清算を行うことになります。和解的処理がされることが多いでしょう。なお，賃借人が破産申立てする前に賃借人から明渡しを受け，賃借人との間で合意解除することもあります。
　個人の居住用建物の賃貸借の場合，個人破産でも個人再生でも，賃料の滞納がない場合，賃貸人は債権者になりませんので，特に通知は届きません。賃料の支払が続きますので，賃借人が倒産したことすらわからないままのことも多いです。ただ，土地の賃貸借で，借地上に借地人（賃借人）が建物を所有している場合，当該借地上の建物は破産財団となりますので，地代の支払が滞ることがあります。破産管財人としては，借地権付建物の価値を維持するために地代を財団債権として支払うこともありますし，建物の担保権者が地代を代払いすることもあります。

19 違約金条項適用の可否 (⇒32頁, 124頁)

　賃借人の破産,再生の場面で,破産管財人又は再生債務者が,賃貸借契約に定められた約定解除（解約）権ではなく,破産法53条1項又は民事再生法49条1項に基づく解除（解約）を選択した場合にも賃貸借契約上の違約金条項の適用を受けるのかが問題となります。以下,破産を前提に進めます。

　この問題意識は,賃借人が賃貸人に差し入れた敷金・保証金の返還請求権が破産財団に帰属するところ,賃貸借契約上,賃借人から解除する場合に敷金・保証金の全額を放棄又は没収する内容や,6ヵ月前予告で即時解除の場合には6ヵ月分の支払が必要であるといった違約金条項がある場合,敷金から控除（充当）されることになるのか,適用されるとすると破産財団が減少することになりますので,これを許容することができるのかというところにあります。

　争いとなった事案の場面は様々ですが,下級審裁判例は肯定[3],否定の両方があり,決着は付いていません。

　この点,大阪地方裁判所第6民事部（倒産部）は,破産法53条1項に基づく解除権は,民法上の解除原因（民541条から543条）の存否や契約当事者間の合意内容いかんにかかわらず行使し得るものであり,法によって破産管財人に与えられた特別の権能（法定解除権）であり,破産者の従前の契約上の地位よりも有利な法的地位を与えたもので,破産者にとって不利な契約条項には拘束されないものと解されるとの見解を示しています（運用と書式116頁以下参照）。

　賃貸人の立場からすると,賃借人の破産という偶然の事情により,約定を覆されてしまうことになりかねませんが,次の賃借人を募集し,新賃借人からの差入敷金・保証金もあり,賃料回収もできることになりますので,これらを調整要素として,事案に応じた和解的処理が行われています（破産管財実践マニュアル223頁参照）。

　なお,違約金条項の適用があるとした場合に,その違約金請求権は,破産手続開始前の原因である賃貸借契約に基づいて生じた請求権ですから,破産債権となると考えられます（伊藤363頁は財団債権とします）。

---

[3] 民事再生の事例として,大阪地判平成21・1・29判時2037号74頁〔百選77①〕。他の裁判例（肯定,否定）は,条解破産444頁以下参照。⇒124頁

20 原状回復請求権の法的性質 (⇒32頁, 124頁)

　賃借人の破産，再生の場面で，破産管財人又は再生債務者が解除（解約）を選択し（破53条1項，民再49条1項），それまで事務所，店舗，工場等として利用してきた賃借物件を契約終了に伴い賃貸人に明け渡す際，賃借人には原状回復義務があり（民616条・598条），賃貸借契約書上，賃借人がその費用を全額負担するよう規定されていることが多いですが，この原状回復請求権が財団債権（破148条1項4号又は8号），共益債権（民再119条2号）となるのかという問題です。以下，破産を前提に進めます。

　かつては，賃借物件の明渡しの際には原状回復を伴い，賃借物件の明渡しが財団債権である以上，原状回復請求権も財団債権であると解されていました。

　ところが，賃借人が差し入れている敷金・保証金を大幅に上回る原状回復費用がかかる場合，敷金・保証金が賃料や原状回復の担保のために差し入れられているものですから，その範囲で控除（充当）されることはやむを得ないとしても（もっとも，通常損耗分は賃貸人負担であることに注意が必要です），これを超えて，他の破産財団から優先的に弁済を受けられるとするのは，信用供与の観点からしてもバランスを失しているのではないかと思われます。

　そこで，賃借物件の明渡義務と原状回復義務は二分できることに着目し，明渡義務は，破産管財人が解除を選択したことにより賃貸人の目的物返還請求権が取戻権（破62条）又は財団債権（破148条1項4号又は8号）となりますが，原状回復義務は，破産手続開始前の原因である賃貸借契約に基づき，原状変更行為がされたことにより生じた債権ですので，破産債権（破2条5項）と解することができます。

　具体的な仕分けとしては，明渡作業は，概ね建物内の動産類の撤去で，建物に造作を加えている場合の撤去は原状回復といえるでしょう。

　この点，大阪地方裁判所第6民事部（倒産部）では，原状回復請求権は財団債権でなく，破産債権である旨を明らかにし（運用と書式115頁以下，破産管財実践マニュアル223頁以下参照），破産管財人はこの見解をもとに，前述した明渡作業と原状回復の具体的な仕分けを賃貸人と協議し，和解的な処理を行っています（伊藤362頁以下は財団債権説，条解破産444頁は破産債権説です）。

21 賃貸人が倒産したら （⇒32頁，124頁，209頁）

　ある日突然通知が届き，賃借人であるあなたは，大家さん（賃貸人）が倒産したことを知ります。一番に思い浮かぶのは，このまま住み続けられるのだろうか，使い続けられるのだろうかということでしょう。そして，賃貸人が倒産したが，次の賃料の支払はどうしたらよいのだろうか，差し入れた敷金・保証金は戻ってくるのだろうかと思うでしょう。

　破産，民事再生，会社更生のいずれでも，建物賃貸借の場合，建物の引渡しを受けていることで賃借権には対抗力がありますので（借地借家31条1項），すぐに建物を明け渡す必要はありません（破56条，民再51条，会更63条）。

　次に，賃貸人が倒産したとしても，賃料の支払義務はなくなりませんので，約定どおりの賃料を支払う必要があります。この点，差し入れている敷金・保証金が戻ってくるか心配なので今後の賃料債務と相殺したことにしてほしいと考えるかもしれませんが，敷金返還請求権は，賃貸借契約が終了し，賃借物件を明け渡して初めて具体化する停止条件付債権（破産債権，再生債権，更生債権）とされていますので，相殺することはできません。敷金返還請求権は，未払賃料等を担保するためにありますので，賃料の未払いがあった場合，それを控除（充当）して残額がある場合に具体化するものとされています。ただ，賃料を滞納した場合，破産管財人等から債務不履行解除される可能性がありますので，賃料を滞納することは得策ではありません。

　敷金返還請求権を保全するために，破産では寄託請求（破70条後段），民事再生と会社更生では共益債権化（民再92条3項，会更48条3項）による保護を図っています。

　この保護を受けるためには，破産の場合，賃借人は，賃料支払の際，破産管財人に対し，寄託請求を行う必要があります。また，民事再生と会社更生の場合，各弁済期に賃料を弁済する必要があります。債権届出もしておきます。

　なお，破産の寄託請求では，場合によっては敷金の全額を回収できる可能性がありますが（最後配当の除斥期間終了までに賃借物件を明け渡し，敷金返還請求権を具体化させ，相殺の意思表示をします），民事再生と会社更生の共益債権化では，手続開始時の賃料の6ヵ月分に相当する額が上限となります。

22 賃借人と担保権者の関係 (⇒33頁)

　建物賃貸借の賃貸人の破産の場合，賃借人は建物の引渡しを受け（借地借家31条1項），賃借権につき第三者対抗要件を具備していますので，破産管財人は賃貸借契約を解除することはできませんが（破56条1項），賃貸人が建物建築資金や他の事業資金の融資を受ける際に，その建物に抵当権，根抵当権を設定していることが多く，実務上，担保権者と賃借人の関係が問題となります。

　賃借人が抵当権設定登記より前に建物の引渡しを受けている場合は，賃借権を担保権者にも対抗できますので，担保権者が別除権者として担保権実行しても担保不動産競売の競落人に対抗することができます。

　ただ，そのような場合は少なく，抵当権設定登記後に賃借人が建物の引渡しを受けていることのほうが多いです。この場合，平成15年の担保・執行法の改正で民法旧395条の短期賃貸借制度が廃止されたため，抵当建物の賃借人には6ヵ月の明渡猶予期間が与えられるだけになり，任意に明渡しをしなければ，引渡命令により，強制的に明渡しをさせられる立場になりました（改正後の民395条1項）。

　このように，賃借人は，破産管財人には勝てても，担保権の実行がされてしまうと，担保権者（競落人となります）には負けるという関係にあります。

　この点，任意売却で建物の所有権が買主に移転すると賃貸人の地位も移転し，敷金返還債務も未払賃料等を控除（当然充当）した残額が承継されますので（判例），実務上，破産管財人としては，任意売却できるよう努めています。

　他にも，賃借人と担保権者との関係では，担保権者が物上代位権の行使により賃料債権を差し押さえた場合（民372条・304条1項，民執193条1項）に，賃借人が賃料の寄託請求（破70条後段。⇒トピック23「賃料の寄託請求」（215頁））できるかが問題となります。賃借人は，賃料を差し押さえた担保権者に弁済する必要があり，破産管財人側には寄託物がない関係にあります。このような状況では，賃借人に賃料の寄託請求を認めることは難しいように思われます（伊藤467頁，概説252頁参照）。この点は，賃貸人の再生の場面で，敷金返還請求権の共益債権化（民再92条3項）が可能かについても同様に問題となります（概説271頁参照）。

23　賃料の寄託請求（⇒33頁，214頁）

　　賃貸人の破産の場面で，賃借人が賃貸人に敷金を差し入れている場合，その敷金返還請求権の保全を図るために認められたのが賃料の寄託請求の制度です（破70条後段）。供託所でする供託ではありません。

　　賃借人が破産管財人に賃料を弁済する際，寄託請求をして（実務上，書面で行っています），その弁済分を破産財団から取り分けておいてもらいます。

　　寄託請求を受けた破産管財人は，高価品保管場所としての破産管財人名義の銀行口座とは別の口座を設けて分別管理する場合もありますが，同じ口座の中で計数上の管理をしておくことで足ります。破産管財人は，寄託請求があった賃料弁済分を使わないようにしていますので，当該物件の維持管理に必要な費用にも充てることができないことになります。

　　敷金返還請求権は，賃借人が賃貸借契約を解約し，賃借物件の明渡しをすることを停止条件とする停止条件付破産債権ですが，その後，賃借人が賃貸借契約を解約し，明渡しをしたときに停止条件が成就し敷金返還請求権が具体化します。寄託請求して行った賃料の弁済は，この停止条件の成就を解除条件とした弁済ですので，遡及的に弁済がなかったものとなります。そして，賃借人は，破産管財人に対し，敷金返還請求権を自働債権とし，賃料債務を受働債権として，対当額で相殺の意思表示をすることで，破産管財人から不当利得として賃料相当額の返還を受けることになります（破148条1項5号。財団債権）。

　　民事再生の共益債権化（民再92条3項）のような期間制限はありませんので，敷金の全額を回収できる可能性があります。ただ，停止条件が最後配当の除斥期間内に成就しない場合（破198条2項）には認められませんので（破201条2項），その意味では終期が定められているといえるでしょう。

　　破産管財人は，当該不動産を収益物件として任意売却できるよう努めています。そして，買受希望者が現れ，担保権者の同意を得られれば，当該不動産を任意売却し，新所有者である新賃貸人が敷金返還債務を承継しますので，賃借人の敷金返還請求権は，破産債権ではなくなり，寄託請求も意味を失います。したがって，賃借人が寄託請求を行い，破産管財人が破産財団から取り分けておいた賃料弁済分は，破産財団に組み入れられることになります（破201条2項）。

24 敷金返還請求権についての再生計画の条項 (⇒138頁, 152頁)

　敷金返還請求権は, 賃貸借契約が終了し, 賃借人が賃貸人に対し賃借物件を明け渡して初めて具体化する停止条件付債権です。それも, 未払賃料, 原状回復費用等を控除した残額につき発生します (判例の当然充当)。

　賃貸人の破産の場合, 敷金返還請求権は, 不動産の任意売却により買主である新賃貸人に敷金返還債務が承継される場合を除き, 破産債権の最後配当に関する除斥期間内に停止条件が成就しないと配当から除斥されます (破198条2項。寄託請求 (破70条後段) も意味を失います。破201条2項)。これに対し, 賃貸人の再生の場合, 除斥されませんので, 再生債権の権利変更の条項として, 将来停止条件が成就したときの条項を定めます。また, 敷金返還請求権を有する債権者は, 再生手続開始後の賃料債務の約定弁済に当たり, 再生手続開始時の賃料の6ヵ月分を上限として共益債権化されます (民再92条3項)。

　このように, 当然充当, 権利変更, 共益債権化の3つの要素が絡み合い, 再生計画の作成の際に影響します。最も素直な考え方は, 判例の当然充当を前提に, 当然充当後に具体化した敷金返還請求権額のうち, 共益債権化される部分を除き, 残額を再生計画に基づき権利変更するものです (当然充当先行説)。これに対し, もう1つの素直な考え方は, 停止条件付の状態でも権利変更可能と考え, 共益債権化される部分を除き, 残額につき再生計画に基づき権利変更した額をもとに, 条件成就時に当然充当されるとするものです (権利変更先行説)。

　前者は, 判例に忠実ですが, 不払いを誘発すると批判され, 後者は, 再生債務者に有利な結果となりますが, 再生計画認可前の成就の場面は当然充当が先行し, 時期により公平な処理ができないと批判されるところです。実務上, いずれの再生計画も認可されています。この点, 当然充当の相殺と実質的類似性から, 当然充当と相殺を合計6ヵ月分に限定すべきとの少数説もあります。

　また, 不動産が任意売却されると, 破産の場合と同様, 買主である新賃貸人が敷金返還債務を承継しますので, 再生手続から離脱します (民再92条3項の共益債権化もされません)。この点, 倒産の場面では敷金返還債務は承継されないとの少数説もあります。なお, 権利変更先行説の場合, 権利変更された後の敷金返還債務が買主に承継されるのかという問題が残っています。

㉕ 建物建築請負契約の処理 (⇒33頁, 35頁, 125頁, 209頁)

　建物の建築請負契約を例に見ると，注文者，請負人（元請負人），下請負人（さらに孫請負人も）と登場者がいて，ここで元請負人が倒産すると，注文者との関係では，請負人の倒産（本書33頁参照），下請負人との関係では，注文者の倒産（本書34頁参照）となり，それぞれの規律が異なるため，事態は複雑化します。

　破産の場合，原則として，工事の続行は難しく，破産管財人としては，注文者との契約も下請負人との契約も解除します（前者は破53条1項，後者は民642条）。請負契約は，仕事を完成して報酬を得ることができますが（民632条・633条），建物建築等の請負契約の場合，基本的に仕事は可分で出来高を想定できると理解されています（また，基本的に代替も可能です）。解除についても，施工済みの出来高部分は解除できず，未施工部分のみ解除できます。そして，破産管財人は，出来高部分に相当する報酬を注文者から受け取ります（⇒トピック㉖「請負人の倒産で前渡金があった場合」(218頁)）。下請負人の出来高部分の報酬は破産債権となります（民642条1項）。例外的ですが，破産管財人が注文者との関係で履行を選択する場合は，下請負人との関係では，破産管財人，下請負人双方が残工事について履行することで合致することが必要です（民642条は履行選択の場合を規定していません）。破産管財人は，下請負人に対し，残工事分の報酬を財団債権（破148条1項4号，又は7号の適用若しくは類推適用）として弁済し，注文者からは報酬を受領します。

　これに対し，民事再生の場合，事業継続のために履行を選択したいところです。注文者との関係で履行を選択するには（民再49条1項），下請負人との関係でも履行を選択する必要がありますが（同項。民642条は破産の場合のみ），下請負人が残工事を施工してくれるかにかかってきます。この点，再生手続開始時（実務上は再生手続開始の申立て時に一旦工事を中断し，出来高確認をしています）の出来高部分に対する報酬は再生債権，残工事部分に対する報酬が共益債権という仕分けになる点を理解してもらう必要があります（この点，請負契約は一体で不可分であるとの主張も出ますが，建築請負契約は可分が前提です）。この理解を得るか，代替の下請負人を手配することで，残工事部分を完成させ注文者から報酬を受領し，下請負人の共益債権となる報酬を弁済します。

26 請負人の倒産で前渡金があった場合 (⇒34頁, 125頁)

　例えば建物建築請負契約の請負人である建設会社が破産した場合，原則として双方未履行の双務契約の規律により，破産管財人が請負契約の解除又は履行を選択できます（破53条1項）。破産管財人が工事の続行は困難として未施工部分につき解除し，注文者から請負人に対する前渡金（前払金）が出来高を上回っていた場合，差額につき注文者の前渡金返還請求権がありますが，これは，財団債権となるとされています（破54条2項）[*4]。この点，対価的な牽連関係があるのは，前渡金と出来高が見合っている部分のみで，それを超える部分は注文者が請負人に対し信用供与している状態にありますので，破産債権と考えるべきとの反論があるところです（議論の状況は，伊藤379頁以下，概説223頁以下参照）。

　この点，他の場面を見ておくと，まず，請負人が破綻し，注文者が請負人の債務不履行に基づく解除権により請負契約を解除し，前渡金返還がないまま請負人が破産手続開始決定を受けた場合は，前渡金返還請求権は破産債権となります。次に，請負人の破産手続開始後の場面で，注文者は，破産手続開始前の債務不履行に基づく解除権を有していた場合，請負契約を解除することができるとされていますが，その場合も前渡金返還請求権は破産債権となります。さらに，注文者が請負人に請負代金全額を支払っていた場合は，一方既履行となりますので，双方未履行の双務契約の規律は適用されず，破産債権となります。

　結局，破産管財人が破産法53条1項に基づき解除を選択した場合のみ財団債権に格上げされていることになります。破産管財人に解除権が与えられたこととの公平の観点から財団債権とされていると理解されていますが，注文者としては，自らの解除権に基づき解除するのではなく，破産管財人に確答の催告をして（同条2項），破産管財人に解除を選択させたほうが有利な結果となることになります。

　この点は，民事再生の場合でも同様ですが，事業継続のために履行を選択することが多く，その場合は，再生債務者の請負人が履行し，注文者は，請負残代金を支払うことになります（ただ，赤字工事の可能性があります）。

[*4]　最判昭和62・11・26民集41巻8号1585頁〔百選79〕は，財団債権としています。⇒34頁

27 労働契約の帰趨 (⇒35頁, 36頁, 123頁, 209頁)

　使用者の破産の場合，使用者（債務者）は，事業停止の際に全従業員を解雇していることが通常ですので，実務上，破産手続開始時に労働契約が存続している場面はほとんどありません。破産手続開始時に労働契約が存続していた場合は，労働者，破産管財人双方が解約の申入れをすることができます（民631条・627条）。双方に確答催告権も認められています（破53条3項）。破産した中で，労働者に就労を強制することはできませんので，解約権を認めたものです。ただ，破産管財人の解約には，労働基準法上の規律が及びますので，即時解雇するには，解雇予告手当（解雇直前3ヵ月間の平均賃金の30日分以上。労基20条1項）の支払が必要です（財団債権となります（破148条1項2号又は4号））。

　これに対し，労働者の破産の場合，労働者が破産手続開始決定を受けたことは労働契約に影響を及ぼしません。労務の提供は破産財団とは関係ありませんので（自由財産関係。破産手続開始後の給料は新得財産です），労働者は，破産したからといって，退職する必要はありません。破産管財人には，労働契約の解約権はありません。この点，退職金債権の差押可能分が破産財団に帰属するとしても（4分の1の部分。破34条2項・3項，民執152条2項），その回収のために破産管財人が労働契約を解約することはできません（破産管財人は，自由財産拡張（破34条4項）や破産財団への組入れをもって破産財団から放棄すること（破78条2項12号）で処理しています）。使用者も破産の事実をもって不利益に扱うことはできません。労働者の破産を理由に解雇することは合理的な理由を欠きますので，解雇権の濫用として認められません（労契16条）。

　民事再生で，使用者の再生の場合，民法631条の適用はなく，民事再生法にも規定がありませんので，双方未履行の双務契約の規律（民再49条1項）が及ぶことになりますが，再生手続が開始したからといって，労働基準法，労働契約法等の労働法制による制約がありますので，単純に労働契約の解除を選択できるものではありません。リストラを伴う場合は，いわゆる整理解雇の4要件（要素）を具備したものであるかの検討が必要となります。

　これに対し，労働者の再生（多くは個人再生）の場合，破産の場合と同様，労働契約に影響を及ぼしません。労働者の職業選択の自由が尊重されます。

28 職場が倒産したら (⇒35頁, 185頁)

　その日は突然やってくるかもしれません。一日の仕事を終えたとき，全従業員が集められ，社長から告げられます。この時点では，債権者はまだ知らないことが通常です（混乱を防止する意味もあります）。それが民事再生や会社更生であれば，会社は残るでしょう。給料も優先して支払われます。その後，事業再建のためにリストラがあるかもしれませんので，全従業員の雇用が確保されるかはわかりませんが，それも事業が継続できてのことです。事業が立ち行かなくなれば，破産で全員解雇となります。そうならないためにも，冷静になり，債権者に理解を求め，取引先には従前どおりの取引を求め，事業継続に全力を尽くします。そうすれば，自力再建の可能性もありますし，信用力のあるスポンサーが名乗りを上げてくれるかもしれません。

　しかし，破産や特別清算の場合は，全員解雇で職場を失うことになります。即時解雇の場合，その日に退職となります。予告解雇の場合は，解雇日までの間は仕事をする必要があります。即時解雇となっても，残務処理をアルバイト的に依頼されることもあるでしょう。

　解雇されたとしても，冷静に行動しましょう。混乱してしまっては後始末もうまくいきませんし，長年お世話になった取引先にもさらなる迷惑をかけることにもなります。自分のこととしては，未払いの給料や退職金を払ってもらえるのか，雇用保険（失業保険）の手続は速やかにできるのか，といった点が気になります。退職時に必要な各種手続に協力し，申立代理人からは未払賃金立替払制度の利用等，今後の進行や見通しの説明を受けるようにしましょう。支給されていた携帯電話，ETCカード，鍵等は返却し，私物は持ち帰りましょう（事務所，店舗，工場等は閉鎖されます）。レジのお金や商品を持ち帰ったりしてはいけません（犯罪になってしまいます）。また，その後の手続のために，申立代理人，破産管財人らに連絡先がわかるようにしておきましょう。

　最も困るのは，社長が夜逃げをする等行方がわからなくなってしまう場合です。従業員としては情報がなく，どう動いてよいかわかりません。経営者は，放り出してしまうのではなく，最後まで責任をもって処理すべきでしょう。

㉙ 破産で従業員を解雇する際の諸手続 (⇒35頁)

　破産申立てに当たり，通常は，事業停止時に全従業員を即時解雇します。解雇の際，口頭のみとなることもありますが，解雇したことと退職日を明確にするために，できる限り解雇通知書を手渡し，受領の旨を確認するようにします。解雇の当日に出張や休日の従業員には，可能な範囲で出社してもらい，難しい場合は，電話で伝えた後で翌日以降速やかに解雇通知書を受領してもらいます（以上は，予告解雇の場合も同様です）。また，残務処理のために必要な人員の確保もしておきます。

　そして，未払いの①給料，②退職金，③解雇予告手当（解雇直前3ヵ月間の平均賃金の30日分以上。労基20条1項）につき，正確に計算した上，資産状況に応じて，③解雇予告手当，①給料，②退職金の順で可能な限り支給します。立替実費が未精算の場合は処理しておいたほうがよいでしょう。また，①給料，②退職金につき未払賃金立替払制度を利用する場合は，従業員にその旨説明し，後日破産管財人が未払賃金の証明を速やかに行えるよう，前述の計算した際のデータ，賃金台帳，退職金規程等の資料の確保等の準備作業を行います（⇒トピック㉝「未払賃金立替払制度」(225頁)）。なお，従業員に対し貸付けがある場合，従業員の了解を得て退職金等と相殺処理します。

　また，従業員が退職した際の諸手続を行います。①雇用保険（失業保険）受給に必要な雇用保険被保険者離職証明書を公共職業安定所（ハローワーク）に提出し，離職票を従業員に交付，②社会保険関係で被保険者資格喪失届を年金事務所に提出（任意継続する場合もあります），③住民税関係では，特別徴収から普通徴収に切り替えるための給与所得者異動届出を市区町村に提出，④所得税関係では，源泉徴収票を従業員に交付する必要があります。⑤退職金がある場合は，従業員から退職所得の受給に関する申告書を受け取り，破産管財人に引き継ぎます。退職所得控除を受けるために必要な書類となります。⑥従業員個人の手続だけでなく，雇用保険適用事業所廃止届，社会保険資格喪失届（全喪届）も提出します。⑦中小企業退職金共済（中退共）等の外部の退職金制度を利用している場合は，その受給に関する手続も行います。

　破綻時の混乱の中でも，これらの手続を確実に行うようにしましょう。

30　労働債権の取扱い（破産）(⇒72頁，225頁)

　事業者が破産手続開始決定を受けた場合，元従業員が事業者に対して有する未払いの労働債権は，その一部が財団債権となり（破149条），その余が優先的破産債権となります（破98条1項，民306条2号・308条）。旧法では，すべて優先的破産債権であったところ，一部を財団債権に格上げしたものです。

　主な労働債権としては，①給料，②退職金，③解雇予告手当の3つがあります。

　①給料については，破産手続開始前3ヵ月間に発生したものが財団債権となり（破149条1項），その余が優先的破産債権となります。破産手続開始決定日の3ヵ月前の応当日（ちょうど3ヵ月前の同日）から破産手続開始決定までの間に生じた部分のみとなることに注意が必要です。

　②退職金については，退職前3ヵ月間の給料の総額と破産手続開始前3ヵ月間の給料の総額のいずれか多いほうの額に相当する額が財団債権となり（破149条2項），その余が優先的破産債権となります。

　③解雇予告手当（労基20条1項）については，労働の対価ではないため，「給料」（労基11条）に該当せず，優先的破産債権となります。ただ，実務運用として，実質的な給料該当性を認め，破産手続開始前3ヵ月間に使用者が労働者に対して解雇の意思表示をした場合の解雇予告手当につき，破産管財人から，給料該当性を認めて財団債権として支払いたい旨の許可申立てがあれば許可する裁判所もあります（管財手引210頁参照）。

　なお，破産手続開始前に従業員が立て替えていた交通費，ガソリン代などの立替費用（実費弁償）も給料には含まれませんが，雇用関係により生じた債権（民306条2号・308条）として優先的破産債権となると解されます。

　労働債権の財団債権部分は，他の租税債権（破148条1項3号）等と同列です。強制執行はできません（破42条1項）。破産財団が不足する場合には，その弁済や配当を受けることができません。労働債権の優先的破産債権部分は，租税債権の優先的破産債権部分に劣後します（破98条2項，民329条1項・306条）。配当可能な事案では，労働債権の優先的破産債権部分につき弁済許可を受けられます（破101条1項本文）。そういう意味でも，労働者健康福祉機構が行う未払賃金立替払制度が大切なセーフティネットとなってくるわけです。

31 労働債権の取扱い（民事再生）（⇒123頁，144頁，175頁）

　民事再生は，事業再生を目的としていますので，破産の場合と異なり，労働債権は再生手続によらないで随時弁済を受けられるようになっています。

　すなわち，再生手続開始前の未払いの労働債権は，一般の先取特権がある債権（民306条2号・308条）として，一般優先債権となり（民再122条1項），再生手続によらずに随時弁済を受けることができます（同条2項）。給料，退職金，解雇予告手当のいずれもがその対象となります。再生手続開始前に従業員が立て替えていた交通費，ガソリン代などの立替費用（実費弁償）も，雇用関係により生じた債権（民306条2号・308条）として一般優先債権となると解されます。

　また，再生手続開始後に発生する給料債権は，共益債権となり（民再119条2号），再生手続によらずに随時弁済を受けることができます（民再121条1項）。退職金債権については，再生手続開始後に会社都合で解雇した場合も同じく共益債権となり，従業員が自己都合退職した場合は，再生手続開始前の期間に対応する退職金部分は一般優先債権，再生手続開始後の期間に対応する退職金部分は共益債権となると解されます（いずれも随時弁済のため，実際上の違いはありませんが，後述する牽連破産の場合に違いが生じることになります）。なお，再生手続開始後の解雇の際の解雇予告手当は共益債権となります。

　破産の場合，財団債権となっても強制執行はできませんが（破42条1項），民事再生の場合，一般優先債権，共益債権のいずれも可能となります。ただし，強制執行が再生手続に著しい支障を来す場合には，中止又は取消命令の制度があります（民再122条4項・121条3項ないし6項）。

　再生手続が失敗して廃止し，牽連破産した場合，再生手続における共益債権については，すべて財団債権となります（民再252条6項）。再生手続廃止の際に解雇された従業員の再生手続開始後の給料，会社都合の退職金，解雇予告手当のすべてが破産手続において財団債権となります。また，一般優先債権については，給料につき，破産法149条1項の「破産手続開始前3月間」を「再生手続開始前3月間」に読み替えて，その部分が財団債権となり（民再252条5項，破149条1項），その余が優先的破産債権となります（破98条1項）。

32 労働債権の取扱い（会社更生・特別清算）(⇒181頁，185頁)

　会社更生は，事業再生を目的とし，その多くは随時弁済を受けられます。
　給料債権は，更生手続開始前の未払いのうち開始前6ヵ月間に生じた部分は共益債権となり（会更130条1項），随時弁済を受けることができ（会更132条1項），それ以前の部分は優先的更生債権となり（会更168条1項2号・民306条2号・308条），更生計画の中で更生担保権に次いで優遇されますが，債権届出，調査，確定の手続を経る必要があります。また，開始後の給料債権は，共益債権となります（会更127条2号）。次に，退職金債権は，更生計画認可決定前に退職した場合は，退職前6ヵ月間の給料の総額相当額又は退職金額の3分の1相当額の多いほうの額が共益債権となり（会更130条2項），それ以外は優先的更生債権となります。ただ，開始後の会社都合による解雇の場合の退職金は全額が共益債権となりますので（会更130条4項・127条2号），開始前の退職者と開始後の自己都合による退職者の場合が該当します。また，解雇予告手当は，開始前のものは優先的更生債権，開始後のものは共益債権です。なお，社内預金も一部は共益債権となります（会更130条5項）。
　共益債権部分は，債務名義があれば強制執行が可能です（ただし，更生会社の事業の更生に著しい支障を及ぼし，かつ，更生会社が他に換価容易な財産を十分に有するときは，中止又は取消命令の制度があります（会更132条3項））。優先的更生債権部分は，強制執行できません（会更50条・24条1項2号）。
　特別清算は，清算型で，通常はソフトランディングさせるために利用されていますので，破産とは異なり，制約を課さず，随時弁済を受けられます。
　特別清算開始前の未払いの労働債権は，一般の先取特権がある債権（民306条2号・308条）として，特別清算手続の制約を受けることなく，随時弁済を受けることができます。そして，清算株式会社が協定案の作成において必要があると認めるときは，担保権者と同様に労働債権者の参加を求めることができるとされていますので（会社566条2号），優遇されるということになります。給料，退職金，解雇予告手当のいずれもこの取扱いとなります。
　また，特別清算開始後についても同様に随時弁済を受けられます。債務名義があれば強制執行が可能です（会社515条1項但書）。

33　未払賃金立替払制度 (⇒72頁，145頁)

　労働債権は，破産の場合，一部が財団債権（破149条），残りが優先的破産債権（破98条1項，民306条2号・308条）となり，一般の破産債権に優先しますが，破産財団が乏しい場合，満足を受けられない可能性があります。そこで，賃金の支払の確保等に関する法律7条に基づき，企業が倒産し，賃金未払いのまま退職した労働者に対して，未払賃金（賃確法2条，労基11条）の一部を立替払いする未払賃金立替払制度がセーフティネットとして機能しています。事業主が全額負担する労災保険料を原資とし，独立行政法人労働者健康福祉機構が実施しています。立替払いされると，同機構がその賃金債権に代位し，事業主や破産管財人等に求償します（求償による回収分も立替払いの原資となります）。

　要件としては，事業主に係る要件と労働者に係る要件があります。

　まず，事業主に係る要件は，①労災保険の適用事業の事業主で，かつ，1年以上事業を実施していること，②倒産したことです。②の倒産には，法律上の倒産（破産，民事再生，会社更生，特別清算の各手続開始決定）と中小企業事業主の場合のみ事実上の倒産（事業活動停止，再開見込みなし，賃金支払能力なしと労働基準監督署長が認定した場合）があります。

　次に労働者（賃確法2条，労基9条）に係る要件は，①破産手続開始等の申立日又は事実上の倒産の認定申請日の6ヵ月前の日から2年間に退職し，②未払賃金額等について，法律上の倒産の場合は破産管財人等が証明し，事実上の倒産の場合は労働基準監督署長が確認し，③破産手続開始決定等又は事実上の倒産の認定の日の翌日から2年以内に立替払請求をしたことの3つです。

　立替払いの対象となる賃金は，退職日の6ヵ月前から立替払請求日の前日までに支払期日が到来している未払賃金（定期賃金と退職手当のみです。ボーナス（賞与）は含みません）です。ただし，総額2万円未満のときは対象外となります。また，解雇予告手当も含まれません。

　立替払いの額は，未払賃金総額の8割で，退職日における年齢により上限額があります。30歳未満は，未払賃金総額の限度額110万円，立替払いの上限額88万円，同様に，30歳以上45歳未満は，220万円，176万円，45歳以上は，370万円，296万円となります。

34 未払賃金立替払制度利用の際の留意点 (⇒72頁)

　事案として最も多い破産を例にすると，労働者が未払賃金の立替払請求をするためには，破産管財人に未払賃金等の証明をしてもらう必要があります。破産管財人には，未払賃金等の証明権限があり（賃確法7条，同法施行規則12条・17条2項），破産管財人の証明を受けられない場合，例外的に労働基準監督署長の確認を受けることができます（同法施行規則12条1号柱書・13条1号）。破産管財人には，情報提供努力義務も課せられていますので（破86条），積極的に未払いの労働債権を把握する必要があります。

　この点，不正受給事件もあり（その事件は，実刑の有罪判決が確定しています），破産管財人には，客観的資料に基づく適正な証明が求められています。

　また，労働者に係る要件で退職時期による制限があり，その基準日が破産手続開始の申立日となっていますので，申立てが遅れ，労働者の退職日から6ヵ月を過ぎてしまうと，労働者は立替払いを受けることができなくなります。申立代理人としては，この点につき注意が必要です。どうしても申立てが遅れてしまう場合は，もう1つの基準日である事実上の倒産認定申請日を満たすために，労働者から労働基準監督署へ事実上の倒産の認定申請を行ってもらいましょう（なお，その後，事実上の倒産の認定を受けることが必要です）。

　立替払金は，税務上退職手当扱いとなり，退職所得控除を受けられます。

　また，労働者健康福祉機構が立替払いすると，同機構は，弁済による代位で原債権である労働債権の優先性を承継します（民500条・501条柱書）[5]。破産の場合，財団債権の按分弁済や優先的破産債権の配当にとどまることも多くありますが，民事再生，会社更生，特別清算では，再生債権，更生債権，協定債権に対する弁済を行う前提として，優先する立替払分を全額弁済する必要があります。

　この未払賃金立替払制度については，吉田清弘＝野村剛司『未払賃金立替払制度実務ハンドブック』（金融財政事情研究会，2013年），敦澤吉晴＝野村剛司「続・破産管財人のための未払賃金立替払制度の実務」（全4回）金法1998号90頁，2002号112頁，2004号64頁，2006号62頁を参照してください。

---

[5]　最判平成23・11・22民集65巻8号3165頁〔百選48①〕。⇒72頁，145頁，253頁

35 継続的供給契約（履行拒絶不可）(⇒36頁，124頁)

　継続的給付を目的とする双務契約（継続的供給契約）といわれて，何を思い浮かべるでしょうか．典型例として，電気の供給契約を見てみましょう．

　電気がつくのは当たり前と思われるかもしれませんが，電気供給約款において，毎月の検針日に電気料金の支払義務が発生し，その30日後が支払期日となり，支払期限をさらに20日経過すると供給停止されます（供給停止日の5日前までに予告されます）．

　期間ごとに区切って，電気の供給は先履行，電気料金は後払いとなっていますが，利用者が，民事再生や破産をして信用不安が現実化した場合，前の供給分についての料金が未払いだと，次の供給をしたくないと思うのではないでしょうか．不安の抗弁権（同時履行の抗弁権で説明されることが多いと思いますが，不安の抗弁権のほうがわかりやすいでしょう）による履行拒絶権が思いつくところです．

　これを具体例で見てみましょう（以下，毎月1日を検針日とします）．
- 4月分（4月1日から30日分）　検針日5月1日，支払期日5月31日
- 5月分（5月1日から31日分）　検針日6月1日，支払期日7月1日
- 6月分（6月1日から30日分）　検針日7月1日，支払期日7月31日

　6月5日に再生手続開始申立て，6月15日に再生手続開始決定があった場合，既に支払期日が到来していて再生手続において再生債権となる4月分の未払いをもって，6月20日の経過後に電気の供給を停止されてしまいかねません（5月分については支払期日未到来）．これでは，再生債務者が事業を継続して再生債権の弁済を行おうとする再生手続が立ち行かなくなってしまいます．

　そこで，民事再生法50条1項は，再生手続開始申立て前の給付にかかる再生債権について弁済がないことを理由としては，再生手続開始後は義務の履行を拒むことができないとして，履行拒絶権を認めないことにしたのです．

　ここで，破産の場合も見ておくと，破産の場合，破産申立て前の段階で多くは事業を停止していますが，破産管財人が管財業務を行うに当たり，従前どおり電気が供給されていることが必要な場合もあり，民事再生の場合と同様の規律となりました（破55条1項）．なお，破産の場合，破産手続開始決定により，破産債権は現在化されます（破103条3項）．

36 継続的供給契約（財団債権の範囲）(⇒36頁, 124頁)

　民事再生法50条1項，破産法55条1項は，手続開始申立て前の給付にかかる再生債権，破産債権の弁済がないことを理由としては，手続開始後に履行拒絶できないようにしましたが（⇒トピック35「継続的供給契約（履行拒絶不可）」（227頁）)，ここで対象として区切るのは，手続開始申立て前とその後の給付にかかる再生債権，破産債権です。通常，各手続開始決定前の原因に基づいて生じた財産上の請求権が，再生債権，破産債権ですが，手続開始申立て後手続開始前の期間につき，原則どおりなら再生債権，破産債権となるところ，共益債権，財団債権としています（民再50条2項，破55条2項）。履行拒絶権を認めない代わりに格上げしたものとみるのが素直なところでしょう。

　かつての実務上の工夫として，破産宣告日（今の破産手続開始決定日）で区切り，検針ができればしてもらい，できない場合は日割計算をして，破産宣告日前を破産債権，破産宣告日以降を財団債権としていましたが，この規定に従うと，手続開始申立日で区切ることになります。

　さらには，一定期間ごとに債権額を算定すべき継続的給付については，申立日の属する期間内の給付も共益債権，財団債権となります（いずれも同項括弧書）。トピック35「継続的供給契約（履行拒絶不可）」（227頁）の具体例で見ると，6月15日に再生手続開始決定がありますが，再生手続開始申立日である6月5日を含む6月1日から30日分の6月分が共益債権となることになります。

　再生手続の場合，事業継続を前提としていますので，このような処理も妥当ですが，破産手続の場合，既に事業を停止していると，破産管財人として電気供給契約の履行を選択する意味がない事案も多く，破産法53条1項に基づき解除を選択した場合にまで，破産法55条2項が適用されるのか実務上問題となります。この点，東京地方裁判所民事第20部は，破産法55条1項は履行選択した場合を想定しており，同条2項は破産管財人が履行選択した場合にのみ適用され，解除選択の場合には適用されないとしています（管財手引282頁参照）。

　なお，現行法下においても，実務上の工夫として，破産手続開始後にも電気が必要な場合，契約名義を破産管財人名義に変更することで，従前と別の契約であるとして，破産手続開始前の電気料金を破産債権とすることもあります。

37　手続開始の効果の条文比較 (⇒38頁，122頁)

　破産法第2章第3節第2款「破産手続開始の効果」において定められている条文（破47条から61条）を民事再生法第2章第2節「再生手続開始の決定」において定められている条文（そのうちの民再44条から51条）と比較してみると，次のとおりとなります。民事再生法では，一部破産法の規定を準用しています（破54条・56条・58条・59条）。

　なお，ここでは，他の手続開始の効果（債権者の個別権利行使禁止，財産の管理処分権等）については記載していませんので，ご留意ください（破産手続開始の効果（22頁），再生手続開始の決定（121頁）参照）。

	破産法	民事再生法
開始後の法律行為の効力	破47条	―
開始後の権利取得の効力	破48条	民再44条
開始後の登記及び登録の効力	破49条	民再45条
開始後の破産者に対する弁済の効力	破50条	―
善意又は悪意の推定	破51条 破49条・50条	民再47条 民再45条・46条
共有関係	破52条	民再48条
双務契約	破53条・54条	民再49条，破54条
継続的給付を目的とする双務契約	破55条	民再50条
賃貸借契約等	破56条	民再51条，破56条
委任契約	破57条	―
市場の相場がある商品の取引に係る契約	破58条	民再51条，破58条
交互計算	破59条	民再51条，破59条
為替手形の引受け又は支払等	破60条・51条	民再46条
夫婦財産関係における管理者の変更等	破61条	―

38 離婚と破産 (⇒40頁)

　離婚は身分関係に関する事柄ですから，破産手続とは直接関係しませんが（破産したからといって離婚することにはなりません），離婚に伴い財産関係の変動を伴うことになりますので，その面では破産手続の影響を受けます。

　離婚訴訟中に破産した場合，①離婚，②親権者，③監護費用（養育費），④財産分与，⑤年金分割（年金は自由財産），⑥慰謝料のうち，①と②は，身分関係に関する訴訟で破産財団に関する訴訟ではありませんので，中断しません（破44条1項）。③の破産手続開始前分，④及び⑥については，義務者の破産では，破産財団に関する訴訟に該当し，中断するでしょう（ただし，財産分与（民768条1項・771条）は離婚して初めて請求できるとすると，中断しないとも考えられそうですが，訴訟で具体的に請求すれば破産債権として評価せざるを得ないと思われます）。逆に，権利者（請求者）の破産では，破産財団に帰属するか，すなわち破産管財人が受継できるかの問題が生じます。慰謝料請求権は行使上の一身専属性があります（ただ，開始後に具体的金額が確定すると破産財団となります（破34条3項2号但書）。自由財産（25頁）参照）。財産分与についても，具体的内容確定までは行使上の一身専属性があるとされています。

　離婚後に破産した場合，既に行われた財産分与が不相当に過大な場合，財産分与に仮託した財産減少行為として，過大な部分につき詐害行為否認されることになります（破160条1項。実務上，財産分与は2分の1ずつとすることが多いです）。また，財産分与の合意をしながら未履行のまま義務者が破産した場合，不動産で所有権移転登記が未了であれば，第三者対抗要件を具備しておらず，破産管財人に対抗できないことから，取戻権の行使はできません[6]。

　破産手続開始後に離婚することは，破産手続と関係しません。ただ，財産分与については，破産者が義務者の場合，その自由財産から行い，破産者が権利者の場合，新得財産として自由財産となりそうですが，破産手続開始前の部分が含まれる点の理解が問題となります（条解破産485頁，645頁参照）。

---

[6] 最判平成2・9・27家月43巻3号64頁〔百選50〕は，離婚における財産分与として金銭支払の裁判が確定した後に分与者が破産した事案で，分与金の支払請求権を破産債権とし，取戻権を否定しました。⇒40頁

39 別除権のイメージ（⇒41頁，126頁，262頁）

　債務者Aに対し，債権者Bが3000万円の貸金債権を有し，これを被担保債権としてA所有不動産に抵当権の設定を受けていたところ，Aが破産手続開始決定を受けた場合，貸金債権は破産債権となり（破2条5項），個別の権利行使を禁止されます（破100条1項）。ただ，抵当権は別除権となり（破2条9項），破産手続によらずに担保権の実行が可能です（破65条1項）。破産債権に別除権が付いている状態で，破産手続外の担保権の実行により優先弁済を受けると，その分破産債権が減ることになります。例えば，担保不動産競売（民執180条1号）において，3000万円以上で競落されると（単純化するために手続費用や利息・遅延損害金を考慮していません），Bは全額回収できますので，破産債権はないことになります。これが2000万円で競落されると，1000万円不足しますが，この不足額につき，破産債権としての配当を受けることになります（破108条1項本文。不足額責任主義）。この場合，被担保債権額が担保目的物の評価を上回っていますので，オーバーローン状態となります。不動産は，競落されてみないといくらで売れるのかわかりませんので（1500万円で競落されると，不足額は1500万円になります），別除権付破産債権者は，被担保債権の全額を債権届出し（破111条1項），別除権の目的財産と予定不足額も届出します（同条2項）。その上で，担保権の実行により回収し，不足額が確定した場合に初めて配当を受けられます（破198条3項）。破産配当は打切主義で，最後配当の除斥期間内に不足額確定の証明が必要です（同項）。民事再生では，除斥はされませんが，不足額が確定しないと再生計画に基づく弁済を受けることができません（民再160条1項・182条本文）。

　また，担保不動産競売で先順位の担保権者のみが優先弁済を受けられる場合（前述の例で，3000万円以下で競落された場合），後順位の担保権者は，無剰余ですから，何ら配当を受けられません。この場合，被担保債権の全額をもって破産手続で配当を受けるためには，担保権の実行で回収できず，全額が不足額となることを証明するか，担保権を放棄し，抹消登記まで行う必要があります。そうでないと，配当手続から除斥され，破産配当も受けられません（破198条3項）。

　なお，破産管財人が，担保権付きで不動産を任意売却した場合，別除権が存続します（破65条2項）。

40　パイの奪い合い（担保権との関係）(⇒23頁, 41頁, 125頁)

　パイの奪い合いが先鋭化するのは、担保権との関係です（⇒トピック59「パイの奪い合い（優先権との関係）」(251頁)）。担保目的物は破産財団に帰属する財産（破34条1項）や再生債務者の財産（民再38条1項）ですが、担保権者は、別除権者として破産手続や再生手続外で担保権の実行が可能で（破2条9項・10項・65条1項、民再53条1項・2項）、担保目的物から他の一般債権者に先立って優先弁済を受けられる地位が認められています（物的担保による信用補完）。

　まず、法定担保物権では、動産売買先取特権（民311条5号・321条）は、特別の先取特権ですので、別除権となり、動産競売（民執190条）や物上代位権の行使（民304条）が可能です。基本的に弱い担保物権といわれていますが、物上代位権の行使で優先回収ができるという強い面もあります。

　約定担保物権では、債権質（民363条）も別除権となり、直接の取立権が認められています（民366条1項）。また、不動産の抵当権（民369条1項）も別除権となり、担保不動産競売や担保不動産収益執行が可能です（民執180条）。不動産の場合、基本的にその管理は、破産管財人や再生債務者が費用をかけて行うことになりますが、担保権者の担保価値を維持するために、一般債権者の負担でその維持管理費用を捻出していることになります。このあたりは、任意売却で売買代金を分配する際に財団組入れ等で一定程度考慮することができますが、競売の場面では基本的に担保権者が優先回収することになります。

　法定された担保物権については、その優先権確保のための規律は確立されていますが、問題は非典型担保です。譲渡担保、所有権留保、リースにつき、解釈や判例法理により規律が確立されつつありますが、そもそも担保権者として優先弁済権を確保できる地位にあるか、破産管財人等に対抗できる地位にあるか、すなわち第三者対抗要件を具備しているかの観点から問題となってきます。対抗要件を具備している場合、将来債権譲渡担保が実行されると再生債務者の事業継続は一気に危うくなりますし、実行通知一本で担保権の実行が終わるとすると、担保目的物の返還請求は完全な所有権に基づく取戻権となり（民再52条1項）、担保権者との別除権協定の協議の機会すらないことになりかねません。このあたりの調整が実務上の問題であり、利害調整を図っています。

41　差押えを受けた第三債務者（売掛金）(⇒42頁, 208頁)

　仕入先（売主）が倒産すると，原材料や商品を仕入れていた買主としては，その仕入先を失いますので，新たな仕入先を探す必要がありますが，買掛金（仕入先からすれば売掛金）が残っている場合，約定どおり仕入先に弁済する必要があります。この売掛金債権に対し，仕入先の債権者が債権差押えをしてくる場合があり，対応を誤ると，買主には二重払いの危険が生じかねません。

　まず，平常時（平時）であれば，仕入先の一般債権者が債務名義（民執22条）により強制執行としての債権差押えをしたり（債権執行。民執143条。その前に債権仮差押え（民保20条1項）），仕入先のさらに仕入先が動産売買先取特権に基づく担保権の実行としての物上代位権行使による債権差押えをしたりします（民執193条1項。担保権実行の後者が優先します）。債権差押命令により，第三債務者となる買主は，債務者である仕入先に対する弁済を禁止され，債務者への送達日から1週間経過後に差押債権者が第三債務者に対し取立てできるようになります（民執155条1項本文）。第三債務者の陳述の催告（民執147条1項）により，第三債務者の認識として，債務の有無，額，支払の意思等を裁判所に陳述します。

　債務者が破産手続開始決定を受けると，一般債権者は破産債権者となり，債権執行はできず（破42条1項），既にしていた債権執行も失効し（同条2項本文），売掛金債権は破産財団となります。しかし，動産売買先取特権者の物上代位権の行使は別除権者として破産手続外で可能ですから（破2条9項・65条1項），債権差押えができます（民304条1項本文，民執193条1項）。ただ，破産管財人が回収する前に差押えをする必要がありますので（民304条1項但書），第三債務者としては，債務不履行にならないよう破産管財人から請求を受ければ破産管財人に弁済し，弁済期前に債権差押えがあれば差押債権者に弁済することになります。

　また，第三債務者となる買主は，瑕疵担保責任が現実化していれば損害賠償請求権との相殺を主張でき，返品特約があったり，リベートの合意があったりすると，第三債務者として負担する買掛金額に変動が生じ得ます。また，仕入先に営業保証金を差し入れていた場合，その保証金返還請求権を自働債権，仕入先の売掛金債権を受働債権として相殺できます（なお，売掛金債権が複数あるときは，充当関係に注意が必要です。民512条で488条以下を準用）。

42 マンション管理費・修繕積立金の取扱い (⇒43頁,164頁)

　マンションは，区分所有建物（区分所有1条・2条）の典型ですが，そのマンション管理費・修繕積立金については，債務者の区分所有権及び建物に備え付けた動産の上に先取特権を有するとされていますので（区分所有7条1項），破産でも民事再生でも別除権となります（破2条9項,民再53条1項）。この別除権となる点については，認識されていない場合も多く，注意を要します。

　破産の場合，滞納マンション管理費・修繕積立金のうち，破産手続開始前発生分は別除権付破産債権（破2条5項・9項），破産手続開始後分は財団債権（破148条1項4号）に，民事再生の場合，前者は別除権付再生債権（民再84条1項・53条1項），後者は共益債権（民再119条2号）となります。前者については，不足額が確定しない限り，破産では配当から除斥され（破198条3項・205条），民事再生では再生計画による弁済を受けられません（民再182条）。

　さらに，マンション管理費・修繕積立金の特殊性としては，債務者たる区分所有者の特定承継人に対しても請求できます（特定承継人の責任。区分所有8条）。マンションの競落人が負担するということです。そのため，競売における評価の際，滞納分を控除することで二重の負担とならないようにしています。

　このような取扱いを前提として，破産管財人がマンションを任意売却する際は，決済日の前日までの分を売主側負担として売買代金から支払い，決済日後は買主の負担としています。なお，破産手続開始後も破産者が居住している場合，破産管財人は，その負担を求めることがあります（破産管財人は破産者が退去した後に任意売却しています）。

　民事再生の場合，多くは個人再生で，住宅資金特別条項（民再199条）を定めた再生計画によりマンションを保持しようとしますので，再生債務者は，毎月のマンション管理費・修繕積立金の支払を続けることになります。ただ，滞納があった場合に問題が生じます。前述したとおり，再生手続開始前の滞納マンション管理費・修繕積立金は，別除権付再生債権となりますので，民事再生法198条1項但書に該当し，住宅資金特別条項を定めることができなくなるおそれがあります。実務上，再生債務者本人が弁済（ただし，偏頗弁済と評価されるおそれあり）又は親族が第三者弁済することで対応しています。

43 自宅不動産を手放すということは（⇒43頁，194頁）

　個人の倒産処理手続（①任意整理（債務整理，私的整理），②特定調停，③個人再生，④破産）の手続選択に当たり（⇒トピック74「個人債務者の倒産処理手続」（266頁）），④破産では，自宅不動産を手放さざるを得ないといわれます。不動産は，破産財団に属する財産で（破34条1項），多くの場合，（根）抵当権が設定されていますので，別除権者（破2条9項・10項）は破産手続外で担保権の実行ができ（破65条1項），担保不動産競売（民執180条1号）により競落人の所有となります（民執188条・79条）。また，担保付でも無担保であっても，破産管財人に管理処分権が専属しますので（破78条1項），任意売却により買主の所有となります。このように，いずれにしても破産者は自宅不動産の所有権を失うことになります（なお，実務上，不動産につき自由財産の範囲の拡張（破34条4項）が認められることはありません）。

　債務者が，自宅不動産に住んだまま破産手続開始決定を受けた場合，実際上，いつまで住めるのか気になるところです。破産管財人のスタンスにもよりますが，破産手続開始決定から遅くとも2，3ヵ月後を目処に引越しすることになります。破産管財人は，引渡命令（破156条）により，破産者から強制的に引渡しを受けることもできますが，そのような事態にはならないよう，破産者としては，任意の引渡しに協力したほうがよいでしょう。

　そして，この間，破産者は無償で住めるのかという問題もありますが，物件管理の意味もあり，多くの場合，破産管財人は，賃料相当額の請求まではしていません。早期に引渡しをしてもらうためには，引越代や新たな賃貸借契約締結のための費用（賃料，敷金，仲介手数料等）の捻出に回してもらうのが合理的ともいえます。ただ，水道光熱費は，受益者負担として破産者に負担を求めますし，場合によっては，マンションの管理費・修繕積立金の負担を求めることもあります（⇒トピック42「マンション管理費・修繕積立金の取扱い」（234頁））。固定資産税は，毎年1月1日の名義人に賦課されますので，破産管財人が任意売却する場合は，買主との間で日割精算しますが，競売や破産管財人が破産財団から放棄した場合，破産者の負担として残ることになります（破253条1項1号）。

　なお，親族や友人に適正価格で買い取ってもらい（破産管財人に任意売却してもらい），賃借することで自宅不動産での居住継続を図る方法もあり得ます。

44 商事留置権の取扱い (⇒43頁, 95頁, 127頁)

　商品の加工作業のために加工業者に商品を預けていたり，商品の保管のために貸し倉庫に商品を預けていたり，運送業者に商品の配送を依頼し商品の配送中であったりと，商事留置権（商521条）が生じる場面は様々あります。
　破産の場合，商事留置権は特別の先取特権とみなされ（破66条1項），別除権となりますので（破2条9項・65条1項），特別に優先弁済権が認められています。商事留置権者は，留置権による競売（形式競売）により換価でき（民執195条・190条1項1号），優先弁済を受けることができます。これに対し，民事再生では，別除権とされますが（民再53条1項），特別の先取特権とみなす規定はありませんので，優先弁済権はありません（形式競売できても，相殺禁止となります（民再93条1項1号））。この点が大きく異なります。
　破産管財人は，破産財団の増殖に向けて当該動産が必要であれば，別除権の受戻し（破78条2項14号）又は商事留置権消滅請求（破192条）により確保しますが，不要であれば，破産財団から放棄します（破78条2項12号）。
　再生債務者は，事業継続に必要ですから，別除権の受戻し（民再41条1項9号）又は担保権消滅請求（民再148条）により確保します。
　この点，手形の商事留置権については，動産の場合と利害状況が異なり，別途の考慮が必要となります。①形式競売でなく，手形交換所による換価が認められるか，②取立金についても商事留置権が認められるか，③優先弁済権が認められるか，④銀行取引約定に基づく弁済充当が可能か，問題となります。
　判例は，手形割引申込中に破産し，商事留置権を主張し手形金を取り立て弁済充当した事案で，①を肯定し，優先弁済権を前提に④銀行取引約定の合理性を肯定し，破産管財人の不法行為の主張を否定しました[*7]。さらに，取立委任中に民事再生が開始し，再生債務者が商事留置権者には優先弁済権はないので，弁済禁止（民再85条1項）に抵触するとして取立金の返還を求めた事案で，②も肯定し，④も弁済充当を定める銀行取引約定を別除権の行使に付随する合意として民事再生法上も有効と判断し，返還を否定しました（事実上③も肯定）[*8]。

[*7]　最判平成10・7・14民集52巻5号1261頁〔百選52〕。⇒44頁
[*8]　最判平成23・12・15民集65巻9号3511頁〔百選53〕。⇒127頁

45　流動集合動産譲渡担保 (⇒44頁, 126頁)

　流動集合動産譲渡担保は，例えば，A社に対する貸金債権者Bが，Aの倉庫内の○○の動産すべてといったように，場所と種類，量的範囲を特定して譲渡担保を設定してもらう場合をいい，動産譲渡登記により第三者対抗要件を具備しています（動産債権譲渡特例法3条1項・7条，民178条）。日々，動産が仕入先からAの倉庫に入り，Aが得意先に販売することで倉庫から出ていき変動します。通常の取引がされている間は，Aは商品を販売し，その代金を回収できます。Bは，Aから定期的に数量の報告を受け，担保目的物の情報を得ます。

　ここでAが倒産すると，Bは，Aに対し，譲渡担保権の実行を通知し，担保目的物の動産を固定化し，Aはこれを処分することができなくなります。Bは，帰属清算又は処分清算することになり，私的実行として商品の引渡しを請求できます。これは，Aが破産手続開始決定を受けた場合でも別除権として担保権実行が可能です。ただ，破産管財人は，裁判所の許可を得て別除権を承認する立場にあり，財団組入れを求め，譲渡担保権者と交渉を行います。譲渡担保権者は，引渡断行の仮処分や目的物引渡請求訴訟を提起することも可能です。民事再生の場合，Bとの間で，別除権協定の締結に向けた交渉を行います。

　また，仕入先の動産売買先取特権との関係では，動産が倉庫に入った時点で，譲渡担保権者が当該動産の引渡しを受けたといえ，民法333条の第三取得者に該当し，動産に対する追及効を失うと解されています[*9]（その後，転売された場合に物上代位権が行使できるかは争いがあるところです）。

　この点，仕入先が所有権留保特約を付していた場合，第三者所有物に対して譲渡担保権は設定できないとして，所有権留保が優先すると解されています。

　譲渡担保権者は，物上代位権に基づく差押えも可能とされていますが，商品売買の場合，通常の営業の範囲内での販売で倉庫から搬出された商品には譲渡担保の効力が及ばないと考えられますので，物上代位権が認められる場合は限定されると思われます。売掛金債権も担保の範囲にしたい場合は，併せて将来債権譲渡担保の設定を受け，債権譲渡登記を経る必要があるでしょう。

---

*9　最判昭和62・11・10民集41巻8号1559頁。伊藤456頁，458頁，531頁，概説134頁。

46 将来債権譲渡担保 (⇒44頁, 126頁, 130頁)

　将来債権譲渡担保は，将来の一定期間に発生する対象範囲を特定した債権（例えば売掛代金債権）を担保目的物として包括的に譲渡し，通常は，債務者が期限の利益を喪失しない限り，債務者がその債権を回収し，資金繰りに利用することができ（いわゆる循環型），債権譲渡登記により第三者対抗要件を具備しています（動産債権譲渡特例法4条・8条，民467条2項）。否認対象行為にならない限り，有効な担保権で，破産と民事再生においては，別除権となります。

　譲渡担保設定者が破産した場合，事業を停止していますので，破産手続開始後に新たな将来債権が発生することは少ないです。ただ，譲渡担保権者が担保権の実行を通知し，既発生の債権を実際に回収しようとしても，対象となる売掛代金債権の第三債務者，債権額の特定の問題があり，通常は，破産管財人が譲渡担保権者と協議し，破産管財人がこれを回収し，破産財団に一定の組入れをした上で，譲渡担保権者が満足を受けるという処理が行われています。

　問題は，民事再生の場合で，譲渡担保権者が担保権の実行を通知すると，再生債務者はこれまで回収していた売掛代金債権の回収ができなくなりますので，資金繰りが厳しくなり，事業継続に支障を来します。そこで，再生債務者としては，譲渡担保権者との間で，再生手続開始時の担保価値を維持し，その評価額を分割弁済するので，担保権を実行しない旨の別除権協定を締結したいところです。ただ，その別除権協定に向けた交渉をしたくても，譲渡担保権者が実行通知をし，担保権の実行が完了したと判断されるとその余地がなくなってしまいます。この点，実務上の工夫として，担保権の実行手続の中止命令（民再31条1項本文）を譲渡担保権者の意見聴取を行う前に短期間発令した上で，意見聴取の機会を設け，その後の中止命令の可否を判断する二段階方式が活用されています（流動集合動産譲渡担保の場合も同様です）。以上につき，伊藤328頁，459頁，785頁，903頁，概説134頁，413頁参照。

　会社更生の場合，更生担保権となりますので，民事再生の場合と異なり，担保権の実行を禁止することができますが，更生手続開始後に発生する将来債権にも将来債権譲渡担保の効力が及ぶのか，管財人が将来債権を回収してよいのか，更生担保権の目的物の評価をどうするのか，様々な問題点があります。

47 所有権留保の取扱い (⇒45頁, 125頁, 126頁)

　単純売買では，動産売買先取特権が別除権となりましたが，実行面で弱いところがあり，また，動産質では占有の取得が必要です。そこで，両者の不都合を克服するために，買主に先に動産を引き渡しても，買主から代金の弁済があるまで売主に当該動産の所有権を留保する旨の特約を付す所有権留保が編み出されました（非典型担保）。倒産法では担保権的構成が通説です。担保目的で所有権を留保しているとみるのです。破産でも，民事再生でも，別除権として扱われています。これを破産管財人に対抗するには，第三者対抗要件である引渡し（民178条）が必要で，占有改定（民183条）により対抗要件を具備しています。この点，第三者所有権留保権者となる割賦販売の信販会社（ファイナンス会社）が，自動車の引渡しを求めた事案（小規模個人再生の事案）で，登録が第三者対抗要件となる普通自動車の返還を求めたところ，再生手続開始の時点で当該特定の担保権につき登記，登録等を具備している必要があり（民再45条参照），販売会社の登録がされていても，立替金等債権を担保するために三者契約で留保した所有権を別除権として行使することはできないとしました[10]。なお，軽自動車の場合，対抗要件は引渡し（占有改定）となります。さらに，その後，動産（商品，事案は陶磁器等）につき，対抗要件の具備を必要とした下級審裁判例もあります（引渡し（占有改定）が認められないとされた事案）[11]。

　所有権留保が認められると，その実行方法は，私的実行で対象動産の引渡しを受けて，これを処分し債権に充当することになります。任意の引渡しを受けられない場合は，引渡断行の仮処分や引渡請求訴訟を行うことになります。

　破産の場合，所有権留保が確認できれば，破産管財人は原則としてこれを認めて返還しています（財団組入れ交渉もあります）。民事再生の場合，事業継続に必要ですので，受戻しを内容とする別除権協定に向けた協議を行います。

　前述した普通自動車の件で，判例は，原判決の法定代位構成を採用しませんでしたが，販売会社に所有権留保し，信販会社が立替払い後にこれに法定代位するよう約款を変更した事例が現れており，判例の射程が問題となります。

---

[10] 最判平成22・6・4民集64巻4号1107頁〔百選58〕。⇒126頁
[11] 東京地判平成22・9・8判タ1350号246頁（その後，控訴棄却，上告不受理）。

48 相殺が可能な時期 (⇒47頁, 137頁)

　相殺は，自働債権と受働債権の両方が弁済期にあるとき，すなわち相殺適状になったとき可能となります（民505条1項）。受働債権は，相殺権者からすると自らの債務ですので，期限の利益を放棄することで弁済期を到来させることができます（以下どの場面でも同じです）。ただ，自働債権である自らの債権については，債務者が期限の利益を有していますので，これが失われない限り，すぐには弁済期が到来しないことになります。そのため，債務者が破綻した場合に期限の利益を喪失させる条項を各種契約書に入れているのです。

　この点，債務者が破産手続開始決定を受けると，当然に期限の利益を喪失し（民137条1号），破産債権は現在化しますので，期限付債権の弁済期も破産手続開始時に到来したとみなされます（破103条3項）。これにより，相殺可能となりますが，時期的制約はありません。ただ，破産債権者が破産者に対し債務を負っていた場合，積極的に相殺の意思表示をして破産債権額を減らしています。この点，債権調査期間が経過した後又は債権調査期日が終了した後，破産管財人は，当該破産債権者に対し，1ヵ月以上の期間を定めて催告ができることになっていますので（破73条），その意味では期間制限があることになります。なお，相殺権者は，破産債権の届出を行わずとも相殺が可能です。また，破産管財人による相殺も認められていますが，要件は厳しいです（破102条）。

　これに対し，民事再生の場合，再生計画案作成の前提となる再生債権と再生債務者の財産を把握できるよう，相殺に時期的制限を設けています（民再92条1項）。1点目は，債権届出期間満了前に相殺適状になった場合に限定しています。再生手続開始決定には，破産の場合のような期限の利益喪失や現在化の規定はありませんので，自働債権につき約定で期限の利益喪失条項を入れているか，期限が到来した場合にのみとなります。また，2点目として，相殺の意思表示も債権届出期間内に行う必要があります（実務上，再生手続開始決定の約1ヵ月後までとされることが多いです）。3点目として，受働債権が賃料債務の場合は，再生手続開始時における賃料の6ヵ月分に相当する額を限度としています（同条2項）。この場合も，債権届出期間内に相殺が必要ですので，賃料債務について期限の利益を放棄することで相殺適状とします。

49　裁判所の許可が必要な行為 (⇒54頁, 122頁)

　破産の場合，破産財団（破34条1項）の管理処分権は破産管財人に専属しますが（破78条1項），何らの制約なく自由に処分できるというものではありません。破産管財人には，破産債権者の代表者としての立場がありますし，善管注意義務も課せられていますので（破85条1項），破産配当ができるようできるだけ高く，そして適正に処分する必要があります。また，破産管財人は，裁判所に選任され（破74条1項），その監督を受ける立場にあり（破75条1項），一定の行為をするに当たり，裁判所の許可を得る必要があります（破78条2項）。実務上よくあるのは，不動産の任意売却（1号），事業譲渡（3号），動産の任意売却（7号），訴えの提起（10号），和解（11号），権利の放棄（12号），別除権の目的財産の受戻し（14号）等です。このうち，同項1号から6号は必ず裁判所の許可が必要ですが，同項7号から14号については，100万円以下の場合，裁判所の許可は不要です（同条3項1号，破規25条）。さらに，裁判所が許可不要行為とした場合は，許可が不要となります（破78条3項2号。運用と書式124頁以下参照）。

　通常再生の場合，原則DIP型ですので，再生債務者の財産の管理処分権に影響はありませんが，ここでも何らの制約なしに自由にできるというわけにはいきません。再生債務者には，再生手続開始後，公平誠実義務が課せられ（民再38条2項），再生債権者のために尽くす立場になります（昨日までの私とは違う私になるわけです）。裁判所は，再生手続開始後，許可が必要な行為を定めることができますが（民再41条1項），実務上，DIP型の全件で監督委員が選任されていますので（民再54条1項），監督命令の中で，裁判所の許可に代えて監督委員の同意を得るべき行為を定めています（同条2項）。裁判所により若干違いがありますが，基本的に民事再生法41条1項に列挙された行為が定められています。その際，再生債務者の常務に関するものが除外される場合がありますが，これは事業継続していく中で通常行う行為までは同意の対象にしないということです（とはいえ，資金繰りのための借入れは同意事項です）。

　なお，破産管財人が裁判所の許可を得ずにした行為，再生債務者が監督委員の同意を得ずにした行為は，無効です（破78条5項本文，民再54条4項本文）。ただ，善意の第三者には対抗できません（各項但書）。

50 事業譲渡の要件・手続比較 (⇒54頁，122頁，180頁)

　経済的に窮境にある再生債務者は，民事再生の申立てを行っても，信用力を失い，事業の劣化の進行が早く，早期に信用力のあるスポンサーの支援を受ける必要性が高いといえるでしょう。ただ，再生債務者の事業の全部を譲渡すると，基本的にその対価が再生債権者への弁済原資となり，対価が相当であるかは再生計画案に大きく影響します（ただ，対価が高ければよいというものでもなく，スポンサーが事業譲受に多額の資金を投じたため，取得後の事業継続に支障を来すようでは問題です）。そこで，民事再生法は，再生計画外の事業譲渡を認めていますが，①裁判所の許可（民再42条1項），②再生債権者の意見聴取（同条2項），③労働組合等の意見聴取（同条3項）を要するものとしています。もちろん，再生計画案の中で事業譲渡を定めることも可能です。計画前事業譲渡の際の手続と比較すると，①裁判所の再生計画認可決定（民再174条1項），②再生債権者による再生計画案の可決（民再172条の3第1項），③労働組合等の意見聴取（民再168条）となり，民事再生法42条の手続を包含しているものといえるでしょう（松下入門134頁は，民再42条の裁判所の許可を要するとします）。ただ，株主総会の決議による承認の代替許可（民再43条1項）を利用する場合は，いずれの場合も必要となります。また，再生手続開始前に株主総会の特別決議で承認を得て事業譲渡することも手続上は可能ですが，対価の相当性の観点で，否認リスクを回避したいところです。再生申立て前にスポンサーを決めておくプレパッケージ型もあります。

　会社更生の場合も更生計画外で事業譲渡することが可能です（会更46条2項）。この場合，更生担保権者の意見を聴取する必要があり（会更46条3項2号），代替許可（民再43条）は不要ですが，株主への通知と拒否権が定められています（会更46条4項から7項2号）。ただ，債務超過の場合は実質的な株主権はないため，除外されています（同条8項）。

　破産の場合でも，破産管財人は，裁判所の許可を得て，事業継続し（破36条），事業譲渡できます（破78条2項3号）。その際，労働組合等の意見聴取はありますが（同条4項），破産債権者の意見聴取の手続はありません。破産管財人が全破産債権者の代表者であることを考慮したものでしょう。破産手続開始前の事業譲渡は，否認リスクを考慮し，対価の相当性の観点を注意しています。

51 破産法104条の読み方 (⇒61頁)

　破産法104条の手続開始時現存額主義は、実務上の典型例である連帯保証人の場合を想定して条文を読み進めるとイメージしやすいところです。債務者Aに対し1000万円の貸金債権を有する債権者B、Aから委託を受けた連帯保証人C、主債務者Aが破産手続開始決定を受けたという事案を想定します。

　まず、同条1項は、債権者Bの立場で見て、Bは、Aの破産手続に対し、Aの破産手続開始時の債権額1000万円で参加できることを定めています。

　次に、同条2項は、これも債権者Bの立場で見て、連帯保証人CがAの破産手続開始後に一部弁済したとしても（例えば100万円弁済し、Bの債権額が900万円になったとしても）、債権の全額の弁済となるまでは、Aの破産手続開始時の債権額1000万円で権利行使できることを定めています。実際の債権額と手続参加できる債権額に違いが生じます（人的担保による信用補完）。

　さらに、同条3項は、連帯保証人Cの立場で見て、Cは、Aに対する将来の事後求償権につき、その全額をもってAの破産手続に参加できるとしつつ、債権者Bが破産手続に参加した場合、Cは参加できないことを定めています（なお、事前求償権については、民460条1号参照）。Cは、Bに全額弁済しない限り、Aの破産手続に参加できないわけです。このように、BとCが二重に権利行使できないように調整しているのです。そして、同条4項で、連帯保証人CがBに全額弁済した場合の弁済による原債権への代位を定めています。

　同条2項ないし4項については、同条5項において、Aのために担保提供した物上保証人Dの場合にも準用されています。物上保証人の場合は、債務ではなく責任のみですから、担保提供物件が売却された場合には、その責任の全部を負担したことになるところですが、連帯保証人の場合と同様、債権額の全額が満たされる場合でないと求償権を破産手続で行使することはできないとしています（破104条5項・2項・3項）。

　連帯保証人Cが破産した場合、破産法105条に保証人の破産の場合が規定されていますが、破産法104条が適用されます。単純な保証人の場合は、催告と検索の抗弁権がありますので（民452条・453条）、これを行使できないとする意味があります（破105条）。

52 主債務者倒産の連帯保証人との関係 (⇒61頁)

　主債務者が破産した場合，連帯保証人も保証債務が現実化しますので，債権者から保証債務の履行を請求されます。主債務者が会社で，その代表者が連帯保証人の場合，両者とも破産申立てすることが多く，両者の関係はあまり問題となりません。貸付金があっても破産債権ですし，連帯保証人の将来の事後求償権も破産債権で，かつ連帯保証人も破産しますので，保証債務の全額を払うことはできず，求償権が具体化することも実際上ありません。

　問題は，第三者が連帯保証人の場合です。主債務者が法人の場合，主債務が免責されることはありませんし，自然人の場合も主債務者が受けた免責許可決定の効力は連帯保証人には影響を及ぼしませんので（破253条2項），保証債務の責任を免れることはできません（人的担保による信用補完）。連帯保証人は確実に迷惑を被ることになり，ときには連鎖倒産することもあります。連帯保証人は，保証債務の全額を払わない限り，主債務者に対し求償できませんし（破104条），求償できても，求償権も代位する原債権もいずれも破産債権ですから，破産配当を受けるまでです。主債務が貸金債権の場合，保証債務は主債務の貸金元本と利息，遅延損害金の範囲です。この点，賃借人の連帯保証人の場合，保証債務には主債務者の破産手続開始後の賃料債務，原状回復義務も含みますので，いわば元本部分が主債務者の破産後も拡大していくことになります。

　以上の話は，主債務者が民事再生をした場合においても同様です（民再177条2項）。

　主債務者としては，迷惑をかけないからといって保証を委託したのでしょうが，結局は連帯保証人に迷惑をかけ，自らは配当又は再生計画に基づく弁済以外の負担はしなくてよいことになり，連帯保証人に会わせる顔がないということになります。連帯保証人からは，負担した分を返してほしいといわれるでしょうが，連帯保証人に補填するわけにもいきません。ここは辛くても，法律を守るしかありません。申立代理人としては，この点徹底するようにしています。

　この点，主債務者が私的整理を行い，債権者に債権カット（債務免除）をしてもらった場合は，保証債務の付従性により，その分保証債務も減縮されます。これは法的整理と私的整理の違う点ともいえます。

53 連帯保証人倒産の主債務者との関係 (⇒61頁)

　連帯保証人が会社の代表者で，主債務者の会社とともに破産申立てを行う場合はあまり問題となりませんが，実務上，代表者のみ破産申立てをし，会社は事実上の倒産のまま放置という場合があります。中小企業ではどうしても法人と代表者個人間の権利関係が判然とせず，資産の混同も見受けられ，例えば代表者が法人に貸付金を有していた場合の処理等も含め問題が生じるところです。

　ここで見ておきたいのは，前述の場面とは異なり，第三者の連帯保証人が倒産しても主債務者はその影響を受けず，主債務の約定弁済を続けているという場合です。

　まず，連帯保証人が破産した場合，主債務者は約定弁済を続けていますので，期限の利益は喪失しませんが（銀行取引約定で保証人の破産は請求で期限の利益を喪失させることができるとされていますが，通常，主債務者の期限の利益を喪失させることは少ないでしょう），連帯保証人の破産手続との関係では保証債務履行請求権を現在化させ（破103条3項），債権者は，破産手続開始時の保証債務履行請求権の全額で破産手続に参加することができ（破104条1項），配当を受けることができます。連帯保証人の破産管財人としては，債権者に配当した分につき，主債務者に対する求償権が破産財団として現実化することになり，資力のある主債務者からこれを回収すると，追加配当の原資となります（そうするとさらに求償権が現実化し，配当循環が生じてしまいます）。

　連帯保証人が民事再生をした場合，破産のように現在化されませんので，主債務者が約定弁済を続けている限り，保証債務履行請求権の期限の利益も喪失していないことになります。この点，民事再生の場合でも，債権者は，再生手続開始時の保証債務履行請求権の全額で再生手続に参加することができます（民再86条2項で破104条を準用）。ただ，主債務者が約定弁済を続けている限り，保証債務が現実化しませんので，再生計画においては，主債務者が債務不履行で期限の利益を喪失した場合に備え，当該再生債権に対する弁済金をプールしておくという配慮を行う場合があります。この点，個人再生の場合，再生計画認可決定が確定したときは，現在化したものとして権利変更されることになりますが（民再232条・244条），同様の配慮をしています。

54 債権届出をしなかった場合 (⇒62頁, 138頁, 182頁, 185頁)

　破産, 民事再生, 会社更生で, 各手続に参加し, 配当又は弁済を受けるためには, 債権届出期間内に債権届出を行う必要があります。債権届出期間後の届出も認められる場合がありますが (破112条, 民再95条, 会更139条。時期の違いに注意), 特別調査に付されると, その費用負担が必要となります。

　破産の場合, 最後配当に関する除斥期間内に債権確定手続が係属していることを証明しなければ, 配当から除斥されますので (破198条1項), それまでに債権届出を行い, 争いがある場合は所定の手続を経ておく必要があります。そうしなければ, 破産債権であっても配当を受けることはできません。

　通常再生の場合, 届出の追完は, 再生計画案の付議決定 (民再169条1項柱書) 後はできません (民再95条4項)。ただ, 未届出の再生債権でも, 再生債務者等が自認した債権 (自認債権。民再101条3項) は, 議決権はありませんが (民再170条2項・171条1項), 再生計画に基づく弁済を受けることができます。再生計画認可決定が確定すると再生計画に記載のない再生債権は免責されますので (民再178条1項), 原則として弁済を受けることはできません。ただ, 例外的に再生計画の一般的基準に従い権利変更され, 弁済を受けることができます (民再181条1項)。再生債務者が自認すべき再生債権を自認しなかった場合は, 再生計画の弁済期間が満了する時まで弁済を受けることはできません (同条2項)。

　個人再生では, 手続の簡素化を図るために, みなし届出制度がありますので, 申立ての際の債権者一覧表 (民再221条3項) に記載があれば, 債権届出したものとみなされます (民再225条)。債権者一覧表に記載がない場合は債権届出が必要です (なお, 未届出の場合につき, 民再232条2項・3項)。

　会社更生の場合も, 債権の追完は, 更生計画案の付議決定後はできません (会更139条4項)。通常再生のような自認債権の制度はなく, 債権届出をしないと失権します (会更204条1項。更生担保権も失権します)。

　特別清算では, 債権の申出期間内に協定債権の申出が必要で, 期間内に申出をしないと清算から除斥されますが (会社499条1項・503条1項), 清算株式会社に知れている債権者は除かれますので (会社503条1項括弧書), その場合は, 申出をせずとも協定に基づいた弁済を受けることができます。

55 債権調査期間と債権調査期日 (⇒63頁, 91頁, 170頁)

　現行破産法では、債権調査の方法として、債権調査期間における調査（書面による破産債権の調査。破117条以下）と債権調査期日における調査（期日における破産債権の調査。破121条以下）を設け、原則は前者とし（破116条1項）、後者を例外と規定していますが（同条2項）、実務は、専ら後者の債権調査期日における調査を利用しています（旧法時から変わっていません）。

　これに対し、通常再生では、債権調査期間における調査のみとなっています（民再100条以下）。これは、再生計画案の基礎となる再生債権の確定を速やかに行うために、再生手続開始決定と同時に定めた一般調査期間（民再34条1項）を守るようにしているからです。もちろん、一般調査期間を変更することも可能ですが（民再102条3項）、その裁判書は届出再生債権者全員に送達する必要があり（同項、同条4項で普通郵便で可能）、手間がかかります。

　破産の場合、債権調査を行うのは、配当ができる事案だけで足りますし、破産管財人による破産財団の換価作業にかなりの時間を要する事案もあります。そこで、破産手続開始決定と同時に一般調査期日を定めていたとしても（破31条1項3号）、この期日を延期又は続行することにより、債権調査を必要とする時期まで延ばすようにしています。この場合、裁判所は、一般調査期日において、延期又は続行の決定をして言渡しをすれば、通常再生のような届出債権者全員への送達は不要とされていますので、実務上、この点を重視して債権調査期日による調査にしているのです。

　なお、偏頗行為否認で、偏頗弁済が否認され（破162条1項）、相手方の債権者が弁済分を破産財団に返還した場合、破産債権として復活しますが（破169条）、そのときまでに一般調査期日が終了している場合もあります。この場合には、相手方の破産債権者は、債権届出の追完をし（破112条1項）、裁判所も特別調査期日（破122条2項・119条2項）を開くことで柔軟に対応しています。実務上、この点に配慮し、破産管財人が否認権行使の際に後の配当を見越した和解をし、破産債権の追完の事態を防ぐ場合もあります（破産管財実践マニュアル257頁参照）。

　また、個人再生における債権調査は、実体的な確定ではなく手続内確定のため、異議の制度とし、異議申述期間としています（民再226条）。

56 債権調査の具体的な手順 (⇒63頁)

　破産の場合，破産債権に対する配当が可能な事案において債権調査を実施していますが，具体的な手順はおおむね次のとおりです。

　まず，債権調査の前提として，各破産債権者は，裁判所に債権届出書を提出します（破111条）。裁判所書記官は，これを整理して破産債権届出書の綴りにし，破産債権者表を作成します（破115条。実務上，後述する破産管財人が認否予定表を作成する際に代行して作成しています）。破産管財人は，形式面を確認した上で（この点，法人の場合，代表者の資格証明書の添付が必要ですが，破産債権の届け出も裁判への参加という意味があります），実質面として，破産債権の原因，額の確認作業を行います。疑義があれば積極的に届出債権者に問い合わせ，資料に不足があれば提出を促します。その作業の中で，破産管財人から全部取下げや一部取下げを促すこともあります。届出債権者としても，後日の破産債権査定申立て等の手間や負担を考えた場合，破産管財人からの問い合わせには速やかに対応したほうがよいでしょう。また，債権届出期間経過後に届出があった場合でも，一般調査期日での債権調査に間に合う分は受け付けています（破121条7項。特別調査期日（破122条）の開催は少ないです）。このようにして，一般調査期日までに破産管財人としての判断は事実上決まっていて，その上で認否予定書（破規42条1項）を提出しますので，実際の債権調査期日において破産管財人が認めないことは多くの事案でほとんどありません。

　それでも争いがあれば，破産管財人は認めない旨の認否をします（実務上，旧法時代の名残で慣用的に「異議」と呼んでいます）。破産管財人として，一旦認めてしまうと，撤回できません（基本的には，債権者に債権届出を取り下げてもらうしかありません）。また，実務上，届出破産債権者が，他の破産債権者の届出債権に対し異議を述べることは皆無といってよいと思われます。破産管財人による債権調査が信頼されていると思われます。なお，別除権は債権調査の対象外です。

　その後調整が付けば，債権者から（一部）取下げや破産管財人側からの異議の撤回（認めるに変更）で対応しています。破産管財人として，戦略的な異議を出すこともあります（破産債権査定申立ての中で和解的な処理も行います）。

　その後の破産債権査定申立て（破125条），異議の訴え（破126条）もあります。

57 別除権の予定不足額の意味 (⇒64頁, 139頁)

　破産手続開始時に破産財団に属する財産につき特別の先取特権，質権又は抵当権を有する者は，その権利の目的財産について別除権を有し（破2条9項），別除権者（同条10項）として，別除権を破産手続によらずに行使できますが（破65条），破産手続には，その別除権の行使によって弁済を受けることができない債権額（確定不足額といいます）についてのみ，破産債権者として権利行使できます（破108条1項本文。不足額責任主義）。もともと破産債権者で，そこに別除権が付いていると思えばよいわけですが，別除権付破産債権者は，破産債権の届出に当たり，破産債権の額及び原因等を届け出るほか（破111条1項），別除権の目的である財産及び別除権の行使によって弁済を受けることができないと見込まれる債権額（予定不足額といいます）を届け出る必要があります（同条2項）。この予定不足額につき，破産管財人は認否をする必要がありますが（破117条1項4号・121条1項），破産管財人がこれを認めても確定するものではありません（破124条1項で除外されていますし，125条1項の破産債権査定申立ての対象でもありません）。債権者集会における議決権額を定めるために必要ですが（破140条1項2号），破産では債権者集会の決議にほとんど意味がありません（なお，説明義務の破40条1項参照）。

　これに対し，通常再生では，別除権構成は破産と同様ですが（民再53条・88条・94条），再生債務者は議決権につき認否し（民再101条1項），債権調査で認められた議決権の額は確定します（104条1項。争いがある場合は，最終的に裁判所が定めます。民再170条・171条）。通常再生の場合，後日，再生計画案の決議を行いますので，議決権に大きな意味が生じてきます。

　この点，担保物件の評価の違いで議決権額に違いが生じます。一般に，担保権者は担保評価が高く，予定不足額は少なくなり，議決権額が少なくなりますが，再生債務者は担保評価が担保権者より低いことが多く，そうすると予定不足額が多くなり，議決権額が多くなるという関係にあります。この点，別除権付再生債権者が届け出た議決権の範囲で再生債務者も認否することになります。

　個人再生の場合は，認可要件となる最低弁済額（民再231条2項3号・4号・241条2項5号）を算定する際の基礎となる担保不足見込額にも影響してきます。

58　手形債権の特殊性 (⇒64頁, 139頁)

　約束手形が利用されることが減ったとはいえ，今でも相当数の手形が振り出されていますし，振出人が支払期日に決済できなければ，手形の不渡りとなって，二度の不渡りで振出人は銀行取引停止処分を受けることになります。実務的には，一度目の不渡りをもって支払停止を認定できる事案が多いでしょう。

　破産者や再生債務者が約束手形を振り出していた場合，手形は転々流通しますので，手形の所持人のみを手形債権者として認めるようにしないと，手形債権，遡求権，原因債権を二重，三重に認めることになるなどの問題が生じます。

　受取人が金融機関に取立委任裏書で取立てを委任していた場合，手形が不渡りになると，手形が受取人に戻ってきますので，受取人が手形債権者として届出をすれば足ります（取立委任裏書を抹消することになります）。なお，受取人の場合，売掛金等の原因債権もありますので，期限や遅延損害金の関係で，手形債権ではなく，原因債権で債権届出したほうが有利な場合もあります（ただ，債務者には手形との引換えに支払うとの同時履行の抗弁権がありますので，手形債権も示しておく必要があります。なお，中間利息につき破99条1項2号）。

　次に，手形が流通している場合は，最終の手形所持人が手形債権者となりますが，債務者側では所持人がわからないことが多く（振出人としては，原則受取人しか把握できません），債権届出に対しては，手形の確認が必要で（表面だけでなく裏面も重要），裏書の連続の確認が必須となります（なお，当然の前提として，白地の補充が必要ですので，その確認も行います）。順次遡求され，遡求権で届出されてくることもありますので，同様に注意が必要です。

　破産者や再生債務者が振出人ではなく，手形の受取人等として所持する受取手形を資金繰りのために手形割引していた場合，手形割引をした金融機関は，当該手形が支払期日前の場合，買戻請求権の債権届出も行いますが，通常は支払期日に手形債権を回収していますので，買戻請求権は消滅し，債権届出を取り下げることになります。

　最近はあまり見かけなくなりましたが，手形債権につき配当する場合には，手形の提出を受け，配当した旨の配当附箋を付すことで，後日その手形を受け取る者がいた場合の注意喚起を図ることがあります。

59 パイの奪い合い（優先権との関係）(⇒71頁，144頁，232頁)

　倒産手続は，債権者への平等な分配を目指していますが，債権者の立場から見れば，限られた債務者の財産，すなわちパイを奪い合う場となります。平等な分配ではなく，倒産手続内と外でいかに優先的に回収できるかにかかってきます。もちろんそれは法律に基づいた優先的地位が認められることが必要です。

　この点，当該債権につき，法律が優先権を認めている場合があります。倒産法は，その優先権を一定の制約を課しつつも尊重しています。債権者平等原則も，法が同一順位と定める債権間では平等という意味になります。

　例えば，租税等の請求権（破97条4号参照）は，一般の優先権が認められ（国徴8条），破産では優先的破産債権になるところ（破98条1項），徴税権の確保のために，一部が財団債権とされています（破148条1項3号）。民事再生では一般優先債権とされています（民再122条1項）。旧破産法では，すべてが財団債権であったため，破産管財人は誰のために働くのか，税金を払うためかと批判されていたところです。破産では財団債権も個別の権利行使を禁止され（破42条1項），国税滞納処分も禁止されますが（破43条1項），破産手続開始前に既にされていた滞納処分については，破産手続開始後も続行されます（同条2項）。

　また，労働債権についても，一般の先取特権が認められていますので（民306条2号・308条），優先的破産債権となり（破98条1項），一部を財団債権に格上げしています（破149条）。民事再生では，一般優先債権です（民再122条1項）。

　さらには，倒産手続を進めるに当たり必要な費用等は，破産では財団債権（破148条1項参照），民事再生では共益債権（民再119条）となります。

　このような優先権がない一般の債権者は，一般の破産債権（破2条5項・194条1項2号），再生債権（民再84条1項）となり，信用供与したことによる倒産リスクを引き受けた者として，破産では破産財団から平等な配当を受け，民事再生では，再生計画により権利変更（大幅な債権カット）され弁済を受けます。

　倒産手続内では満足を受けられない場合も多々ありますので，そのために，例えば，労働者の定期賃金と退職手当につき，未払賃金立替払制度（賃確法7条）がセーフティネットとして機能したり，各種保険（自動車保険等）により倒産手続外で補填され被害者保護が図られる手段も用意されているところです。

60　倒産時の税金，税務申告 (⇒71頁，152頁)

　倒産した場合も，税金は課税されますし，原則として税務申告(申告納税方式，申告納付の場合)が必要となります。源泉徴収は，自動確定方式ですので，税務申告とは異なります(破産管財人の源泉徴収義務が争われました*12)。

　法人の場合，原則として，①法人税，②消費税，③都道府県民税・事業税，④市町村民税の税務申告が必要です。①法人税については，破産する法人は赤字で欠損金も累積していることが多く，課税されない事案がほとんどです。平成22年度税制改正で清算所得課税が廃止され，通常の所得計算方法となりましたので，清算事業年度も確定申告となりました(それでも課税される場合はほとんどありません)。②消費税については，納付義務のある事業者の場合，取引がある以上，課税されることになります(課税売上げと課税仕入れの差額が納税額となります)。破産の場合，破産手続開始日で事業年度が終了し(解散事業年度となります)，破産管財人には，解散事業年度以降の申告義務があります。ただ，財団不足の事案では，税務申告もできず異時廃止となることもやむを得ないところです。民事再生の場合，再生手続開始決定によっても事業年度は終了せず，通常の事業年度ごとに税務申告することになります。再生計画により再生債権の免除を受けると，債務免除益が発生しますので，債務免除益に見合う損金があるか，タックスプランを十分検討しておく必要があります。

　個人でサラリーマン等の給与所得者の場合，所得税，住民税，社会保険料等は給料から天引きされ，源泉徴収と年末調整で所得税の課税関係が完結しますが，個人事業者の場合，①所得税，②消費税の税務申告が必要となります。この点，申告義務は破産者本人にあり，破産管財人には申告義務はありません。実務上，税金の還付が見込める場合には，破産財団で税務申告費用を賄うなどして，税金の還付を受け，財団に組み入れています。なお，個人の場合，租税等の請求権は非免責債権となります(破253条1項1号)。

　また，不動産を所有していれば，固定資産税・都市計画税が課税されます(毎年1月1日が賦課期日)。自動車税も同様です(毎年4月1日が賦課期日)。

*12　最判平成23・1・14民集65巻1号1頁〔百選20〕は，破産管財人の報酬の支払につき源泉徴収義務を肯定し，優先的破産債権の退職手当の配当につき否定しました。⇒54頁

61 弁済による代位——原債権による比較 (⇒72頁, 143頁, 144頁)

　保証人が債権者に対し保証債務を履行すると，主債務者に対し，自らの事後求償権を行使できますが，主債務者が破産すると，求償権は，破産手続開始前の保証契約に基づき生じた財産上の請求権ですから，破産債権となります。保証人は，弁済によって当然に債権者に代位しますので（民500条），自己の権利に基づいて求償をすることができる範囲内において，債権者の原債権を行使することができます（民501条柱書）。

　この点，原債権が①貸金債権であれば，破産債権ですので，いずれも破産債権ということで，それほど大きな問題とはなりません。

　問題となったのは，原債権が財団債権や一般優先債権となる②租税債権の場合で，いずれも代位を否定した高裁判決がありましたが，最高裁判決は出ていませんでした（一般優先債権（144頁）参照）。

　その後，③労働債権の場合（破産で私人が財団債権となる賃金を立替払いした事案）と④私債権の場合（民事再生で前渡金返還請求権が共益債権に格上げされた事案）が争いになり，判例は，相次いで代位を肯定しました[*13]。弁済による代位の制度趣旨を一種の担保と捉えたものです（一般優先債権（144頁），共益債権（143頁）参照）。他にも，非免責債権に代位できるかの問題もあります。

　ただ，④私債権の場合で，債権者が共益債権となる原債権を再生債権として届出し（予備的届出ではなく），債権調査を経て，再生計画案が作成され，付議決定があり，再生計画案が可決され，再生計画認可決定が確定した事案において，判例は，この届出を前提として作成された再生計画案を決議に付する旨の決定がされた場合には，共益債権の主張はできないとしました[*14]。この点，破産の場合，最後配当の配当額の通知を発した時又は簡易配当に関する除斥期間を経過した時に破産管財人に知れていない財団債権者は，最後配当又は簡易配当をすることができる金額をもって弁済を受けることはできないとされていますので（破203条・205条），取扱いに違いが生じることになります。

[*13] 労働債権につき，前掲＊5・最判平成23・11・22民集65巻8号3165頁〔百選48①〕，私債権につき，最判平成23・11・24民集65巻8号3213頁〔百選48②〕。⇒72頁，143頁

[*14] 最判平成25・11・21民集67巻8号1618頁。⇒144頁

62　債権者平等を図る時期（⇒75頁，82頁）

　破産の場合，破産手続開始決定により，破産債権者の個別の権利行使を禁止し（破101条1項），債権者平等原則に服させます。ただ，それでは破産手続開始前に抜け駆け的に債権回収した一部の債権者と他の債権者との間で不平等な結果となります。そこで，破産手続開始申立てがあれば，破産手続開始前でも各種保全処分（破24条1項の中止命令，25条の包括的禁止命令，28条の債務者の財産に関する保全処分）により，債権者の個別の権利行使を禁止したり中止したりして対応しています（破産手続開始決定の前倒しの意味合いがあります）。

　それでも，債務者が経済的に破綻した後に，一部の債権者が債権回収していた場合には対応することができません。そこで，否認権（偏頗行為否認）の制度を設け，破産手続開始後に，破産管財人が，原則として債務者（破産者）の支払不能後にされた偏頗行為（既存の債務に対する担保供与，弁済等の債務消滅行為に限ります）につき，否認権を行使することで覆し（破162条1項1号，167条1項で原状回復），破産財団に取り戻すことにより，債権者に平等な配当を実現しようとしているのです（偏頗弁済を受けていた債権者も弁済分を破産財団に返還することで，破産債権者に復帰し（破169条），他の破産債権者と平等の配当を受けることになります）。現行法が支払不能（破2条11項）で画したのは，支払不能状態になれば，特定の債権者のみが満足を受けることを許容するのではなく（早いもの勝ちではなく），事後的ではあっても債権者平等原則を徹底したほうがよいと判断されたからです（支払不能まで遡らせるのです）。この点，相殺禁止においても同様です。

　実務上，弁護士が代理人となった旨を通知すると，この受任通知（介入通知）を発したことは債務者の支払停止を意味しますので，債務者に対し通知後に偏頗弁済をしないよう指導しています（ただ，自動引落しや給料からの天引きにより偏頗弁済となる場合が生じることがあります。これらは偏頗行為否認の対象となります）。

　これに対し，詐害行為否認（破160条1項）は，財産の絶対的な減少行為ですから，全債権者を害する行為です。既存の債権者に対する担保供与や弁済が対象ではなく詐害行為が対象ですから，偏頗行為否認における支払停止で画するのではなく，詐害行為取消権と同様，無資力（債務超過）を要件としていますので，さらに遡る可能性があるのです（もちろん，立証の問題があります）。

63　濫用的会社分割 (⇒78頁)

　信用力のあるスポンサーの支援を受けて事業再生を図る場合，典型的には，①事業譲渡，②会社分割，③いわゆる減増資スキームが用いられます（⇒トピック84「スポンサー型のスキーム」(276頁)）。スポンサー側の立場も考慮すると，会社分割の場合，包括承継で，事業譲渡と異なり，債権者や契約の相手方の個別同意が不要で，従業員も原則として承継し，減増資スキームと異なり，簿外債務を遮断でき，許認可を原則として承継でき，税金面でも有利とされています。

　事業譲渡の場合，民事再生法42条の裁判所の許可の際に，対価の相当性が考慮され，知れている再生債権者の意見聴取の手続があることから，再生債権者に情報提供し，理解を求め，再生計画前の事業譲渡が行われています。

　会社分割の場合，民事再生法に規定はなく，会社法所定の株主総会の特別決議（会社309条2項12号）や債権者保護手続（会社810条等）によることになりますが，実務上，再生債権者に情報提供し，理解を求める点は同様です（会社分割につき裁判所の許可又は監督委員の同意が必要とされています）。

　ところが，会社分割のスキームを濫用する事案が多発しました。典型的には，新設会社分割で，新設会社が分割会社の資産とその資産に見合う取引先の負債を承継し，その際に新設会社が承継する債務につき併存的（重畳的）債務引受することで債権者保護手続を省略し，会計上は資産と負債が見合っていることから±0であるとして，新設会社の株式を廉価（例えば1円）で関係者に売却し，残った会社は放置することで，残存債権者（主に金融機関債権者）が債権回収を図れないようにするというものです。この点，会社分割が会社の組織法上の行為である点で，詐害行為取消権，否認権の対象となるか争いとなり，判例は，資産移転の面で詐害行為取消権の行使を肯定しました（詐害行為否認（78頁）参照。詳細は，伊藤511頁以下，概説283頁，302頁以下参照）。

　この点，平成26年の会社法改正により，分割会社の残存債権者を害する会社分割につき，債権者保護を図り，新設会社に対し，承継した財産の価額を限度として，その債務の履行を請求できるようになりました（会社764条4項。事業譲渡も同様（会社23条の2））。なお，分割会社に破産手続等の倒産手続が開始したときは，残存債権者は権利行使できません（会社764条7項）。

64 否認の請求と否認訴訟 (⇒89頁，148頁)

　否認権は，訴え，否認の請求又は抗弁によって，破産管財人が行使することになっています（破173条。なお，通常再生の場合，否認権限を有する監督委員の場合は抗弁による行使はできません（民再135条1項・3項））。

　なお，実務上，これらの行使方法の前に，相手方に否認対象行為となることを示して，任意の返還を求め，多くの事案で妥当な解決が図られています。

　まず，「訴え」は，通常の訴訟で行うということです（否認訴訟）。

　次に，否認の請求は，旧会社更生法で導入され，民事再生法（民再136条）に入り，現行会社更生法（会更96条）も引き継ぎ，現行破産法にも入ったという経緯が示すとおり，簡易迅速な決定手続によって否認権を行使することができ，逸失した財産の回復に寄与しているということになるでしょう。

　破産の場合を例にすると，破産管財人として，否認の請求から始めるか，最初から否認訴訟を提起するかの考慮要素には，次のような点があります。

　否認の請求は，決定手続で，疎明で足り，多くは書面審理で行われます（審尋期日が設定されることもあり，その中で和解の可能性もあります）。否認の請求を行うに当たり，印紙代の負担がないことは破産財団にとってメリットです。ただ，否認の請求を認容する決定には，仮執行宣言は付されませんし，異議の訴え（破175条）を提起される可能性があります（異議の訴えは，通常訴訟ですから，異議の訴えを提起する相手方に印紙代の負担があります）。

　否認の請求は，破産債権査定申立て（破125条）のように前置主義（なお，係属中の訴訟があった場合は受継します（破127条））ではありませんので，否認訴訟の提起からでも可能です（役員の責任の査定申立て（破178条）と損害賠償請求訴訟（会社423条）のいずれもが可能であるのと同じです。法人の役員の責任の追及等（92頁）参照）。相手方が争い，和解の可能性もないような場合には，手続進行の観点からは，否認訴訟から始めたほうがよい場合もあります。この場合は，破産財団で印紙代を負担することになります。

　以上につき，破産管財実践マニュアル258頁以下，民事再生実践マニュアル197頁以下を参照してください。

65 換価作業は商売人の感覚で（⇒93頁）

　破産財団（破34条1項）に属する財産の管理処分権は、破産管財人に専属しますので（破78条1項）、破産管財人はこれらを換価し、配当財団を形成していくことになります。この換価作業は、基本的には破産財団に属する財産を売却したり、債権を回収したりすることになります。破産法の原則は、民事執行法その他強制執行の手続に関する法令の規定によって行うように思われますが（破184条1項。対象は、不動産（破78条2項1号）、知的財産権等（同項2号）です）、実務上は、破産管財人自らが任意売却するのが原則です。そうすると、商売人としての活動に似てきます（もちろん、清算目的での一括売却には事業性はないとされていますので、事業者ではないことが前提にあります）。破産管財人である弁護士は、債権回収であれば、債権者の代理人となり通常の弁護士業務として行っていますが、財産の売却となると、一般的には商売の素人です。そうではありますが、経験を重ねる中で、ノウハウを蓄積していき、補助者を適切に利用したり、自らが入札手続を主催したりすることで、できる限り高く売れるようにし、破産財団を増殖させていきます（逆に、破産財団を目減りさせないということも大切な観点となりますし、さらには、早期に財団を増殖させ、早期に破産債権者に配当するというのも大切な観点です）。この点は、破産法の条文だけを見ていても想像がつかないと思いますが（破産管財人が裁判所の許可を得る必要がある点は、破78条2項の各号を参照）、実は、破産管財人の役割として最も重要といっても過言ではないといえます（破産財団の換価の詳細については、破産管財実践マニュアル126頁以下参照）。

　さらにいえば、民事再生や会社更生で、事業を継続し、関係者の協力を得て事業を再生させていくということは（破産でも、裁判所の許可を得て事業継続し（破36条）、事業譲渡することで（破78条2項3号）、事業の再生を図ることも可能です）、単なる財産の換価ではなく、まさに経営という商売人の世界になってきます。DIP型の民事再生における申立代理人（再生債務者の代理人）や管理型の場合の管財人、そして会社更生の管財人は、弁護士といえども、この感覚やスキルが必要になってくるということになるでしょう。これは、弁護士の通常業務とは別の観点のように思いますが、非常に大切なことですし、やり甲斐のある仕事だと思います。

66 不動産の任意売却 (⇒93頁, 94頁, 95頁)

　破産財団に不動産がある場合，破産法の規定は，強制競売が原則のようにも読めますが（破184条1項），実務上，破産管財人が裁判所の許可を得て（破78条2項1号），任意売却しています。通常，不動産は担保提供されていますので，破産管財人が任意売却するためには，担保権者に担保抹消の同意を得る必要があります（担保付での購入を希望する買主は通常いません）。なお，抵当権や根抵当権が設定されている不動産であっても，破産管財人は強制競売することができ，別除権者はこれを拒むことができませんので（破184条2項），担保権者の換価時期選択権は制約を受けているといえるでしょう。また，その際は，無剰余取消しの規定（民執63条）が適用されません（破184条3項）。担保権者としても，経験上，任意売却のほうが担保不動産競売よりも高額かつ早期に回収ができるので，経済的合理性を考慮して任意売却に協力しています。

　破産管財人が任意売却をするといっても，買受希望者を確保しているわけではありませんので，通常は，不動産業者に仲介してもらい（一般媒介，専任媒介），買受希望者を募集します。その際の売主側の仲介手数料（多くは，売買代金（建物消費税別）の3％＋6万円に消費税）は，売買代金の中から経費として支出します。また，破産管財人が主導して，入札方式で買受希望者を募集することもあります。競売における入札と同様に，ある日時までに札を入れてもらい，開札の結果，最高価格の入札者を買受希望者とするものです。

　このようにして不動産の買主が決まり，担保権者から売買代金の配分につき了解を得た上で，裁判所の許可を得ます。破産法78条2項1号の不動産の任意売却の許可に加え，同項14号の別除権の目的である財産の受戻しの許可も得ます。この点，被担保債権の全額を払うのが受戻しといわれますが，ここでは担保権者が了解した額を全額払うことにより受け戻すことになります。

　この配分の中には，破産財団への組入金も入れるようにしています。この財団組入金は，売買代金の5％から10％程度を担保権者に譲歩してもらうことで破産財団を増殖します（「無」から「有」に）。また，無剰余の後順位担保権者が存在する場合は，担保不動産競売であれば配当なしですが，任意売却ですので，一定の担保抹消料（判付代）を先順位担保権者に譲歩してもらいます。

67　破産管財人証明書，監督委員証明書 (⇒93頁，131頁)

　破産の場合，破産管財人が対外的にその資格を証明する際，裁判所書記官が発行する破産管財人証明書（以下，「管財人証明書」といいます）を利用します（破規23条3項）。単純な資格証明書のものもあれば，裁判所に届け出ている破産管財人印の印鑑証明書を兼ねる場合もあります。一般的な管財人証明書は，資格証明と印鑑証明を兼ねたものとなっています。

　この点，不動産を任意売却する際の登記申請に必要な管財人証明書及び印鑑証明書は，法務局提出用のものとなっています（同条4項）。かつては，市町村が発行した破産管財人個人の印鑑証明書が必要でしたが（不動産売買契約書も個人の実印で押印していました），裁判所届出印（職印）でも登記申請が可能となり（不登令16条2項，同規則48条1項3号），便利になりました（住所も事務所住所で可能です）。

　ところが，同じ法務局でも，供託の場合は異なります。供託金の還付の際は，唯一の破産管財人であることの記載（破76条1項参照）のほか，自宅住所（住民票上の住所地）も記載したものである必要があり，市町村が発行した破産管財人個人の印鑑証明書も必要となります（供託規則26条1項）。破産管財人は，証明を求める前に，裁判所に自宅住所を届け出る必要があります。

　手続の利用者としては，便利な方法に取扱いを統一してもらえるとよいと思うところです。

　なお，債権者が担保不動産競売の申立て等で管財人証明書を取得する必要があり，裁判所書記官に証明を求める際は，150円の印紙の貼付が必要です。

　民事再生の場合，DIP型ですので，法務局発行の資格証明書を利用します。裁判所書記官に証明してもらうのは，不動産を任意売却する際の登記申請に必要な監督委員証明書くらいです。再生債務者が監督委員の同意を得る際，裁判所書記官から監督委員証明書の発行を受けます。なお，管理命令が発令された場合は，管財人となりますので，前述した破産管財人の場合と同様の管財人証明書となります。

68 担保権消滅請求の三法比較 (⇒94頁, 149頁, 182頁)

　担保権消滅請求の制度は、民事再生法に初めて導入され、その後の会社更生法、破産法の改正の際にも順次導入されました。その名称は同じでも三者三様の使われ方をしています（概説160頁に比較の表があります。松下入門104頁参照）。

　担保権消滅請求は、民事再生では、事業継続に不可欠な財産を確保するための制度ですが（民再148条以下）、会社更生では、資産換価のための制度で（会更104条以下）、破産でも、破産管財人の任意売却を容易にし、破産財団の増殖を図るための制度となっています（破186条以下）。

　本制度の成り立ちは、民事再生法の立法過程での倒産処理弁護士からの発案でした。担保権者との間で担保不動産の評価額が大きく乖離する中、事業継続に不可欠な財産を早期売却価格ベースで確保できることになり、事業の再生に大きな武器となりました（もちろん、そのための資金が必要であることが常にネックですが、資金手当てができた場合には役立ちます）。

　その後、会社更生法にも導入されましたが、ほとんど使われていません。担保権者は、更生担保権者として更生手続内に取り込まれ、基本的に更生担保権の評価が争われます。その評価さえ決まってしまえば、実務上、対象不動産の換価の際は任意の担保変換（売買代金を預金とし、この預金債権に質権を設定しています）等で処理されていますので、利用する必要がないのです。

　破産法に導入された際、破産管財人をする立場からは、旧法時に高額の担保抹消料（判付代）を要求する無剰余の後順位担保権者の存在により任意売却ができなかった点が大きく改善すると喜びました。基本的に先順位担保権者の了解がある中、無剰余の後順位担保権者の協力が得られない場合に利用しますので、本制度の存在が適正な担保抹消料感を生み出し、本制度を利用せずに任意売却が実現できているのが実情です。

　このように、民事再生の場面において対立が先鋭的となり、債務者の利益に偏りすぎではないかとの指摘がされるところです。ただ、ここでの対立当事者は、担保権者対債務者ではなく、限られた弁済原資を奪い合う意味では、担保権者対他の再生債権者と思われます。そして、このことは、適正な担保評価が制度上いかに確保されているかという問題に他ならないのでしょう。

69 債権者平等原則の比較 (⇒96頁, 154頁, 171頁, 182頁, 186頁)

　債権者平等原則は，倒産法の基本原則ですので，破産，民事再生，会社更生，特別清算のすべてに妥当します。もちろん，債権がもともと有する実体上の優先権や各法律が定める優先順位がありますので（⇒トピック59「パイの奪い合い（優先権との関係）」(251頁)），同順位の債権者間では平等ということになります。

　以下，通常倒産リスクを負担することになる，一般の破産債権，再生債権，更生債権，協定債権を念頭に，債権者平等原則の比較をしてみます（民事再生の実質的平等（154頁）も参照）。

　まず，破産では，破産債権内にも優劣があり，一般の破産債権に対する配当は，債権額の割合に応じて按分されますので（破194条2項），形式的平等となります。例えば，生命身体に対する不法行為に基づく損害賠償請求権につき配分を多くするには，裁判所の和解許可（破78条2項11号）により財団債権化する（破148条1項4号）といった実務上の工夫はあるとしても，極めて例外的です。逆に，特定の債権者（いわゆる内部者）の一般の破産債権を劣後化するにも，当該債権者の同意を得て，破産債権の届出をしないか，届出を取り下げてもらう以外には，なかなか難しい面があります[*15]。

　これに対し，通常再生，会社更生，特別清算においては，形式的な平等を貫くわけではなく，合理的な理由があり，差を設けても衡平を害しない場合には，実質的平等が認められています（民再155条1項但書，会更168条1項但書，会社565条）。

　なお，個人再生においては，不利益を受ける再生債権者の同意がある場合と民事再生法84条2項に掲げる請求権（再生手続開始後の利息・遅延損害金等）につき別段の定めをすることが認められているのは通常再生と同じですが，他には，少額の再生債権の弁済の時期のみ規定されているだけですので，結局は，形式的平等となっています（民再229条1項・244条）。

[*15] 広島地福山支判平成10・3・6判時1660号112頁は，破産会社を専属的下請企業として事実上支配していた会社の破産債権の行使を信義則違反（民1条2項）として認めませんでした。⇒155頁

70 配当から除斥される債権 (⇒62頁, 97頁, 231頁)

　破産手続は，破産債権者に対して配当を行うことで最終的な満足を得てもらう手続ですが，配当対象の破産債権がいつまでも確定しないようでは困りますので，一定の時期で配当対象となる破産債権を区切るようにしています。最後配当又は簡易配当の除斥期間をもって区切り，配当から除斥します（これを打切主義といいます。破198条・205条）。

　まず，異議等のある債権（破129条1項の有名義債権は除きます）については，当該破産債権者は，最後配当又は簡易配当の除斥期間内に，破産管財人に対し，破産債権査定手続（破125条1項），破産債権査定異議の訴えに係る訴訟手続（破126条1項）又は受継した訴訟手続（破127条1項）が係属していることを証明する必要があります（破198条1項）。すなわち，破産債権の届出をしても，異議等があり，その後に破産債権査定申立てをせず，破産債権を認めなかった査定決定に対する異議の訴えを提起せず，又は中断していた訴訟手続の受継申立てを行わなかった場合には，配当から除斥されます。前提として破産債権の届出が必要ですから，届出をしなかった破産債権者も除斥されます。

　停止条件付債権又は将来の請求権につき，除斥期間内に，停止条件が成就しない，又は具体化しない場合，配当から除斥されます（破198条2項）。例えば，敷金返還請求権は停止条件付債権ですが，賃貸借契約が終了し，賃借物件を明け渡さない限り除斥されるということです。寄託請求（破70条後段）の対象分も他の破産債権者に配当されることになりますので（破201条2項），破産手続での敷金の回収はできないということになります。また，保証人の事後求償権も保証履行しない限り具体化せず，除斥されます。

　別除権者についても，別除権付破産債権ですが，除斥期間内に，破産管財人に対し，担保されないことになったか（通常は担保権を放棄し，抹消登記します），不足額が確定したことを証明しない限り，配当から除斥されます（破198条3項）。その場合，担保権者は，担保目的物の交換価値からのみ優先弁済を受けるだけという結果になります（オーバーローンの場合，不足額に対する配当がまったくないということになります）。なお，根抵当権の極度額を超える部分については，配当を受けることができます（破196条3項・198条4項）。

71 中間配当との調整 (⇒97頁, 99頁)

　中間配当（破209条以下）を行った後に最後配当（破195条以下）を行う場合，配当額を定めるに当たり，調整が必要となります。また，中間配当を行う際にも配当額を寄託するなどの配慮をしています。

　異議等のある破産債権（破125条参照）につき，破産債権確定手続が係属中の場合，まだ債権額が確定していませんので，中間配当の配当額は寄託され（破214条1項1号），最後配当の除斥期間内にも債権額が確定していない場合は，配当額は供託されます（破202条1号）。その際，中間配当の配当額も供託されます（破214条2項）。破産手続終了後も破産債権確定手続は続き，最終的に債権額が確定した後，この供託金から満足を受けることになります。

　別除権者が中間配当に参加するには，中間配当に関する除斥期間内に，破産管財人に対し，目的財産の処分に着手したことを証明し，かつ，不足額を疎明しなければなりません（破210条1項）。なお，証明及び疎明があった債権のうち，当該疎明があった額に係る中間配当の配当額は，寄託され（破214条1項3号），最後配当の除斥期間内に不足額等を証明しないと除斥され（破198条3項），寄託分は他の破産債権者に配当されます（破214条3項）。

　解除条件付債権は，最後配当の除斥期間内に解除条件が成就しない場合，通常の破産債権として配当を受けられますが，それまでは解除条件成就の可能性があります。そこで，中間配当の際は，相当の担保を供しなければ中間配当を受けることはできません（破212条1項）。この担保が供されていない場合，破産管財人は中間配当の配当額を寄託し（破214条1項5号），最後配当の除斥期間内に解除条件が成就しない場合は，担保は失効し（破212条2項），寄託した配当額を当該破産債権者に支払います（破214条4項）。

　なお，停止条件付債権又は将来の請求権については，停止条件の成就等がないと具体化しませんので，中間配当では，配当額が寄託され（破214条1項4号），最後配当の除斥期間内に具体化しない場合には除斥され（破198条2項），寄託した配当額は他の破産債権者に配当されます（破214条3項）。

72 破産・再生手続が終了した後 (⇒101頁, 161頁, 172頁)

　手続には最初があれば、最後もあります。破産手続や再生手続が終了した後の姿を見ておきましょう。

　まず、破産手続が終了した後の破産者（債務者）の姿は、法人と自然人（個人）で大きく異なります。

　法人の場合、株式会社を想定すると、株式会社は、破産手続開始決定により解散し（会471条5号）、破産手続係属中は、清算目的の範囲内で存続しますが（破35条）、破産手続の終了をもって消滅します。法務局において、破産手続が廃止又は終結した旨の登記がされ、商業登記が閉鎖されます（実務上、後日、裁判所から清算人が選任されると、商業登記が復活し、終わると閉鎖します）。

　自然人（個人）の場合、破産手続終了後に、通常は、免責手続において免責許可決定を受け（破252条1項）、その確定をもって、破産債権につき責任を免れます（破253条1項）。資格制限がある場合、当然復権します（破255条1項1号）。そして、その後も生きて経済的活動を続けることになります。

　次に、通常再生で、例えば10年間の分割弁済の再生計画で法人が事業継続している場合、実務上、原則として監督委員が選任されていますので（民再54条1項）、再生計画認可決定確定から3年間は再生手続が係属し、その後、再生手続終結決定により再生手続が終了します（民再188条2項。商業登記に再生手続終結の旨の登記がされます）。その後は、再生債務者ではなく、通常の法人としての経済的活動を続け、再生計画に基づく分割弁済を続けます。終結決定により監督命令も効力を失いますので（同条4項）、監督委員はおらず、再生計画の遂行のチェック役は、債権者ということになります。

　また、スポンサー型で、スポンサーの傘下で事業継続し、再生債務者法人自体は清算する場合もありますが、株主総会の特別決議で解散し（会471条3号・309条2項11号）、通常清算手続を経て、清算結了すると、法務局において、清算結了した旨の登記がされ、商業登記が閉鎖されます。

　個人再生の場合、再生計画認可決定確定をもって再生手続が当然に終了します（民再233条・244条。終結決定はありません）。その後、債務者は、再生計画を履行していき、そのチェック役は、債権者ということになります。

73 破産者の異議の意味するところ (⇒101頁，110頁)

　債権調査において，破産者も破産債権の額につき異議を述べることができます（破118条2項・121条4項）。一般調査期日の場合でみると，破産者には，一般調査期日に出頭する義務があり（破121条3項。正当な理由があれば代理人の出頭が可能。同項但書)，出頭した破産者は，破産債権の額について異議を述べることができます（同条4項）。その際，異議の内容と異議の理由を述べる必要があります（破規43条1項）。ただ，破産者の異議は，破産債権の確定手続には影響しませんので，破産者の異議があったとしても，破産債権査定申立てに進むことはありません（破125条1項参照）。そのため，破産者の異議については，これまで特段意識されることはなかったように思います。

　ところが，免責許可決定が確定した債務者に対し，破産手続において確定した破産債権を有する債権者が，当該破産債権が非免責債権に該当することを理由として，当該破産債権が記載された破産債権者表について執行文付与の訴え（民執33条1項）を提起した事案で，判例はこれを否定しましたが[16]，この判例を契機として，破産者の異議の意味を再認識することになりました。

　破産者の異議の意味するところは，破産債権者表の執行力を阻止することにあります。すなわち，債権調査を経て破産手続が終了した場合，確定した破産債権については，破産債権者表の記載が確定判決と同一の効力を有し，強制執行できることになりますが（破221条1項），破産者が債権調査において異議を述べていた場合にはこれが適用されないのです（同条2項）。

　非免責債権に該当すると主張する破産債権者が，破産債権者表の記載をもって強制執行するには，執行文の付与が必要となりますが（民執22条7号・25条），この点，前述の判例は，傍論として，破産債権者表の記載内容等から非免責債権に該当すると認められるときは執行文の付与（民執26条）が可能としています。ただ，実際上，裁判所書記官が非免責債権の該当性を判断することは困難と思われます。結局，非免責債権に該当すると主張する破産債権者は，別途請求訴訟を提起し，債務名義を得る必要があるでしょう。

---

[16]　最判平成26・4・24民集68巻4号380頁。⇒110頁

74 個人債務者の倒産処理手続 (⇒105頁，111頁，169頁，188頁，190頁)

　個人の債務者が借入金等の返済が苦しくなった際の債務整理の方法としては，大きく4つ，①任意整理（債務整理，私的整理），②特定調停，③個人再生，④破産があります。①任意整理は，弁護士が代理し，各債権者と個別的に和解（返済可能な分割弁済への組み替え（リスケジュール））や一定程度の債権カット（債務免除）し（合意ができないと和解できません），その約定弁済を行います。②特定調停は，民事調停の一種で，債務者本人が簡易裁判所に申し立て，調停委員が間に入り，個別に合意（主にリスケジュール）し（私的整理類似の制度で，債権者が調停に応じないと成立しませんが，調停に代わる決定（いわゆる17条決定。民調17条）による解決もあります），約定弁済を行います。③個人再生と④破産は，法的整理で，③個人再生では，再生計画に基づく大幅な債権カットを行い，計画弁済を行います。④破産では，破産手続開始時の全財産（自由財産は除きます）を提供し（固定主義。破34条1項），配当後，免責を受けます。

　手続選択に当たっては，まず，ⓐ債務の状況，ⓑ債務者の財産状況，ⓒ債務者の収支状況の3点を考慮します。債務につき，利息制限法による引直計算後の債権残高を基準に，債務者の資産や将来収入から，3年から5年間程度の分割払いや一定程度の債権カットで返済が可能であれば，①任意整理（又は②特定調停）を選択し，大幅な債権カット（例えば80パーセントカット）した上で，3年間（最長5年間）の分割払いが可能であれば，③個人再生を，その返済も困難な場合は，④破産を選択することになります（債務者の自由選択となります）。

　次に，自己所有の自宅不動産（住宅）を保持したい場合は，住宅ローン以外の債務につき，前述のとおりの手続選択を検討します。④破産では，原則として自宅不動産を保持することはできません（⇒トピック43「自宅不動産を手放すということは」(235頁))。③個人再生では，住宅資金特別条項を定めることにより，住宅ローンを払い続けている限り，担保権の実行がされません。

　また，別の考慮要素として，相当程度の免責不許可事由がある場合（破252条1項各号），④破産を避け，③個人再生を選択することもあります（破産でも，裁量免責（同条2項）が認められる可能性があります）。さらには，資格制限がある場合，④破産を選択しにくいため，③個人再生を選択しています。

75 個人事業者の破産，小規模個人再生 (⇒105頁, 169頁, 188頁)

　個人で事業を行っている者が窮境に陥った場合の法的整理手続としては，民事再生と破産があります。民事再生のうち，通常再生も可能ですが，無担保債権が5000万円以下の場合，簡易な小規模個人再生を選択しています。

　まず，破産申立てをする場合は，事業が破綻しますので，通常は事業停止し，廃業します。個人事業者が破産すると，事業収入がなくなり，生活費を確保する必要性から，他の職業に就く方もいれば，同業他社に雇ってもらう方もいます。その中で，支援者が事業（といえるほどのものでないことも多いですが）を買い取ってくれる場合もあります（相当な対価であればよいわけです）。

　ただ，その後の収入の確保のために，どうしても従前の事業を継続せざるを得ない場合もあります。その場合は，破産財団と自由財産の仕分けをきっちり行い，破産債権者の引当てになる破産財団を確保する必要があります。また，債権者との関係でも，事業継続に理解を得られるように説明が必要です。

　次に，小規模個人再生の申立てをする場合，小規模個人再生は，個人事業者も当然の対象としていますが，実務上利用されている件数はそれほど多くないと思われます（給与所得者等再生の対象として想定されていたサラリーマン等の定収入のある者の小規模個人再生が圧倒的に多いです）。

　個人事業者が小規模個人再生を選択する場合，事業継続が目標ですから，通常再生と同様の状況にあります。すなわち，金融機関等の貸金債権者は，その後の融資が望めませんので，再生債権者として取り扱うことになりますが，商取引債権者は，その後も仕入れや下請負をしてもらい，事業継続に協力してもらう必要があります。通常再生の場合は，再生手続開始の申立て後に発生した取引債権の共益債権化の許可（民再120条1項），少額債権の弁済許可（民再85条5項），再生計画における傾斜弁済（民再155条1項）を利用することで，一定程度の配慮が可能です。この点，小規模個人再生でも，共益債権化の承認や少額債権の弁済許可は適用除外されていませんが（民再238条参照），実務上行われることは少なく，また，再生計画においては，傾斜弁済は認められていません（民再229条1項。弁済の時期のみ）。個人事業者の小規模個人再生による事業再生を図るためには，実務上の工夫が必要と思われます。

76 破産法と民事再生法の構成 (⇒117頁)

　破産法も民事再生法も，裁判所における法的整理の手続を定めるものですので，その構成は似ているところが多くあります。大きな違いは，破産法は，清算型の手続として，破産者（債務者）の原則全財産を裁判所が選任する破産管財人が管理・換価し，破産債権者に配当するのに対し，民事再生法は，再建型の手続として，原則として再生債務者が事業遂行権と財産の管理処分権を保持し（DIP型），再生計画の定めに従い再生債権者に弁済することにあります。

　目次を比較して見てみましょう。まず，第1章「総則」で，各法律の目的を定め，第2章では，裁判所での手続ですから，各手続開始の申立，裁判所による各手続の開始の決定，開始決定の効果を定めています。特に破産法の場合，破産手続開始決定により債務者は破産者となり，原則としてその全財産（破産財団）の管理処分権が破産管財人に専属することになりますので，契約関係の処理等詳細な定めとなっています。また，取戻権（所有権），別除権（担保権），相殺権の破産手続での尊重と制約が定められています（民事再生法でも同様）。

　次に，第3章では，各手続の機関が定められ，第4章では，債権者が破産債権者，再生債権者としての権利，すなわち，各手続内で，届出をし，調査を経て確定していくことを定めています。第5章では，破産は財団債権，民事再生は共益債権，一般優先債権，開始後債権（劣後化）と，破産債権，再生債権より原則優先する債権につき定めています。ここまでは大きな方向性は似ています。

　ここからが違いが出てきます。破産では，第6章で破産管財人による破産財団の管理，第7章ではその換価が定められていますが，民事再生では，原則DIP型ですので，第6章で再生債務者の財産の調査及び確保を定めます。

　そして，破産では，第8章で配当，第9章で破産手続の終了を定めますが，民事再生では，第7章で再生計画，第8章で再生計画認可後の手続，第9章で再生手続の廃止を定めます。

　さらに，個人の破産では，第12章で，免責手続と復権を定めています。民事再生では，第13章で個人の特則となる個人再生につき定め，遡りますが，個人でよく使われる住宅資金貸付債権に関する特則を第10章で定めています。

　最後に，破産では第14章で，民事再生では第15章で罰則を定めています。

77 法人債務者の手続選択 (⇒119頁, 188頁)

　法人の債務者の場合，債務超過に陥り，資金繰りが苦しくなっても，経営者は，通常は事業継続を希望し，その意欲が強く認められますので，まずは，再建型の私的整理から検討することになります。その際，純粋な私的整理により，金融機関債権者のみを対象とし，他の商取引債権者に対しては約定弁済を続けて，リスケジュール（返済期限の猶予）してもらうことで対処します。誠実な債務者であれば，金融機関債権者に事業再生への協力を要請すれば，中小企業金融円滑化法が平成25年3月末に期限切れした後であっても，十分検討してもらえるでしょう。金融機関債権者と相談の上，準則のある再建型の私的整理（中小企業であれば，中小企業再生支援協議会等）を利用し，リスケジュールしてもらう場合もあります。ただ，債権カットを求めざるを得ない場合は，純粋な私的整理では難しく，準則のある再建型の私的整理を選択することになります。中小企業再生支援協議会の他にも，一定の事業規模があれば，事業再生 ADR（事業再生実務家協会（JATP）が唯一の特定認証紛争解決事業者）や株式会社地域経済活性化支援機構（REVIC）の再生支援手続，株式会社整理回収機構（RCC）の企業再生スキーム，私的整理ガイドラインがあります（法人税基本通達9-4-2の取扱いにより，合理的な再建計画に基づき金融機関債権者が債権放棄したものは寄附金扱いされず，無税償却が可能です）。

　ただ，私的整理は，当事者の合意に基づくため，対象の金融機関債権者全員の同意が必要です。1行でも反対債権者が存在する場合には成立せず，多数決原理で反対債権者も拘束できる法的整理を検討することになります。また，私的整理中に資金繰りに窮してしまう場合は，やむなく法的整理を選択せざるを得なくなります。法的整理の中でも，再建型の法的整理である民事再生と会社更生を検討することになりますが，いずれも商取引債権者等も含む全債権者を巻き込むことになります。また，経営者が経営を続けられるという観点では，原則 DIP 型の民事再生を選択することが多いでしょう。担保権者まで手続内に取り込むなら，会社更生となります。自力での事業再生が難しい場合は，信用力のあるスポンサーに事業譲渡するなどして，事業の再生を図ります。他に特別清算も検討し，すべて難しい場合には，破産を選択することになります。

78 民事再生を申し立てる際の代表者の覚悟 (⇒119頁)

　民事再生の申立てをするということは，経営者にとって一大決心が必要です。DIP型の手続ですから，経営権を維持したまま自力再建を目指し，収益弁済型の再生計画案を作成し，再生債権者による決議で可決，裁判所から認可決定を受け，その再生計画をやり遂げるのです。再生債権者には，金融機関債権者だけでなく，取引先等もすべて含まれ，多くの利害関係人に多大な負担を強いることになりますが，その協力を取り付け，事業を継続することで，民事再生の申立てによる信用毀損を何とか回復しつつ，その中で再生債権に対して，事業収益から破産よりも多くの弁済を行い，従業員の雇用も確保しながら，事業の再生を図るのです。再生債務者には，公平誠実義務が課せられています（民再38条2項）。再生手続を始めた以上，失敗すれば，最後は破産しかありません。もちろん，信用力のあるスポンサーに事業譲渡するなどしてその傘下に入れば，再生債務者の事業再生が図られますが，通常は経営権を失います。また，管理命令により経営権を失う場合もあります。この場合，裁判所が選任する管財人が事業再生を目指し，通常はスポンサーを募ります。民事再生法は，事業の再生を目的としており（民再1条），必ずしも従前の経営者の経営権の維持にこだわってはいません。まずは，この点の覚悟が必要ですし，意欲が大切です。

　また，過去の経営において違法行為があった場合，役員の責任追及の可能性があります（本書149頁参照）。経営者は，損害賠償請求される可能性もありますし，場合によっては，前述の管理命令により経営権を失うこともあります。

　さらには，多くの経営者は，会社の債務を連帯保証していますので，会社の民事再生申立てにより，保証債務が現実化します。主債務は再生計画により権利変更され大幅に免除されますが，保証債務には影響しませんので（民再177条2項），保証債務が残ります。会社の民事再生と一緒に代表者個人の民事再生申立てをする場合もありますが，民事再生の申立ては行わず，後日，破産する場合もあります（破産手続開始決定により取締役の地位を失いますので（民653条2号），改めて株主総会で取締役に選任してもらう必要があります。破産の委任契約（37頁）参照）。最近は，経営者保証に関するガイドライン（190頁）の活用により，法的整理ではなく，私的整理で処理することもあります。

79 資金繰りの重要性 (⇒119頁，152頁)

　会社の大小にかかわらず，資金繰りは大切です。資金がいつまで持つのか，手形を振り出している場合には，いつ手形の不渡りを出すことになるのか，ということが自ずとXデーを決める要素となってきます。

　小さな会社だと，資金繰り表を作っておらず，社長の頭の中にアバウトにあるだけのこともあり，まずは資金繰り表を作成することから始まります。単純化すれば，月繰り表として，前月末の資金残高があり，当月の収入，支出を足し引きし，当月末の資金残高を出します（6ヵ月分程度）。また，日繰り表として，日々の収入，支出，資金残高がわかるようにします（3ヵ月分程度）。次に，このまま自然体で進んだ場合にいつ資金ショートするかを把握した上で，収入面では，売上げを増やせるか，売掛金の回収を前倒しできるか，資産売却で現金化できるか，新たな借入れができるか等を考え，支出面では，経費を削減できるか，手形をジャンプ（満期を延期）してもらえるか，金融機関や取引先に対する債権の弁済を猶予（リスケジュール（リスケ））してもらえるか等を考えます。平成21年12月施行の中小企業金融円滑化法（平成25年3月末終了）以降，金融機関へのリスケ依頼が通常となっています。このような修正を図りつつ，毎月，毎日の予想を実績に置き換え，さらに先の予想を立てていきます。

　民事再生を検討する際は，申立日と同日に発令される弁済禁止の保全処分により，再生債権（借入金，買掛金，リース料等）に対する弁済を棚上げします。そのため，支出から削り，逆に仕入れが現金取引や短期での支払になる可能性がありますので，その手当てを予想し，金融機関債権者の預金相殺や，民事再生の申立費用も考慮し，民事再生用の資金繰り表を作成していきます。

　民事再生の申立てを行った後も，この計数管理を続け，検証していくことになります。業態にもよりますが，申立て直後には資金が乏しくても，日々の売上げや売掛金の回収により一定程度の資金が確保できると思われます。そして，仕入先との関係が正常化し，得意先への販売も順調に回復すれば，収益が確保でき，再生計画案作成の前提となる事業計画案も作成できるようになります。

　しかし，どこかで躓き，スポンサーも現れず，資金繰りに窮してしまうと，最終的に再生手続を維持できない結果となります（再生手続廃止，牽連破産）。

80 債権者による破産申立てと民事再生申立て (⇒17頁, 119頁)

　法的整理（会社更生，民事再生，特別清算，破産）は，それぞれの法律に基づき，裁判所において行われる手続ですが，最初から裁判所の職権で始まるものではなく，債務者と債権者のいずれかが裁判所に対し各種手続開始申立てを行うことで始まります。法的整理ですから，一度始まってしまえば，進行を妨げる事情がない以上，手続が進んでいきます。手続には最初があれば最後もありますので，相反する2つの手続がどうなっていくのか見ておきましょう。

　A株式会社に対し，債権者Bから破産申立てがあった場合（破18条1項），破産手続開始決定がされると，株式会社は解散し（会社471条5号），破産財団の管理処分権は破産管財人に専属しますので（破78条1項），従前の経営者による事業継続は図れません。そこで，A社としては，従前の経営者による事業を継続して債務の一部を弁済していくことを目指し，破産手続開始決定が出ないよう，再生手続開始申立てを行うことで対抗する場合があります（民再21条1項）。

　この場合，裁判所は，破産手続を中止命令により中止することができ（民再26条1項1号），再生手続開始決定をした場合，その効果により破産手続は当然に中止します（民再39条1項後段）。破産手続開始決定ができない破産障害事由となるのです。再生手続開始申立ての棄却事由として，破産手続によることが債権者の一般の利益に適合するときがありますが（民再25条2号），民事再生は破産配当を上回る弁済が要求されていますので（民再174条2項4号。清算価値保障原則。⇒トピック91「清算価値保障原則」(283頁)），通常は，民事再生のほうが優先することになるでしょう。また，再生手続開始後は，他の破産手続開始申立てや再生手続開始申立てを行うことはできませんが，債権者から会社更生が望ましいとして，更生手続開始申立てをすることは妨げられていません（民再39条1項前段。⇒トピック81「民事再生と債権者による会社更生申立て」(273頁)）。

　そして，再生手続が順調に進行し，再生計画認可決定が確定すると，中止していた破産手続は失効します（民再184条本文）。逆に，再生手続がうまくいかず廃止等で終了すると，中止していた破産手続が進行を始め，裁判所は，破産手続開始決定をし（民再250条1項，破30条1項），破産管財人が管財業務を行うこととなります。

81 民事再生と債権者による会社更生申立て (⇒119頁, 179頁)

　A株式会社が再生手続開始申立てを行い，再生手続が進行している中で，債権者の一部から会社更生が望ましいとして，更生手続開始申立てがされる場合があります（⇒トピック95「会社更生の始まり方」(287頁)）。

　法の建前は，再建型を優先するので，会社更生＞民事再生＞特別清算＞破産となっていて，再生手続開始後は，破産，民事再生，特別清算の申立てを行うことはできませんが（民再39条1項前段），会社更生は除外されていますので，債権者の一部が会社更生の申立てを行うということは可能となります。

　裁判所は，再生手続を中止命令により中止することができ（会更24条1項），更生手続開始決定をした場合，その効果により再生手続は当然に中止します（会更50条1項）。

　この点，更生手続開始申立ての棄却事由として，再生手続によることが債権者の一般の利益に適合するときがあり（会更41条1項2号），実務上判断が分かれるところとなります。法の建前は，前述したとおりですが，同じ再建型の会社更生と民事再生の場合，一般の債権者にとってみれば，計画に基づく弁済率が高いほうがよいわけですから，会社更生を選択して従前の経営者を排除するのか，担保権者を手続内に取り込むのか，といった点は，計画による債権に対する弁済率と必ずしも連動しない面があります。

　そこで，裁判所は，調査委員を選任し（会更39条），先行している再生手続の進行具合を見つつ，再生手続で再生計画案の決議をさせたほうがよいか，途中で会社更生に切り替えたほうがよいか判断することになります。裁判所は，調査委員の報告を受け，会社更生が妥当と判断した場合，保全管理命令を発令し（会更30条1項），保全管理人を選任します（同条2項）。その後，更生手続開始決定（会更41条1項）と同時に管財人を選任し（会更42条1項。通常は保全管理人がそのまま管財人に選任されています），手続が順調に進行し，更生計画認可決定があったときは，中止していた再生手続は失効します（会更208条）。逆に，再生手続が選択された場合，更生手続開始申立ては棄却されることになります（会更41条1項）。なお，更生手続開始の申立てについての裁判に対しては，即時抗告ができます（会更44条1項）。

82 民事再生と会社更生の対象の違い（⇒120頁，179頁）

　再建型の法的整理には，民事再生と会社更生の2つがありますが，民事再生は，自然人（個人）及び株式会社を含むすべての法人を対象とし，会社更生は，株式会社に限定していますので，民事再生法が再建型の法的整理の一般法，会社更生法が株式会社についての特別法という関係にあるといえるでしょう。

　株式会社の場合，民事再生，会社更生のいずれも選択することが可能です。ただ，債務者自らがその申立てをしようと考えた場合，経営者としては，やはり自らの経営権のことを考え，まずは原則DIP型（民再38条1項）である民事再生を志向するでしょう。会社更生でもDIP型は許容されてはいますが（会更67条3項），例外的です（会更42条1項・72条1項で経営権を失います）。他方，担保権の処遇を考えた場合，民事再生では別除権となり担保権者は再生手続外でその実行が可能ですが（民再53条），会社更生では更生担保権として更生手続内に取り込み，担保権の実行を禁止しますので（会更2条10項・47条1項・50条1項・24条1項2号），会社更生のほうが事業再建に有利なように思えます。これに対し，債権者が申し立てる場合，従前の経営者の排除が一つの目的にあり，管理型の民事再生又は会社更生を志向することになります。

　ところが，医療法人や学校法人といった株式会社でない法人の場合，会社更生を選択できませんので，再建型の法的整理手続としては，必然的に民事再生を選択せざるを得ません。担保権は別除権となり，それぞれの事業の拠点となる不動産について担保不動産競売の申立てや，将来債権譲渡担保に供していた診療報酬請求権等も担保権の実行をされる可能性があり，担保権の実行を禁止できる会社更生に比べ，債務者側は一気に不利な状況に陥ります。医療法人の場合，病院には，入院患者，通院患者を抱えていますので，直ちに診療を打ち切るわけにはいきません。学校法人の場合でも，学生が大勢いますので，直ちに授業をやめるわけにもいきません。そこで，裁判所は従前の経営者を排除し，管理型の民事再生で管財人を選任し（民再64条），管財人が信用力のあるスポンサーを見つけ，事業継続と担保権の適切な処理を図る事例が多いです（担保権者としても，担保権の実行に踏み切りにくい状況にあります）。ただ，理事や社員との関係や行政との関係等様々な調整が必要となります。

83 弁済禁止の保全処分（⇒120頁，184頁）

　通常再生の場合（会社更生，特別清算でも事情は同様です），債務者が再生手続開始の申立てをした当日に監督命令と共に発令される弁済禁止の保全命令が重要な役割を担っています。申立日（又はその前日）までの原因により生じた債権（再生手続開始決定により再生債権となる債権）につき，再生債務者に対しその弁済及び担保提供を禁じる保全処分です（民再30条1項。「その他の必要な保全処分」の一つです）。再生手続開始の申立てと同時に申立てをします。

　債務者に弁済を禁じることで，債権者もこれを尊重して個別の権利行使を抑制することを期待しています。ただ，法的には，債権者の強制執行等を止めることまではできませんので，その場合は，個別の中止命令（民再26条1項）や包括的禁止命令（民再27条1項）により対処することになります。

　債権者には，民事再生の申立てを行ったこと，債権者説明会を開催すること，監督命令を受けたことと共に，弁済禁止の保全命令を受けたことを通知します。通常は，早く知らせるためにFAX送信することが多いです（終業後に従業員に説明した後になるため，夜になることが多いです）。これは，債権を一旦棚上げすることの宣言だけでなく，仮に再生債務者から弁済を受けた場合に，悪意の債権者としてその弁済を無効とするためでもあります（民再30条6項）。

　再生債務者は，弁済を禁止されますので，帰責性がなく，債権者が履行遅滞や契約の解除を主張することはできません。ただ，金銭債務の場合，帰責事由が不要なため，遅延損害金は発生します（民419条3項。伊藤142頁参照）。

　弁済禁止の保全処分の例外として，再生債権に優先する租税債権，労働債権や事業継続に必要な水道光熱費，通信費がありますが，少額の債権が例外とされる場合もあります（例えば10万円以下，30万円以下等。数百万円の場合もあります）。大型の会社更生事件では，金融機関の債権のみを弁済禁止の対象とする事案もありますが，極めて例外的といえるでしょう。

　商事留置権者との関係で，早期に留置対象物を確保する必要がある場合，受戻しの意味で弁済禁止の保全命令の一部解除の許可を受けることがあります。破産の場合，受任通知を送ることで支払を停止し，事実上その後の弁済を行っていないため，弁済禁止の保全命令を発令することは滅多にありません。

84 スポンサー型のスキーム (⇒123頁, 156頁, 183頁, 185頁)

　信用力のあるスポンサーの支援を受けて事業再生を図る場合，その手法には様々ありますが，①事業譲渡，②会社分割，③いわゆる減増資スキーム（現行会社法では，株式の取得，自己株式の消却，資本金の減少と募集株式の引受者の募集を定めます。慣用的に「減増資」といいます）を例に見ていきます。M&A（Mergers（合併）and Acquisitions（買収））の一環といえるでしょう。

　民事再生の場合，事業価値の劣化を防ぐため，再生計画案の提出を待たずに再生計画外での事業譲渡を認めています（民再42条・43条）。再生計画に事業譲渡を盛り込む場合もあります。会社分割については，規定を置いていませんが，会社法の規律により可能となります。ただ，組織上の行為とはいえ実質的には資産を譲渡する事業譲渡に近く，実務上，裁判所の許可等を必要とする運用がされています。減増資スキームについては，部分的ですが，株式の取得，資本金の減少等（民再161条），募集株式の引受者の募集（民再162条）につき規定しています（民再154条3項・4項・166条・166条の2）。

　会社更生においても，更生計画外での事業譲渡を認めています（会更46条。更生計画による場合は，会更174条6号）。ところが，会社分割については，更生計画外で行うことを禁止していますので（会更45条1項7号），更生計画案に定めることで行うしかありません。契約の承継，税金，許認可等，包括承継となる会社分割のほうが有利な面があり，事業譲渡と会社分割の双方が可能な場合，会社分割が選択される傾向にありますが，更生計画前に会社分割したくても，事業譲渡にせざるを得ないことになります。減増資スキームについても規定があり（会更167条1項1号・174条・174条の2・175条・177条の2），会社法の例外になります。

　清算型の特別清算の場合，解散した株式会社が対象ですから，株式会社の存続を前提とする減増資スキームも会社分割もできませんが，裁判所の許可を得て事業譲渡することは可能です（会社536条）。

　また，破産の場合も破産手続開始決定により解散しますので（会社471条5号等），特別清算の場合と同様，減増資スキームと会社分割はできませんが，裁判所の許可を得て事業継続し（破36条），同じく裁判所の許可を得て事業譲渡することは可能です（破78条2項3号）。

85　リースの別除権協定 (⇒128頁)

　ユーザーの破産の場合，原則として事業継続せず，破産管財人は，リース物件をリース会社に返還していますので，さほど問題になることはありません(担保権として理解しますので，リース物件処分後の清算義務の問題は生じます)。

　これに対し，ユーザーの再生の場合は，再生債務者とリース会社の利害対立が先鋭化します。すなわち，再生債務者としては，リース物件は事業継続に必要ですので，その確保を志向しますが，リース会社としては，リース料債権の回収のためにリース物件の返還を求めます。再生債務者は，リース料債権が別除権付再生債権であることを前提に (リース契約 (127頁) 参照)，再生手続開始の申立て及び弁済禁止の保全命令後の毎月のリース料債権の弁済をストップし，リース会社と別除権協定に向けた協議を行います。不動産の別除権協定と同様，担保目的物の評価を行い (基本的に処分価額で評価しています)，リース会社と交渉して評価額を合意し，再生債務者がリース会社からリース物件を買い取ったり，受け戻したりして，リース会社の不足額を確定させています。

　この点，別除権となる担保は何か (所有権か利用権か) という議論がありますが，実務上この理解により大きな違いが生じることはないように思われます。

　リース会社は，再生手続開始後にリース料の債務不履行を原因として契約を解除し，又は解除せずにリース契約に基づき目的物の引渡しを請求する場合があります。リース会社の解除が認められる場合でも，自力救済はできませんので，再生債務者から任意の引渡しを受けられない場合は，引渡断行の仮処分や引渡請求訴訟を提起する必要があります。

　リース契約でも，自動車リースにはメンテナンス料金を含む場合があり，この部分はファイナンス・リース契約ではないと評価する場合もあります。ファイナンス・リース契約ではない，オペレーティング・リース契約には，このようなメンテナンス・リース契約も含まれますが，ファイナンス・リースの規律を及ぼすべきかについては，契約の実質を見て判断することになるでしょう。

　また，基本契約終了後に，例えば1ヵ月分のリース料金程度で再リース契約する場合がありますが，これは基本的に動産の賃貸借契約と理解しています(ただ，自動車の場合は再リース料も高額となる場合もあり，別途考慮が必要です)。

86 別除権協定と事業計画案の関係 (⇒129頁, 152頁)

　担保権は別除権として，再生手続によらないで行使することができるとされていますが（民再53条1項・2項），工場や店舗の土地建物のように再生債務者の事業継続に必要不可欠な不動産を確保するには，担保権消滅の許可の申立て（民再148条）ができるといっても，一括での金銭納付（民再152条1項）をするだけの資金調達は難しく，結局は別除権協定により長期分割払いの受戻しの合意をするしかありません。そうすると，実は再生手続に大きく関係してきます。すなわち，再生計画案を作成する際にその前提となる事業計画案を作成しますが，事業収益の分配をどうするかに大きく影響するのです。

　単純な例で見ると，10年分割の再生計画案を作成する際，10年間の事業計画案を立て，得られる収益の予想をしますが，例えば，10年分の弁済可能額が1億円とすると，これを別除権協定に基づき弁済する分と再生計画に基づき再生債権に弁済する分とに分配します。

　別除権付再生債権が2億円で別除権協定分を担保評価の7000万円とすると，再生債権に対し弁済できるのは残りの3000万円となります。別除権の不足額1億3000万円と，他の再生債権が1億7000万円とすると，再生債権は合計3億円で，弁済率は10パーセントとなります（逆にいえば，90パーセントカット（免除））。これが，別除権協定分で担保評価が9000万円とすると，再生債権分は1000万円に減少し，別除権の不足額1億1000万円と他の再生債権の合計2億8000万円に対し，弁済率は3.57パーセントになってしまいます。ここで，前述と同様に10パーセントの弁済率を確保しようとすると，追加で1800万円の弁済可能額を捻出できるように事業計画案を組み直す必要があります。対策としては，売上げを増やすか，経費を減らすかということになります。さらに，別除権協定分の分割弁済分に利息を付すことにすると，さらに再生債権に弁済できる分が減少しますが，それでも弁済率を維持しようとすると，さらに事業計画案が厳しくなってきます。

　結局のところ，再生計画案が可決されるかにつき大きな影響力を及ぼす別除権付再生債権者との間で，実現可能な事業計画案を協議の上で策定することで，別除権協定を行い，再生計画案を作成することになってきます。

87 再生債権と共益債権の時的仕分け (⇒143頁, 280頁)

　民事再生では，債権が再生債権になるか共益債権になるかで，その取扱いには天と地ほどの差があります。再生債権は，再生手続開始前の原因に基づいて生じた財産上の請求権（共益債権又は一般優先債権であるものを除く）で（民再84条），再生手続開始決定により弁済が禁止されます（民再85条1項）。

　ただ，この点，時の流れの中で見ると，再生手続開始決定の前に，再生手続開始の申立てがあり，実務上，申立日当日に弁済禁止の保全命令が発令されますので（民再30条1項），実際上，ここが再生債権か共益債権かの仕分けの基準となります（商品売買は，実務上，納品時で仕分けするのが通常です）。弁済禁止の保全命令の対象となる再生手続開始の申立て前の原因に基づいて生じた貸金債権や売掛金債権は再生債権となり，再生手続開始申立て後の新たな借入れで生じた貸金債権や商品購入で生じた売掛金債権は，再生債務者の事業継続に欠くことができない行為で債務負担したものですので，未払いのまま開始決定を迎えた場合に再生債権となる債権であっても，裁判所の許可，又は監督委員の承認を得て共益債権化されます（民再120条）。そして，再生手続開始後に新たに生じた貸金債権や売掛金債権は，共益債権となり（民再119条2号・5号），再生債権に先立って随時弁済されます（民再121条1項・2項）。

　なお，再生債権につき，弁済禁止の保全命令の例外が定められている場合（例えば少額の債権），開始決定まではその弁済が可能ですが，開始決定後は，開始決定の効果により弁済を禁止されます。この点，開始後は，裁判所から少額債権の弁済許可を得て弁済することができます（民再85条5項前段・後段）。

時　期	申立て前	申立て後開始決定前	開始決定後
債権の性質	再生債権	再生債権	共益債権
開始決定の効果	弁済禁止	弁済禁止	随時弁済
弁済禁止効の例外	弁済禁止の保全命令の例外（開始前のみ）開始後は少額債権の弁済許可で弁済可能	共益債権化の裁判所の許可又は監督委員の承認により開始後弁済可能	― （共益債権は，再生手続によらず随時弁済）

＊民事再生実践マニュアル148頁の再生債権と共益債権の区分の表も参照。

88 共益債権化の許可・承認 (⇒131頁, 143頁, 279頁)

　共益債権化の裁判所の許可（民再120条1項。実務上は監督委員の裁判所の許可に代わる承認（同条2項）が多いです）の重要性を知ってほしいと思います。

　再生手続開始の申立て前の原因に基づいて生じた財産上の請求権は、弁済禁止の保全命令（民再30条1項）により弁済を禁止されたまま再生手続開始決定を迎えますので、再生債権となり、弁済を禁止されます（民再85条1項）。申立て後の原因に基づいて生じた財産上の請求権は弁済を禁止されませんが、その弁済をしないまま再生手続開始決定を迎えると同じく再生債権となり、弁済を禁止されてしまいます（再生手続開始後分は共益債権となり（民再119条2号）、弁済できます）。原材料の購入や商品の仕入れは事業継続に欠くことができない行為で、仕入れの際に現金で支払えばよいわけですが、それでは資金繰りも辛くなりますし、申立てから開始決定までの期間が数日から10日程度であることが多いですから、開始後に弁済することで対応したいところです。

　申立て直後の債権者説明会において、申立て以後の取引については全額支払えるので事業継続のために協力してほしい、できれば従前どおりの締め払い、それが難しい場合はもう少し短期の締め払いをお願いしたいと呼びかけ、協力を得ています。そうであるのに、開始決定により弁済を禁止されるということでは、まったく信義にもとります。そこで、将来の開始決定により再生債権となる債権につき、共益債権化し、開始後に弁済することができるようにするのです。再生債務者としては、開始決定を受ける前に承認を得ておく必要があります。

　実務上の手順としては、再生手続開始の申立てを行い、監督命令が発令された段階で、監督委員に対し、事前に共益債権化の承認申請を行う旨を伝えておき、申立て後の取引により対象となる債権をリストアップしていきます。再生手続開始決定は、裁判所が決めることですから、どうしても共益債権化の承認と開始決定の間にタイムラグが生じますし、現実問題として、日々の取引を漏れなく、金額の特定までしてリストアップすることは困難を伴います。そこで、再生債務者の業務により通常発生する類型の債権につき、過去の実績ベースで一定の上限を設けて包括的な承認も併せて得ておきます（民事再生実践マニュアル151頁参照）。

89 再生計画案の決議・集会型と書面型 (⇒157頁)

　再生計画案の決議の方法（議決権の行使方法）には，債権者集会の期日で行う方法（集会型。民再169条2項1号），書面等投票で行う方法（書面型。同項2号），両者を併用する方法（併用型。同項3号）の3つがあり，どれでもよいように見えますが，実は大きな違いがあります。

　まず，集会型と書面型を比較すると，集会型は，再生債権者に不利な影響を与えないときに限り，債権者集会において，裁判所の許可を得て再生計画案の変更をすることができますが（民再172条の4），書面型では変更の機会はありません。付議決定までの修正は裁判所の許可を得て可能ですが（民再167条），付議決定後は違いが生じます。また，集会型は，債権者集会において再生計画案が可決に至らなかった場合に，一定の要件を満たせば，債権者集会の続行期日を定めることができますので（民再172条の5第1項），再生計画案を変更して再度決議してもらうことができますが，書面型には続行の機会はありません。いわば，書面型は一発勝負ということになります。

　決議に至るまでの過程を見ても，集会型は，債権者集会に向け，予め再生計画案に同意する旨の委任状集めをしています。債権者集会に参加し議決権を行使するのは代理人でも可能ですから（民再172条1項），委任を受けて同意票を投じる代理人が債権者集会に参加します。この委任状集めにより票読みができています。少額債権の傾斜弁済（民再155条1項但書）は，頭数要件を満たすためにも有用ですし，金融機関債権者の多くは委任状の提出までは難しくても，同意の方向性は事前にわかりますので，多くの事案では，債権者集会前に可決要件（民再172条の3第1項）が事実上満たされています。

　これに対し，書面型では，投票先が裁判所になるため，途中経過がわからず，ときには思わぬ結果となることもあります（少し不足して否決ということも）。

　併用型は，集会型と書面型の双方を兼ねていますので，大きな集会場を確保できない場合，書面型のメリットを活かしつつ，集会型のメリットも享受できることになります。

　したがって，まず集会型，次に併用型，絶対に安全なら書面型の順に考えるのがよいでしょう。

90　決議の可決要件の違い（⇒158頁，171頁，183頁，186頁）

　通常再生で再生計画案の決議における可決要件は，①議決権者（債権者集会に出席し，又は書面等投票をしたものに限られます）の過半数の同意と，②議決権者の議決権総額の２分の１以上の議決権を有する者の同意の両方を満たす必要があります（民再172条の３第１項）。例えば，議決権を有する債権者が100名で，議決権総額（再生債権総額）が10億円，債権者集会での決議（民再169条２項１号）に出席した債権者が80名の場合，①の頭数要件は，全債権者ではなく，債権者集会に出席した債権者数ですので，41名以上の同意が必要で，②の議決権額要件は，議決権総額ですので，５億円以上の議決権を有する者の同意が必要となります（欠席した債権者は，不同意と同視されることになります）。債権者集会への出席は，本人でなくとも，代理人の出席で足りますので，実務上，債権者集会前に同意の委任状を集める作業をしています（多くの事案で，頭数要件は，少額の再生債権者の同意により満たしています）。積極的な同意が必要ということになります。

　これに対し，会社更生の場合，更生計画案の決議における可決要件は，組分けをし，①更生債権については，議決権総額の２分の１を超える議決権を有する者の同意が必要ですが，②更生担保権については，その権利変更の内容に応じ，議決権総額の３分の２以上，４分の３以上，10分の９以上の議決権を有する者の同意が必要となります（会更196条５項）。会社更生の場合，民事再生における頭数要件がありませんので（松下入門147頁参照），大口債権者の同意が得られると可決されることになる傾向にあります。

　特別清算の場合も見ておくと，協定の決議における可決要件は，①債権者集会に出席した議決権者（議決権を行使できる協定債権者）の過半数の同意と，②議決権者の議決権総額の３分の２以上の議決権を有する者の同意の両方を満たす必要があります（会社567条１項）。①頭数要件は民事再生の場合と同様ですが，②議決権要件が厳しく３分の２となっています。

　最後に，個人再生の小規模個人再生においても再生計画案の決議がありますが，①不同意の議決権者が議決権者総数の半数に満たず，かつ，②その議決権の額が議決権者の議決権の総額の２分の１を超えないときは，再生計画案の可決があったものとみなされます（民再230条６項。消極的同意）。

91 清算価値保障原則 (⇒159頁, 171頁, 182頁, 186頁)

　通常再生において、仮に破産した場合の清算価値を上回る、すなわち清算配当率（破産配当率）を上回る弁済をすべき（厳密に言えば、下回ってはならない）という清算価値保障原則を満たす必要があるとされます。この原則はどこに規定されているのでしょうか。そのとおりの用語としては、民事再生法の中にはなく、不認可事由の「再生債権者の一般の利益に反するとき」（民再174条2項4号）との表現がされています。破産との比較をするわけですが、再生債務者は実際には破産するわけではありませんので、清算価値は、財産評定（民再124条1項）において、再生手続開始時を基準に評価を行います。個々の財産につき、処分価額（民再規56条1項）を算定し、これを積み上げた上で、相殺や別除権で優先回収されるもの、租税債権や労働債権といった共益債権・一般優先債権となるもの、破産管財人の報酬を含めた清算費用などの優先されるものを控除します。これを分子とし、破産債権となる再生債権を分母として、予想清算配当率を算定します。基本的には、再生手続開始時を基準としています。ただ、この清算価値保障原則は、反対債権者にも破産配当は確保すべきということであり、再生計画案が多数の再生債権者の賛同を得られるかは別の問題ですので、単に清算価値保障原則を満たせばよいというものではありません。

　また、会社更生の場合も清算価値保障原則が妥当します（ただ、前述した民事再生と同様の規定はありません。会更199条2項1号又は2号）。

　特別清算の場合、通常再生と同様の規定があります（会社569条2項4号）。

　また、個人再生の場合も通常再生と同様の規定があり（小規模個人再生につき民再231条1項・174条2項4号、給与所得者等再生につき241条2項2号）、再生計画の取消しの要件として、再生計画認可決定時を基準に、配当総額を下回ることが明らかになったことが規定されています（民再236条・242条）。個人再生には、否認権の制度が適用除外とされていますが（民再238条・245条）、清算価値の算定の際には、破産管財人が否認権を行使し、破産財団に取り戻せたであろう額を上乗せするようにしています。実務上、清算価値の算定は、資産の積み上げのみとされることが多いですが、通常再生と変わるところはありませんので、前述のように、負債の控除も行うべきでしょう。

92　ペアローンの取扱い（⇒164頁）

　例えば，共働きの夫婦が，同一の金融機関で，いわゆるペアローンで住宅ローンを組み，夫婦共有の自宅不動産（住宅）を取得した場合，夫と妻それぞれが債務者となる住宅ローンを組む際，他方の組んだ住宅ローンにつき，自己の共有持分に抵当権を設定していますので，それぞれが物上保証している状態になります（クロスして担保している状態です）。そのため，形式的には，民事再生法198条1項但書の「住宅の上に第53条第1項に規定する担保権（第196条第3号に規定する抵当権を除く。）が存するとき」に該当し，住宅資金特別条項を定めることができないのではないかとも思われます。この点，立法時には想定されていなかった事態で，実務上の工夫により一定程度克服されてきました。

　同条の趣旨は，他の担保権が実行されることにより，住宅資金特別条項が無意味になることを回避することにありますが，同一家計を営む夫婦の場合であれば，一方の住宅ローンのみを滞納し担保権の実行を受けるという事態は想定しにくいところです。そのため，多くの裁判所において，夫婦双方が個人再生の申立てを行い，住宅資金特別条項を定め，互いに担保権の実行がされないという前提を作ることで対応する運用上の工夫が行われています（個再手引346頁参照）。

　しかし，夫婦の一方に住宅ローン以外の負債がない，又は少額であるようなケースにまで個人再生手続の申立てを強いることには問題があるところです。そこで，担保権の実行の可能性が，法律上あるいは事実上ないと考えられる場合には，裁判所によっては単独申立てを許容する運用がなされています。①生計を同一とする同居者（夫婦，親子など）で，②個人再生の申立てを行わない配偶者等には債務がないか，あっても少額で，個人再生の申立てを行う必要性がなく，③住宅ローンの滞納もなく（結果的に，約定型・そのまま（弁済）型の住宅資金特別条項を定めることになります），双方の住宅ローンの履行可能性があり，④担保権者の意向を聴取して，事実上担保権実行のおそれがないことを確認し，場合によっては⑤個人再生委員を選任して，その意見を聴取することにより，単独申立てが許容されると考えます（単独申立てを認めた例として，個再手引347頁参照）。

93 個人再生の通常再生との比較 (⇒169頁, 286頁)

　小規模個人再生は，通常再生の特則で，さらに，給与所得者等再生は，小規模個人再生の特則という関係にありますが，個人再生と通常再生の違いは，次のような点にあります。
　①再生債権の確定方法につき，通常再生では，再生債権の届出，調査，確定の一連の手続において，争いのある場合，最終的には訴訟により実体的に確定します（基本的に破産と同様です）。この点，個人再生では，費用対効果を勘案し，みなし届出の制度（民再225条・244条）により債権者の負担を減らし，争いのある再生債権については，再生債権の評価の裁判により，手続内でのみ確定するという簡易な確定手続としています（民再226条・227条・244条）。手続内確定は，手続内で必要となる議決権額や最低弁済額を算定する際の基礎となる再生債権の額及び担保不足見込額を決めるという意味です。
　②最低弁済額につき，通常再生では，清算価値保障原則（民再174条2項4号）のみですが，個人再生では，ⓐ清算価値保障原則（民再231条1項・174条2項4号・241条2項2号）に加え，モラルハザードの防止と債権者に一定の満足を得させるべきとの考慮から，ⓑ再生債権額基準が設けられています（債権額により5段階。民再231条2項3号・4号・241条2項5号。5分の1か100万円のいずれか多い額となることが多いです）。また，給与所得者等再生では，ⓒ可処分所得額の2年分も最低弁済額要件となります（民再241条2項7号）。
　③再生計画案の可決要件につき，通常再生では，再生債権者の積極的同意が要求されますが（民再172条の3第1項），小規模個人再生においては，消極的同意で足りることとしています（民再230条6項。実務上，不同意の回答をする再生債権者は極めて少ないです。⇒トピック90「決議の可決要件の違い」（282頁））。さらに，給与所得者等再生では，前述の可処分所得額の2年分の負担を求める代わりに，決議を要せず，意見聴取の手続にとどめています（民再240条1項）。
　④機関につき，通常再生では，監督委員（民再54条），調査委員（民再62条），管財人（民再64条），保全管理人（民再79条）を選任することがありますが，個人再生では，費用対効果の面から，職務を必要最小限度のものに限定した個人再生委員（民再223条・244条）を必要に応じて選任します。

94 実体的確定と手続内確定（⇒170頁，206頁，285頁）

　破産と通常再生では，破産債権と再生債権につき，届出・調査・確定の手続によりその債権を実体的に確定させますが，個人再生では，実体的に確定させることなく，個人再生手続内でのみ確定させる手続内確定となっています。

　平常時（平時）には，債権者の個別の権利行使として，訴状を作成して，裁判所に訴えを提起し，審理の結果，認容判決を受け，それが確定することにより，確定判決が債務名義となります。この一連の手続により，債権を実体的に確定しているわけです。

　これを，破産や通常再生の場合で見ると，手続参加として，債権届出書を作成し，裁判所に債権届出し，債権調査の結果，破産管財人や再生債務者が認め，他の届出破産債権者からの異議がなければ，それが確定することにより，債権者表の記載が確定判決と同一の効力を持つことになります（破124条3項，民再104条3項）。争いがある場合は，査定申立てや異議の訴え（債権確定訴訟）を通じて実体的に確定させることになっています（本書66頁，140頁参照）。

　これに対し，個人再生の場合，規模が小規模で，再生債権の内容を実体的に確定するための重厚な債権調査・確定の手続を設けることは，時間と費用がかかり，不経済であると考えられたため，債権調査手続を簡略化し（民再226条の異議，227条の再生債権の評価の申立て，244条），効果を手続内確定にとどめています（民再238条で第4章第3節（99条から113条1項・5項）を適用除外。245条）。

　個人再生においては，みなし届出の制度にしていますので（民再225条），再生債務者が申立て前の段階で事実上の債権調査を行い，申立て時の債権者一覧表に再生債権の額及び原因を記載し，これに対し，再生債権者が争わなければ，債権届出をしたものとみなされますので，手続内確定といっても，実際上，実体的に存在する再生債権の額と一致する場合がほとんどです。ただ，実体的に確定していない以上，執行力がないという点は違いがあります。

　そして，手続内確定の意味は，再生計画案の決議の際の議決権額や認可要件となる最低弁済額（民再231条2項3号・4号・241条2項5号）を算定する際の基礎となる再生債権の額及び担保不足見込額を決めるということにあります。手続の進行上必要な額を単に評価しているにすぎないということです。

95 会社更生の始まり方 (⇒179頁)

　会社更生は，対象を株式会社に限定し，窮境にある株式会社について，更生計画の策定及びその遂行に関する手続を定めること等により，債権者，株主その他の利害関係人の利害を適切に調整し，もって当該株式会社の事業の維持更生を図ること目的とします（会更1条）。会社更生の始まり方には様々あります。

　債務者A株式会社が更生手続開始の申立てをし（会更17条1項），裁判所が保全管理命令を発令すると（会更30条1項），保全管理人には弁護士が選任され，A株式会社（開始前会社）の事業の経営並びに財産の管理処分権は保全管理人に専属します（会更32条1項。この時点で，従前の経営者は経営権を失います）。その後，更生手続開始決定（会更41条）があると，同時に管財人が選任されます（会更42条1項・67条。保全管理人であった弁護士がそのまま管財人に選任される例が多いです）。これが本来型といえます。

　次に，現経営者を排除したい債権者（A株式会社の資本金額の10分の1以上に当たる債権を有する債権者に限定されています。会更17条2項1号）が更生手続開始の申立てをし，裁判所が保全管理命令を相当と判断した場合，保全管理命令が発令され，従前の経営者は経営権を失います。この場合は，前述した本来型と同様です。もう一つの方法として，債権者が更生手続開始の申立てをし，裁判所が調査命令（会更39条）を発令し（従前の経営者の経営権は維持されています），調査委員に弁護士を選任し，更生手続開始原因事実や保全管理命令等を必要とする事情，要否の調査を行わせ，裁判所はその報告を受け，その後の手続を決めます。この点，債務者が再生手続開始の申立てを行い，対抗して債権者が更生手続開始の申立てを行った場合も同様に，裁判所は調査命令を発令しています（⇒トピック81「民事再生と債権者による会社更生申立て」(273頁)）。

　また，最近は，DIP型会社更生が行われています。従前の経営者の中から管財人（会更67条3項で役員等責任査定決定を受けるおそれのある者は除外）を選任することで，窮境にある株式会社に早期の更生手続開始の申立てを促し，従前の経営者を活用した適切な事業の維持更生を図ろうとするものです。

　また，破産管財人が更生手続開始の申立てをし（会更246条），事業継続し，担保権を更生担保権者として手続内に取り込むことで処理する場合もあります。

96 破産を決断する前に特別清算の検討を (⇒184頁)

　株式会社で，一般債権者への弁済（配当）の可能性がある場合，破産を決断する前に，特別清算の可能性を検討することは有用です。破産申立ての一般的な流れは，破産を決断すると，事業を停止し，従業員も全員解雇して事業場を閉鎖し，申立準備に入ります。その後，破産手続開始の申立てを行い，裁判所から破産手続開始決定を受け，破産管財人が活動を開始します。この流れの場合，どうしてもタイムラグが生じます。その間，破産財団に属する資産価値が大幅に劣化し，売掛金の回収においても不払いが多発し，不動産の任意売却の際も管財物件であることが価格を下げる要因となります。

　この点，特別清算の場合，タイムラグなく，ソフトランディングが可能となります。事業は停止しますが，従業員を予告解雇にとどめ，在庫の販売（仕入れも行う場合もあります），契約関係の処理や得意先対応を行うことで，資産価値の劣化を防ぎ，売掛金も通常どおりの回収を図ることができます。特別清算は，ミニ破産ともいわれますが，一般に破産ではないとのイメージがあり，従前のメンバーによって清算業務を行うことが協定債権（破産債権に相当）に対する弁済率の向上に繋がります（従業員の労働債権の確保にも繋がります）。

　株主総会における解散決議（会社471条3号・309条2項11号）の際，従前の代表者を清算人に選任する決議（会社478条1項3号）も行い，申立代理人も裁判所の許可を得て清算人代理（会社525条）となって手続を進めていくことから，DIP型の清算手続といえるでしょう（弁護士が清算人に選任される場合もあります）。

　ただ，清算株式会社，すなわち解散したことが前提ですから，前述のとおり株主総会における解散決議（特別決議（会社309条2項11号））が必要となり，株主構成によっては難しい場合があります。また，優先する滞納公租公課が多額で，到底これを弁済できない場合も難しくなります。特別清算では，再生計画案に相当する協定案を作成し，債権者集会に対し，協定の申出をし，債権者に可決してもらう必要がありますので（会社554条1項），大口債権者の反対があると協定の可決が厳しくなります。また，調査委員，監督委員を選任するための予納金も必要となりますので，資産が乏しい場合には難しい手続です。このように，一定の条件が整うことが必要ですが，特別清算は，活用できるスキームです。

97　特別清算の利用方法 (⇒186頁)

　特別清算は，破産法，民事再生法，会社更生法のように単独の法律はなく，会社法の中にあるため目立たない存在ですが，大きく3つの使われ方をしているといえるでしょう（1つ目と2つ目は，個別和解型として合わせることも可）。

　1つ目は，親会社が子会社に対する債権を損金処理するため（単なる債権放棄では後日の税務調査で否認されるリスクがあります），協定案を作成するのではなく，特別清算手続内で個別の和解契約を行うことにより，子会社から回収できなかった債権を放棄（免除）するものです。これは対税型といい，予納金も低廉で，調査委員や監督委員も選任されず，簡易な手続となっています。

　2つ目は，私的整理で，収益力のある事業を第二会社方式により，事業譲渡や会社分割を行い，別の会社に承継させた後，残った会社の債務につき，特別清算手続を利用し，各債権者と個別の和解契約を行うことで，譲渡した事業の対価や残った法人を清算して弁済し，残りの債権を放棄（免除）することで，前述の対税型と同様に損金処理ができるようにするものです。この個別和解型も，事前に私的整理で債権者と調整していますので，簡易な手続となります。

　3つ目は，特別清算手続が本来予定している協定型で，清算株式会社が協定案を作成し，協定債権者に債権者集会において，出席議決権者の過半数及び議決権者の議決権総額の3分の2以上の同意を得ることで（通常再生より厳しい可決要件です），反対債権者も含めた債権の権利変更を行い，清算します。例えば，事業継続中の株式会社につき，どうしても赤字からの脱却は困難で民事再生は難しいけれども，いきなり破産ではドラスティックすぎるような場合に，うまくソフトランディングさせる使い方として特別清算手続を利用します。取締役会決議を経て，解散のための臨時株主総会を開催し，特別決議で解散決議し，従前の代表取締役や弁護士を清算人に選任し，その清算人が速やかに裁判所に対し特別清算の開始申立てを行い，手続開始決定を受けます。通常再生の初動と同様に，債権者対応をして，契約関係の処理を行い，在庫の販売，売掛金の回収，不動産の売却等を清算人の下で行い，協定案では，一定額の少額債権を100パーセント弁済する傾斜弁済も許容されていますので，取引債権者にも一定の配慮ができ，破産よりも多くの回収を図れ，柔軟な弁済も可能となります。

98 破産管財人の心構え十箇条 (⇒53頁)

一、事件の見極めをすべし
　　配当見込みはあるか，何を重点的にすべきか，事件の見極めをしましょう。
一、速やかに着手すべし
　　破産管財人の業務は，初動が大切です。すぐに行動しましょう。
一、スケジュール管理すべし
　　やるべきことはいっぱいあります。リストアップし，着手時期，段取りを考え，常に見直して管理しましょう。
一、公平，公正を旨とし，バランスよく処理すべし
　　破産債権者の代表の立場として，また，債務者の地位の承継者として，バランスを考え行動しましょう。
一、優先順位に注意すべし
　　債権には，破産法や他の実体法が定める順序がありますので，優先順位を誤らないよう，常に注意しましょう。また，税務にも関心を持ちましょう。
一、債権者，利害関係人には丁寧に応対すべし
　　破産で迷惑を被っているわけですから，誠実に対処し，事案に応じて，法律の定めに従った利害の調整役もしましょう。
一、拙速な処理にならないよう，必要に応じてじっくりとやるべし
　　迅速だけが目標ではありません。事案に応じて，時間をかけるべきときは時間をかけましょう。
一、報・連・相すべし
　　破産管財人の業務の多くは，その裁量に委ねられてはいますが，事件を担当する裁判官，書記官には，適時に適切に報告，連絡，相談しましょう。
一、細心の注意で検討し，大胆に決断すべし
　　破産法や関係法令，判例，運用等を踏まえて慎重に検討を重ね，すわりがよく，説明がつくよう，最後は大胆に決断しましょう。
一、手続上のミスがないよう，チェックすべし
　　手続は積み重なって進んでいき，やり直しができないこともあります。何度もチェックし，進めましょう。

99 破産申立代理人の心構え十箇条 (⇒17頁)

一、依頼者によくよく説明すべし
　　手続選択，メリット，デメリット，手続の進行の見通し等をよくよく説明し，依頼者の疑問や心配事にも丁寧に応対しましょう。
一、事業停止の影響を考慮すべし
　　突然の事業停止もやむを得ませんが，関係者や周囲への影響を考慮し，可能な限り配慮をしましょう。
一、財産を保全すべし
　　破産財団となる債務者の財産や資料が散逸しないよう保全しましょう。法人代表者に任せっぱなしではいけません。
一、破産管財人の目線でも考えるべし
　　申立代理人は，債務者から委任を受ける立場ですが，行動する際は，自らが破産管財人だったらどうするかの観点でも考えるようにしましょう。
一、速やかに申立てすべし
　　破産申立費用の捻出にある程度時間がかかる場合は例外として，速やかに破産申立てをしましょう。破産でも密行性を保った申立てがあります。
一、必要な情報を申立書や引継書に盛り込むべし
　　定型の申立書は，どんな事件でも共通する点を漏れなく記載できるようになっていますが，事案の特殊性は別途わかりやすく記載しましょう。
一、破産管財人候補者が決まれば，すぐに連絡し，面談日の日程調整をすべし
　　申立代理人から即時に電話して挨拶し，副本を届け，要点も伝えましょう。
一、破産管財人事務所に自ら出向いて，速やかに引き継ぐべし
　　裁判所に破産申立てをして，開始決定を受ければ終わりではありません。
一、破産管財人に適切に説明すべし
　　破産管財人に適切に処理してもらうには，書面，口頭両面での説明が大切です。申立代理人にも説明義務が課せられています（破40条1項2号）。
一、個人債務者の場合，依頼者の免責許可決定確定までフォローすべし
　　個人の債務者は，免責を受けることが大きな目標です。破産管財人や破産債権者から指摘があれば，適切に対応しましょう。

100 よりよき倒産処理のために

　経済活動が行われる中で、倒産はいわば必然的に生じてきます。「倒産」、「破産」という言葉からくるマイナスイメージや、債権者からすると合法的な踏み倒しではないかとの疑問から、あまり触れたくない分野と思われるかもしれません。これまでに見てきたところからどう思われるでしょうか。債務者の究極的な経済的危機時期において、債権者が限られたパイを強引に（ときには法に基づかず）奪い合うのではなく、法に基づいて多数の債権者や利害関係人の利害調整を図り、平等に分配し、債務者も経済的な再スタート（再チャレンジ）ができるように仕組みが作られていることがわかってくると思います。最後の姿である倒産法を知ると、平常時（平時）にどう行動すればよいかがわかりますし、倒産時となった際も冷静に行動することができるでしょう。

　筆者は、「明るい倒産」、「明るい破産」でよいと思っています。債権者、利害関係人に大いに迷惑をかけることになりますから、明るいはずがないとすぐ突っ込みが入るところですが、端的にいえば、誠実な債務者は救ってあげたいと思います。それは、債権者の立場から見てもそうだと思います。倒産や破産を暗く捉えず、明るく前向きに捉え、ルールに従った処理をして再スタートできるようにすることは、債務者、債権者、そして社会的に見ても有意義なことです。逆に、制度を濫用や悪用しようとする者には、毅然とした態度や対応が必要です。また、経営者に問題があっても、事業価値があれば、管理型の民事再生や会社更生で事業を生かす道も認められています。

　このように、関係者間の相互理解による法に基づく利害調整を図り、倒産処理制度が信頼され、前向きに捉えられるよう、破産管財人であっても、債務者の代理人であっても、日々の業務の中で、債権者、利害関係人すべてに目配せし、総合的な判断をするように心がけ、信頼されるように努めていますし、今後も倒産処理制度の信頼確保のために精進したいと思います（最近は、弁護士倫理の問題も叫ばれ、倒産事件に関わる弁護士のスタンスも問われてきています）。

　借金で死んではいけませんし、価値ある事業は再生してもらいたいところです。今後もよりよき倒産処理制度と実務が維持発展していくことを願っておりますし、そのために、自らもその役割を果たしたいと思います。

判例索引

（〔百選〕の番号は，伊藤眞＝松下淳一編『倒産判例百選〔第5版〕』の項目番号を表す）

大決昭和12・10・23〔百選3〕 ……………… 18
東京高決昭和33・7・5〔百選4〕 ………… 19
最判昭和36・10・13〔百選99〕 …………… 28
最決昭和36・12・13〔百選82〕 …………… 105
最判昭和37・3・23〔百選A4〕 …………… 121
最判昭和37・11・20〔百選35〕 …………… 86
最判昭和40・3・9 ……………………………… 86
最判昭和40・11・2〔百選65〕 ……………… 52
最判昭和41・4・14〔百選31〕 ……… 84, 208
最判昭和41・4・28〔百選57〕 ……………… 45
最判昭和42・8・25〔百選A7〕 …………… 29
最判昭和43・7・11〔百選49〕 ……………… 40
最判昭和44・1・16〔百選A5〕 …………… 86
最判昭和45・1・29〔百選A8〕 …………… 23
最決昭和45・6・24〔百選1①〕 …………… 21
最判昭和45・8・20〔百選36〕 ……………… 87
最判昭和45・9・10〔百選A1〕 …………… 17
最決昭和45・12・16〔百選2〕 ……………… 179
最判昭和48・2・16〔百選17〕 ……………… 24
最判昭和48・10・12〔百選A13〕 ………… 31
最判昭和48・11・22〔百選41〕 …………… 92
福岡高決昭和52・10・12〔百選6〕 ……… 19
最判昭和52・12・6〔百選68〕 ……………… 50
最判昭和53・5・2 ……………………………… 52
名古屋高判昭和53・5・29〔百選56①〕… 45
大阪高判昭和53・5・30〔百選40〕 ……… 91
最判昭和53・6・23〔百選78〕 ……………… 34
仙台高判昭和53・8・8〔百選33〕 ……… 85
最判昭和54・1・25〔百選73〕 ……………… 28
東京高決昭和54・8・24〔百選96〕 …… 183
東京高決昭和56・9・7〔百選7〕 ………… 20
東京地判昭和56・11・16〔百選56②〕… 45
福岡高決昭和56・12・21〔百選95〕 …… 155
最判昭和56・12・22〔百選A12〕 ………… 30
最判昭和57・1・29〔百選70〕 ……………… 67
最判昭和57・3・30〔百選38〕 ……………… 88
最判昭和57・3・30〔百選75〕 …………… 128

東京高決昭和57・11・30〔百選8〕 ……… 17
最判昭和58・3・22〔百選18〕 ……………… 24
最判昭和58・10・6〔百選23〕 ……………… 26
大阪高決昭和58・11・2〔百選A6〕 …… 89
最判昭和58・11・25〔百選27〕 …………… 90
最判昭和59・2・2〔百選55〕 ……………… 43
最判昭和59・5・17〔百選81〕 ……………… 27
福岡高判昭和59・6・25〔百選A3〕 …… 25
最判昭和60・2・14〔百選26〕 ……………… 83
最判昭和61・4・3〔百選42〕 ……………… 90
最判昭和61・4・11〔百選71〕 ……………… 67
最判昭和62・7・3〔百選34〕 ……………… 81
最判昭和62・11・10 ………………………… 237
最判昭和62・11・26〔百選79〕 …… 34, 218
横浜地判昭和63・2・29〔百選87〕 …… 109
大阪高判昭和63・7・29〔百選46〕 …… 102
最判昭和63・10・18〔百選64〕 …………… 51
東京高決平成元・4・10〔百選A18〕… 162
大阪高決平成2・6・11〔百選83①〕… 108
最判平成2・7・19〔百選28①〕 ………… 77
最判平成2・7・19〔百選28②〕 ………… 77
最判平成2・9・27〔百選50〕 ……… 40, 230
最決平成3・2・21〔百選1②〕 ………… 105
東京地決平成3・10・29〔百選5〕 ……… 19
東京地判平成3・12・16〔百選47〕 …… 155
最判平成5・1・25〔百選29〕 ……………… 85
仙台高決平成5・2・9〔百選83②〕… 108
東京高判平成5・5・27〔百選30〕 ……… 80
最判平成5・6・25〔百選100〕 ………… 101
大阪高決平成6・7・18〔百選A17〕… 106
大阪高決平成6・12・26〔百選13〕 …… 22
東京高決平成7・2・3〔百選A16〕 … 109
最判平成7・4・14〔百選74〕 …………… 128
福岡高決平成8・1・26〔百選A15〕… 108
東京高決平成8・2・7〔百選84①〕… 108
福岡高決平成8・6・25〔百選A9〕 …… 63
最判平成8・10・17〔百選39〕 ……………… 86

最判平成9・2・25〔百選88〕……………… 109
福岡高決平成9・8・22〔百選84②〕…… 108
最判平成9・12・18〔百選32〕……………… 84
広島地福山支判平成10・3・6 …… 155,261
最判平成10・7・14〔百選52〕……… 44,236
東京高決平成10・11・27〔百選54〕… 35,44
最決平成11・4・16〔百選12〕……………… 17
最判平成11・11・9〔百選89〕……………… 110
東京地決平成12・1・27〔百選22〕………… 28
最判平成12・1・28〔百選86〕……………… 110
最判平成12・2・29〔百選80①〕…………… 30
最判平成12・3・9〔百選80②〕…………… 30
最決平成12・7・26〔百選85〕……………… 107
東京高決平成13・3・8〔百選10〕………… 119
最決平成13・3・23〔百選14〕……………… 22
大阪地決平成13・7・19〔百選62〕
　………………………………………… 128,151
最判平成14・1・17〔百選51〕……………… 40
広島高決平成14・9・11〔百選A2〕……… 18
福岡高決平成15・6・12〔百選93〕………… 173
東京高決平成15・7・25〔百選92〕………… 159
東京高判平成15・12・4〔百選A10〕……… 122
最判平成16・6・10〔百選15〕……………… 37
東京高決平成16・6・17〔百選24〕………… 123
最判平成16・7・16〔百選37〕……………… 87
東京高決平成16・7・23〔百選90〕………… 155
最決平成16・10・1〔百選59〕……… 37,42
大阪高決平成16・11・30〔百選A14〕…… 140
東京高決平成17・1・13〔百選9〕………… 120
最判平成17・1・17〔百選63〕……… 47,50
東京地判平成17・4・15 ……………………… 145
最判平成17・11・8〔百選43〕……………… 90
最判平成18・1・23〔百選44〕……………… 60
東京地判平成18・9・12 ……………………… 145
最判平成18・12・21〔百選19〕……………… 55
東京地判平成19・3・26〔百選72〕………… 149
東京地判平成19・3・29〔百選25〕………… 82
最決平成20・3・13〔百選91〕……………… 159
大阪地判平成20・10・31〔百選21〕……… 122
最判平成20・12・16〔百選76〕……………… 128
大阪地判平成21・1・29〔百選77①〕
　………………………………………… 124,211

最判平成21・4・17〔百選16〕……………… 37
大阪高決平成21・6・3〔百選60〕………… 130
東京高決平成21・7・7〔百選61〕………… 151
東京地判平成21・11・10〔百選67〕………… 51
最判平成21・12・4〔百選98〕……………… 182
最判平成22・3・16〔百選45〕……………… 62
最判平成22・6・4〔百選58〕……… 126,239
最判平成22・6・4 ……………………………… 182
東京地判平成22・9・8 ……………………… 239
東京高判平成22・10・22〔百選94〕………… 171
東京高判平成22・12・22〔百選A11〕…… 149
最判平成23・1・14〔百選20〕……… 54,252
最判平成23・3・1〔百選97〕……………… 160
名古屋高判平成23・6・2〔百選77②〕… 34
東京地決平成23・8・15〔担保提供〕……… 87
東京地決平成23・8・15〔物上保証〕……… 87
最判平成23・11・22〔百選48①〕
　…………………………………… 72,145,226,253
最判平成23・11・24〔百選48②〕
　………………………………………… 144,253
東京地決平成23・11・24 ……………… 83,87
最判平成23・12・15〔百選53〕
　………………………………………… 51,127,236
名古屋高判平成24・1・31〔百選66〕
　………………………………………………… 51
東京高判平成24・3・9〔百選11〕
　…………………………………………………… 120
最判平成24・5・28〔百選69〕……………… 52
最判平成24・10・12 …………………………… 78
最判平成24・10・19 ……………………… 83,198
釧路地決平成25・2・13 ……………………… 86
最決平成25・4・26 …………………………… 183
大阪高判平成25・6・19 ……………………… 164
最決平成25・11・13 …………………………… 181
最判平成25・11・21 ……………………… 144,253
東京高決平成26・1・27 ……………………… 107
最判平成26・4・24 ……………………… 110,265
最判平成26・6・5〔別除権協定〕……… 129
最判平成26・6・5〔投資信託〕………… 51
最判平成26・10・28 …………………………… 93

事項索引

あ

RCC ………………… 189,269
相手方の悪意 ……… 81,82
頭数要件 …… 158,281,282

い

異　議
　――等のある再生債権
　………………………… 152
　――等のある破産債権‥66
　――の訴え ……… 67,89,
　　　92,140,256,262
　――の留保 …………… 170
意見聴取 …… 119,123,130,
　　　166,173,238,242,285
遺産分割 ………………… 203
異時廃止 …… 21,100,199
慰謝料請求権 ……… 26,230
移　送 ……………… 16,118
遺　贈 …………………… 203
一時停止 …… 12,189,198
一部保証 …………………… 62
一部免責 ………………… 107
一括清算条項 ……………… 38
一身専属性 …… 26,203,230
一般異議申述期間 ……… 170
一般条項 ……………… 152,153
一般調査期間・21,64,121,247
一般調査期日 …… 21,64,
　　　69,247,248,265
一般的基準 …… 152,160,246
一般の財団債権 …………… 71
一般の先取特権 …… 5,144,
　　　223,251
一般の取戻権 ………………… 39
一般の破産債権 …… 58,96,
　　　251,261
一般の優先権 …… 59,144,251
一般優先債権 …… 144,223,
　　　251,253
異動届（給与所得者）… 221
委任契約 ……… 36,125,194

う

違約金条項 ………… 32,34,
　　　124,211
遺留分減殺請求権 ……… 203
引　致 …………… 23,194
隠匿等の処分 ……… 80,91

う

請負契約 …… 33,125,218
請負人
　――の再生 ………… 125
　――の破産 ……… 33,218
受戻し …… 54,236,241,278
打切主義 …… 97,98,231,262
運送中の物品の売主の取戻権
　……………………………… 40

え

営業譲渡 …………… 54,122
閲覧請求 …………… 16,118
閲覧等の制限 ……… 16,118
M&A ……………………… 276

お

オーバーローン …… 231,262
親会社 …………… 80,155,289
親子会社 …………… 16,118

か

解　雇‥209,219,220,221
外国管財人 ………… 104,167
外国人・外国法人 … 15,117
外国倒産承認援助手続
　………………………… 104,167
解雇通知書 ……………… 221
解雇予告手当 …… 209,219,
　　　221,222,223,224,225
解散決議 …………… 288,289
開始後債権 …… 145,152,181
開始時異議確認型 ………… 98
会社更生 … 10,179,269,287
会社分割 ……………… 78,183,
　　　255,276,289
解除条件付債権‥58,137,263

解除選択 …………… 29,228
介入通知（受任通知）
　…… 19,50,83,198,254
価額決定の請求 …… 129,150
価額償還 …………………… 90
確定判決と同一の効力
　…… 66,92,101,139,
　　　160,206,265,286
確答催告権 ……… 29,47,124
可決要件‥158,282,285,289
可処分所得額 ……… 173,285
過大な代物弁済の否認‥78,83
過払金 ……………… 181,182
華美でない自宅 ………… 190
株式会社と取締役の関係‥36
株　主 …………… 22,123,
　　　156,179,182,183,184
株主総会の特別決議
　………… 123,184,185,255
株主代表訴訟 ……………… 28
仮登記 ……………… 29,86
仮登記担保 ………………… 44
仮払い …………………… 157
為替手形 ……… 38,85,229
簡易再生 ………………… 167
簡易配当 …… 96,98,262
換価作業 …… 54,97,257
換価時期選択権 …… 93,258
管　轄 …… 15,117,179
関係人集会 ………… 181,183
管財人 …………… 132,148,
　　　180,274,287
管財人証明書 …………… 259
監督委員 …………… 122,130,
　　　148,180,185,241
監督委員証明書 ………… 259
監督命令 …… 130,180,241
官　報 ………… 16,118,195
官報公告費用 ……… 18,119
元本猶予期間併用型 …… 165
管理機構 …………… 24,73
管理処分権 ………… 22,53,
　　　121,133,134

事項索引

管理命令 ………… 133,270
関連事件管轄 ……… 16,118

き

危機否認 …………… 75,87
議決権 ……… 135,138,158,
  171,246,281,282,289
議決権額 …… 158,249,285
議決権額要件 …… 158,282
期限の利益回復型 ……… 165
期日における破産債権の調査
  ………………… 65,247
基準債権 ………… 171,206
寄託請求 ………… 33,46,
  213,215,216,262
救済融資 …………………… 84
求償権 ………… 57,61,72,
  143,243,253
給与所得者等再生 ……… 10,
  172,285
給料（賃金） ……… 25,36,
  72,175,220,221,222
給料債権 ………… 223,224
  ——の差押え …… 88,200
共益債権・143,181,223,279
共益債権化 … 131,216,280
強制執行 … 57,88,93,101
  ——の禁止 … 22,60,106
  ——の中止 ・・ 106,120,122
供　託 ………… 97,98,
  200,259,263
協　定 ………… 186,282
協定案 ………… 288,289
協定型 ………… 186,289
協定債権 …… 185,246,288
業務遂行権 … 121,133,134
共有物分割請求 ………… 38
居住制限 …… 23,194,195
銀行取引停止処分 … 19,250
銀行取引約定 ・・ 44,127,236
金銭化 ………… 46,57,135,
  137,138,170
金銭給付の返還 ………… 90

く

組合契約 …………………… 39

組入金 ……………… 95,258
組分け ……… 135,183,282

け

経営者保証に関するガイドラ
  イン ………………… 190
警察上の援助 …………… 55
形式的平等 …… 96,155,261
軽自動車 ………………… 239
継続企業価値 ……… 20,
  123,146,156,157
継続的供給契約 ……… 36,
  227,228
決議のための債権者集会
  ………………… 141,186
原因債権 ………………… 250
権限付与（否認権） …… 148
現在化 ……… 46,57,135,
  137,138,170,240
原債権 ………… 61,72,
  144,226,243,253
原状回復請求権 …… 32,212
源泉徴収義務 …… 54,252
源泉徴収票 ……………… 221
減増資スキーム ……… 156,
  255,276
限定承認 …… 102,103,203
現物返還 ………………… 90
現有財団 …… 24,201,202
権利の放棄 … 26,54,204
権利変更先行説 ………… 216
牽連破産 ………… 134,162,
  174,223

こ

故意否認 …………… 75,87
公共工事の前払金 ……… 40
後見的監督 ……………… 131
公　告 ……… 16,118,195
交互計算 ………… 38,229
更生会社 ………………… 180
更生計画 ………… 182,287
更生計画案 … 183,276,282
更生債権 ………… 181,282
更生担保権 …… 180,181,
  238,274,282

公平誠実義務 ………… 122,
  149,241,270
公法人 ……………………… 18
子会社 ………… 55,131,289
国際倒産管轄 …… 15,117
国税滞納処分 …… 23,
  144,180,181,251
個人（債務者） …… 194,266
個人再生 ‥ 10,169,266,285
個人再生委員 …… 170,285
個人再生前置主義 …… 195
個人事業者 ……………… 267
個人破産 …… 105,204,210
戸　籍 ……………………… 195
国庫仮支弁 ……………… 18
固定資産税 …… 71,235,252
固定主義 ‥ 25,60,203,266
個別執行 ………………… 4,206
個別条項 …………… 152,153
個別の権利行使禁止 …… 22,
  60,121,135,206,251,254
個別和解型 ………… 186,289
雇用契約 …………… 35,209
雇用保険 ………… 220,221

さ

在外資産 ……… 25,104,167
再建型 ………… 7,117,268
  ——の私的整理… 187,269
債権差押え ……… 43,200,
  208,233
債権質 ……………… 43,232
債権者委員会 ‥ 70,141,181
債権者一覧表 …… 17,106,
  170,246
債権者集会 … 69,140,157,
  186,249,281,282,289
債権者説明会 …… 8,141,
  147,275,280
債権者代位権 ………… 28,51
債権者代位訴訟 …… 27,122
債権者
  ——による会社更生申立て
    ………………………… 273
  ——による破産申立て
    ………………… 196,272

事項索引　297

──の一般の利益
　　…… 119,130,159,283
債権者平等原則 …… 5,6,58,
　　96,154,197,254,261
債権者保護手続 ………… 255
債権者名簿 … 105,108,111
債権譲渡通知 …………… 86
債権譲渡登記 …………… 238
債権譲渡の債務者の承諾‥ 86
債権調査‥ 64,139,248,265
債権調査期間 …… 21,139,
　　240,247
債権調査期日 …………… 21,
　　64,65,240,247,248
債権届出期間 …… 21,62,
　　121,137,138,
　　170,240,246
債権の復活 ……………… 92
最後配当 ……… 96,97,262
財産区 …………………… 18
財産減少行為 ……… 76,77,
　　80,197,230
財産状況報告集会 ……… 21,
　　69,74,141,147,186
財産上の請求権 …… 57,134
財産評定 ………… 146,159,
　　180,283
財産分与 …………… 40,230
財産分離 …………… 102,103
財産目録‥ 73,146,180,185
再生計画 ………………… 151
　　──の条項 ………… 151
　　──の遂行 … 131,160
　　──の取消し ……… 161,
　　172,283
　　──の認可 …… 119,158
　　──の変更 …… 161,172
再生計画案 … 152,153,278
　　──の決議 …… 157,172,
　　281,282
　　──の修正 ………… 157
　　──の提出 ………… 156
　　──の変更 ………… 158
再生計画認可決定 …… 158,
　　172,173
再生債権 …… 134,206,279

──に関する訴訟
　　………………… 122,206
──の意義 …………… 134
──の確定 …………… 139
──の調査 …………… 139
──の届出 …………… 138
──の評価の申立て
　　………………… 171,286
──の弁済禁止… 135,163
再生債権額基準 ……… 171,
　　173,285
再生債権査定申立て …… 140
再生債権者表 …… 139,160
再生裁判所 …… 16,150,174
再生債務者 … 120,121,270
　　──の第三者性‥122,126
再生債務者等 …………… 133
再生手続 ………… 8,116,117
　　──の開始 ………… 118
　　──の機関 ………… 130
　　──の廃止 ………… 161
再生手続開始決定 …… 121
再生手続開始原因 …… 119
再生手続開始の申立て … 118
再生手続終結決定 … 161,264
再生能力 ……………… 120
財団債権‥ 71,222,251,253
　　──と破産債権の優先順位
　　………………………… 73
　　──の債務者 …… 24,73
最低生活費 …………… 173
最低弁済額 … 171,173,285
裁判所 ………………… 16
債務者の行為 ……… 19,77
債務消滅行為 …… 77,81,83
債務超過 ……………… 19,77,
　　123,156,184
裁量免責 ………… 107,266
詐害意思 ………… 77,80,81
詐害行為 ………… 77,78,203
詐害行為取消権 …… 75,78,
　　197,254
詐害行為取消訴訟 …… 27,
　　122,148,159
詐害行為否認 … 75,77,254
詐欺再生罪 …………… 175

詐欺破産罪 … 107,110,113
差押禁止財産 ………… 26,60
詐　術 ………………… 108
残存債権者 …………… 255

し

時　価 ………………… 180
資格制限 ……………… 23,
　　111,194,195,264,266
資格喪失届 …………… 221
敷金返還請求権 …… 33,58,
　　205,213,215,216,262
　　──の共益債権化
　　………………… 124,137
事業計画案 ……… 271,278
事業再生ADR・189,198,269
事業再生実務家協会
　　………………… 189,269
事業譲渡 …… 54,122,151,
　　180,185,242,276,289
　　──の対価の相当性
　　…… 78,123,132,242
資金繰り ………… 238,271
資金繰り表 …………… 271
時効中断 …… 17,63,67,139
事後求償権 … 52,253,262
自己破産 …… 17,193,207
私債権 ………… 143,253
事実上の倒産の認定
　　………………… 225,226
市場の相場がある商品の取引
　　に係る契約 …… 38,229
事前協議 ……… 95,163,165
自然債務 ……………… 109
自宅不動産 …… 163,194,
　　235,266,284
質　権 … 43,55,125,260
失業保険 ………… 220,221
執行行為の否認 …… 77,87
実質的平等 ……… 154,182,
　　186,261
実体的確定 ……… 206,286
私的整理 ………… 11,187,
　　198,266,269,289
私的整理ガイドライン
　　………………… 189,269

298 事項索引

自動車‥199,205,239,277
自動車税……………………252
自動車保険………205,251
自動引落し………………254
自認債権……138,140,246
支配株主……………………155
支払停止………19,50,77,
　　　　　81,82,197,198
支払不能……………18,50,
　　　　　　　81,82,197
資本構成の変更……155,183
社会保険……………………221
社会保険料………173,252
射幸行為……………………108
社債権者……………………158
社内預金……………………224
受遺者の破産……………103
収益弁済型………7,153,270
集会型………………158,281
従業員貸付け……………221
集合債権譲渡担保……130,151
集合動産譲渡担保………237
自由財産………25,27,60,
　　　　　　　194,195,203
　――からの弁済…………60
　――の範囲の拡張……26,
　　　　　　　　195,205
自由財産関係‥32,36,38,219
住　宅………163,266,284
住宅資金貸付債権‥163,164
　――の弁済許可…………166
住宅資金特別条項………163,
　　　　　165,170,171,
　　　　　234,266,284
住宅ローン…163,266,284
17条決定……………190,266
住民税………173,221,252
住民票……………………195
重要財産開示義務………22,
　　　　　　　109,194
受益者の悪意…………77,80
受継申立て…………27,67,
　　　　　　　140,206,262
主張制限……………………67
受任通知（介入通知）
　　　……19,49,83,198,254

順位上昇の原則…………151
準自己破産…………………17
純粋な私的整理……188,269
準則のある再建型の私的整理
　　　………………188,269
準別除権者…………………42
少額型………………………98
少額管財……………………199
少額債権の弁済許可
　　　……136,155,267,279
小規模個人再生……10,
　　　　　169,267,285
消極的同意……171,282,285
条件付債権……………46,137
条件付免責………………107
使用者
　――の再生………209,219
　――の破産………35,219
商事留置権‥43,95,126,236
商事留置権消滅請求……95,
　　　　　　　　　180
譲渡制限株式……………156
譲渡担保‥44,126,237,238
商取引債権…188,267,269
消費税……………………252
消費貸借の予約…………39
情報提供努力義務…55,226
常　務……………………241
　――に属しない行為
　　　…………………56,134
将来債権譲渡担保………238,
　　　　　　　　　　274
将来収入・収益……117,266
将来の求償権…………52,57,
　　　　　　　58,61,243
将来の請求権………25,46,
　　　　　58,137,262,263
嘱託登記…………95,112,
　　　　　　　118,150,207
職務妨害の罪………114,176
除斥期間………58,72,90,
　　　　　97,98,215,246,262
所得税………173,221,252
処分価額……129,146,283
書面型………………158,281
書面等投票……158,171,281

書面による破産債権の調査
　　　………………64,247
所有権留保………45,126,
　　　　　　　237,239
自力再建型…………………7
審　尋……16,67,74,196
信託財産……18,24,40,103
人的担保………5,60,61,
　　　　　109,159,243,244
新得財産……25,60,203,219
信用供与………4,60,251
信用情報……………………195
信用取引……………………108
信用補完………5,41,60,61,
　　　　　109,232,243,244

す

スポット清算人…………204
スポンサー型……7,264,276

せ

税　金…………………71,252
生計費……………………190
清算型………………7,15,268
　――の私的整理…………188
清算価値保障原則……146,
　　　　　159,171,186,283
清算株式会社………185,288
清算人…………………17,42,
　　　　　　184,204,288
正常価格…………………129
税務申告…………………252
生命保険………37,203,205
整理解雇……………209,219
整理回収機構………189,269
整理屋……………………188
責任財産……5,25,73,74,84
説明義務………22,109,
　　　　　　　193,194
善管注意義務…55,92,131
全喪届……………………221
全部義務者の破産………61
占有改定…………………239

そ

早期処分価額……129,146

事項索引　299

相　殺
　　──が可能な時期 ……240
　　──の合理的な期待
　　　　……………49,51,137
相殺禁止 ………47,82,84,
　　　　　137,197,198
相殺権 ………45,136,240
　　──の拡張 …………46
　　──の行使 ……47,137
　　──の濫用 …………52
相　続 ………25,51,203
相続財産 ……18,24,102
　　──の破産 ……102,203
相続人の破産 …………103
相続放棄 ……54,103,203
相当の対価を得てした財産処
　分行為の否認 …………78
双方未履行の双務契約
　　……5,29,123,218,219
即時解雇 …219,220,221
即時抗告 ……16,22,107,
　　　　　118,121,123,
　　　　　130,150,159
租税等の請求権（租税債権）
　　…………59,68,71,110,
　　　　144,251,252,253
続行期日 …………158,281
そのまま（弁済）型 ……165
疎　明 ………17,92,119,
　　　　　256,263
損害保険 …………37,205

た

対価的牽連関係 ……30,34
対抗要件の否認 ……83,86
第三者対抗要件 ……24,32,
　　　　　39,42,125,201,
　　　　　237,238,239
貸借対照表 ………73,146,
　　　　　180,185
代償的取戻権 …………40
退職金（退職手当）……72,
　　　　145,221,222,225,251
退職金規程 ……………221
退職金債権 ………25,205,
　　　　　219,223,224

退職所得控除 ……221,226
退職所得の受給に関する申告
　書 ……………………221
対税型 …………………289
代替許可 …………123,242
第二会社方式 ………12,289
第二破産 ………………42
代表者 …………16,26,
　　　　81,118,188,204,270
代物弁済 ……82,83,208
　　──の否認 …………83
代理委員 …………61,135
代理受領 …………………37
多数決原理 ………188,269
立替費用 …………222,223
建物建築請負契約 …35,217
単純承認 …………103,203
担保価値維持義務 ………55
担保権 …………5,41,125,
　　　　　231,232
　　──の実行手続の中止命令
　　　　……121,129,238
担保権消滅請求 …94,126,
　　　　　128,150,182,260
担保の供与 …………77,81
担保不足見込額 ………170
担保不動産競売 …5,94,
　　　　128,129,214,231,
　　　　232,235,258,274
担保変換 ………………260
担保抹消料 …94,258,260

ち

地域経済活性化支援機構
　　………………189,269
遅延損害金 ……58,135,
　　　　　155,275
中間配当 …96,99,263
中間利息 …………58,250
中止命令 ……20,120,130,
　　　　166,179,184,200,273
中小企業再生支援協議会
　　………………189,269
中小企業者の債権の弁済許可
　　……………………136
中小企業退職金共済 ……221

注文者
　　──の再生 ……125,209
　　──の破産 ……34,209
調査委員 …131,180,185
調査命令 …132,180,185
調停に代わる決定 ……190,
　　　　　266
帳簿閉鎖 ………………74
賃　金 …72,145,225,253
賃金台帳 ………………221
賃借人
　　──の再生 …………124
　　──の破産 ……31,210
賃貸借契約 …31,124,214
賃貸人
　　──の再生 ……124,216
　　──の破産 ……32,214

つ

追加配当 …………96,100
通常再生 …10,117,285

て

停止条件付債権 …33,50,
　　　　　58,137,213,
　　　　　216,262,263
DIP 型 ……121,122,130,
　　　　　193,241,269,
　　　　　270,274,288
DIP 型会社更生 ……11,
　　　　　193,287
DIP ファイナンス ………143
抵当権 ……42,43,125,
　　　　128,149,163,231,
　　　　232,235,258
手　形
　　──の商事留置権 …44,
　　　　　127,236
　　──の不渡り …19,271
手形債権 ……52,57,250
手形割引 …52,236,250
適確な措置 …126,152,153
適正価格による財産の売却
　　……………………78
手続開始時現存額主義
　　…………61,139,243

300　事項索引

手続内確定 … 170, 285, 286
デッド・エクイティ・スワップ（DES） ………… 12
デッド・デッド・スワップ（DDS） …………… 12
転得者に対する否認 …… 88
天引き（給料から）‥ 252, 254

と

同意型 ………………… 165
同意再生 ……………… 168
同意廃止 ……………… 100
同意配当 …………… 96, 99
登　記 … 29, 86, 91, 112, 118, 201, 259
同行相殺 ……………… 52
倒　産 ……… 4, 7, 187, 292
倒産解除特約 … 32, 38, 128
倒産時 …………………… 4, 41
動産譲渡登記 ………… 237
動産売買先取特権 …… 42, 84, 208, 232, 233, 237
倒産リスク …… 4, 60, 251
同時交換の行為 … 52, 81, 84
同時処分 …………… 21, 53
等質化 ……… 57, 135, 138
同時廃止 …… 21, 100, 199
　　──と破産管財の振分基準 …………………… 199
当然充当先行説 ……… 216
登　録 … 29, 37, 80, 86, 91, 112, 126, 239
登録免許税 …………… 113
特定遺贈 ……………… 103
特定価格 ……………… 129
特定調停 ………… 190, 266
特別清算 ……… 11, 184, 269, 288, 289
特別調査期間 …… 65, 139
特別調査期日 …… 66, 247
特別徴収 ……………… 221
特別の財団債権 ……… 71
特別の先取特権 …… 42, 43, 125, 208, 232, 236
特別の取戻権 ………… 40
匿名組合契約 ………… 39

届出の追完 ……… 63, 139, 246, 247
取締役 ………… 17, 22, 36, 80, 92, 149, 194
取立委任 … 37, 51, 236, 250
取戻権 ………… 39, 54, 122, 201, 230, 232
問屋の取戻権 ………… 40

な

内外国人平等の原則 …… 15, 117
内部者 …… 80, 82, 155, 261

に

任意継続 ……………… 221
任意整理 ……………… 266
任意的口頭弁論 …… 16, 118
任意売却 ……… 54, 93, 94, 112, 194, 204, 235, 241, 258, 259, 260
認否書 …………… 64, 139
認否予定書 ……… 65, 248
任務終了計算報告集会 ………………… 55, 69

ね

根抵当権 ……… 43, 157, 262
根抵当権設定仮登記 …… 86

は

ハードシップ免責 …… 172
廃止意見聴取集会 …… 69
配　当 …………… 96, 262
配当財団 …… 24, 96, 202
配当時異議確認型 …… 98
配当除斥 …… 62, 97, 98, 216, 262
配当表 …………… 97, 98
　　──に対する異議‥ 97, 98
　　──の更正 ……… 97, 98
売得金 ………………… 95
パイの奪い合い … 232, 251
売買契約 …… 30, 124, 208
破　産 … 3, 15, 194, 266, 269
破産管財人 …… 21, 53, 290

　　──の権限 …… 36, 53
　　──の第三者性 …… 23, 25, 39, 42, 201, 208
　　──の報酬 … 18, 54, 71
　　──の法的地位 …… 23
破産管財人証明書 …… 259
破産債権 …… 56, 206, 262
　　──に関する訴訟 … 27, 62, 206
　　──の意義 ………… 56
　　──の確定 … 66, 206, 265
　　──の行使 ………… 59
　　──の調査 ………… 63
　　──の届出 … 62, 206, 262
　　──の優先順位 … 58, 73
破産債権確定訴訟 … 67, 206
破産債権査定異議の訴え ………………… 67, 262
破産債権査定申立て ………………… 67, 262
破産債権者 …… 22, 56, 206
　　──の異議 ……… 64, 65
破産債権者表 …… 63, 67, 101, 110, 248, 265
破産財団 …………… 24, 202
　　──に関する訴え ‥ 27, 54
　　──の換価 ……… 93, 101
　　──の管理 ………… 73
　　──の範囲 ………… 24
破産裁判所 … 16, 67, 89, 105
破産者 …… 18, 22, 194, 195
　　──の異議 …… 64, 65, 265
　　──の死亡 …… 102, 203
破産者名簿 …………… 195
破産障害事由 ………… 272
破産手続 ………… 3, 14, 15
　　──の開始 ………… 16
　　──の機関 ………… 53
　　──の終了 …… 100, 264
破産手続開始
　　──の効果 … 22, 28, 229
　　──の登記 ………… 112
　　──の申立て ……… 16
破産手続開始決定 … 21, 195
　　──の取消し ……… 22
破産手続開始原因 … 18, 197

事項索引　301

破産手続終結決定 ……… 100
破産手続廃止決定 … 21, 101
破産能力 ………… 18, 102
罰金等の請求権 …… 68, 111
罰　則 ………… 113, 175
反対給付の返還 …… 30, 91
判付代 ……… 94, 258, 260

ひ

非義務行為 ………… 82, 83
引渡命令 …… 74, 194, 235
非減免債権 …………… 171
非招集型 ……………… 21
必要的記載事項 ……… 152
非典型担保 ……… 44, 126,
　　　　　　130, 151, 232
否　認
　――の一般的要件 …… 75
　――の訴え（否認訴訟）
　　　………… 28, 89, 256
　――の請求 … 28, 89, 256
　――の登記 …… 91, 112
否認権 … 74, 148, 197, 198
　――の意義 ……………74
　――の行使 …… 89, 148
　――の消滅 …………… 90
　――のための保全処分
　　　………… 20, 90, 121
否認権行使の効果 ……… 90
非免責債権 … 110, 252, 265
125条報告書 ……… 141, 147

ふ

ファイナンス・リース契約
　　　………… 38, 127, 277
封印執行 ……………… 74
夫婦財産契約 …… 38, 229
不可分の原則 ………… 150
付議決定 ……… 139, 157,
　　　　　　　　　 160, 246
普及主義 ………… 25, 167
付随処分 ……………… 21
不正の方法 …………… 159
不足額責任主義 ……… 41,
　　　　　 126, 165, 231, 249
普通自動車 …… 80, 126, 239

普通徴収 …………… 221
復　権 …… 111, 195, 264
物上代位権 …… 43, 208,
　　　　　　 232, 233, 237
物上保証 … 109, 164, 284
物上保証人 …… 61, 243
物的担保 ……………… 5,
　　　　 41, 60, 109, 159, 232
不動産 …………… 205, 235
　――の任意売却 …… 54,
　　　　　　 241, 258, 259
　――の別除権協定 … 128
不当性 …………………76
不法行為に基づく損害賠償請
　求権 … 57, 110, 155, 261
ブラックリスト ……… 195
プレパッケージ型 …… 242

へ

ペアローン …… 164, 284
並行倒産 …… 104, 167
平常時（平時）… 4, 30,
　　　　　　 233, 286, 292
併用型 …………… 158, 281
別除権 …………… 41, 54,
　　　　　　 125, 153, 231
　――の基礎となる担保権
　　　……………………… 42
　――の行使 …… 41, 125,
　　　　　　 152, 153, 236, 249
別除権協定 …… 126, 129,
　　　　　　 130, 238, 277, 278
別除権者 … 41, 62, 93, 125,
　　　 139, 149, 152, 163, 170,
　　　 232, 235, 249, 258, 263
　――の手続参加 ……… 41
弁済禁止の保全処分 … 120,
　　　　　　　　 271, 275
弁済充当 … 44, 45, 127, 236
弁済による代位 … 72, 143,
　　　　　　 144, 226, 253
偏頗行為 …… 74, 76, 81
偏頗行為否認 …… 75, 81,
　　　　　　 88, 91, 194

ほ

包括執行 ………………… 4
包括的禁止命令 …… 20,
　　　　　　 120, 134, 175, 179
法人税 …………… 252, 269
法人の役員の財産に対する保
　全処分 ………… 20, 121
法人の役員の責任の追及
　　　……………… 92, 149
法人破産 …… 25, 26, 204
膨張主義 ……………… 26
法定財団 …… 24, 201, 202
法定相続人 …… 103, 203
法的整理 …… 7, 15, 117,
　　　　　　　　 266, 269
保険解約返戻金 ……… 38,
　　　　　　　　 199, 205
保険契約 ……………… 37
募集株式 …… 156, 183, 276
保証会社 …… 164, 166
保証債務整理 ………… 190
保証人の破産 ………… 243
保全管理人 …… 56, 133,
　　　　　 175, 180, 273, 287
保全管理命令 …… 20, 56,
　　　　　　 121, 133, 175, 287
保全処分 … 20, 120, 254, 275
ホッチポット・ルール
　　　……………… 104, 136
本来的自由財産 ……… 26,
　　　　　　　　 199, 205

ま

前渡金返還請求権 …… 34,
　　　　　　 143, 218, 253
巻戻し …………… 164, 166
マンション管理費・修繕積立
　金 ……………… 43, 234

み

未確定債権 …… 97, 98, 152
みなし届出 …… 170, 198,
　　　　　　 246, 285, 286
みなし申立て（免責）… 106

未払賃金立替払制度 … 145,
　　　　　　221,225,226
身分関係 ………… 27,230
民事再生 …… 7,117,269
民事留置権 ……… 44,127

む

無委託保証人 ………… 52
無償行為否認 ……… 80,91
無剰余取消し …… 93,258
無資力要件 … 75,77,197
無税償却 …… 189,190,269
無名義債権 … 67,140,170

め

面会強請等の罪 … 114,176
免　責 …… 104,194,199
　──についての意見申述
　………………………… 106
免責許可決定……… 106,194
免責許可決定確定の効果
　………………………… 109
免責許可の申立て …… 105
免責制度 …… 6,105,195
免責調査協力義務 …… 106,
　　　　　　　　109,194
免責取消し … 107,110,112
免責不許可事由 ……… 107,
　　　　110,194,195,266

も

申立代理人 ……… 193,198,
　　　　　　207,226,291
申出額 ………………… 150
モラルハザード ……… 285

や

役員責任査定決定 …… 92

約定型 ………… 165,166
約定劣後再生債権 ‥ 135,138
約定劣後破産債権 … 59,96
約束手形 ……… 52,85,250

ゆ

有害性 …………… 76,85
優先権 … 5,59,144,251
優先的更生債権 … 181,224
優先的破産債権 … 58,96,
　　　　　　　222,251
郵便回送嘱託 ………… 55
郵便物 …… 22,55,194,195
有名義債権 …………… 67

よ

予告解雇 …… 220,221,288
預貯金 ………………… 205
予定不足額 ……… 41,62,
　　　　139,154,231,249
夜逃げ ………… 19,220
予納金 ……… 18,119,199
予納命令 ……… 18,119
予備的届出 …… 144,253

ら

ライセンス契約 ………… 37
濫用的会社分割 …… 78,255

り

リース契約 ……… 38,127,
　　　　　　151,201,277
リースの別除権協定 …… 277
履行選択 …… 29,123,228
離婚 ………… 40,230
離婚訴訟 ……………… 27
離職証明書 …………… 221
離職票 ………………… 221

リスケジュール型 ……… 165
リストラ ………… 219,220
利　息 …… 58,91,135,155
流動集合動産譲渡担保‥ 237
留保型 ………………… 21

れ

劣後化 ………… 155,261
劣後的破産債権 …… 59,96
REVIC ………… 189,269
廉価売却 ………… 74,77
連帯保証人 ……… 60,62,
　　　　194,243,244,245

ろ

労働基準監督署 … 225,226
労働組合等 …… 54,119,
　　　　　　123,157,158
労働契約 …… 35,209,219
労働債権 …… 59,72,
　　　　　　222,223,224
　──の弁済許可制度 … 61
労働者
　──の再生 ………… 219
　──の破産 …… 35,219
労働者健康福祉機構
　………………… 145,225,226
浪　費 ………………… 108

わ

和解許可に基づく簡易分配
　………………………… 97
和解契約方式による簡易分配
　………………………… 99

■著 者

野 村 剛 司（弁護士）

倒産法を知ろう

2015年8月18日　初版第1刷印刷
2015年8月27日　初版第1刷発行

著者　野村　剛司
発行者　逸見　慎一

発行所　東京都文京区本郷6丁目4-7　株式会社 青林書院
振替口座　00110-9-16920／電話03(3815)5897～8／郵便番号113-0033
ホームページ☞http://www.seirin.co.jp

印刷／星野精版印刷　落丁・乱丁本はお取り替え致します。
©2015　野村
Printed in Japan

ISBN 978-4-417-01663-2

〈JCOPY〉〈(社)出版者著作権管理機構　委託出版物〉
本書の無断複写は著作権法上での例外を除き禁じられています。複写される場合は、そのつど事前に、(社)出版者著作権管理機構（電話03-3513-6969、FAX03-3513-6979、e-mail:info@jcopy.or.jp）の許諾を得てください。

☆　野村剛司弁護士執筆の好評既刊本　☆

◎『破産管財実践マニュアル』〔第2版〕（野村剛司・石川貴康・新宅正人［著］）
　・破産管財人のマニュアル本として広く定着している信頼と実績の1冊。
　・管財実務の実践的なノウハウを5つのステージに分けて解説する。書式等62点，Ｑ＆Ａ６００！など利用者本位の資料等も充実。

◎『民事再生実践マニュアル』（木内道祥［監修］／軸丸欣哉・野村剛司・木村真也・山形康郎・中西敏彰［編著］）
　・民事再生申立代理人のための本格的なマニュアル本。
　・民事再生実務のノウハウを4つのステージに分けて解説する。テーマ解説45点，書式・資料56点など利用者本位の内容が充実。

◎『争点　倒産実務の諸問題』（倒産実務交流会［編］）
　・倒産法上の重要問題（争点）を広く集め，実務的な観点から解決策等を詳しく解説した意欲作。野村弁護士は2つの項目を執筆。

◎『破産法大系Ⅰ・Ⅱ・Ⅲ』（竹下守夫・藤田耕三［編集代表］）
　・破産法における手続規定と実体規定及び各種破産の諸相をめぐる重要テーマを分析し，運用と解釈の指針を示す本格的な実務的・理論的解説書。
　・わが国第一線の研究者・実務家が責任執筆。野村弁護士は第Ⅲ巻の1つの項目を執筆。